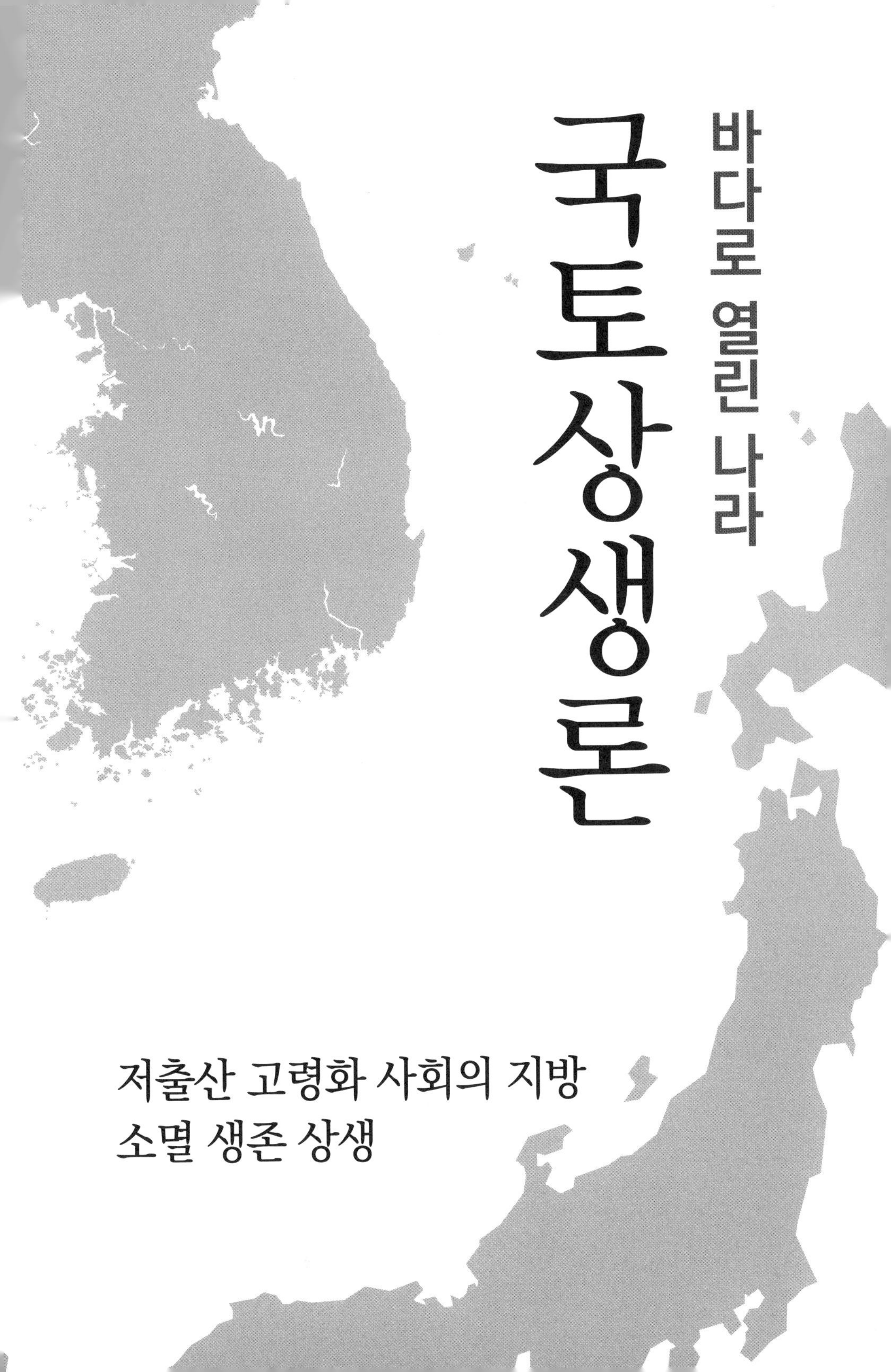

바다로 열린 나라

국토상생론

저출산 고령화 사회의 지방
소멸 생존 상생

바다로 열린 나라 국토상생론

저출산 고령화 사회의 지방, 소멸 생존 상생

원전 日本列島再生論

요미우리신문 열도재생 취재반 / 김연빈 옮김

발행처 도서출판 귀거래사
발행인 김연빈
기 획 김연빈·김솔찬
편 집 김솔찬·방세화
디자인 김솔찬·이수빈·김영은
인 쇄 두리터

등 록 2019년 7월 5일 (등록번호 186-96-00743)
1판1쇄 발행 2022년 2월 22일

주 소 경기도 성남시 분당구 장미로 139 207-704
대표전화 010-9294-2022
팩시밀리 0504-158-9370
블로그 http://blog.naver.com/gigoresa
카 페 https://cafe.naver.com/gigoresa
E-mail palma59@naver.com
ISBN 979-11-970856-2-8(03300)

바다로 열린 나라

국토상생론

저출산 고령화 사회의 지방, 소멸 생존 상생

원전 日本列島再生論

요미우리신문 「열도재생」 취재반

김연빈 옮김

10년 전 일본을 휩쓴 쓰나미가 지금 우리를 덮치고 있다

인구가 줄고 있다. 나라가 늙어가고 있다. 농어촌의 빈집은 늘어나고 수도권 집중은 가속되고 있다. 폐교된 모교처럼 읍도 면도 사라지고 군(郡)이 소멸한다. 생산연령인구는 감소하고 노후대책은 부실하여 연금으로는 생활비의 절반도 빠듯하다.

일본의 지진재해와 고령화 경험을 한일 상생으로 승화

『바다로 열린 나라 국토상생론-저출산 고령화 사회의 지방, 소멸 생존 상생』은 『日本列島再生論』(요미우리신문 '열도재생' 취재반, 中央公論新社, 2013.1.)을 직접 번역·출간한 것입니다. 『일본열도재생론』은 2011년 3월 11일 발생한 동일본대지진에서 노출된 일본 국토의 불균형을 바로잡고 저출산 고령화 사회를 맞아 소멸 위기에 처한 지방의 생존에 영감을 제공하고자 요미우리신문이 국내외 네트워크를 총동원하여 기획·취재한 내용을 모은 책입니다. 독자 여러분께서는 『바다로 열린 나라 국토상생론』의 부제 '저출산 고령화 사회의 지방, 소멸 생존 상생'이 보여주는 것처럼 일본의 경험을 통해 새로운 국토 형성과 지방 소멸 억제를 위한 전략과 접근방법, 그리고 상생의 메시지를 얻게 될 것입니다. 단순히 일본의 경험에서 배우는 것을 떠나 이를 융합하고 승화시켜 냉각된 한국과 일본이 상생하는 길을 찾아보자는 전향적 뜻이 책 제목에 담겨있습니다. 상생은 중앙과 지방, 지방과 지방, 그리고 한국과 일본의 상생, 동북아의 상생을 모두 포함합니다.

일본에 주는 상생의 메시지, 사방이 바다로 열린 섬나라 일본

일본은 스스로 '사방이 바다로 둘러싸인 섬나라(四方を海に囲まれた島国)'라고 합니다. '삼면이 바다로 둘러싸이고' 대륙 진출이 막힌 우리나라도 사실상 '섬나라'입니다. 한편으로 섬은 바다로 닫힌 공간이 아니라 바다로 열린 공간이기도 합니다. 그런 측면에서 일본이나 우리나라 모두 '바다로 열린 나라'입니다. 『일본열도재생론』은 저출산 고령화 사회에서 이항대립(二項對立, Dichotomy), 즉 이분법적 사고를 넘어 새로운 국토를 형성하는 데 있어서 가장 강조하고 싶은 것으로 '발상의 전환'을 들고 있습니다. 발상의 전환이란 관점에서 우리나라는 '삼면이 바다로 둘러싸인' 나라가 아니라 '삼면이 바다로 열린' 나라입니다. 일본 역시 '사방이 바다로 둘러싸인 섬나라'가 아니라 '사방이 바다로 열린 섬나라(四方が海に開かれた島国)'가 되는 것입니다. 이것이 『바다로 열린 나라 국토상생론』에서 한국이 일본에 던지는 상생의 메시지입니다.

코페르니쿠스적 발상의 대전환과 융합의 선물, 대한민국 헌법 제3조 개정안

우리나라는 사실상 섬나라라는 지리적 한계를 극복하고 세계 8위의 무역대국으로 성장하였습니다. 수출입화물의 99.7%가 바다를 이용하는 우리나라는 조선, 해운, 수산, 해양과학기술, 해군력 등에서 세계 상위를 차지하는 세계 유수의 해양강국입니다. 그러나 우리의 인식은 아직 바다에 '둘러싸여' 있습니다. 국민 해양의식 개선과 해양문화 창달을 위해 2020년 제정되고 2021년 2월 시행된 「해양교육 및 해양문화의 활성화에 관한 법률」(약칭 「해양교육문화법」)의 제안이유에는 '삼면이 바다로 둘러싸인 우리나라'가 자리 잡고 있습니다. 이제 바뀌어야 합니다. 바꾸어야 합니다. 발상의 대전환이 필요합니다.

삼면이 바다로 '둘러싸인' 대한민국이 아닌 삼면이 바다로 '열린' 대한민국으로 전환해야 합니다. 대통령을 비롯하여 국가지도층에서 학생에 이르기까지 모든 일상과 국면에서 '바다로 열린 대한민국'이란 표현을 생활화하고 정착시켜 나가며, 초중고등학교 교과서를 '삼면이 바다로 열린 우리나라'로 고쳐 서술합니다. 궁극적으로는 이러한 정신을 개정 헌법에 포함시키도록 합니다.

현행 헌법 제3조는 "대한민국의 영토는 한반도와 그 부속도서로 한다"고 규정하고 있습니다. 사단법인 한국헌법학회(당시 회장 고문현)는 2018년 3월 이 조항을 "대한민국의 영역은 한반도와 그 부속도서를 포함하는 영토, 영해, 영공으로 한다"로 하는 헌법개정안을 제시하였습니다(한국헌법학회 헌법개정연구위원회 「헌법개정연구」, 박영사, 2020.9.).* 여기에서 한걸음 더 나아가 "삼면이 바다로 열린 대한민국의 영역은 한반도와 그 부속도서를 포함하는 영토, 영해, 영공으로 한다"로 '삼면이 바다로 열린'이란 표현을 추가하는 것입니다. 이렇게 함으로써 장보고 대사의 청해진 개설, 고려의 벽란도 무역항 등에서 보는 유구한 해양 DNA를 갖고 있는 우리 대한국민이 육지중심적·폐쇄적·획일적·국수적 사고에서 벗어나 해양적·개방적·보편적·국제적 글로벌한 사고로 발상을 대전환하여 항구적인 세계평화와 인류공영에 이바지한다는 숭고한 헌법 정신을 세계만방에 천명하는 것입니다.

공직사회에서 민간분야까지, 현역에서 은퇴자까지 모두 함께 느끼는 영감

『바다로 열린 나라 국토상생론』은 저출산 고령화 사회가 불러온 소멸 위기에서 생존하기 위한 일본과 세계 각국의 국가와 지방정부, 각종 기관·단체, 대학 등의 정책 사례와 구상을 소개하고 있습니다. 이러한 사례 중에는 이미 성공적으로 추진된 것도 있고 아직 실행되지 못하고 구상에 머문 것도 있습니다. 국가나 지방정부 공무원, 지방의

---

* 한국해양수산개발원(KMI, 원장 김종덕)은 '영역' 대신 '국토'로 하는 해양수산부문 헌법개정안을 제시하였다(해양수산통합행정 25주년 기념 정책토론회, 2021.8.10.).

회 의원들은 이런 사례를 통해 정책 구상의 영감을 얻을 수 있을 것입니다. 장·차관이나 광역·기초 지방정부의 장, 의회 의장, 대학교 총장, 기관·단체의 책임자들에게는 조직이나 단체가 대처하고 나아가야 할 방향성에 나침반이 될 수 있을 것입니다. 국회의원이나 보좌관에게는 더욱 그렇습니다. 특히 인구정책, 교육정책, 과학기술정책, 토지주택정책, 교통정책, 복지정책, 고용노동정책, 의료정책, 에너지정책, 농어촌정책, 해양정책 등을 담당하는 공무원들에게 이 책을 권합니다. 여기에서 소개된 정책들을 참고삼아 융합하고 발전시켜 각 부처에 맞는 새로운 정책을 구상하고 발굴하는 데 도움이 될 수 있을 것입니다.

58년 개띠인 저를 포함하여 이제 막 65세에 접어들어 생산연령인구(15~64세)에서 빠지기 시작하는 베이비붐 세대(1955년~1963년 출생자)는 이 책을 통해 10년 후의 자신의 모습, 자신의 생활여건을 미리 볼 수 있을 것입니다. 자녀를 키우며 내 집 마련을 위해 애쓰는 젊은 세대도 마찬가지입니다.

마침 지금은 나라의 미래를 이끌어갈 대통령을 선출하는 선거절차가 진행되고 있습니다. 대통령 선거 후에는 곧 지방선거가 있습니다. 대통령 선거를 비롯하여 각급 선거에 나서는 후보, 후보들에게 정책공약을 제공하는 캠프나 선대위의 관계자들은 우선적으로 이 책 『바다로 열린 나라 국토상생론』에 눈을 모아주실 것을 권유합니다. 3월 9일 새로 선택되는 정부에서 중책을 맡게 될 분들에게도 일독을 권장하고 싶습니다.

메가시티로 자생을 추구하고 강둑을 허물어 수해를 막는다

『바다로 열린 나라 국토상생론』의 원본 『일본열도재생론』은 2013년 1월 발간되었습니다. 수록내용은 2011년 12월부터 2012년 7월까지 요미우리신문에 기획·연재된 기사를 정제한 것입니다. 10년 동안 세상은 크게 변화했습니다. 2013년 1월 당시에는 아직 유치가 확정되지도 않았던 '2020 도쿄올림픽'이 우여곡절 끝에 개최된 것이 지난해

7월입니다. 일본 수상은 연재 당시의 노다(野田)에서 아베(安倍), 스가(菅), 현 기시다(岸田)까지 7대 4명이 바뀌었습니다. 사회적으로는 제4차 산업혁명, 디지털 대전환(DX), 5G, 탄소중립, SDGs(지속가능 개발목표), ESG(환경·사회·지배구조), MZ세대 등이 큰 이슈를 이루고 있습니다. COVID-19로 세상이 크게 변모한 가운데 애플의 시가총액이 사상 최초로 3조 달러를 돌파했습니다. 2006년 발간된 『검증 국가전략 없는 일본』 후기에서 요미우리신문 도쿄본사 정치부장 오다 다카시(小田尙)는 "하루하루의 현상을 좇는 신문의 기사는 곧 낡아진다. 반나절 만에 '신문'은 '신문지'로 바뀌고 만다"고 했습니다. 그렇게 보면 『바다로 열린 나라 국토상생론』은 예쁘게 포장한 '신문지'일지도 모릅니다. 더구나 정치적 문제로 한일 관계가 최악의 관계로 악화되고, 한국이 이미 여러 면에서 일본을 앞질러 일부에서 이제 일본으로부터 배울 것이 없다고 하는 인식이 커지고 있는 지금은 더욱 그렇습니다.

그럼에도 불구하고 『바다로 열린 나라 국토상생론』에는 우리 눈길을 끄는 것들이 많이 있습니다. 오사카도(大阪都) 구상, 그레이터 나고야 이니시어티브(GNI), 국토의 약점을 강점으로, 후쿠시마의 유산을 인류를 위해, 인도에 있는 도쿄대학, 오키나와과학기술대학원대학, 감재(減災), 감축(減築), 인프라 노후화, 교황이 먹는 쌀, 도심의 한계집락, 콤펙트시티, '위험지역'에 사는 자유란, '사권제한'과 '공공우선'의 갈등 등등. 인구감소, 기후변화, 재해빈발 시기에 대응하기 위한 지방정부와 대학 등의 창의적 궁리와 의식 변화 움직임 등이 소개됩니다. 제가 주일한국대사관 해양수산관으로서 국토교통관 임무를 함께 수행하며 느꼈던 업무적 감흥을 이제 저출산 고령화 사회의 생존을 위한 절규로 독자 여러분과 공유하고 싶습니다. 좀 늦은 감이 있지만…

『일본열도재생론』에서는 시기적으로 다루지 못했지만 '입체도로제도'의 정수라 할 수 있는 도쿄 '토라노몬 힐즈'와 '복합건축물'의 상징 도쿄 도시마구 신청사 '도시마 에코뮤제타운'도 꼭 여러분에게 소개하고 싶습니다. 토라노몬 힐즈는 반세기 이상 잠자고 있던 도쿄 도심의 도시계획도로를 지하화하고, 입체도로제도를 이용하여 터널 위아래로 초고층 복합시설건축물을 건설한 사업입니다. 국내 도입이 검토되고 있습니다. 도시마 에코뮤제타운은 공공청사와 민간주택이 함께 입주하는 복합건축물로 예산 한 푼 들이지 않고 대형 청사를 건설한 사례로 회자되고 있습니다. 이들 사업은 정책결정권자의 과감한 발상의 전환, 냉철한 기획력과 강한 집행력, 민간의 창의력, 지역주민과의 협력과 소통이 복합된 것으로 공무원 사회의 의식개혁과 규제개선의 정수라고도 할 수 있습니다.

간극 메우기와 한일 상생의 길

『바다로 열린 나라 국토상생론』은 『일본열도재생론』과 9년의 시간적 괴리가 있습니다. 한글판 출판 과정에서 이런 간극을 메우고 내용의 이해를 돕기 위해 몇 가지 새로운 노력을 하였습니다.

첫째, 『일본열도재생론』에서 소개된 정책과 사례들이 그 후 어떻게 추진되었는지를 추적해서 역자 주석을 통해 가능한 한 현재의 상황과 자료로 정리했습니다.

둘째, 주요사항과 제도에 대해 역자 주석을 달고, 시사적이거나 짧은 역자 주석으로는 설명이 곤란한 것에 대해서는 역자 부록을 통해 보다 상세한 내용을 제공하였습니다. 1월 13일 수원시·용인시·고양시·창원시 등 특례시가 출범하고 부울경 메가시티 등 초광역협력이 추진되고 있는 점을 감안하여 일본의 대도시제도와 광역권 구상에 대해 정리했고, 30년 내 70%의 확률로 발생될 것으로 예상되는 수도직하지진 등 거대지진과 관련하여 일본의 지진현황에 대해 정리했습니다. 입체도로제도와 복합개발 사례에 대해서도 지면을 많이 할애했습니다. 신재생에너지로서 선진 각국이 크게 관심을 갖고 이미 대규모 개발과 이용에 나서고 있는 해상풍력발전에 대해서도 알아봤습니다. 이어서 한국과 일본의 국세(國勢)를 비교할 수 있도록 세계통계를 활용하여 인구, GDP 등 양국의 주요 통계를 비교해서 설명했습니다.

셋째, 단순히 『일본열도재생론』의 내용을 번역해서 소개하는 데 그치지 않고 한일 상생으로 융합하고 승화시키기 위해 1개의 장을 새로 편성해서 추가하였습니다. 이것이 『바다로 열린 나라 국토상생론』 출간의 가장 큰 의의일 것입니다. 새로 설정된 '제8장 이웃나라 한국과 일본, 상생의 길'에서는 국내 전문가들을 초빙하여 『일본열도재생론』의 7개 장과 연계해서 한국과의 연결고리를 찾아보도록 하였습니다. 『Goodbye Oil! TOYOTA』의 저자 손치근 전 알마티 총영사, 도시농업전문가 엄성준 전 보스턴 총영사, 연안어촌 커뮤니티 디자이너 송영택 현대해양 발행인, 『인천해저도시로 가자』의 저자 임현택 한국스마트해양학회 회장, 센다이에서 동일본대지진을 직접 경험했고 2014년 가을에는 후쿠시마 원전 사고현장을 함께 방문했던 강정환 전 주일한국대사관 원자력관, 역시 동일본대지진을 직접 겪었고 수도권과 지방의 격차를 다룬 장기 연재 「절반의 한국」을 기획한 서의동 경향신문 스포트라이트부장, 지방행정과 안전의 귀재 김동현 전 한국지방재정공제회 이사장 등이 재능기부를 통해 한일 상생의 길에 동참해주셨습니다. 2011년 여름 경기도 여주에서 함께 수해복구 작업을 하셨던 권도엽 전 국토해양부장관님께서는 기꺼이 축사를 보내주셨습니다. 모든 분들에게 깊이 감사드립니다.

넷째, 제가 평소 생각해오던 정책 아이디어 중 이 책 『바다로 열린 나라 국토상생론』의 내용과 어울리는 몇 가지 과제를 역자 후기를 통해 간단히 소개하였습니다. 입체도로와 복합건물 외에 파출소 부지 등 공공재산의 활용 극대화와 아파트 관리동 복합개발에 관한 구상을 소개합니다. 수도권매립지와 관련하여 폐기물 처분장에 대한 의견도 제시합니다.

언론에 바란다

『일본열도재생론』은 2006년 발간된 『검증 국가전략 없는 일본(検証国家戦略なき日本)』(요미우리신문 정치부 편, 新潮社 간, 한글판은 김연빈·박형구 공역으로 한국해양전략연구소가 2007.7. 간행)의 자매서라 할 수 있습니다. 『검증 국가전략 없는 일본』은 "국가정책도 없이 침체에 빠진 과학기술력, 인재와 기술 유출로 열세에 놓인 지적재산권 전쟁, 중국과 한국에 빼앗긴 해양자원… 등, 국가의 부침을 좌우하는 수많은 문제들이 정치 무대에 오르지도 못하고 그냥 방치되고 있는" 일본의 현실을 강하게 비판하였습니다. 그 결과 지지부진하던 일본 「해양기본법」 제정 논의가 급물살을 타 2007년 4월 중의원과 참의원 양원 만장일치로 제정되었습니다.

우익 성향의 요미우리신문이 일본의 미래를 걱정하며 국내외 네트워크를 총동원하여 취재한 대형 기획·연재를 보면서, 개별 언론의 성향을 떠나 제4의 권부라 하는 언론의 진정한 책임, 언론의 근본적 사명이 무엇인지를 생각하게 됩니다.

언론은 말해야 합니다. 옳은 것을.
언론은 전해야 합니다. 바른 것을.
언론은 가야 합니다. 국민과 함께.

2022년 2월
역자 겸 발행인
도서출판 귀거래사 대표
들국 김연빈

무질서한 난개발을 막아 국토의 품격을 더 높여야

권도엽(전 국토해양부장관)

우리는 화폐에 조선시대의 양반들만 그려 넣어 기리고 숭상하고 있습니다. 과학기술자, 예술가 등 그 가치가 시대를 초월하는 경우는 예외로 하고, 지금으로 보면 정치인이라 할 수 있는 가치관이 전혀 다른 구시대의 인물을 화폐인물로 선정한 외국의 사례는 보지 못했습니다. 어떻든 돈을 보면 자주 떠오르는 생각이 있습니다. 조선이 사대를 고집하지 않고 이전 시대처럼 자주, 자립정신, 자존감이 강한 사회였어도 임진왜란, 병자호란에 속수무책이고 결국은 별다른 저항도 못해보고 국권을 넘기는 사태가 왔을까? 주자학에 의한 명분론에 매몰되지 않고, 실용, 실질, 실력이 중시되는 사회였어도 후기로 갈수록 가난이 심해지고 기술력이 뒤떨어지고 정체한 사회로 남았을까? 쇄국에 집착하지 않고, 전 시대처럼 이웃은 물론, 동남아, 아랍, 유럽 등 세계와 적극 소통하는 개방형 국가였어도 초기의 기술력조차 이해하지 못하는 한심한 사회로 남았을 것인가? 그리고 19세기 최강국 영·미가 극도로 견제하는 러시아에 의존하려는 최악의 선택을 고집했을 것인가? 인구의 절반 가까이가 사람대접을 못 받는 지독한 계급사회가 아니었어도 사회의 정체, 퇴보, 부패가 지속되고 또 그렇게 심하였을까? 이런 생각들입니다.

개인이든 나라이든 이웃과의 관계는 늘 상대적인 역량에 따라 변화하며 이어지기 마련입니다. 좋은 관계나 바람직한 관계를 바란다면 스스로의 역량을 키우는 데에 에너지를 집중하는 것이 지혜롭고 효과적일 것입니다. 내 역량과 지혜가 탁월할 때에만 상대방에 대한 영향력이 살아나는 것이고, 어떤 경우에도 남을 내 뜻대로 좌우할 수는 없기 때문입니다. 상대방의 과거의 잘못은 실체를 찾아 바로잡고 교훈으로 삼고 잊지 않아야 하겠지만, 과거가 현재와 미래를 발목 잡도록 하는 것은 한심하고 미련한 짓인 것 같습니다. 치열한 경쟁시대에 현재와 미래를 위해서도 모자랄 에너지를 낭비하는 것이니 후손에 잘못을 저지르는 것이고, 상생하고 협력할 수 있는 긍정적 에너지를 파괴적 에너지로 바꾸는 것이니 현재를 잘못 경영하는 것이기도 하니까요. 적이나 경쟁자의 정보를 파악하기 위해 엄청난 비용을 지불하면서도, 협력으로 쉽게 얻을 수 있는 정보, 지혜를 차버리는 잘못을 범하는 것이고, 결국은 상대방을 뛰어넘을 수 있는 기회를 스스로 지연시키는 것에 다름 아니라고도 하겠습니다.

김연빈 대표의 『바다로 열린 나라 국토상생론』은 십여 년 전 일본이 저출산 고령화, 생산 인구 감소, 인프라 노후화, 국가적 경쟁력 약화, 과소 지역의 공동체 붕괴, 동일본대지진과 극한 홍수 등을 겪으면서 지역 단위를 중심으로 이를 극복하고 지속 발전을 기하기 위한 다양한 생존 전략과 아이디어, 사례 등을 담은 책입니다. 세계 유수의 요미우리신문이 장기간 연재한 글을 모아 출간한 책 『日本列島再生論』을 번역한 것으로 우리나라, 타이완, 중국, 인도네시아, 미국, 영국, 독일, 프랑스, 네덜란드, 우크라이나, 오스트리아 등의 관련 사례도 언급하고 있습니다. 언론 연재기획이 토대가 되었으므로 내용이 쉽고도 간결하여, 누구든지 재미있게 읽을 수 있습니다. 약간의 시차를 두고 유사한 경험을 하고 있는 우리에게는 많은 도움이 될 수 있는 책이라 하겠습니다. 일본을 보다 잘 이해하는 데에도 적지 않은 도움을 주리라 확신합니다. 이 책이 특별히 국토해양 부문에서 우리가 당면하는 문제를 해결하는 데에도 좋은 시사점들을 많이 던지고, 거대도시권, 대학, 첨단 산업 등의 경쟁력을 높이는 데에도 도움이 될 수 있기를 기대합니다. 특히 독자들의 일본 국토와 지역에 대한 관심 증대로 이어져 우리 국토의 크게 아쉬운 점인 '무질서한 난개발'에 대한 사회적 인식도 크게 강화될 수 있기를 기대해 봅니다.

이 책을 직접 번역하고 출판한 김연빈 대표는 제가 2012년 국토해양부장관으로 재직할 때 국토해양부에서 주일한국대사관 수산관으로 파견되어 근무하면서, 주재관 부재로 업무의 사각지대가 된 해양, 국토교통 관련 업무까지 성실하게 수행해주었습니다. 저는 김연빈 당시 수산관이 왜 그렇게 줄기차게 주일 국토교통관 복원을 주장했는지 이 책을 통해서 그 뜻을 알게 되었습니다. 주일한국대사관의 국토교통 주재관(당시 건설교통관)은 이명박 정부가 중시한 해외자원개발 업무와 관련하여 2009년 폐지되었습니다. 국토교통부(당시는 건설교통부, 후에 국토해양부)에서 대사관 등 해외 공관에 파견하는 주재관, 즉 국토교통관은 보통 건설관이라고 하여 해외건설을 지원하는 업무를 주로 수행합니다. 따라서 일본처럼 우리 기업의 직접적인 해외건설 진출 수요가 낮은 국가는 국토교통관 파견 우선순위에서 밀리기 마련입니다. 그것이 지금까지 10여 년 이상 주일한국대사관에 국토교통관이 복원되지 않고 부재한 가장 큰 이유입니다. 이 책의 원본 『일본열도재생론』을 보면서, 또 번역서의 제목을 『바다로 열린 나라 국토상생론』으로 붙인 의미를 생각하면서, 한국과 일본은 섬나라로서의 공통점과 함께 국토교통·해양 분야에서 협력하고 상생을 추구해야 할 과제가 무궁무진하다는 것을 느낍니다. 그래서 제가 장관 재직 시에는 미처 관심을 갖지 못하고 여력이 없었던 주일한국대사관 국토교통관 복원·부활을 이 기회를 통해 간곡히 요청드립니다.

거듭된 정부조직 개편의 소용돌이 속에서 국토해양부, 외교부를 거쳐 해양수산부에서 정년퇴직하고 1인출판사를 설립하여 왕성하게 활동하는 김연빈 대표에게 격려를 보내며, 『바다로 열린 나라 국토상생론』 출간을 축하드립니다.

[지명·인명 등의 한자 표기와 자료출처, 환율 변동 추이]

1. 지명, 인명, 기관·단체명, 제도명칭 등은 기본적으로 한자를 함께 표기했다. 두 번째 이후에는 한자 표기를 생략했다.
2. 광역지방공공단체(47도도부현)와 20개 대도시(정령지정도시)의 한자표기는 [부록 1 -일본의 지방자치제도 현황]을 참고하기 바란다.
3. '일본해'는 우리 정부의 입장에 따라 '일본해(동해)'로 병기했다. 다만, 홋카이도 인근의 일본해와 같이 확실히 일본 수역을 의미하는 경우에는 그냥 '일본해'로 표기했다.
4. 역자 주석, 역자 부록에 인용된 내용은 특별히 표시한 것을 제외하고는 일본 위키피디아, 일본 국토교통성 홈페이지 등을 주로 참고했다.
5. 2012년과 2021년의 환율 변동 추이는 다음과 같다.

	1USD	100원	100엔
2012년 평균	79.79엔	7.09엔	1,514.86원(2012.6.8.)
2021년 평균	109.75엔	9.59엔	1,053.07원(2022.1.24.)
2022.2.5. 현재	115.25엔	9.62엔	1,039.26원(2022.2.5.)

바다로 열린 나라

국토상생론

저출산 고령화 사회의 지방
소멸 생존 상생

원전 日本列島再生論

목차

역자 부록

머리말

이 책은 2011년 12월 15일부터 2012년 7월 7일까지 달수로 8개월에 걸쳐 요미우리신문 조간에 게재한 기획연재 「열도재생」을 재구성한 것입니다.

요미우리신문이 이런 연재를 하게 된 계기는 말할 필요도 없이 2011년 3월 11일 발생한 동일본대지진입니다. 당연한 일이지만 지진 직후부터 복구·부흥을 위한 발걸음이 각지에서 시작되었습니다. 그러나 대지진 피해지역이 하나같이 인구감소지역이었기 때문에 복구·부흥을 추진한다고 해도 단지 '원래대로 되돌린다'고만 해서는 끝나지 않는다는 것이 명확해졌습니다. 일본 국토는 대지진 발생 이전부터 이미 크게 왜곡되어 있었습니다. 그렇다면 복구·부흥을 위한 청사진에는 '왜곡된 것을 수정하면서 어떻게 균형 잡힌 국토로 만들어갈 것인가' 하는 시각도 필요하지 않을까 하는 생각을 하게 되었습니다.

그래서 연재에서는 복구·부흥을 중심에 두면서, 일본 전체에 공통된 과제에 어떻게 대응해나갈 것인가, 즉 '새로운 국토 형성'이라는 시각에서 가능한 한 국토 전체를 시야에 둔 큰 그림을 독자 앞에 제시한다는 목표를 세웠습니다.

다만, 취재반이 구상을 할 때 참고로 한 것 중 하나는 다나카 가쿠에이(田中角栄) 전 일본 수상의 저서 『일본열도개조론(日本列島改造論)』도 하드(시설) 일변도의 시책이 아니었던 것처럼, 인프라 정비라고 하는 관점을 중시하면서 '국토 형성'이라는 개념을 보다 폭넓게 반영하기로 하였습니다. 또 다나카 수상 시대와는 달리 우상향의 경제성장이 이루어지지 않고 있는 점 등 여러 가지 제약도 고려하지 않으면 안 되었습니다. '잃어버린 20년'이라는 저성장시대에서 빠져나오지 못하고 있는 현재의 경제적 상황, 저출산 고령화로 인한 인구감소라는 사회구조적 문제, 중국과 한국의 대두라는 국제정세의 변화 등입니다.

나아가 일본에 잠자고 있는 잠재력이란 무엇일까, 그것을 각성시켜 유효하게 활용하는 데는 어떤 노력이 필요할까, 그 구체적인 사례와 힌트를 일본 전국 각지에서 찾고 해외에서도 참고사례를 구하였습니다. 바로 요미우리신문의 취재망을 최대한으로 활용한 연재였다고 할 수 있을 것입니다.

이번에 중앙공론신사에서 이 연재를 바탕으로 한 서적을 출판하게 된 것을 계기로 다시 한 번 내용을 정리·점검하고, 내용을 업데이트해서 재편하고, 보다 초점을 확실히 하려고 노력하였습니다. 곤란했던 것은 국가의 방향성을 정하기 위해 국민 대다수의 합의가 필요한 중요한 문제를 둘러싸고 이항대립(二項對立)을 일으켰던 것입니다.

예를 들어 방재에 관한 의견대립이 있습니다.

금후 자연재해 빈발기에 들어설 것이라고 예견되는 가운데, 이전에는 효율면에서 후순위 취급을 당했던 인프라 정비를 개선하고, '리던던시(redundancy = 대체성·보완성)를 고려한 국토 형성의 필요성이 강조되게 되었습니다. 그런 생각 자체는 틀렸다고는 생각하지 않습니다.

그러나 자민당이 2012년 봄에 제시한 '10년에 200조 엔 규모'의 재정지출을 수반하는 '국토강인화 구상'과 민주당 정권 하에서 국토교통성이 발표한 '사회자본 정비 중점계획'(2012~2016년도) 초안은, 현재의 재정사정으로 보면 도저히 실현할 수 없다고 생각되는 사업이 즐비하여 "방재를 구실로 한 '예산살포'의 부활이다"며 비판을 받고 말았습니다. 방재를 둘러싸고는 시설적(하드)인 면보다도 방재교육 등 제도적(소프트)인 면을 충실히 해야 한다는 등의 의견도 많았던 만큼, 정책의도가 의심될 소지가 있는 제시 방법은 하드인가 소프트인가, 효율인가 리던던시인가 하는 소모적 이항대립을 불러일으키기 쉬운 것입니다.

인구가 감소하는 가운데, 성장력을 어디에서 구할 것인가 하는 논의에서도 비슷한 측면이 있었습니다. 사회자본 정비 중점계획이 '국제경쟁력 강화' 수단으로 거론한 도시부 주변 도로정비를 둘러싸고, '도시로의 인구집중을 조장한다'는 반대의견과 '대도시를 핵으로 하는 메가 리전(광역권)이 경합하는 시대에 도시강화는 불가결'하다는 주장이 대립한다는 식입니다. 그것은 지방에 중점 배분하여 '균형 있는 국토 발전'을 추구하는 재래형 국토정책과, 지역 특색을 살린 '역할 분담'으로 일본 전체를 성장시켜야 한다는 사고방식의 대립에도 통하는 것입니다.

쓰나미, 토사붕괴, 하천범람 위험성이 높은 장소에 계속 거주하는 것을 '거주의 자유'를 절대시해서 묵인하는 것이 올바른 것일까. 그렇지 않으면 사적 권리를 제한해서라도 이주를 추진해야 하는 것일까.

이항대립의 논의는 쉽게 수습되지는 않습니다. 그렇지만 끊임없는 논의에 시간이 걸리면 국제사회의 변화 속도에 따라가지 못하게 될 뿐만 아니라, 다음에 닥칠 대재해에 대한 준비도 늦어지게 됩니다.

본서에서는 일본의 높은 잠재력을 함께 소개하고 있습니다. 메탄하이드레이트 등의 해양자원, 지열, 임업의 높은 성장가능성…. 이런 힘을 이끌어내기 위해서도 이항대립을 넘은 발상의 전환이 필요하다는 것이 본서가 가장 강조하고 싶었던 것입니다. 도도부현(都道府県)의 광역지방공공단체 단위가 아닌 광역권이나 일본해(동해)와 태평양을 연결하는 '통합적' 시각으로 열도를 본다면 새로운 아이디어도 생길 것입니다.

유연한 사고방식이 열도재생의 방법을 찾는 지름길이 된다고 하는 것이 조금이라도 독자 여러분에게 전해지면, 그리고 앞으로의 일본의 성장을 생각하는 데 있어서 조금이라도 본서가 도움이 된다면 그 이상의 행복은 없을 것입니다.

요미우리신문 「열도재생」 취재반

이토 도시유키(伊藤俊行)

프롤로그

일본열도 서부를 달리는 주고쿠(中国)산지 거의 중앙에 일본의 가까운 미래 모습을 보여주는 마을이 있다. 돗토리현의 니치난정(日南町)[1]이다.

65세 이상 고령자 비율이 전국 평균으로 2035년에 33%, 2055년에는 39%(국립사회보장·인구문제연구소)가 될 것으로 전망되는 가운데, 니치난정에서는 2011년 시점에 이미 45%에 달했다.

2011년이 저물 무렵, 그 해 여름 뇌경색으로 쓰러져 하루의 대부분을 자택 침대에서 보내는 75세 남성을 한 의사가 방문했다.

"밥은 먹었어? 바뀐 것은 없고?"

지참한 노트북 컴퓨터에 증상을 입력하면서 의사는 웃는 낯으로 물었다. 남성은 "나 혼자서는 통원도 할 수 없어. 의사 선생님이 찾아와주니 고맙구만"하고 차근차근히 말한다.

왕진 의사는 니치난정에 단 하나뿐인 병원, '니치난병원'의 다카미 도루(高見徹) 원장이다.

평일 오후, 주 3~4회는 간호사와 함께 차로 관내의 고령자 주택을 순회한다. '재택환자'는 모두 약 140명. 대부분이 누워서 생활하는 고령자로 하루에 7~8곳, 차로 100킬로미터 이상을 달릴 때도 있다.

취직 등으로 젊은 세대가 정(町)을 떠나 고령자 비율이 곧 50%를 넘는다. 병원과 요양시설(개호시설 介護施設)[2)]의 침대 수에 한계가 있어 의사가 스스로 나서지 않으면 고령자를 돌볼 수 없다.

"언젠가 도시부도 같은 과제를 안게 된다. 그 때 이 정이 취한 조치가 하나의 모델이 될 것이다"라고 다카미 원장은 말한다.

다카미 원장의 예언은 이미 적중해가고 있다. 고령화의 물결이 도시부에도 급속히 밀려들고 있는 것이다.

"갈 곳이 없구나."

사이타마현에 사는 72세의 남성이 쓸쓸한 듯 중얼거린다.

2010년 길가에서 넘어져 요추가 압박골절되어 입원했다. 요양이 필요하다는 인정을 받았다. 그러나 임종을 맞이할 주거지로 삼으려고 물어본 특별양호 노인홈(特養)은 어느 곳이나 만실이었다.

사이타마현 내에 있는 27개소의 특별양호 노인홈은 언제나 거의 만실로 입소대기자가 약 1만 5천명 이상에 달한다. 고도성장기에는 '황금알'로 인기를 모으며 수많은 지방출신자가 수도권으로 유입되었다. 이 단괴세대(団塊世代)[3)]가 도시부의 급격한 고령화에 박차를 가하고 있는 것이다.

도쿄의 서민 거주지역에는 개업의가 고령화되어 70세를 넘은 베테랑이 많다. 주민도 고령화가 진전되고 있기 때문에 지역에 밀착한 의사의 필요성이 높지만, "젊은 의사에게 개업을 권해도 반응이 시큰둥하다. 지금의 개업의가 줄지어 은퇴하면 지역의료 공백지역이 되기 쉽다"(경영 컨설턴트)고 하는 상황이다.

수도권에서는 개업 희망자가 도심의 야마노테(山の手) 지구나 가나가와(神奈川)의 사철 연선에 집중해 있어 수요와 공급의 균형이 크게 무너졌다.

수도권의 베드타운 사이타마현에서는 현의사회 가나이 다다오(金井忠男) 회장이 "건물 보수비용을 내지 못하고 쩔쩔매는 사립병원이나 진료소가 나오고 있다"며 시설과 설비 노후화에 골머리를 앓고 있다.

사이타마현에는 고도성장기에 개업한 노후시설이 많다. 의료비 억제가 계속되고 있는 가운데 대규모 내진개수(耐震改修)나 재건축 투자 회수는 용이하지 않다. 개업의가 세대교체를 계기로 진료소를 닫고 의료 몰 등에서 소규모로 개업하는 경우도 나오고 있다고 한다.

후생노동성 추계로는, 입원환자 수는 2011년도에 1일당 133만 명이 2025년도에는 21% 증가한 162만 명으로, 요양 서비스 이용자는 427만 명에서 51% 증가한 647만 명으로 늘게 된다.

현재는 의료·요양분야 노동에 462만 명이 종사하고 있으나 2025년도에는 34% 증가한 620만 명을 넘는 인력이 필요하게 된다.

민간조사회사인 데이코쿠 데이터뱅크에 의하면 의료·노인복지 사업자의 연간 평균 도산 건수는 2001~2005년 31.6건에서, 2006~2010년 62.2건으로 배로 증가하였다. 부유층이나 출퇴근하는 회사원 등이 이용하는 도심형 병원은 좋지만 교외형 병원에서 수익악화가 늘어나고 있다고 한다.

저출산 고령화 문제는 사회보장면의 재정지출이 크게 늘어나는 것에만 눈이 가기 쉽다. 그러나 심각한 문제는 오히려 고령자를 돌보고 젊은 층을 양육해야 할 생산연령 인구가 점점 줄고 있는 것에 있다.

일본의 산업을 지탱하는 15~64세의 생산연령 인구는 2010~2030년 사이에 1,388만 명이 줄어 6,740만 명이 될 것으로 추계되고 있다. 이것은 총인구 감소폭(1,196만 명)을 상회하는 높은 추세다.

한편 2030년에 총인구가 정점을 맞는 중국은 경제력이 세계의 국내총생산(GDP) 전체의 4분의 1 가까이를 차지, 미국과 일본을 크게 상회할 전망이다.

일본 국내에서는 초엔고(超円高)로 인해 경쟁력도 저하되어 파나소닉이 2010년 10월에 텔레비전 사업 축소를 발표하고, 11월에는 도시

2035년 일본의 인구는 이렇게 된다

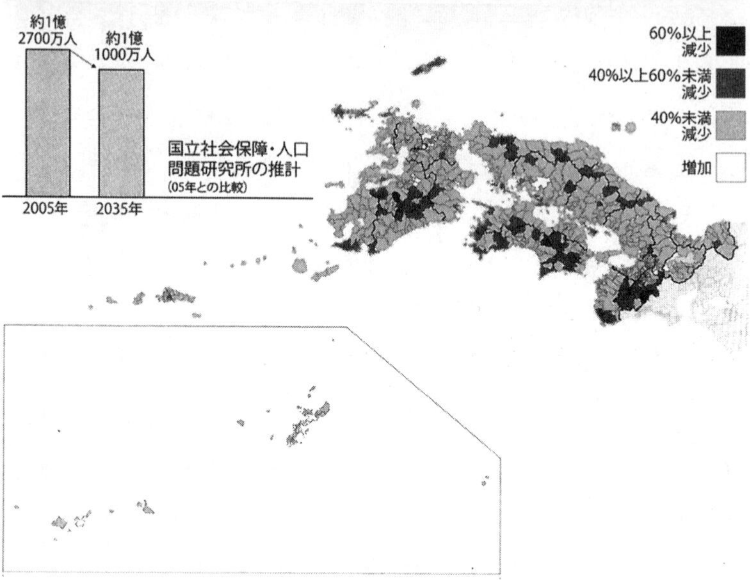

바도 반도체 국내생산 축소를 발표했다.

기계진흥협회 경제연구소에 의하면, 전기기계산업 종사원 수는 1991~2008년 사이에 41개 도도부현에서 줄었는데, 전기 관련 대규모 공장이 고용의 수용처였던 군마나 이와테, 이바라키현 등은 거의 반감하였다.

교토시 니시교구(西京區) 라쿠세이(洛西) 뉴타운에서 2011년 10월 수도관이 파열되어 830세대가 단수되었다. 이 지구에서는 교토시가 1970년대에 건설한 뉴타운 지하에 부설한 수도관이 노후화되어 2011년 6월 이후 커다란 파열사고가 4건이나 이어졌다.

가도카와 다이사쿠(門川大作) 시장은 지구 내 부식대책이 끝나지 않은 수도관 13킬로미터의 교체에 대해 당초 5년 계획을 2년으로 단축한다고 표명하였으나 교체비용 약 40억 엔에 비해 교토시 상하수도

2035년 일본의 인구는 이렇게 된다

국의 연간 교체 예산은 30억 엔밖에 없다. 지구 내에 집중 투자하면 다른 지역은 어떻게 될 것인가. 시 상하수도국은 “재원확보가 최대 과제”라고 말한다.

도치기현 의회는 2011년 9월 동부를 흐르는 나카가와(那珂川)에 걸려 있는 ‘신나카교’(新那珂橋, 나카가와정)를 철거하기로 결정했다. 1935년 완성되어 76년. 보수를 거듭해왔지만 2011년 3월 11일 발생한 동일본대지진[4]으로 전장 약 300미터인 다리 전체에 다수의 균열이 발생하고 일부가 벗겨지고 떨어져 나갔다. 전면통행금지를 해서 대응책을 검토했지만 현재의 내진기준을 만족하도록 보수하는 것은 어렵다. 하류에 우회하는 교량이 있기도 해서 약 3억 엔을 투자해서 철거하기로 결정했다.

지역 주민들로부터 존속을 요구하는 목소리도 있었지만 도치기현

동일본대지진으로 심하게 손상되어 철거가 결정된 신나카교
(도치기현 나카가와정에서. 2011년 12월 촬영)

은 "완전 복구는 공사비의 단위가 달라진다. 재정난도 있어 곤란하다"며 존속 요구에 응할 수 없는 상황을 설명했다.

일본 국내에서는 금후, 고도성장기 이후에 정비된 인프라가 차례차례 건설 후 50년을 경과한다. 국토교통성에 의하면 도로교량 만을 보더라도 전국적으로 50년 이상 경과한 시설물의 비율은 2011년 시점 8%에서 그 20년 후에는 53%로 급증한다.

네모토 유지(根本祐二) 도요(東洋)대학 교수의 시산으로는 도로와 다리, 상하수도 등에다 학교와 공영주택 등의 공공시설을 포함한 갱신 비용은 금후 50년간에 걸쳐 연평균 8.1조 엔을 필요로 한다.

네모토 교수는 "민간자금을 도입하는 등 인프라를 유지하기 위한 효율화에 지금부터 손을 쓰지 않으면 시간이 맞지 않는다"며 경종을 울린다. 그런 염려는 2012년 12월 2일 야마나시현 주오자동차도(中央自動車道) 상행선 사사고(笹子) 터널에서 천정판이 떨어져 차량 3대가 무너진 천정판에 깔려 9명이 사망하는 사고가 일어난 것으로 현실화

되었다. 이 터널의 운용이 시작된 것은 1979년이었다.

고령자의 사회보장비를 지원하는 세대가 과중한 부담을 강요당하고, 생산성은 감퇴하고, 인프라 유지비용도 증대되어 간다. 일본의 성장에 브레이크를 거는 요인은 열거하기 힘들 정도다. 성장을 기대할 수 없다고 포기하고, 축소균형을 추구하는 사고방식도 있지만, 국민 전체적으로 그러한 컨센서스, 각오는 없고, 그런 논의 자체가 깊게 검토되고 있지 않다. 원래, 1,000조 엔이 넘는 부채를 안고 있는 국가에 축소균형의 선택지 같은 것은 없다고 하는 의견이 뿌리 깊다. 성장인가, 쇠망인가. 양자택일에 쫓긴 일본이 앞으로도 성장을 유지해 갈 술책은 있는 것일까.

대답은 '예스'다.

일본에는 아직도 커다란 잠재력이 있다. 다만 이것을 끌어내기 위해서는 '발상의 전환'을 빼놓을 수 없다. 왜냐하면 일본에 감추어진 많은 잠재력은 종래에는 '약점'으로 여겨졌던 것 속에 있기 때문이다.

그 '약점'을 속속들이 드러낸 것이 동일본대지진이다. 그것은 국토형성, 사회기반, 산업, 사회 시스템에 이르는 모든 '국가 조성'에 있어서 새로운 사고방식을 모색할 것을 요청했다.

예전에 다나카 가쿠에이 수상은 『일본열도개조론』[5]을 피력하여 국토형성에 큰 영향을 주었다. 많은 비판의 세례를 받았지만 일본 전체를 구상하고, 일본이 강력하게 살아가기 위한 하나의 길을 제시했다는 점에서 배워야 할 점도 많다.

저출산 고령화, 인구감소, 대재해 빈발기라고 하는 혹독한 환경에 노출된 일본이 국제사회 속에서 살아남기 위해서는 어떻게 해야 좋을까.

새로운 열도 개조의 길을 '열도재생'의 처방전으로 제시한다. 21세기 일본의 '생존법'을 찾는 여행에 다름 아니다.

제1장

경제재생을 위한 비장의 카드

'약점' = '강함'의 방정식

'약점'을 어떻게 '강함'으로 바꿔 갈까.

인간의 생존방식뿐만 아니라 사회의 지속 가능성, 국가의 성장을 생각할 때에도 꼭 들어맞는 성공의 비결이다.

일본 전체를 덮고 있는 폐색감의 커다란 이유의 하나는 '잃어버린 20년'이라 불리는 경제의 불황인 것은 틀리지 않다. 저출산 고령화와 인구감소라는 구조적이라고도 할 수 있는 요인을 안고 있는 가운데, 종래 하던 방법으로 경제를 재생해 갈 수는 없다. 그래서 '약점'을 '강점'으로 바꾸어보려고 하는 구체적 사례와 시도, 그리고 발상의 전환이 가져올 성장의 가능성에 대해 소개한다.

'약점'은 흉내 낼 수 없다

인도네시아 서자바주 주도 반둥에서 차량으로 약 2시간. 표고 2,000미터 산속에 펼쳐진 차밭에서 슈-슈-하는 소리가 들려온다.

마루베니와 도시바가 2014년 가동을 목표로 건설 중인 파토하 지열발전소에서 굴착한 시추공에서 천연 증기가 분출되는 소리다. 이미 십 수본의 시추공이 굴착되어 증기가 높이 약 10미터까지 뿜어 올라간다. 가까이 다가서자 살짝 유황 냄새가 났다.

지열발전시스템에서 도시바와 미츠비시중공업, 후지전기 등 일본 메이커 3사의 합계 점유율은 세계의 약 70%에 달한다.

지열발전소 건설지 부근에서 분출되고 있는 천연 증기
(인도네시아 서자바주 반둥 교외에서. 2012년 6월 촬영)

일본에는 이제는 성장산업 같은 것이 없는 것 아닌가-. 저출산 고령화로 인한 인구감소라는 구조적 요인에다, 예전에 일본이 자랑해온 많은 기술들도 중국과 한국이 모방하여 경쟁력을 잃어가고 있어 일본의 성장을 유지해 가는 것은 곤란한 것이 아닌가 하는 비관론이 감돈다.

이러한 가운데 성장의 '잠재력'은 중국과 한국이 모방하고 싶어도 할 수 없는 바로 일본의 '약점' 속에 있는 것이 보였다.

그것은 '도호(島弧)=호상열도(弧狀列島)'라는 지리적 조건이다.

도호란 해구에서 플레이트가 침하하며 침입할 때 수반되는 마그마 활동으로 생긴 활 모양의 화산열도를 말한다. 일본 외에 동남아시아나 환태평양 지역, 칼리브해에 점재하는 화산과 지진의 소굴이다.

같은 섬나라이지만 지질학적으로는 대륙의 일부인 영국이나 스리랑카 등과는 다르다. 토지가 좁고 표고가 낮기 때문에 쓰나미의 피해도 받기 쉽다. 많은 것들이 대륙과 대양에 낀 장소에 있으며 호우와 열대저기압이 많이 발생한다.

도호가 만들어지는 구조

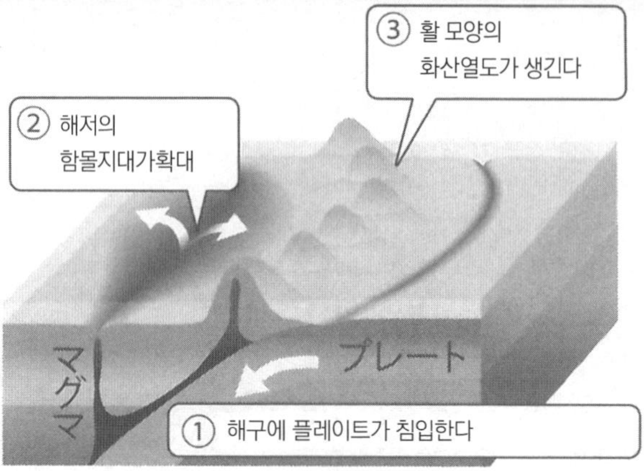

약 2,000만 년 전부터 있은 마그마 활동으로 형성된 일본열도는 혼슈호(本州弧), 지시마호(千島弧), 이즈·오가사와라호(伊豆·小笠原弧), 류큐호(琉球弧) 등 4개의 도호가 집중하는, 지구사에서도 드문 '복합도호지대'로, 이들 재해와 항상 이웃하고 있다.

중국, 한국도 이런 자연조건을 기꺼이 선택하려고는 하지 않을 것이다.

지열발전의 우위성은 화산이 줄지어 있는 도호 일본이기 때문에 배양할 수 있었던 기술이라고 말할 수 있으며, 그 노하우에 커다란 강점이 있기 때문에 타국이 용이하게 추종할 수 없는 것이다.

예를 들어, 지하에서 추출해내는 증기는 유황 등의 불순물을 포함하기 때문에 발전 터빈에 부식되기 어려운 재질과 특수한 구조가 요구된다.

일본과 같이 도호인 인도네시아는 풍부한 지열자원을 갖고 있다. 경제성장에 따라 전력수요가 매년 8.5% 정도 계속 증가할 전망으로, 지열발전량을 2010년 시점 약 800메가와트에서 2025년에는 약 5,000

메가와트까지 끌어올릴 계획이다.

마루베니의 해외전력 프로젝트 제1팀 시바타 아츠시(柴田厚志) 팀장은 "지열발전에서는 일본세의 우세가 당분간 계속될 것이다"며 기대하고 있다.

일본 기업은 도호의 최대 약점이라고 하는 지진 빈발을 역으로 이용하여 세계에서 경쟁력을 높여가고 있다.

일본이 기술을 수입하고 추종해왔던 구미제국은 대륙이어서, 안정된 지반 덕택으로 일본과는 철도나 도로 등의 '설계사양이 다르다'고까지 한다. 한정된 토지에 치밀한 교통망을 구축, 고도의 내진성을 확보하는 등 일본이 자국의 제약 속에서 연마해온 기술은 동남아시아와 환태평양지역의 국가들 속에서 대륙형의 기술 보다 높은 경쟁력을 가질 수 있다.

2012년 4월, JR히가시니혼(東日本) 등 일본 철도사업자 10사가 출자하는 해외용 철도컨설팅회사 '니혼컨설턴트(JIC)'가 본격적으로 영업을 시작했다.

세계적으로 존재감을 더해가고 있는 많은 신흥국에서는 경제성장과 보조를 맞추어 철도 건설계획이 부상되고 있다. 브라질과 인도, 베트남 등이 추진하는 고속철도계획에서 지진이 발생했을 때의 높은 안전성과 치밀한 운행시스템을 가진 일본 기술이 주목을 받고 있다.

과제는 차량 등 일본 제품의 높은 가격이지만, 니혼컨설턴트 기획영업본부 고마츠 히로시(小松博史) 부장은 "철도사업에서 흑자를 내는 일본은 세계에서도 진귀한 존재. 안전하고 정확하게 운행하는 일본의 시스템은 장기적인 안목으로 보면 이익도 크다는 것을 어필해 간다"고 의욕을 보였다.

일본과 지리적으로 가깝고 지질학적으로 도호(南西諸島) 끝에 해당하는 타이완에서는 철도 등 다양한 분야에서 일본 기술이 착착 뿌리

내리고 있다.

일본의 신칸센(新幹線) 기술이 해외에서 처음으로 채용된 것은 2007년 개통한 타이완고속철도(타이완신칸센)다. 실은 당초 이 사업을 수주한 것은 독일, 프랑스의 구주연합이었다.

그러나 1999년에 타이완 대지진이 일어나자 지진에 강한 일본 기술이 재평가를 받아 차량시스템을 미쓰이물산 등 일본기업연합이 역전 수주하였다. 타이완고속철도 직원 약 120명이 JR도카이(東海) 등에서 연수를 받고, "운행시간 엄수와 정기점검의 중요성 등을 철저하게 교육받았다"(관계자)고 한다.

타이완고속철도는 2012년 가와사키중공업 등에 신칸센 48량을 발주, 대금은 약 190억 엔에 달할 것으로 보인다.

빌딩 건설 분야에서는 지상 101층 높이 508미터인 세계 유수의 높이로 2004년 완성된 타이페이시의 '타이페이금융빌딩'(타이페이 101)에 구마야구미(熊谷組) 등이 참여하였다. 특수 내진구조와 신일본제철의 고품질 철골 등 일본의 첨단기술이 빼곡하다.

타이페이시에서는 수도에서도 일본식을 도입하고 있다.

타이페이자래수(自來水)사업처(타이페이시 수도국)는 2008년부터 도쿄도의 제3섹타 '도쿄수도서비스'가 채택하는 내진성 높은 '사복식(蛇復式) 급수관'을 채택하기 시작했다. 도쿄도의 누수율이 불과 3.1%로 세계 평균인 25~30%보다 '현저하게 낮은 것이 결정타'(사업처 吳陽龍 처장)였다. 급수관의 3할을 사복식으로 바꿈으로써 타이페이시의 누수율은 2006년 27%에서 2008년 19%로 낮아졌다. 2025년까지 90%를 사복식으로 교체한다.

인도네시아와 타이완에 그치지 않고 도호에서 연마된 일본의 기술력을 활용하는 길은 온 세계에 퍼지고 있다.

세계라는 시장을 상대로 타국이 모방하기 어려운 자연조건 속에서 육성된 기술이 경쟁력을 갖고 있다는 현실이, '약점'을 '강함'으로 바꿔 가는 발상의 전환이야말로 일본의 '생존'을 위해서는 필요하다는 것을 증명하고 있다.

미래의 일본을 지탱할 산업에 요구되는 것은 타국이 쉽게는 따라올 수 없는 '강함'이다. 그 유망주로 거론되는 것에는 고기능의 부품과 소재, 대형 플랜트 건설 분야가 있다. 실은 이 속에서도 '약점'을 '강함'으로 바꾼 것이 있다.

예를 들어, 미 보잉의 최신 여객기 '787'은 전부품의 약 35%를 일본 기업 제품이 맡고 있다. 종래기종보다도 20% 향상된 연비를 기록한 것은 가볍고 강한 탄소섬유 복합재로, 이것은 일본의 주요 메이커가 세계시장의 약 70%를 점유하고 있다. 그리고 그 담당자는 한때는 '쇠퇴산업' 딱지가 붙은 섬유업계였다.

위기감은 필요하다. 그러나 비관만 할 필요는 없다. 그것이 '잃어버린 20년'의 다음을 살아가고 있는 일본의 있는 그대로의 모습이라고 할 것이다.

'멀다', '춥다'가 이점으로

천정으로부터 냉기를 끌어들여 전력소비를 억제한 '사쿠라인터넷'의 데이터 서버실
(홋카이도 이시카리시에서 2012년 2월 촬영)

예전에는 성장과 발전의 마이너스 요인 취급을 받아온 '멀리 떨어짐' 이나 '추위'가 새로운 가치로서 재평가 받고 있는 것도 발상의 전환의 구현이라 할 것이다.

광대한 평지가 펼쳐지는 홋카이도 이시카리시(石狩市)의 이시카리만(石狩湾) 신항지역에 2011년 11월 교외형 데이터센터가 완성되었다.

고객기업 등이 가진 데이터를 보존·관리하는 서버를 집적시킨 시설로 오사카시에 본사를 둔 대기업 IT(정보기술) 관련회사 '사쿠라인터넷'이 새로 건설했다. 장래에는 국내 최대 규모로 확충시킬 계획이다.

국내에 있는 동종 시설의 70%는 통신환경이 뛰어난 수도권에 설치되어 있다고 한다. 그런 가운데 홋카이도에 거점을 두는 이점에 대해 다나카 구니히로(田中邦裕) 사장은 "동일본대지진 후, '이용자와 가까운 것'보다 재해로부터 떨어진 '이격'이 중요시되고 있다"고 설명한다.

수도권으로부터 멀리 떨어져 있는 것은 거대 재해에 의한 '동시 피재' 위험이 낮은 것을 의미하며, 원래 홋카이도는 자연재해가 적다.

독립행정법인 방재과학기술연구소의 데이터로는 삿포로에서 금후 30년 이내에 진도 6약 이상의 지진이 발생할 확률은 1.2%로 도쿄, 오사카, 나고야와 비교해서 월등히 낮다. 태풍의 직격도 전혀 받지 않는다. 자연재해에 의한 하천과 도로, 공공시설 등의 피해를 복구사업 기준으로 재무성(재무국)이 산정한 '재해복구사업비' 사정액(2008년)에서, 국토면적의 22%를 차지하는 홋카이도는 12억 엔으로 전국 939억 엔의 1%를 약간 넘는 수준이다.

'추위'도 이 회사에 이익을 가져왔다. 서버 가동에는 가동전력과 거의 같은 양의 냉각전력이 필요한데, 시설 공조에 차가운 외기를 이용하여 전력 단가를 약 40% 절감할 수 있기 때문이다.

'약점'을 '이점'으로 바꾸는 시책으로 홋카이도는 새로운 역할과 성장전략을 그리기 시작하였다.

도마코마이(苫小牧) 동부에 있는 도쿄 야마노테센(山手線) 내측 면적의 약 1.7배 넓이를 가진 공업단지 '도마토(苫東)'. 신치토세공항(新千歲空港)과 도마코마이항(苫小牧港)에 근접하고, 부지 내에 일본 최대의 석유비축기지와 화력발전소가 있지만 오일 쇼크로 계획이 중지되었다. 수도권으로부터 멀리 떨어진 탓에 손대지 않고 남아 있던 장소에 재해에 대비한 기업의 본사 대체기능 시설을 유치하려고 하는 구상이 부상하고 있다.

동일본대지진 때에는 부지 약 107헥타르를 부흥건설자재 임시 장치장으로 제공하는 체제를 갖추었다.

"홋카이도에는 광대한 토지가 있다"(다카하시 하루미 지사)고 하면서, 홋카이도가 정부에 제안한 '백업(Back Up)거점 구상'에는 국가 행정기능의 대체, 피재해지역에 대한 긴급 지원, 피난자 일시 수용, 충실한 에너지 공급 등 6개 분야의 구체적인 시책을 담았다.

국내 경작지의 4분의 1을 갖고 있으며, 원래부터 특기분야인 농업에서도 국가 식량비축제도와 연계, 새로운 역할과 신기축을 모색 중이다.

식량비축제도 아래에서는 매입한 식량을 5년 후에는 사료용으로 매각한다. 품질 저하로 인한 매각 시의 손실 등 재정 부담이 연간 500억 엔 정도나 된다. 그래서 부상한 것이 홋카이도의 설빙을 이용하여 농작물 수확 후의 저장량을 늘림으로써, 식량비축과 같은 상황을 만들어내는 아이디어다. 생산자에게는 출하시기를 늦추어 물량이 모자라는 시장(品薄)에서 비싸게 판다는 일석이조의 효과도 예상된다. 도내에 15개소가 있는 설빙냉열(雪氷冷熱) 저장시설과 도내 농업시험장에서 감자와 쌀 등을 대상으로 연구가 계속되고 있다.

지역경제의 많은 부분을 공공투자에 의존하고, 역내경제 중 공적 수요의 비율이 3분의 1을 차지해 온 홋카이도. 경제 불황이 계속되는 가운데 국가에서 전용되는 공공사업비도 해마다 줄고 있다. 일본 전체의 성장이라는 관점에서 보면 지원을 받기만 했을 뿐 견인차는 되지 못했던 '짐'이 새로운 가능성을 지리적 '약점' 속에서 찾아냈다고 할 것이다.

이러한 지역이 악순환에서 탈피, 지역경제를 이륙시킬 수 있으면 일본 전체의 성장에 아직 밝은 전망을 가질 수 있을 것이다.

'후쿠시마'가 성장의 엔진

남북으로 가늘고 긴 일본열도의 '배' 부분에 사람이 살 수 없는 지역이 있다. 그 현실과 마주하면서 '약점'을 '강함'으로 바꾸려면 어떻게 해야 좋을까.

동일본대지진이 도화선이 된 도쿄전력 후쿠시마 제1원자력발전소 사고. 이 사고로 인해 일본열도는 그 복부에 커다란 공백지대를 만들어버리고 말았다. 자연조건을 제외하면 그렇다할 '약점'은 없다.

이 '약점'의 심각함은 1986년 4월 구 소련에서 발생한 체르노빌 원자력발전소 사례와 비교해보면 한층 확실해진다. 체르노빌 원전 사고에서는 재해를 입은 사람들에게는 구제의 손길을 내밀었지만 재해지역은 버려졌기 때문이다.

체르노빌 원전에서 북으로 약 3킬로미터 떨어진 우크라이나 북부의 도시 프리파치는 사고발생부터 약 40시간 후 전주민이 일제히 피난명령을 받고 도시는 버려졌다.

사람들이 살았던 6층 아파트의 외벽은 무너져 내려 기와가 벗겨지고 유원지 관람차는 녹슨 모습을 드러낸다. 호텔과 문화홀로 둘러싸인 도시 중심의 레닌 광장에서 공간선량(空間線量)을 측정하자, 매시 1.5 마이크로시버트로, 매우 높은 수치를 보였다. 원전으로부터 반경 30킬로미터권 내에서는 거주가 금지되고 있다.

2012년 현재, 방사능 오염의 주된 원인인 세슘137의 반감기(약 30년)가 가까워져 오염 수준은 사고 직후에 비하면 낮아졌다. 그래도 우크라이나 정부는 현재의 거주금지 방침을 장래에도 해제하지 않을 방침이다. 30킬로미터권 내로의 주민 귀환은 당초부터 계획하고 있지 않은 것이다.

오염제거작업도 행해졌지만 그 목적은 피난 주민을 귀환시키기 위한 것이 아니라 방사성 물질이 바람에 날려 광범위하게 확산되는 것을 막기 위한 것이었다.

오염지역 관리를 담당하는 빅토르 바로가 비상사태장관은 "일본과 달리, 우크라이나에는 피난주민에게 제공할 수 있는 충분한 토지가 있다. 각지에 피난자용 주택을 건설하여 수용했다"고 말한다.

체르노빌 원전은 일본보다 두 배 가까운 면적을 가진 국토 북단에 위치한다. 거기에 사람이 살지 않기 때문에 영향은 한정적이다. 이에 대해 후쿠시마현의 사정은 전혀 다르다.

후쿠시마 원전은 도쿄에서 약 200킬로미터. 일본열도의 중심 가까이에 위치하여 지리적, 경제적, 심리적인 영향이 크다.

경계구역과 계획적 피난구역으로 지정된 지역은 2011년 9월말 단계에서 합계 약 1,100평방킬로미터로 후쿠시마현 면적의 약 8%에 해당한다. 정부는 2012년 6월 9일, 10년 후에도 원전 사고 전 인구의 18%가, 15년 후에도 10%의 주민이 피난을 계속하지 않으면 안 된다는 예측을 공표했다.

'8%'를 재생시키기 위한 시간과 제염 등의 비용을 생각하면 별도 장소에 새로운 도시를 조성하고 피난자 생활 지원을 충실히 하는 것이 좋다는 의견도 있다. 이에 대해 전국지사회장을 3기 역임한 아소 와타루(麻生渡) 전 후쿠오카현지사는 "영원히 살 수 없다고 생각하는 것이 아니라, 단호하게 국토를 복원한다는 생각으로 해야 할 것이다"고 말한다. 그것은 단순한 '이상'이 아닌 제염기술의 발달과 신산업의 개척으로 가능하다고도 강조한다.

어쨌든 후쿠시마라고 하는 '약점'의 심각함은 필설로 다하기 어렵다. 그렇다 하더라도 이 '약점'을 '강함'으로 바꾸어갈 방법이 있는 것이다.

2012년 2월 9일. 미국의 유력 싱크탱크인 CSIS(전략국제문제연구소)

의 스티븐 모리슨 국제의료정책센터 소장 등이 도쿄도내에서 후쿠시마 제1원전 사고 후에 실시되고 있는 주변 주민의 맨탈 헬스(마음의 건강)를 둘러싸고 일본 관계자와 의견 교환을 하였다.

옥외에서 놀지 못하는 어린이들을 후쿠시마현 밖에서 놀게 하는 NGO(비정부조직)와 현장 의사 등이 그 의견 교환에 참가하였다. 미국측 참석자는 NGO와 의사가 후쿠시마 사람들을 지원하기 위해 열심히 노력하고 있는 것을 알고 감동을 받았다고 한다. 그런 한편으로, 세계 각국이 재해 시의 맨탈 헬스 대책을 강화한 조치를 취하여 재해주민의 건강 데이터 축적을 체계적으로 추진하고 있는데, 일본 정부가 너무나도 현장에 맡겨버리는 것에 대해 놀라움을 감추지 않았다.

미국측 참석자 중의 한 사람은 “여러분 개개인은 훌륭한 일을 하고 있는데, 전체적인 전략, 태세와 정부가 정책으로서 어떻게 하고 싶은지를 알 수 없다”고 감상을 말했다.

맨탈 헬스와 저선량피폭 등 후쿠시마 원전 주변의 주민 건강 데이터에 대한 국제사회의 관심은 높다. 자국이나 주변국에서 원전사고가 생겼을 때, 건강에 미치는 영향을 최소한으로 하는 대책 마련에 도움이 될 것이라고 생각하기 때문이다.

그러나 일본 민주당 정권이 이 분야에서 ‘정치주도’를 발휘하는 일은 없었다. 후쿠시마현을 의료거점으로 하는 등의 구상을 포함한 후쿠시마 부흥재생 특별조치법의 성립은 2012년 3월말까지 미루어졌다. 동법에 기초한 ‘기본방침’을 부흥청이 현에 제시한 것은 2012년 6월에 들어서서부터다.

모리슨 씨 등과의 의견교환회를 중개한 다케미 게이조(武見敬三) 참의원 의원(일본국제교류센터 시니어 펠로)은 “후쿠시마의 교훈을 현민과 국민뿐만 아니라 인류사회의 교훈으로 하는 것이 일본의 책무이며, 국제사회에서의 정책 발신력, 존재감도 높아진다”고 강조한다.

후쿠시마의 교훈을 세계적으로 활용하자는 말의 저류에는 '헬스 디플로머시'라는 개념이 있다. 헬스 디플로머시란 의료와 보건 등 인간의 생존과 존엄에 관한 분야에 대한 지원을 통해 민생을 안정시키는 조치로 군사, 경제와 어깨를 겨루는 외교 수단으로서 주목을 받고 있다.

일례를 들면, 파키스탄에서 시행한 일본의 폴리오 박멸활동이 있다.

일본 정부는 2011년 8월, 미국의 '빌 앤 머린다 게이츠 재단'과 제휴하여 약 50억 엔의 엔차관을 파키스탄에 제공하고 5,500만 명분의 백신 확보와 백신 투여자에 대한 지원을 하겠다고 표명하였다. 그 이전에도 일본 정부는 1996~2010년도에 약 97억 엔의 무상자금 협력을 하고 있다.

오에 히로시(大江博) 주파키스탄 대사는 "'일본만은 정말로 파키스탄을 생각하고 지원해 준다'는 소리를 자주 듣는다"고 한다. 주변국과 대국의 이해에 파키스탄이 우롱당하고 있는 가운데, 일본이 특별한 존재감과 영향력을 줄곧 갖고 있는 증좌다.

실은 이러한 노력은 외교상 일본의 입장을 우위에 서게 할 뿐만 아니라, 그런 것이 가져올 경제에 대한 영향도 크다. 더구나 직접적인 성장전략으로서의 잠재력도 있다. 그 좋은 예가 일본의 지역의료와 보험제도다.

국제사회의 의료관계자는 예전의 일본이 뇌졸중을 격감시킨 것에 주목하고 있다. 뇌졸중 격감은 일본의 충실한 지역의료와 보건제도가 없었다면 할 수 없었다는 것이 국제사회의 평가이기도 하다.

혹시 일본이 지역의료와 보험제도의 경험과 노하우를 패키지로 수출할 수 있다면 그것은 유력한 성장분야가 될 수 있다. 시스템을 파는 것으로, 이에 부수해서 의약품, 의료기기, 나아가서는 병원 건설 등 의료관계 인프라까지 일본 기업이 적극적으로 나설 수 있게 된다. 그리고 그 성장전략에 '후쿠시마의 교훈'을 포함시키는 것이 후쿠시마 재생의 지름길로도 이어진다.

물론, 과제는 적지 않다.

의료, 보건분야를 후쿠시마, 나아가서는 일본의 성장전략으로 하는 데 있어서 중핵적 역할을 담당할 것으로 기대되는 후쿠시마현립 의과대학의 요코야마 히토시(横山斉) 이사는 존슨 앤드 존슨(스카가와시 須賀川市)과 아이즈 올림퍼스(아이즈와카마츠시 会津若松市) 등 의료산업이 입지하고, 산관학 연계 소지가 원래 있었던 후쿠시마에서 불행한 사고가 일어난 운명을 역으로 '이점'으로 하지 않으면 안 된다고 강조한다. 마치 '약점'을 '강함'으로 바꾸는 발상이다. 요코야마 씨는 "이 땅에서 세계에서도 드문 경험을 한 것을 피폭의료, 재해의료, 부흥 국제거점 조성으로 연결하고 싶다"고 힘차게 말했다.

그러나 이것을 일본 전체의 전략으로 높이기 위해서는 정부, 현, 의료기관, 기업의 보다 폭넓은 제휴를 빼놓을 수 없다. 지금 현재, 후쿠시마현립 의과대학은 "현과 원활하게 의사소통을 할 수 있고, 제휴해서 속도감을 갖고 시책에 매진할 수 있다"(요코야마 씨)며, 현립대학이기 때문에 갖는 '이점'을 최대한 살리는 데 부심하고 있지만, 관계자는 "장래에는 문부과학성이나 후생노동성과 단단히 손을 잡고, 일본 전체적으로 맨탈 헬스를 위시한 후쿠시마다운 특기분야를 살려나갈 것을 생각하지 않으면 국제경쟁력을 높이지는 못한다"고 말한다.

현민 감정에 대한 배려라는 무거운 테마도 있다.

후쿠시마현립 의과대학의 마쓰이 시로(松井史郎) 특명교수(방사선의학 현민건강관리센터 홍보부문장)는 "방사선의 영향 등에 대해 주민의 건강 데이터를 수집하는 것에 관해서는 현민 중에 '모르모트 취급할 셈인가'하는 반발도 있었다. 그러나 원전사고가 건강에 미치는 영향이라는 연구성과는 후세에 전하지 않으면 안 된다. 장기적으로 건강을 지켜봄으로써, 장래의 자신에게도 자손에게도 '과실'을 건네준다는 것을 이해해 주었으면 한다"고 호소한다.

후쿠시마 현민 뿐만 아니라, 일본 국민 전체가 마쓰이 교수가 말한 것과 같은 의식을 갖게 된다면 후쿠시마 원전 사고의 비극이 언제인가 성장을 뒷받침하는 재료가 될 가능성은 낮지 않다.

정책연구대학원대학의 시라이시 다카시(白石隆) 학장(국제관계론)은 "후쿠시마 제1원전 사고는 엄청난 일이었지만, 참혹한 사고의 경험에서 배운다는 점에서, 세계적으로는 일본의 원전관계 기술에 대한 기대가 높아지고 있다. 또, 일본 의료시스템 개혁에 있어서도 큰 기회가 된다. 얼마 전부터 온 세계에서 코호트 스터디즈(동류집단의 연구)가 이루어지고 있다. 어느 도시 주민 전원의 의료정보를 네트워크를 통해 공유하고 20년, 30년간 축적한다. 그래서 생활습관병 등에 대해 체계적인 의학적 식견을 얻을 수 있고, 생활습관병과 관련한 의료비의 삭감, 고령자 요양 등에 활용한다는 것이다. 후쿠시마현에서는 방사선의 영향 등을 생각하면 코호트 연구의 필요성은 명백하고, 게놈(全유전자)·코호트 연구를 꼭 진행해야 한다고 생각한다"고 말한다. 그런 뒤, "예를 들어, 도호쿠(東北)대학과 후쿠시마대학에 연구비만 주고 '자, 하세요'하는 방식으로는 잘 되지 않는다. 의료제도 그 자체의 개혁을 염두에 두고, 일본 전체가 구조를 생각할 필요가 있다"고 말한다.

후쿠시마현의 '재생' 노력은 성장산업뿐만 아니라 그 성장을 뒷받침하기 위한 에너지 정책의 전환에서도 진척되고 있다.

후쿠시마현은 2012년 3월, "현 재생가능에너지 추진 비전"을 개정하고 2040년경에 현 전체 에너지 수요를 상회하는 재생가능 에너지를 생산한다는 목표를 내걸었다.

2012년도부터 일반주택용 태양광발전 패널 설치 보조제도를 확충하고, 6억 7천만 엔을 투자하여 연간 3,300세대에 설치하는 것을 목표로 한다. 현 에너지과 담당자는 "신에너지는 부흥의 기둥, 새로운 후쿠시마의 상징이다"고 말한다.

후쿠시마현 내 각 지방공공단체도 독자적인 노력을 전개한다.

이와키시(いわき市)는 '산학관민' 일체로 재생가능 에너지 보급을 목표로 하는 '시 환경·에너지 관련 산업 네트워크'를 2011년 12월 설립했다. 후쿠시마현 외해 태평양에서는 2014년까지 부유식 풍차를 설치하는 실험을 거쳐 장래 100기 정도까지 해상 풍력발전시설을 늘리겠다는 정부의 구상도 있다.[6]

미나미소마시(南相馬市)에서는 태양광과 풍력 발전을 활용한 시가지 조성 '스마트 커뮤니티'의 모델 단지 구상이 태동하고 있다.

촌내 전역이 계획적 피난지구가 된 이이다테촌(飯館村)은 오염제거 작업으로 벌채한 산림 폐목재를 활용하는 목질 바이오매스 발전시스템을 비롯하여, 방사능 오염으로 경작이 제한된 논에서 바이오 에탄올용 벼를 재배해서 연료화하는 방법을 검토 중이다. 휴경지가 황폐되는 것을 막고 이농을 막기 위한 목적도 있다. 이이다테촌의회 사토 쵸헤이(佐藤長平) 의장은 "경작 제한이 해제되어도 풍문피해가 예상된다. 에너지용으로 활용해서 농가의 생존을 꾀하고 싶다"고 말한다.

에너지 이외의 분야에서도 의료나 대학 등 후쿠시마 재생을 위한 아이디어는 구체적으로 움직이고 있다.

금후, 요청되는 것은 이러한 후쿠시마 재생을 위한 움직임을 정부, 국민이 일체가 되어 일본 전체가 지속적으로 뒷받침할 수 있을까 어떨까 하는 것이다.

〈후쿠시마 부흥 없이, 일본 재생 없다〉

후쿠시마 부흥재생 '기본방침'에 들어 있는 슬로건에는 이렇게 구가되어 있다. 그것은 바로 저출산 고령화와 인구감소 속에서 성장을 모색해 가기 위한 일본의 생존방식과 겹쳐진다.

로봇 슈트

하반신에 '로봇 슈트'를 부착하자 사고 후유증으로 보행이 부자유스러웠던 36세 여성의 발 움직임이 급격히 가벼워졌다.

이바라키현 쓰쿠바시(つくば市)에 있는 벤처기업 '사이버다인' 훈련시설 광경이다.

로봇 슈트는 사람이 근육을 움직이려고 할 때 발생하는 미약신호를 읽어 들여 사람의 움직임을 선취해서 보조한다. 산카이 요시유키(山海嘉之) 쓰쿠바대학 교수가 사장으로 있는 사이버다인(CYBERDYNE)이 개발하여 세계적으로 주목을 받고 있다.

그런데 일본에서는 아직 의료기기로 인정을 받지 못하고 있다. 일본에서 의료기기로 인정받기 위해서는 많은 시험이 필요하고 방대한 시간이 걸리기 때문이다. 결과적으로 의료기관에 대한 보급이 늦어지고 있다.

이 여성도 지바현 이와키시에서 쓰쿠바시로 통원하고 있는데, "가까운 병원에서 사용할 수 있게 되면 훨씬 몸에 익을 텐데"하고 말을 흘렸다.

산카이 씨는 "메이지 이후 세계를 추종해온 일본이 세계를 리드하는 국가로 바뀌기 위해서는 신기술을 만들어내는 것만이 아니라, 그것을 육성하는 사회 구조를 동시에 만들 필요가 있다"고 호소한다. 지금과 같은 발상으로는 세계에 보조를 맞춰 나갈 수 없다는 것이다.

지금까지의 발상이란, 즉 '높은 기술만 있으면 경쟁에 지지 않는다', '상품이 좋으면 저절로 팔린다'는 '기술절대' 사고방식이라고 말할 수 있다.

와세다대학 후카가와 유키코(深川由起子) 교수(동아시아경제론)는 "일본의 경우, 뭐든지 '부분최적'이기 때문에 어떤 위기를 극복하는 조그마한 지혜, 궁리의 창조성은 뛰어나다. 그런 면에서 일본에 이길 수 있는 나라는 거의 없을 것이다. 그러나 그것이 비즈니스 모델이 되어 보편화되지 않기 때문에 조그마한 성공으로 끝나 이노베이션(기술혁신)으로 이어지지 못하고, 오히려 좋은 아이디어는 라이벌들에게 빼앗겨 그들이 점점 풍요로워지는 구조다. 전형적으로 애플이 그렇고, 삼성전자가 그렇지 않은가"하고 지적한다.

1998년에 대학등 기술이전촉진법이 시행되고, 2004년에 도입된 국립대학 법인화로 각 대학에 지적재산본부가 설립되는 등 얼핏 보면 '기술을 비즈니스로 연결하는' 구조는 갖추어진 것처럼도 보인다.

그러나 1985년에 열린 국제과학기술박람회에서 화려하게 세계무대에 '데뷔'하여 사이버다인을 낳은 '쓰쿠바 연구학원도시'(이바라키현 쓰쿠바시)도 국가 연구기관의 3분의 1과 국내외 2만 명을 넘는 연구자가 모여 있으면서 '성과가 빈약하다'는 불만의 눈이 쏠려 온 것이 현 실정이다.

하나의 이유는 영역주의의 폐해다. 국가 연구기관은 중앙성청에서 지시한 연구에만 에너지를 쏟아 "위 밖에는 보지 않으니까, 횡적인 연계를 할 수 없는"(쓰쿠바대학 관계자) 상황에 빠졌다.

행정의 '동질' 의식 때문일까, 유망한 분야에 대한 집중적 지원도 이루어지지 않아 쓰쿠바의 기업 관계자는 "다양한 연구기관의 집적이 역으로 마이너스가 되었다"고 한탄한다.

그래도 사이버다인과 같이 세계 시장에 어필할 수 있는 '상품'은 태어나고 있다. 거꾸로 말하면, '발상의 전환'으로 높은 기술력을 비즈니스로 연결하는 구조를 갖출 수 있게 되면 일본에는 아직도 성장 가능성이 있는 것이다.

쓰쿠바도 오랜 동안의 정체상황을 타파하려고 2011년말 '국제전략총합특구'에 지정된 것을 계기로, 중성자 등을 이용한 '차세대 암치료'나 의료와 요양용 '생활지원 로봇' 등 4분야로 좁혀, 드디어 지원에 전력을 기울이기 시작하고 있는 중이다.

유럽의 노력도 참고가 된다.

유럽에서는 미국과 일본, 아시아 각국과의 기술경쟁에서 이기기 위해 '21세기의 산업기반기술'로 기대를 받는 '나노 테크놀로지'(나노테크, 초미세 가공기술) 분야를 중심으로 국가의 벽을 넘은 산관학 연계가 정착되어 있다.

대표적인 예가 유럽연합(EU)의 집행기관, 유럽위원회, 영국·프랑스·독일 등 13개국과 역내 반도체 관련 기업·연구기관이 2008년에 설립한 공동사업체 '유럽 나노일렉트로닉스 이니셔티브 자문평의회'(ENIAC, 사무국 브뤼셀)다.

ENIAC가 추진하는 공동사업은, 적어도 3개국의 기업과 대학 등 연구기관이 참가하는 사업안을 공모하고, 심사를 통과한 사업안의 사업비 반액을 EU와 관계국이 예산으로 편성하고, 남은 반액은 기업과 연구기관이 부담하는 구조다. ENIAC는 2013년까지의 예산으로 30억 유로(약 3,240억 엔)를 예상하고 있다.

ENIAC에 의하면, 2008년 이후 채택된 것은 40개 사업으로, 400개를 넘는 기업·연구기관이 관여했다. 독일과 오스트리아, 체코, 핀란드 등 11개국 33개 기업·연구기관이 전기자동차의 전력효율성 개선에 매진한 사업과, 독일·프랑스·아일랜드 등 6개국 35개 기업·연구기관이 반도체 제조공정의 생산성 향상에 대해 공동으로 연구하는 것 등 유럽을 망라한 프로젝트가 즐비하다.

ENIAC의 안드레아스 월드 사무국장은 "유럽의 힘을 집결함으로써 산업화로 직결하는 성과도 나타나고 있다"고 보람을 느낀다.

사업 참가 문호를 유럽 이외로 개방하고 있는 점도 놓칠 수 없다.

반도체 제조용 노광장치 분야 세계 최대기업인 ASML(네덜란드)이 주도하여 2012년 2월말에 종료된 차세대 반도체 제조장치에 관한 연구사업에는 대일본인쇄(DNP)의 유럽 거점기업도 참가했다.

ASML의 공동사업 책임자 게럴드 알베거 씨는 "기업과 연구기관 만으로는 착수할 수 없었을 야심적인 연구를 할 수 있게 되었다. 유럽 이외의 기업으로서도 참가할 매력은 충분히 있을 것"이라고 강조한다. ASML이 2012년 4월부터 시작한 공동사업에는 이스라엘도 참가했다.

EU의 전신인 유럽공동체(EC)는 1984년에 미국과 같은 대규모기업 육성에 중점을 두어 왔던 산업정책을 대전환하여, 유럽 차원에서 공동연구개발사업에 예산을 투입하는 '프레임워크 프로그램' 제도를 창설하고, 광역 산관학 연계 추진으로 방향을 잡고 있으며, ENIAC 창설도 그런 흐름을 따르고 있는 것이다.

2007년부터 2013년까지를 실시기간으로 하는 EU의 제7차 이노베이션 프레임워크 프로그램에서는, 나노일렉트로닉스 등 중점산업의 장래를 담당할 우수한 인재 육성에도 약 47억 유로(약 5,070억 엔)의 예산을 마련했다. EU 내 연구자의 이동 촉진과 유럽 이외의 연구기관과의 협력관계 구축 등에 힘을 쏟는다.[7]

유럽에는 벨기에의 프랑드르 지방정부가 나노테크의 산학연계거점으로서 1984년에 설치한 'IMEC'와 프랑스 정부가 공을 들여 2006년에 창설한 'MINATEC'이라는 세계 유수의 나노테크 연구거점이 있다. 예를 들면, IMEC는 일본을 포함한 세계 500개 이상의 기업과 제휴하여 자금과 연구자를 모으고 있다. 유럽에 흩어져 있는 연구거점의 연계 강화를 EU가 적극적으로 뒷받침하려고 하는 셈이다.

미국의 'Albany'를 포함하여 나노테크 분야에서 세계를 리드하는 연구거점은 일본에서 1970년대 후반에 일시적으로 결성되어 국내 메이커의 반도체 제조기술 향상에 크게 기여한 산관학 프로젝트 '초LSI

기술연구조합'[8]을 모델로 한 것이라고 한다.

그런데 일본에서는 거꾸로 초LSI기술연구조합이 이어지지 못하고 연구기관이 각지로 분산되었다. 분산된 각 연구기관은 타 기관과의 교류가 뜸해져 스스로 폐쇄성이 강해진다. '쓰쿠바'는 그런 경향을 타파하기 위해 유럽의 연구거점을 본받아 이바라키현 쓰쿠바시를 세계적인 나노테크 연구거점으로 조성하려고 하는 조치로, 드디어 막 궤도에 오르기 시작했다.

앞서가는 유럽을 쫓아가고 추월하기 위해서는 발상의 전환과 지속적인 노력이 필요하다고 강조하는 사람은 도쿄대학의 기술이전에 종사하는 '도쿄대학 TLO'[9]의 야마모토 다카후미(山本貴史) 사장이다.

야마모토 사장은 "대기업은 자사개발주의가 강하지만, 외부에서 우수한 기술을 발견한 사원을 평가하려고 하지 않으면 경영 스피드가 오르지 않고, 산학 연계도 진척되지 않는다"고 말한다. 그런 다음에 "특허출원료 등 코스트가 낮은 미국에서도 스탠포드대학 TLO(기술이전기구)가 흑자로 전환하는 데는 15년이 걸렸다. 장기적 시점에서 지원하지 않으면 성과가 나지 않는다"고 지적하고 있다.

'상품'이 없는 것이 아니다. '어떻게 팔까'라는 발상을 다듬어가는 것이 일본 재생의 지름길이 된다.

그린 아시아

아시아의 성장을 어떻게 받아들일까.

이것도 일본의 생존에 빼놓을 수 없는 요소다.

미야카와 쓰토무(宮川努) 가쿠슈인대학(学習院大学) 교수(일본경제론)는 "경제를 지지하는 것은 제조업만이 아니다. 내수에 의존하지 않고 해외로 진출한 서비스 산업도 기둥이 된다"고 지적한다.

정부 통상백서에 의하면 1세대 당 년 3만 5,000달러(약 272만 엔) 이상의 가처분소득이 있는 인구는 2010년에는 일본과 그 밖의 아시아에서 거의 동수였는데, 2020년에는 아시아가 약 3.5억 명에 달해 일본의 3배를 넘는다.

이 층은 소매나 음식, 의료·요양(介護), 교육 등 서비스 산업의 유망한 시장이 될 수 있다고 한다.

아시아의 성장을 받아들여야 한다며 지역이 일체가 되어 움직이고 있는 것이 규슈다.

2012년 2월 8일, 중국 베이징의 한 호텔 파티장에 돔과 방어 등 22종류의 선어가 전시되었다. 반들반들 윤기가 나는 선어에 중국 요리사와 바이어 등 약 200명으로부터 탄성이 쏟아져 나오고 참치 해체 쇼에 환성이 올랐다.

"신선하고 맛있어요" 라며 요리사 임해파(任海波) 씨는 참치를 집어들고 흐뭇한 표정을 지었다.

이 이벤트는 후쿠시마 제1원전 사고로 인한 풍문피해를 불식하기 위해 나가사키현 등이 처음으로 개최한 것이었다. 선어를 준비한 나가사키시의 도매회사 '나가사키우오이치(長崎魚市)'는 나가사키, 후쿠오카 양 공항으로부터 주 3회, 상하이에 약 1시간 반에 공수하고, 현지법인을 통해 중국의 다이렌 등 16개 도시, 약 160개의 백화점과 음식점에 도매로 팔고 있다.

나가사키·상해 간은 약 810킬로미터. 약 960킬로미터 떨어진 도쿄보다 가까워, 선어는 위판된 날 밤부터 다음날 낮에 걸쳐 점포에 배달된다.

현지법인의 증파(曾波) 사장은 "냉동물에 의존할 수밖에 없었던 중국의 일식업계에 혁명을 일으켰다"며 가슴을 활짝 폈다. 2005년에 500만 엔이었던 수출액은 2010년에는 2억 4,000만 엔으로 늘었다. 나가사키현 수산가공·유통실은 "지역적 이점을 살려, 아시아의 활력을 받아들인다"고 말한다. '수산현'으로서의 활로를 아시아 시장에서 찾아냈다고 할 것이다.

아시아에서 오는 크루즈선 기항과 한일 고속선 등에 의한 외수 진작 효과는 이미 상당히 진척되고 있다.

하카타항(博多港. 후쿠오카시)에서는 중국 발착 대형 크루즈선의 기항이 이어져, 2007년에는 년 6회였던 것이 2010년에는 약 10배인 61회까지 증가했다.

후쿠오카시의 추산으로는 1회당 경제효과가 약 4,400만 엔에 달한다고 한다.

"태평양이 아닌, 아시아를 향한 후쿠오카 도시권을 축으로, 지리적으로 유리한 규슈가 성장 엔진이 되지 않으면 일본은 침몰한다"고 호소하는 사람은 규슈대학의 다니구치 히로부미(谷口博文) 교수(공공정책)다. 인구감소와 내수축소가 이어지는 가운데 나가타쵸(永田町. 정계), 가스미가세키(霞が関. 관가)에 진정해서 보조금을 받거나 기업의 지사와 공장을 유치한다든지 하는 구태의연한 발상에서 전환하는 것을 빼놓을 수 없다는 것이다.

후쿠오카현청 7층에는 2012년 1월 후쿠오카현, 후쿠오카와 기타큐슈 두 시로 구성된 '그린아시아 국제전략총합특구' 공동사무국이 설치되었다. 국제전략총합특구는 도쿄와 간사이 등 총 7개소가 지정되었다. 그러나 '환경'을 전면에 내세운 것은 이곳뿐이다.

국제전략총합특구가 노리는 것은 기타큐슈시가 특기로 하는 수도 등 도시환경 인프라의 패키지 수출과 최첨단 반도체, 환경 대응차, 산업용 로봇, 풍력발전기기 등 환경을 배려한 제품개발·생산거점의 형성이다.

그렇게 하기 위해 필요한 규제완화를 실현하고 정부로부터 재정지원을 끌어내려고, 규슈지방지사회는 경제산업성 규슈경제산업국, 국토교통성 규슈지방정비국 등의 '일괄이관'을 실현할 '규슈광역행정기구'(가칭) 설립[10]을 2014년도를 목표로 추진하고 있다.

'일괄이관'은 민주당 정권이 실현을 목표로 내세웠을 뿐, 민주당 내의 혼란과 '결정력 부재 정치'의 만연으로 실현되지 못했다. 중앙성청(중앙부처)에서는 권한 이양에 대한 저항이 강한데 그것이 지지부진한 움직임의 저류에 있지 않을까 하는 견해도 나오고 있다.

규슈지방지사회 회장 히로세 가츠사다(広瀬勝貞) 오이타현 지사는 "규슈 인구는 전국의 약 10퍼센트이지만 경제규모는 약 8퍼센트밖에 되지 않아 아직도 성장할 수 있다. 규슈 일체로 아시아의 활력을 받아들이는 성장전략을 실현하겠다"고 힘주어 말했다.

다니구치 교수도 "ICT(정보통신기술), 환경, 재생가능 에너지 등과 관련된 인재육성과 외국인 초청 등으로 거점 조성을 추진하면, 규슈는 아시아의 일대 거점이 될 수 있다"고 강조한다.

민간기업과 행정기관뿐만 아니라 대학도 세계에 눈을 돌리고 있다.

지금까지는 '짐' 취급을 당해왔던 지방이 그 특색을 살려 국제경쟁력을 높여가면 일본 전체에 혜택을 가져온다. 지방분권만 하더라도 단순히 세원과 권한을 이양하면 되는 것이 아니다.

무엇을 분권하고, 무엇을 집권할 것인가 하는 분별이 확실해질 때, 일본의 '약점'이었던 지방이 성장의 엔진으로서 비상하게 될 것이다.

제2장

도시 경쟁력 강화, 광역권 구축

21세기는 '도시 간 경쟁'의 시대라고 한다.

국가 전체의 경쟁력을 높여가기 위해 그 엔진이 되는 것이 도시라는 사고방식이다. 시라이시 다카시 정책연구대학원대학 학장은 "글로벌화의 진전과 함께 국가의 게이트 키퍼 역할이 작아지고, 국가 간 경쟁에서 도시 간 경쟁이 되었다. 도시 간 경쟁이란 단순히 도시의 경쟁만이 아니라, 도시 주변에 형성된 산업집적을 포함한 광역권(메가 리전)의 경쟁으로, 그 경쟁력이 중장기적으로 국가의 번영을 결정해 간다"고 설명한다. 또 "동아시아에서도 매우 잘 하고 있는 곳과 그렇지 않은 곳이 있다. 중국에서는 베이징·텐진이 인구 7,500만 명 정도, 상하이가 6,000만 명 정도의 광역권을 형성하고 있어, 어느 곳이나 한국과 같은 정도의 규모다. 그보다 조금 작은 것이 광저우·홍콩이다. 이러한 한국, 타이완과 비슷한 규모의 지역이 점점 성장하고 있다"고도 한다. 도시를 중핵으로 하는 광역권의 자립이 국가의 힘을 끌어올리는 원동력이 되기도 하는 것이다.

매력적인 도시 조성과 특색 있는 광역권이 일본의 성장을 유지해 나가는 열쇠를 쥐고 있다.

보소반도에 잠자는 '도쿄권'의 잠재력

2011년 11월 30일, 도쿄도의회에서 이시하라 신타로(石原愼太郎) 지사가 한 소신표명 연설은 일본의 엔진은 도쿄라는 자부심에 넘쳐 있었다.

"국가의 정치가와 관료는 일본의 힘을 정당하게 평가하지 못하고,

그것을 묶어서 세계와 대치해 나갈 발상도 없다. 그렇다면 다채로운 인재, 뜻있는 기업이 집적한 도쿄가 국가 재생으로 이어지는 정책을 전략적으로 전개하겠다."

이시하라 지사 자신은 그 후 1년도 지나지 않아 중의원 선거를 겨냥한 신당 결성을 위해 도지사를 사직했기 때문에 도쿄가 견인하는 국가 재생을 위한 '이시하라 구상'은 구체적으로 제시되지 않은 채로 남아있다.[11] 그렇다고는 해도 도쿄가 일본의 성장을 이끌어가는 커다란 존재라는 것에 변함은 없다.

동일본대지진 후, 도쿄 일극집중에 대한 염려는 전에 없이 높아졌다. 가까운 장래, 수도직하형 지진이 덮쳐 도쿄가 커다란 타격을 입을 것이라는 '과학적 예측'이 제시되어 있기 때문이다.

한편으로, 일본에는 '도쿄가 번 돈으로 지방을 지탱한다'는 구도가 형성되어 있다. 그것을 바꾸지 않는 한 도쿄의 정체는 일본 전체의 침체로 이어진다. 아니, 가령 이 구조가 바뀌었다고 해도 도쿄라는 세계 유수의 대도시를 강화하고, 더욱 발전시켜 나가면 일본 성장의 지속 가능성은 한층 안정되고 높아진다.

도시환경 등을 조사연구하고 있는 모리기념재단이 발표하고 있는 '세계 도시 총합력 랭킹' 2011년판에서 도쿄는 35개 도시 중 뉴욕, 런던, 파리에 이어 종합 4위였다.[12]

도쿄가 대도시로서 강점을 보이는 것에는 경제, 연구·개발, 교통·접근성 등 6분야별 순위가 모두 한 자리수로 균형이 잘 잡혀있는 것을 들 수 있다. 다만, 이러한 장점을 가진 분야별로 보아도 싱가포르, 서울, 베이징 등 5위 이하의 아시아 도시와 차이가 좁혀지고 있다.

그래도 오사카가 15위, 후쿠오카가 28위라는 것을 생각하면 일본 전체의 국제경쟁력을 높이는 데 있어서는 도쿄의 매력을 향상시키는 것이 지름길이라 할 수 있을 것이다.

문제는 도쿄도 금후 급속히 고령화가 진행되는 것이다. 이러한 '마이너스 요인'을 안고 있는 가운데 특이한 발상도 나오고 있다.

예를 들어, "도쿄만을 좋게 하는 발상으로는 안 된다"며 '환도쿄만(環東京湾)구상'[13])을 주창하는 사람이 있다. 싱크탱크 '태양경제회'의 야마자키 야스요(山崎養世) 대표이사다.

후생노동성의 장래추계인구에 따르면 도쿄의 '노년인구' 비율은 2010년 21.1%가 2035년에는 30.7%가 된다. 그에 따른 세수감소와 사회보장비 증대는 성장의 제약요인이 되기 쉽다.

그런 상황 아래서도 수도권 서측에 편중되어 온 인구집중과 개발을, 지가가 낮고 도쿄만 아쿠아라인[14])으로 교통편도 좋아진 보소반도(房総半島) 등 동측으로 옮김으로써 성장이 지속가능하다고 보는 것이 '환도쿄만 구상'의 핵심이다.

구체적으로는 교육, 의료, 자치 등의 단위를 초등학교 단위인 '학구(學區)'에 두고, 걸어서 돌아다닐 수 있는 범위에 직장과 주거와 자연이 있는 도시를 조성한다. 이러한 도시와 도시를 잇는 고속도로와 철도로 연결되는 교통편을 좋게 하면 광역권 전체가 성장해 간다는 생각이다.

도쿄도와 사이타마, 지바, 가나가와 3현에 걸쳐있는 '도시권'의 힘은 크다. GRP(역내총생산)는 2008년에는 세계 대도시권 최대인 1조 4,790억 달러였고, 2025년에도 1조 9,810억 달러로 뉴욕 등의 대도시권을 누르고 세계 제1을 유지할 전망이다

보소반도에 주목한 움직임은 이미 시작되었다.

미쓰이부동산은 2012년 4월, 아쿠아라인의 기사라즈카네다(木更津金田) 인터체인지에서 약 1킬로미터 떨어진 장소에 상업시설 '미쓰이 아울렛 파크(MOP)를 개설했다. 전국 12번째인 MOP에서는 첫 지상 1층 건물로 자연을 살린 개방감을 추구하고 있으며, 주말에는 많은 쇼

세계의 대도시권 비교				
	2008년	GRP	2025년	GRP
❶	도쿄	1,479	도쿄	1,981
❷	뉴욕	1,406	뉴욕	1,915
❸	로스앤젤레스	792	로스앤젤레스	1,036
❹	시카고	574	런던	821
❺	런던	565	시카고	817
❻	파리	564	상파울로	782
❼	오사카·고베	417	멕시코시티	745
❽	멕시코시티	390	파리	741
❾	필라델피아	388	상하이	692
❿	상파울로	388	부에노스아이레스	651

단위는 10억 달러. 추계치. 도쿄=도쿄도, 사이타마현, 지바현, 가나가와현에 걸쳐있는 도시권. GRP는 구매력평가로 환산 (국토교통성 정리)

핑객들로 붐비고 있다.

이 MOP에서 차량으로 30분권 내에는 46만 명, 60분권 내에는 850만 명, 90분권까지 확대하면 2,200만 명이 살고 있다.

미쓰이부동산은 "기사라즈는 상상 이상으로 가깝다. 도쿄역에서 기사라즈카네다 버스터미널까지 1일 100편 이상의 고속버스가 달리고, 하네다공항에서 약 25분. 국내 관광객과 아시아를 중심으로 해외 관광객들도 가볍게 올 수 있다"(홍보담당자)며, 예전에는 '멀다'고 생각되어 왔던 장소에서 MOP를 전개한 의도를 말한다. 지금까지는 그 예상이 적중해서 지역경제에 미치는 파급효과도 예상된다.

MOP의 성공도 있고 해서 보소반도에 잠자는 잠재력을 활용하자는 '환도쿄만 구상'도 주목을 받고 있다.

다만, 야마자키 씨는 "동일본대지진 후, 도쿄가 직면한 방재라는 관점에서도 환도쿄만 구상의 필요성은 높아졌다. 그러나 지역이 도시 조성 추진에 합의하고 그것을 정치권, 행정기관이 밀어주는 체제가 없으면 구상은 그림 속의 떡에 불과하다"고 말한다. 실제, MOP가 가져온 활기도 민간주도에 의한 것이고, 최초부터 정치권이나 행정기관이 구상한 것이라고는 말하기 어렵다. 한편으로, 모리타 겐사쿠(森田健作) 지바현지사가 도쿄만 아쿠아라인 통행요금을 대폭적으로 인하한 것도 기사라즈 MOP 성공의 커다란 요인이라는 것이 틀리지 않은 만큼 향후 정치권, 행정기관의 분발이 새로운 발상을 살리는 데 없어서는 안 된다.

2011년의 통일지방선거를 거쳐 지방단위에서는 도시강화론이 왕성하게 일어나고 있다. 하시모토 도루(橋本徹) 오사카시장의 '오사카도 구상'[15] 외에, 오무라 히데아키(大村秀章) 아이치현지사, 가와무라 다카시(川村たかし) 나고야시장의 움직임이다. 그들의 속셈이 정말로 대도시권 재구축에 있는 것인지, 그렇지 않으면 중앙정계에서의 권력투쟁 도구로서 지방에서의 도시권 강화를 부르짖고 있는지는 알 수 없다. 다만, 적어도 유권자의 인기를 모은 지방 수장의 등장으로 대도시와 광역권의 방향성이 주목을 받고 있는 것은 틀림이 없다.

기업 유치에 허덕이는 도쿄

도쿄가 일본 전체의 '성장엔진'이라는 이시하라 신타로 지사의 말은 틀리지 않다. 다만 그 말 그대로의 강력한 엔진이 되기 위해서는 어쩐지 염려되는 점도 많다.

"스태프는 돌아가서 오지 않고 손님도 떨어져 버렸다."

도쿄 마루노우치에 있는 오피스에서 '재팬 메디칼 투어리즘'의 미국인 사장 어윈 곤잘레스 씨는 한숨을 쉬었다.

일본에서 첨단의료 서비스를 받는 해외 환자를 지원하는 이 회사는 2009년 설립 이래 조금씩 실적을 늘려 왔다. 그런데 2011년 3월에 발생한 동일본대지진으로 상황이 일변한다.

스태프는 8명 모두가 귀국해버리고, 이전에는 월 60명 정도 일본에 왔던 손님도 전무했다. 손님들의 발길은 같은 해 가을 무렵부터 돌아오기 시작했지만 지진으로부터 1년 가까이 되어도 아직 지진 전의 3분의 1 정도였다.

"'도쿄는 무섭다'는 인상이 세계에 퍼져버린 것이 뼈아프다."

이 회사는 미용성형이 왕성한 한국 시장 투어도 검토하기 시작했다.

2011년 여름부터 가을에 도쿄를 찾은 외국인의 누적 숙박자 수가 전년 동기에 비해 40% 감소하는 등 지진 후 눈에 띄게 된 '도쿄 이탈'. 지진 후에 일어난 현상이라는 인상도 있지만 도쿄도의 세구치 요시히로(瀬口芳広) 총합특구 추진담당 부장은 "지반침하는 이미 시작되고 있었다"고 회고한다.

도시전략담당이 된 2010년 가을, 세구치 씨는 도쿄증권거래소의 데이터를 보고 깜짝 놀랐다고 한다. 상장 외국기업 수가 정점이었던 1991년에는 127개 사였는데 12개 사로 줄었던 것이다.

"이대로는 국제경쟁에서 살아남을 수 없다."

위기감을 안게 된 도쿄도는 내각부의 '국제전략총합특구'에 손을 들었다. 구미 다국적기업과 아시아 성장기업의 거점을 도쿄에 집적시키는 구상을 정리해서 2011년 12월 지정되었다. 그 핵심은 법인실효세율 인하와 외국인 사원 생활지원 등으로 2017년경까지 500개 사 이상의 외국기업 유치를 목표로 하고 있다.

그래도 세구치 씨의 초조함은 사라지지 않았다. "이 구상에 새로운 메리트는 없다. 아시아 경쟁 도시에서는 전부터 하고 있는 것으로, 겨우 스타트 라인에 설 수 있게 된 수준"이라고 생각했기 때문이다.

한국 서울에서 약 30킬로미터 떨어진 인천시.

인천국제공항 주변 매립지가 '경제자유구역'으로 지정된 것은 2003년의 일이다. 세타가야구(世田谷区)의 약 3배에 해당하는 광대한 토지에는 이미 고층빌딩과 기업 연구시설이 즐비하고 780개 사가 입주한다. 곧 미 보잉사도 항공기 보수공장과 연수시설을 건설할 예정이다.

2008년에 진출한 자동차부품 메이커 '만도 헤라 일렉트로닉스'의 마커스 슈텔 부사장은 "공항이 바로 옆, 거대한 중국시장도 가깝다"고 입주 이유를 밝히고 이렇게 말을 잇는다. "무엇보다 외국기업을 환영하는 분위기를 느낀다."

개업에 필요한 절차를 한 곳에서 끝낼 수 있는 원스톱 서비스, 외국인 사원과 가족을 위한 영어 생활 상담. 병원에는 통역 자원봉사자가 동행하고, 무료 한국어 교실도 준비되어 있다.

한편 도쿄는 어떤가.

비즈니스 지원과 생활환경 정비 면에서 외국기업의 불만이 많아, 도쿄도가 2011년 도쿄 주재 외국기업 등 25개 기관을 대상으로 실시한 설문조사에서는 "개업 어드바이저가 없다", "교육과 의료 면에서 영어가 통하지 않고 정보를 얻을 수 없다"는 등의 목소리가 나왔다.

국제전략총합특구 지정을 위해 수립한 구상의 '핵심'인 실효세율만 하더라도 현행 41%를 29%로 내릴 계획이지만 싱가포르의 17%나 중국의 25%에는 미치지 못한다. 투자거점으로서의 일중 역전현상(표)에서도 이러한 사정이 작용하고 있다고 보인다.

도시정책에 소상한 메이지대학의 이치카와 히로오(市川広雄) 교수는 "예전에는 가만히 있어도 외국기업이 모여들었다. 버블 붕괴 후 상황이 변화했는데도 도쿄의 위기감은 심각하지 않았다. 뒤처진 것을 만회하기 위해서는 기업과 행정이 일체가 된 계획을 빼놓을 수 없다"고 지적하고 있다.

정치권과 행정기관의 미지근한 대응과는 관계없이 기업은 움직이기 시작했다.

외국계 기업이 본 일본·중국에 대한 투자 매력

		2007년도		2009년도
지역통괄 거점	일	① 23%	↘	④ 10%
	중	③ 18%	↗	① 42%
제조 거점	일	⑤ 3%	↘	⑥ 1%
	중	① 62%	→	① 64%
연구·개발 거점	일	① 30%	↘	② 21%
	중	② 25%	↗	① 33%
사무관리 거점	일	② 15%	↘	⑤ 8%
	중	① 24%	→	① 39%
물류거점	일	③ 11%	↘	⑤ 3%
	중	① 41%	→	① 63%

○ 숫자는 순위. 경제산업성이 외국계 기업 약 200사를 대상으로 조사. 일본, 중국, 인도, 싱가포르, 한국, 홍콩 중 어느 국가·지역이 매력적인가에 대해 답을 들었다.

동일본대지진으로 증폭된 불안을 불식시키려고 모리빌딩은 2012년 8월 완성한 미나토구 내 빌딩에 자가발전에 의한 비상용 발전시스템을 도입했다. 미츠비시지쇼(三菱地所)는 같은 해 10월에 도쿄도내에 있는 빌딩 입주자로 영어 대응이 가능한 병원을 영입했다. 이러한 기업의 움직임을 따라가는 형태로 도쿄도도 국제전략총합특구를 둘러싼 구상에 기업이 제시한 아이디어를 반영할 생각이다.

지진 후에도 혼자서 분투를 계속해 온 곤잘레스 사장은 말한다.

"불안도 있지만 도쿄의 좋은 치안과 편리한 교통망은 지금도 매력적. 열린 자세로 외국 기업을 받아들이면 아직 싸울 수 있는 것 아닌가?"

북유럽 오우루시와 도호쿠 아키타시의 공통점

2012년 2월 9일, 이 시기의 기온이 영하 20도 이하나 되는 유럽의 도시에서 센다이시(仙台市)를 찾은 일행이 있다.

휴대전화 메이커 '노키아' 등 ICT(정보통신기술) 관련기업 약 800개사가 모여 있는 핀란드의 오우루(Oulu)시가 100% 출자한 산업진흥조직 '비즈니스 오우루(BusinessOulu)'의 산업부문 통괄책임자 옷리 로윳토노야 씨 일행이다.

일행은 동일본대지진으로부터의 부흥을 둘러싼 산업측면의 지원을 센다이시에 제시하고, 동시에 그것이 비즈니스로 이어질까 어떨까, 쌍방이 검토할 것을 확인했다.

양 시는 2005년에 산업진흥협력협정을 맺은 사이다. 인구 100만 명이 넘는 센다이에 비해 오우루는 14만 명. 2013년에 예정된 주변지역과의 합병 후에도 20만 명 규모 밖에 되지 않지만, 높은 국제경쟁력은 세계가 주목한다.[16)]

1970년대 이후 국가의 기술센터, 1만 6,000명이 배우는 오우루대학, 오우루시와 기업이 출자한 '테크놀로지 파크' 등이 시가지의 북쪽 지구에 모여 있어 '트리플 헬릭스 모델(THM, Triple Helix Model)'로 불리는 산관학 연계와 인재육성을 추진한 결과다.

로윳토노야 씨는 "전략의 축은 인재육성. 산관학 연계로 지식이 창출되고 미래산업을 후원했다. 노키아의 국제 진출을 지원할 수 있었던 것도 지적기반이 갖추어져 있었기 때문이다"고 해설한다.

지역을 견인해온 노키아가 지금 미 애플사 등과의 경쟁에서 고전하고 있는 가운데, 비즈니스 오우루는 환경, 복지, 게임 등을 '신산업'으로 지정하고 인재, 자금, 리스크 관리 등의 지원에 의한 제2, 제3의 노키아 등장에 자신을 보인다. 로윳토노야 씨는 "도시가 과감한 비전을 기업과 함께 내거는 것이 중요하며, 도시의 규모는 관계없다. 독자적인 '성공스토리'를 쓸 수 있는지 어떤지이다"라고 강조한다.

국제경쟁이 국가 간에서 도시·지역 간 경쟁으로 양상을 바꾸어감에 따라 공통된 특색을 가진 광역권의 중핵이 되는 도시의 중요성이 높아지고 있다.

정책연구대학원대학의 시라이시 다카시 학장은 "첨단 대학, 첨단 의료, 좋은 주거환경 등을 갖고, 교통편도 좋은 허브(중핵) 도시가 있으면 주위에 산업이 집적되고, 이노베이션(기술혁신)이 일어나기 쉽다. 성장으로 사람이 늘고, 산업집적은 더욱 밖으로 확대되어 광역권이 된다. 일본에서도 허브 도시를 전략적으로 생각할 필요가 있다."

그 열쇠가 독자적인 '성공신화', 즉 다른 지역에 없는 특색이다.

예를 들어 도호쿠에서는 정령지정도시[17]인 센다이가 허브 도시의 유력한 후보일 것이다. 한편으로 지금까지 주목받지 못했던 것 같은 도호쿠의 작은 지방공공단체에도 '성공 스토리'가 있다. 국내 최대급 구리 산출량을 자랑한 '고사카광산'으로 번성했던 아키타현 고사카정(小坂町)이다.

광산 폐광 후에는 최전성기의 약 4분의 1인 6,000명 정도까지 인구가 줄었지만, 근년에는 제련기술을 전용하여 휴대전화 전자기판 등

'도시 광산'으로 불리는 폐기물로부터 레어메탈(희귀금속)이나 금, 은을 추출하는 일대거점으로 변모했다.

도시광산에서 약 20종의 금속을 추출하는 '고사카제련'을 산하에 둔 DOWA 그룹과 아키타대학이 2007년에 제휴협정을 체결했다. 2011년 12월, 국가는 고사카정 등 현재 4개 시와 정을 '레어메탈 등 리사이클 자원특구'로 지정하고, 현은 폐기물 처분기한 완화로 원료확보를 측면 지원할 것을 결정했다. 강력한 산관학 연계를 배경으로 고사카제련 야나이 야스하루(矢内康晴) 총무부장은 "세계 제1의 리사이클 제련소를 추구한다"고 힘을 주었다.

물론, 고사카정 단독으로 일본 전체를 견인하는 성장 엔진이 되는 것은 불가능하다. 오우루시의 예를 보아서 알 수 있는 것처럼 작은 도시에서 거둔 '성공 스토리'를 광역에서 공유하고, 세계로 확산해 가는 구조가 필요하게 된다.

그런 의미에서 도호쿠에는 센다이라는 중핵도시(中核都市)[18]가 있다. 고사카정의 기술과 경험이 있다. 이것들을 엮어 도호쿠가 광역권으로서 리사이클이라는 '성공 스토리'를 지역의 매력으로서 발신하고, 그리고 일본 전체 속에서 리사이클 기능은 도호쿠가 맡는다는 명확한 역할 분담을 해나가면, 도호쿠 광역권이 국가의 성장 엔진으로서 비약하는 것은 결코 꿈같은 이야기가 아니다.

경제가 글로벌화 하는 가운데, 일본을 위시하여 예전에 거대한 '국가 프로젝트'를 다투었던 선진공업국은 국가를 대신할 성장 기폭제를 모색하고 있다.

그렇기 때문에 일정한 규모를 갖고 있으면서도 특색을 내기 쉬운 광역권=메가리전을 단위로 한 노력이 주목을 받고 있는 것이다.

캐머런 정권의 LEP

메가 리전이란 무엇인가? 어떤 효과가 있는 것인가. 눈을 해외로 돌려 선진 사례를 살펴보자.

영국의 캐머런 정권은 2010년, 국가가 지역 개발에 예산을 쏟으면서 성장전략 그 자체에 적극적으로 관여하는 종래의 방법을 폐지하고, 전략 수립을 지방 재계와 자치단체에 일임하고, 지역의 특색을 살려 경제활성화를 지원하는 '지역기업 파트너십(LEP)' 제도를 잉글랜드 지방에 도입했다.

재정적자 삭감을 위한 초긴축 노선 하에 국고도 지방도 재정여건이 어렵다. 재원을 효율적으로 활용하는 데는 발상의 전환이 필요하다고 생각했던 것이다.

40개 지역권에서 시작한 LEP 중 성공 가능성을 보이고 있는 일례가 북서부에 있는 맨체스터 도시권이다.

중핵 맨체스터시의 인구는 50만 명이 약간 못되지만 BBC(영국방송협회)가 본부를 이전한 인접 살포드(Salford) 등 모두 10개 자치단체로 이루어진 도시권 전체적으로는 260만 명이 된다. 금융과 정보산업, 대학 주도의 과학기술 연구에 강한 지역 특성으로 최근 10년간에 나이키, 구글, 크레디트 스위스(Credit Suisse Group AG) 등 글로벌 자본의 사업소 유치에도 성공했다.

2008년 발생한 금융위기 이후에는 지역경제 재생이 큰 문제가 되었다.

맨체스터 도시권에서는 2009년, 경제학자와 골드만삭스사 등으로 이루어진 그룹에 조사를 위탁하고, 성장의 '대전략'을 제시하는 제안서를 받아들였다.

이것을 계기로 지역의 정보·통신, 부동산, 유통, 인재육성·파견, 비즈니스 컨설턴트 등 기업과 대학 책임자 9명과 도시권의 의회 간부 4명 등 총 13명으로 이루어진 LEP 이사회가 2011년 봄에 정식으로 발족했다. 제안에 따른 지역경제의 재생을 추진하는 데는 어떻게 해야 좋을까, 주한 번꼴로 회의를 계속하고 있다. 협의의 정리나 계획실행은 자치단체간에 구성된 연합조직이 사실상의 사무국으로서 보좌하고 있다.

이사회 의장인 통신 대기업 브리티시 텔레콤사 마이크 브락스번 부사장은, 1996년에 212명이 부상을 입고 시 중심부 부동산의 3분의 1이 파괴된 폭탄 테러 사건과 그 후의 도시 재건사업을 언급하고, "이것이 지역의 공동체 의식을 뿌리내리게 하는 전기가 되었다. 대참사로 하나가 된 사람들의 마음이 지역의 산관학 협력에 살아 있다"고 회고한다. LEP에서는 이미 디지털 콘텐츠 산업을 지원하기 위한 초고속 브로드밴드 통신회선 확충, 맨체스터대학 연구자 2명[19]이 2010년에 노벨 물리학상을 수상하는 이유가 된 '탄소 막'의 응용상품 개발 지원, 운하를 이용한 살포드시 내륙항 정비, 고용창출과 외자유치를 노린 맨체스터 공항도시 건설 등 많은 구상이 부상했다. 이들 일부에 정부가 조성금을 출연하는 것도 결정되었다.

산하에 약 5,000개의 기업을 안고 있는 맨체스터 도시권 상공회의소의 크라이브 메못트 사무국장은 이러한 지방 주도의 전략 수립을 환영하고 "우리들은 중앙에서 지방으로 더한층 분권을 해줄 것을 요청하고 싶다"고 말한다.

영국은 정치의 중앙집권화와 금융업계의 발전으로 런던을 중심으로 하는 앵글랜드 남동부는 풍요로워졌지만, 그 밖의 지방은 뒤처졌다는 역사를 갖고 있다. 특히 잉글랜드 북부에서는, 도시에 따라서는 구인 배율이 0.1배를 하회하는 실업문제를 안고 있는 곳도 있어 상황이 심각하다. 이 때문에 "북부의 성장전략 수립은 북부에 맡겨주었으면 한다"는 소리도 뿌리 깊다.

맨체스터 도시권으로서도 '높은 실업률의 극복'이라는 난제를 안고 있다. LEP는 그 해결을 모색하는 중요한 시도가 되어 있다.

유럽의 같은 규모 도시에 비해 낮은 취업률을 중시한 LEP는 2011년 가을, "지역 기업이 요구하는 직업상의 능력을 많은 학생·생도들이 몸에 익히도록 하는 것이 필요하다"고 하여, 기업이 요구하는 직업능력을 학생·생도들에게 습득시키는 훈련과 연수의 도입에 대해 산관학이 협력할 것을 확인했다.

맨체스터 중심부에서 남쪽으로 전차로 약 15분, 세계 약 200개의 도시와 연결되는 맨체스터 국제공항 주변에는 116헥타르의 토지에 2,500호의 아파트군, 오피스와 연구용 공간, 레저시설 등을 정비하고, 국내외 기업의 유치를 노리는 '공항도시 구상'[20]이 추진되고 있다.

총액 6억 5,000만 파운드(약 810억 엔)를 들인 구상에 대해 공항운영회사 '맨체스터 공항그룹'의 스테파니 마렌저 사업개발부장은 "공항을 활용해서 경제성장이 현저한 아시아나 중동의 항공편과 기업을 더욱더 유치하고 싶다"고 의욕을 보였다. 동 그룹 내에는 공항도시 건설을 LEP 사업으로서 정부의 인정을 받고, 개발자금의 일부로서 조성금을 받으려고 기대하는 목소리도 있다.

다만 LEP는 잉글랜드 전체에서 순조롭게 진척되고 있는 것은 아니다.

맨체스터는 19세기에 섬유공업이 발달하고 산업혁명을 이끈 역사·풍토를 자랑하지만, 자력으로 경제부양을 위한 아이디어를 내고 실행할 수 있는 지역은 한정되어 있다.

영국 정부가 2011년부터 4년간에 걸쳐 마련한 예산은 LEP 조직화에 400만 파운드(약 5억 엔), 사회기반 정비를 위해 12억 파운드(약 1,500억 엔)로 결코 많지 않아, 사업자금의 50%는 민간에서 조달하는 것이 조건으로 되어 있다.

실험은 아직 시작했을 뿐이지만, 맨체스터와 같은 토양을 갖지 않은 도시가 이런 시도를 도약대로 삼아 성장을 되찾게 된다면, 그 노하우는 전 영국뿐만 아니라 다른 나라에도 응용될 수 있을지도 모른다.

그레이터 워싱턴, 그레이터 나고야

미국에서는 수도 워싱턴의 광역권이 활기롭다.

"최근 약 20년간 매년 성장을 계속하는 전 미국에서 유일한 지역인 것입니다."

그레이터 워싱턴 이니시어티브(大워싱턴경제권)를 추진하는 그레이터 워싱턴 상공회의소의 짐 디네거 회장의 말은 자신에 넘쳐 있었다.

지역총생산 증가는 2001~2009년에 25% 이상으로 전미 주요지역에서 톱. 2위 서해안 시애틀권을 4.5포인트나 상회한다. 2000년부터 창출한 28만 5,700명의 신규 고용도 전미 최다이다.

성장의 비밀은 "높은 교육을 받은 사람들이 모여 있는 것"(디네거 씨). 단순노동이 신흥·도상국으로 유출되는 가운데 미국에 남은 기업이 요구하는 것은 고도의 지식과 기술을 가진 인재다. 워싱턴권은 교육 수준이 높은 카운티(군) 전미 랭킹에서 톱 10 중 6개를 차지하고 있다.

향후의 기업유치에서는 정부기관이 집중되어 있는 이 지역의 특색을 최대한으로 살릴 방침이다. 사이버 시큐리티 관련 성장기업에 표적을 맞추는 외에 호텔업 관련 산업에도 힘을 쏟을 계획이다.

이 '그레이터 워싱턴' 등에 힌트를 얻은 광역권 조성이 일본에서 전개되고 있다.

2004년에 발족한 '그레이터 나고야 이니시어티브'(GNI=大나고야경제권)[21]이다.

자동차산업을 핵으로 하고 유럽 중견국 정도의 경제규모를 어필해서 지금까지 80개사 정도를 유치했다.

예전에 경제산업성 중부경제산업국장으로서 GNI를 제창한 호소카와 마사히코(細川昌彦) 주부(中部)대학 교수는 “앞으로의 일본열도는 통합적 시각으로 주시할 필요가 있다”고 지적한다. 중국, 한국, 러시아와의 경제적 연결을 중요시하는 일본해(동해)측과 태평양측 인구집중지대를 하나의 도시권으로 생각하면 새로운 가능성이 펼쳐질 것이라고 한다.

앞서 소개한 아키타현 고사카정 ‘도시광산’ 사례도 도호쿠지방이 특기로 하는 선진적 리사이클 기술을 동서의 ‘통합적 시각’으로 이어감으로써 매력이 있다고 여겨진다.

지역의 특색을 잘 살림으로써 국제경쟁력을 높여가는 잠재력이 일본열도에는 아직도 있는 것이다.

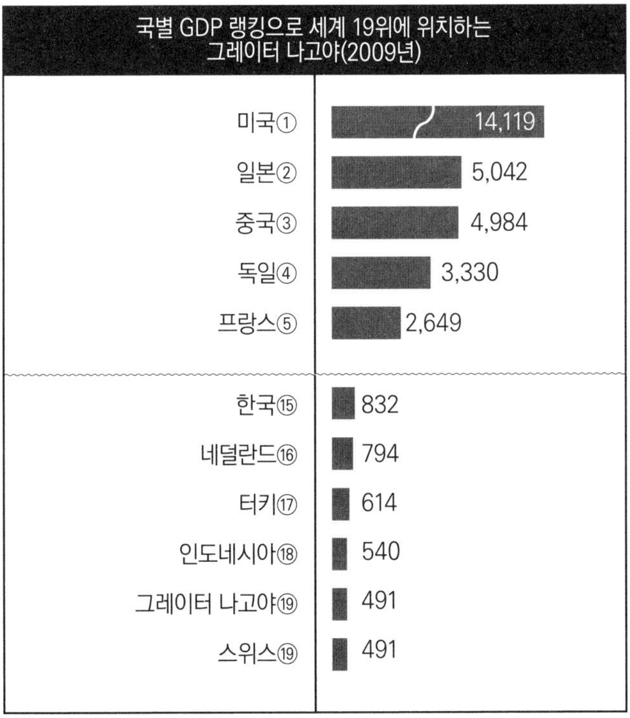

국별 GDP 랭킹으로 세계 19위에 위치하는 그레이터 나고야(2009년)

※ 단위는 10억 달러. 그레이터 나고야의 데이터는 그레이터 나고야 이니시어티브 협의회 정리

'KANSAI'를 세계 브랜드로

2012년 2월 8일, 오사카, 교토, 효고 3부현 3정령시 담당자가 오사카 시내에서 모였다.

테마는 부현(府県)을 넘어 이례적 공동제안을 한 '간사이 이노베이션 국제전략총합특구'를 어떻게 추진할까 하는 것이었다. 2011년 12월에 3부현 총 9개 지역이 특구에 지정되어 각각의 특기분야로 연계해서 산업 발전을 목표로 하는 시도다. 2월 8일 열린 회의가 이미 2012년 들어서 세 번째일 정도로 이 구상에 거는 광역권의 열의가 엿보인다.

간사이에서는 간사이광역권의 총합력으로 세계와 발맞추어 나가려고 하는 기운이 높아지고 있다.

예를 들어 오사카만안(大阪湾岸)을 중심으로 공장이 집적되어 있는 태양전지와 리튬이온전지. 오사카에서 개발한 신제품을 효고에 있는 대형 방사광시설 'SPring-8(스프링 8)로 분석해서 성능향상을 꾀한다. 나아가 신에너지 이용 실증실험을 추진하는 교토의 간사이 문화학술연구도시에서 실제 주택 등을 사용해서 시험하고, 만들어낸 상품을 간사이공항이나 한신항(阪神港)[22]에서 수출함으로써 세계에 내다 팔 수 있다고 예상한다.

실은 간사이의 태양전지시장은 78%(2010년)로 국내에서 높은 점유율을 자랑한다. 리튬이온전지는 82%(동)에 달한다. 그러나 경쟁이 격심한 세계시장에서는, 2009년에 각각 8~23%에 머물러 전년에 비해 4~9포인트나 떨어졌다(일본정책투자은행 추계).

특구를 담당하는 오사카부 상공노동부 기타노 요시유키(北野義幸) 이사는 "오사카 혼자서 싸우려고 해도 한계가 있다. 지금이야말로 간사이의 힘을 결집하지 않으면 이기지 못하는 것입니다"라고 역설한다.

각각의 역사를 갖고 문화나 산업에서 라이벌이었던 3부현이 '간사이'로서 결집하여 승부한다. 이 발상의 기본이 된 것이 2010년 12월 2부 5현으로 발족한 간사이광역연합[23]이다.

복수의 부현에 걸쳐있는 광역연합은 전국에서 처음이었다. 동일본대지진 때에는 발생 2일 후에 멤버인 지사들이 모여 '오사카는 이와테', '효고는 미야기' 등으로 도호쿠 3현에 대해 각각 담당 현을 할당하는 '카운터파트 지원'을 결정하고 재빠르게 직원이 현지에 들어갔다. 간사이광역연합의 이시다 가츠노리(石田勝則) 광역기획과장은 "담당이 정해져 있었기 때문에 책임감을 갖고 침착한 지원을 할 수 있었다"며 가슴을 편다. 이 실적은 광역권으로서 협력을 계속해 나가는 데 있어서 큰 자신이 되기도 했다.

공동으로 중국에서 관광 프로모션을 한다든지, 조리사 등 자격시험 통일화를 검토한다든지 하면서 부현을 넘은 연계가 진전되고 있다.

가나이 도시유키(金井利之) 도쿄대학 교수(자치체 행정학)는 "함께 하고 싶은 것, 했더니 합리적이라고 생각하는 것에 표적을 맞춰 실시할 수 있는 것이 광역연합의 강점이다. 간사이는 개성 풍부한 지사가 서로 특기분야를 살려 잘 이어져 있다"고 지적한다.

'KANSAI'에 일본 전체의 성장엔진이 될 수 있는 잠재력이 있는 것은 틀림이 없다. 문제는 그것을 어떻게 이끌어낼 것인가이다.

"통치기구를 바꿈으로써, 지역이 활성화하는 것을 오사카에서 보여주고 싶다."

하시모토 도루 오사카시장은 스스로 내건 '오사카도 구상'을 실현하기 위한 제1보로서 2011년 말 창설한 '부시(府市)통합본부' 발족식에서 그렇게 말을 꺼냈다.

오사카도 구상이란 오사카부와 정령시인 오사카·사카이 양 시를 해체·재편하여, 인프라 정비 등의 권한·재원을 도(都)에 집약하는 아이디어를 말한다. 도교도의 구조를 모델로 하여 오사카, 사카이 양 시 지역을 인구 30만 명 규모의 10~12개 특별자치구로 분할, 직선 구청장을 두고 구의회를 설치하여 복지, 교육 등의 주민 서비스를 맡게 한다는 내용이다.[24)]

부시통합본부는 하시모토 씨가 대표를 맡은 지역정당 '오사카유신회(大阪維新の会)'가 2011년 11월 실시된 지사선거, 시장선거에서 압승한 것을 계기로 오사카부와 오사카시 합동으로 만들어졌다. 그때까지 오사카부와 오사카시가 따로따로 맡아온 산업정책이나 도시개발 등을 일체적으로 추진하는 조직으로 부현과 정령시가 합동 정책결정기관을 설치한다. 오사카 발 새로운 시도다.

발족식에서 하시모토 씨와 나란히 선, 오사카유신회 간사장을 지낸 마츠이 가즈로 지사도 "오사카부와 오사카시의 벽을 허물어 '하나의 오사카'를 만들어내겠다고 힘주어 말했다. 두 지사와 시장은 '프레오사카도' 라고도 할 수 있는 동 본부에서 이중행정의 비효율성 등을 줄여 년 4,000억 엔을 염출해서 성장이 예상되는 분야에 집중적으로 투자할 전략을 구상한다.

이미 ①공립병원과 대학의 일체적 운영, ②JR오사카역전 재개발지역의 시가지 조성, ③지하철 민영화-등을 본부가 추진하기로 결정하였다. 실적을 쌓아 부와 시가 일체가 되는 이점을 강조하고, 목표로 하는 2015년 봄의 도제(都制) 이행에 탄력을 주겠다는 생각이다.

하시모토 씨 등이 도 구상을 제창하는 배경은 오사카의 현상에 대한 강한 위기감이다. 다이쇼(大正, 1912년-1926년) 말기는 '오사카시'가 '도쿄시'를 상회하는 인구를 갖고 있어 '대오사카(大大阪)'라고 불렸는데, 그 상도(商都)도 최근에는 핵심이 되는 산업이 빈약하고 '지반침하'가 현저하기 때문이다.

2008년도 오사카부의 역내총생산(명목)은 37조 9,800억 엔으로 도쿄도(89조 7,100억 엔)에 이어 2위이지만, 1996년도와 비교하여 8.5%의 대폭 감소. 생활보호율은 가장 높아 오사카시민 18명에 한 명이 수급자다.[25)]

하시모토 씨는 이러한 오사카 쇠퇴의 원인은 전국에서 두 번째로 좁은 부 면적에 부청과 오사카시청이라는 거대한 관청이 병존하고, 도시전략의 '사령탑'이 없기 때문이라고 호소해왔다. 도제 이행으로 권한과 재원을 일원화하면 철도와 도로 정비 등을 효율적으로 추진할 수 있어 '강한 오사카'를 재생할 수 있다고 주장한다.

국회 진출을 위해 오사카유신회를 '모체'로 결성된 '일본유신회(日本維新の会)'[26)]가 '강령'으로 한 '유신팔책(維新八策)'[27)] 작성 과정에서는 수상 직선제와 중의원 폐지 등 급진적인 통치기구 개혁안도 검토되었다.

전국지사회장을 역임한 아소 와타루 전 후쿠오카현지사는 "지역발전의 견인 주체가 되는 지방공공단체를 도쿄도형으로 재편하는 것은 의의가 있다"고 오사카도 구상을 평가한다. 아이치현과 나고야시의 '주쿄도(中京都)'[28)], 니가타현과 니가타시의 '니가타주(新潟州)'[29)] 등의 구상도 있어 "오사카에서 광역행정과 기초자치의 재편에 성공하면 타 지역으로도 확산될 가능성이 있다"고 본다.

정부 내에서는 총무성을 중심으로 "요코하마시 등이 결성한 지정도시시장회가 제시하는 '특별자치시'(道府県에서 실질적으로 독립하는 시)[30)] 구상 쪽이 도(都) 구상보다 현실적이다"는 의견이 강했지만, 하시모토 씨의 국회진출에 대한 경계심으로 민주당, 자민당, 공명당은 하시모토 씨가 제창하는 '오사카도 구상'을 거의 실현할 수 있는 법 정비를 해서 사태는 예상 이상으로 빨리 움직이기 시작했다.

다만, 통치기구 개혁에 의한 '대도시제도'[31)]의 도입과 경제활력의 관계는 그렇게 명확하지 않다는 지적도 있다.

예를 들어, 오사카에 단독 본사를 둔 자본금 100억 엔 이상의 대기업 수를 보면 1999년에 92개사에서 2009년은 72개사로 줄어들었다. 다만 이것은 도쿄 일극집중이 요인으로 보여 부시 병존으로 이한 '비효율적 통치기구'가 어디까지 영향을 미쳤는지는 불명확하다.

하시모토 씨가 오사카부 지사 시절에 설립한 부자치제도연구회에서 위원을 역임한 다카바야시 기쿠오(高林喜久生) 간사이가쿠인대학(関西学院大学) 교수는 "통합본부에서 부와 시가 같은 방향으로 향하는 것은 획기적이지만, 경제 재생에는 간사이 전체를 포함해서 보다 다양한 방안을 강구할 필요가 있다"고 지적하고 있다.

서둘러야 할 것은 리튬전지를 둘러싼 간사이권과 같은 협력 실적의 집적이지 통치기구 개혁은 아닐지도 모른다. '대오사카'의 부활이 일본 전체의 재생에 있어서 빼놓을 수 없는 것은 확실하지만, 우선순위가 틀리면 'KANSAI'가 일본의 엔진이 될 날은 멀어진다.

도시강화를 가로막는 '사권'의 벽

미야기현 게센누마시에 남아있는 유실된 가옥의 토대 (2012년 4월 7일 촬영)

대쓰나미로 상부가 휩쓸려간 가옥의 토대부분이 드러난 채로 여기저기 방치되어 있다.

미야기현 게센누마시(気仙沼市) 등 동일본대지진 피해지역에서 지진으로부터 1년 이상이 지난 후에도 볼 수 있던 풍경이다.

지역 자치단체는 "쓰나미 피해자가 '벼랑지역 근접 등 위험주택 이전사업'의 보조금을 받기 위해서는 건물 일부가 남아 있을 필요가 있다"는 사정을 설명한다.

그러나 미야기현 간부는 다른 이유도 있다고 털어 놓았다. 그것은 '지적조사' 지연이다.

지적(地籍)이란 글자 그대로 토지의 '호적'이라고도 할 수 있는 것이다. 토지 1필지별로 경계를 확정하고, 면적을 정확하게 측정하고, 소유자를 명확하게 하는 작업이 지적조사다.

미야기현 간부는 "토대가 남아있는 장소는 지적조사가 끝나지 않은 곳이 많다. 토대를 철거하면 경계를 알 수 없게 되어 권리관계를 확정하기 힘들어지기 때문이다"라고 해설한다.

토대를 철거하지 못하면 복구·부흥도 늦어진다. 그 이전에 지적이 확정되지 않아서는 도로 등 인프라를 정비하려고 해도 누구와 토지매수 교섭 등을 해야 좋은지 알 수 없다.

실은 도호쿠는 지적조사에 관한 '선진지역'이다. 전국 평균이 49%(2010년도 말 시점)에 불과한데, 미야기현은 계획면적의 88% 이상이 조사가 완료되었다.[32] 그래도 진척률 100%인 프랑스, 독일, 한국 등 제 외국과 비교하면 뒤떨어진 것은 부정할 수 없다.

그리고 지방 이상으로 지적조사가 국토형성에 방해가 되고 있는 장소는 일본의 성장엔진이 되어야 할 터인 바로 도시지역이다. 도시강화를 추진하는 데 있어서 지적조사 지연이 큰 장해가 되고 있는 것이다.

일본의 토지는 공적인 지적도와 실제 면적 사이에 차이가 많다. 그

차이는 메이지유신 후의 신정부가 근대국가 건설을 위해 세수의 안정적 확보를 서둘러 '지조(地租)개정'을 했을 때 생겼다.

에도(江戶) 시대에 토지 실효지배자는 세금을 적게 납부하려고 토지 면적을 과소신고했다고 하여, 메이지 정부는 토지 면적과 소유자 확정을 새로 하려고 했다. 그러나 인원도 예산도 부족하여 결국 각각의 토지 소유자에게 자가신고를 하게하고, 공무원이 형식만 점검하는 방식을 취했기 때문에 에도 시대와 같이 세금대책으로서의 '과소신고'가 횡행했다. 그 때의 지적도가 현재까지 이어져 오고 있는 것이다.

전후 폐허가 된 벌판에 망치소리가 울리게 되자 부흥을 우선 추진하기 위해 적당한 경계를 방치한 채로 시가지가 조성되었다. 토지 구도와 실태의 차이를 메우기 위한 지적조사가 시작된 것은 전후의 부흥사업이 이미 진척된 후인 1951년의 일이었다.

이미 개발이 진행된 장소에서 나중에 토지 경계를 확정하려고 하면, "우리 할아버지는 저기 있던 소나무까지가 우리 것이라고 했다", "아니야, 내가 어렸을 때 걸터앉아 놀던 그루터기까지가 우리 집 토지일 거야"라는 등, 이미 잘려 없어졌거나 파헤쳐져 없어진 것을 근거로 이웃 사람들이 서로 으르렁거리는 사태가 빈발했다. 지적조사를 실시하는 주체인 시정촌으로서도 도도부현과 국가로부터 보조금은 나오지만 지방공공단체 예산의 제약도 있고 해서 주민의 불만을 사면서까지 적극적으로 움직이려고 하지는 않게 되었다.

이렇게 해서 "당사자에게 불만이 없으면 좋은 거 아냐?" 하는 분위기가 확산되어 귀찮을 것 같은 장소, 즉 도시부의 조사가 뒤로 미루어지게 되었다.

21세기에 들어서서 시행된 도쿄 롯폰기 재개발에서는 경계확정에 4년이 걸리고, 그 때문에 1억 엔의 추가비용이 들었다.

지금도 도심에 새롭게 건물을 세우려고 할 때에는 업자가 지권자를 찾아다니며 "대강, 이런 정도로" 하며 사인을 받고, 애매한 경계를 방치한 채로 공사를 시작해버리는 사례가 많다.

지적조사 지연이 도시부 쪽에서 심각한 것은 당연한 결과로, 2010년도 말 시점에서 도시부의 진척률은 21%에 지나지 않는다.[33)]

국가 주도로 토지 실태에 관한 조사에 착수한 것은 고이즈미 정권이었다.

고이즈미 준이치로(小泉純一郎) 수상이 지적조사의 중요성을 이해하고, '도시재생가구(街區)'로 인정된 장소는 국가가 100% 경비를 부담해서 '기본조사'를 실시할 수 있도록 했던 것이다. 기본조사는 2004년도부터 2006년도에 걸쳐 실시되어, 결과는 지적조사에도 활용되고 있다.

다만, 이 새로운 제도도 특효약은 되지 않아서, 2010년에 실시된 행정사업 리뷰(각 성청이 각각의 소관사업을 자가점검한 성청판 '사업분류')에서 지적조사는 '발본적 개선이 필요'하다는 판정을 받았다. 도시강화에 대해 민주당 정권의 이해가 얼마나 미미했던가를 보여주는 에피소드일 것이다.

동일본대지진을 계기로 지적조사는 갑자기 주목을 받기 시작했다. 미야기현 게센누마시의 예와 같이 복구·부흥을 추진하는 과정에서 토지 경계가 확정되지 않은 것이 현실적으로 커다란 장해가 된다는 것을 행정기관도 주민도 통감했다고 밖에 볼 수 없는 것이다.

장래 수도직하형(首都直下型) 지진[34)]이나 도카이(東海)·도난카이(東南海)·난카이(南海)의 3연동형 지진[35)]이 일어나면 동일본대지진 이상으로 많은 도시부가 타격을 입게 된다. 그 때 10필지에 2필지밖에 지적이 확정되어 있지 않은 상태로는 인프라나 가옥의 재건 등 복구·부흥의 모든 국면에서 지장이 생길 것은 피할 수 없는 것이다.

그렇지 않더라도, 실제보다 작은 면적을 기초로 고정자산세를 납부하는 토지와 정확하게 고정자산세를 납부하는 토지가 병존하는 상태는

'정직한 놈이 바보다'라는 식의 도덕적 해이현상을 불러일으키기 쉽다.

지적조사 지연의 저류에는 토지를 '이용'한다고 하는 의식이 낮은 것에도 있는 것 같다.

국토기술연구센터의 오이시 히사카즈(大石久和) 이사장은 "많은 나라들이 토지의 공공성을 중시한 '이용우선'인데, 일본은 국민의식도 제도상으로도 '소유절대'를 외치고 있다"고 지적한다.

조건이 좋은 토지는 희소하기 때문에 공공성이 높다고 생각하는 구미 제국에 비해, 일본에서는 높은 자산 가치만이 중시된다. 중심시가지에 남아 있는 단층 점포나 좁은 부지에 가늘고 높게 지어진 펜슬빌딩의 난립, 도로나 철도정비를 위한 용지매수의 곤란함, 값이 올라갈 것을 기대하고 보유만 하고 경작하지 않는 시가지 주변의 농지……. 조건이 좋은 토지가 활용되지 않는 사례는 열거하기 힘들다.

이용하는 것이 '공(公)'을 위한 것이기도 하다는 의식이 빈약한 점에서 '이용'과 '소유'는 대립하는 개념이 되기 쉽다.

'사권'의 벽을 넘기 위해서는 국민 한 사람 한 사람이 발상을 바꿔갈 수밖에 없다. 이용과 소유라는 이항대립을 넘을 수 있다면 성장 가능성은 월등하게 커진다.

허브 공항

도시강화나 매력 있는 광역권 조성에 빼놓을 수 없는 것이 허브공항의 정비다.

경제활동의 국경이 점점 사라져가고 있는 가운데 이용하기 편리한

국제공항의 존재는 지역의 커다란 강점이다.

오키나와현 나하공항(那覇空港)의 국제화물 취급구역은 일본의 다른 공항이 조용히 잠자는 미명부터 활기를 띠기 시작한다. 아시아 각지에서 도착한 화물전용기 사이를 누비듯이 화물 운반차가 바쁘게 오고간다. 새벽녘에는 환적작업을 마친 항공기가 다시 날아간다. 동아시아에 가까운 지리적 강점을 살려 공항을 24시간 운용하여 국제물류의 거점화가 진전되고 있는 것이다.

전일본공수(全日本空輸, ANA)는 2009년 10월, '오키나와 화물 허브(거점)'를 내걸고 나하를 기점으로 하는 고속화물운송사업을 시작했다.

나하에서 편도 4시간권내에는 눈부시게 성장하고 있는 아시아의 주요도시가 거의 들어 있다. 현재는 도쿄국제공항(하네다 羽田), 나리타(成田)국제공항, 간사이국제공항과 서울, 상하이, 홍콩, 타이페이, 방콕 등 국외 5개 노선을 합쳐 1일 최대 18편이 이륙한다. 적재 화물 중에 많은 것이 전자부품이다. 나하공항 국제화물 취급량은 2011년에 약 15만 톤으로 사업개시 전의 약 70배로 늘어 나리타, 간사이국제공항에 이어 국내 3위가 되었다.[36)]

오키나와현은 "단순히 화물이 그냥 통과하는 중계지가 되지 않도록"(현 관계자) 공항 주변 7.8헥타르의 용지에서 창고와 부품조립·수리 등을 하는 거점정비를 서두른다. 수년 후에는 150억 엔을 넘는 경제효과와 1,500명의 고용 창출을 예상한다.

대조적으로 일본 경제의 '주(主) 수입원' 수도권에서는 나리타공항 활성화대책이 늦은 감이 있다.

국토교통성에 의하면, 국제선 취항도시는 싱가포르 창이공항이 134개 도시, 한국 인천공항이 127개 도시(모두 2011년)인 데 대해, 나리타는 95개 도시에 멈춰있다. 2014년도까지는 연간 발착량이 현재의 25만 회에서 30만 회로 늘어나지만, 높은 착륙료와 도심과의 거리 등 약점도 크다. 그 이용 불편은 국제기업이 아시아의 거점을 도쿄에서 싱가포르 등으로 옮기는 한 요인이라고도 한다.

도심까지의 거리를 극복하기 위해 2009년에 지바현 모리타 겐사쿠 지사와 가나가와현 마쓰자와 나리후미(松沢成文) 지사가 나리타, 하네다 두 공항을 자기부상식 철도로 연결하는 구상을 내걸었지만, 수요 등이 의문시되어 더 이상 진척되지 않고 있다.

지금은 국토교통성이 하나의 안을 구상하고 있다. 사철과 연결하는 것으로 나리타, 하네다[37] 두 공항으로 연결되는 지하철 도영 아사쿠사선(浅草線)의 오시아게역(押上駅. 도쿄도 스미다구)-센가쿠지역(泉岳寺駅. 동 미나토구) 간에 약 11킬로미터의 신선을 부설하고, JR도쿄역 인근에 '신도쿄역'을 건설하는 구상이다.[38] 실현 시기는 설정되어 있지 않지만 하네다-나리타공항이 53분에서 36분으로 단축된다.[39]

소프트 면에서 지원책을 마련하기 위해 "나리타공항 발착 국내선을 확충하여 해외와 국내 각지를 잇는 역할을 강화해야 한다"(싱크탱크 연구원)는 의견도 있다.

싱가포르 창이공항 각 터미널 내는 혼잡이 없어 비즈니스 고객에게도 호평 (2012년 2월 촬영)

소프트 면에서는 아시아의 허브를 자임하는 창이공항이 참고가 된다.

성공의 키워드는 '시단(時短. 시간단축)'이다. 입국심사에서 관계관이 여권 등을 스캔하고 스탬프를 찍기까지 수십 초. 비행기를 내려서 약 20킬로미터 떨어진 시 중심부에 있는 호텔에 체크인하기까지 불과 40분. 공항운영회사 홍보책임자 조너스 코 씨는 "출입국과 세관, 보관화물 대응까지 약 200개의 조직과 함께 시단에 매진하고 있다"고 밝힌다. 비즈니스 손님으로부터는 회의나 상담 계획을 세우기 쉽다며 호평이다.

출입국 절차의 '시단'으로 이용객은 세 개의 터미널 빌딩에 있는 320개의 선물 판매점, 120개의 음식점에서 보내는 시간이 길어진다. 그렇게 해서 공항 수입이 늘어나게 되어 착륙료를 내리고, 국제경쟁력을 한층 높이는 호순환도 예상된다.

일본에는 과잉이라 할 만큼 많은 공항이 있다.[40] 광역권을 어떻게 형성하고, 그 중핵도시를 어디로 할 것인가 하는 전략을 구축하고, 선택과 집중을 하지 않으면 단순히 유지비만이 쌓여 성장 엔진을 놓치고 만다. 선택과 집중은 지방이나 광역권에 맡겨서는 이해가 너무 얽혀서 불가능하다. 지방분권을 추진하는 국면과 중앙집권을 강화하는 국면의 균형이 중요한데, 허브공항의 정비, 강화는 후자의 부류에 들어가야 할 사업일 것이다.

국가와 지역, 시설관계자 등의 총력을 결집한 창의와 궁리가 있으면 해외 손님과 화물을 잘 받아들일 가능성은 충분히 남아 있다.

허브 항만

허브공항은 가능성이 높은 데 비해 허브항만에는 비관적인 견해가 많다.

"귀사 컨테이너선을 한신항, 게이힌항에 기항시켜 주시지 않겠습니까?"

2012년 1월 17일 프랑스 마르세이유.

무로이 구니히코(室井邦彦) 국토교통정무관은 세계 3위의 해운회사 'CMA-CGM' 간부에게 유럽과 일본을 잇는 정기항로 개설을 호소했다.[41]

정무3역 수준의 정치가가 해외에 나가서 민간기업에 일본 항만을 선전하는 것은 사실 처음 하는 시도였다.

국토교통성은 2010년 8월, 게이힌항(京浜港=東京, 横浜. 川崎)과 한신항(阪神港=大阪, 神戸)을 국가전략으로서 우선 정비하는 '국제컨테이너전략항만'으로 지정했다. 북미, 유럽 등 기간항로를 왕래하는 대형 컨테이너선이 입항할 수 있는 수심 16미터 이상 안벽정비 중점지원, 고정자산세 우대조치 등으로 2020년에는 아시아에서 다섯 손가락에 들어가는 '허브항만'을 만드는 것이 목표다.

온 세계의 항만이 전개하는 물류 경쟁에서 일본은 '주회지연'으로 불려왔다. 그 상징이라고도 할 수 있는 것이 고베항(神戸港)이다.

1995년 발생한 한신대지진 전에 세계 유수의 허브항이었던 고베는 2010년에는 47위까지 그 지위를 떨어뜨렸다. 국가전략으로서 정비를 추진한 중국 상하이항, 한국 부산항 등은 대두했다(표).

고베항 자체는 2년 정도로 복구되었다. 그러나 "선박이 대형화되어, 대형 안벽 등을 미리 정비해두지 않으면 선박회사가 기항항을 선택하

세계 주요항만 컨테이너 취급량					
1990년		2010년		※참고: 2020년	
순위	항만명	순위	항만명	순위	항만명
1	싱가포르	1	상하이	1	상하이
2	홍콩	2	싱가포르	2	싱가포르
3	로테르담	3	홍콩	3	닝파오-저우산
4	카오슝	4	센젠	4	센젠
5	고베	5	부산	5	광저우
6	부산	6	닝파오	6	칭다오
7	로스앤젤레스	7	광저우	7	부산
8	함부르크	8	칭다오	8	텐진
9	뉴욕·뉴저지	9	두바이	9	홍콩
10	기륭	10	로테르담	10	LA/LB
11	요코하마	25	도쿄	19	게이힌 (東京, 横浜, 川崎)
13	도쿄	36	요코하마	29	한신(大阪, 神戸)
24	나고야	47	고베	34	게이힌(東京)
38	오사카	48	나고야	61	게이힌(横浜)
67	기타큐슈	56	오사카	67	한신(神戸)

※ 2020년 자료는 역자가 추가하였다. (일본 국토교통성 「숫자로 보는 항만 2021」)

는 시점에서 후보에서 제외되고 마는데, 복구가 일단락되자 그 이상의 투자에 반대하는 의견도 많아졌다."(고베시 항만총국)

가이하라 도시타미(貝原俊民) 전 효고현지사는 2011년 4월, 정부 동일본대지진 부흥구상회의에서 "옛날 그대로 되돌리는 것만으로는 좀처럼 잘 되지 않았다"고 말했다.

이대로는 막상 어떤 비상상황이 발생했을 때에 필요한 물자의 수출입이 어려워지기 쉽다고 염려되기도 하는 가운데 '전략항만'의 성패는 중요하다.

그러나 2012년도 예산안에서 게이힌, 한신 양 항 정비 등에 충당하는 국비는 전년도에 비해 10% 증가하기는 했지만 359억 엔으로 소액이다. 어항을 제외하고도 936개나 되는 상업항을 둘러싸고, "지역 균형을 배려할 필요가 있다. 게이힌, 한신에만 과감한 경사배분은 할 수 없다"(재무성 간부)고 하는 생각이 '선택과 집중'을 방해한다.

2011년 11월에는 니가타항과 하카타항 등 5개항이 일본해(동해)측 '총합적 거점항'으로 지정되었다.

정부는 민간의 시각을 반영한 항만재생 전문가위원회에서 활성화 대책을 마련했지만 일본선주협회 항만협의회 이이다 가즈오(飯田一雄) 사무국장의 표정은 밝지 않다.

"국가의 심의회에서 벌써 몇 년 전부터 '일본 항만은 과잉이다'고 높은 목소리로 말해왔는데, 국가가 들어주지 않았다"는 생각 때문이다.[42]

지방은 지방대로 독자적으로 항만을 활용한 지역 활성화에 힘을 쏟고 있다.

"대륙과의 횡단 항로를 어떻게 할 것인가가 관심사다. 성과가 날 것을 바라마지 않는다."

니가타현 이즈미다 히로히코(泉田裕彦) 지사는 2012년 2월 7일, 니가타시에서 열린 심포지엄에서 니가타항과 중국, 러시아 등을 연결하는 항로확대에 대한 의욕을 밝혔다.

향후에도 성장이 예상되는 중국과 러시아로 가는 화물은 부산항을 경유하는 것도 많다. 그렇다면 부산항을 대신하는 허브로서 니가타항을 육성하자는 전략이다.

하카타항을 갖고 있는 후쿠오카시도 트럭을 그대로 적재할 수 있는 'RORO선' 정기항로를 현재의 상하이항 외에 칭다오(靑島)항이나 다이렌(大連)항으로 확대할 것을 검토하고 있다. 컨테이너 야드 증설도 진전되어 '아시아의 현관'을 추구한다.

지방이 독자적으로 움직일 수 있는 것은 국가가 항만정비 보조금은 주지만, 관리·운영은 지방공공단체가 맡고 있기 때문이다.[43]

한편으로 국제항으로서의 이용실적을 올리기 위해 부산항로 등을 이용하는 자에게 보조금을 주고 있는 지방항이 적지 않은 것도 사실이다.[44]

일본 항만정비의 어려움은 국토가 남북으로 길고, 또 태평양과 일본해(동해)에 면해 있는 지리적 사정도 영향을 미치고 있다. 방치해 두면 열도 동쪽 연안과 서쪽 연안에 필요 이상으로 많은 항만이 난립하는 것을 피할 수 없다. 국가가 사령탑 역할을 수행하지 못하고 지방이 멋대로 하도록 방치하면 함께 쓰러질 위험이 큰 것이다.

성장을 뒷받침하는 새로운 국토 조성에 허브항만은 필요하지 않다는 소리조차 나오고 있다. 이미 쫓아가기 힘들 정도로 앞서가고 있는 부산항이나 상하이항을 '활용'하는 쪽이 좋다고 하는 발상이다.

그러나 2012년 8월에 한국의 이명박 대통령이 독도에 상륙[45]하자 한일 관계는 급속히 냉각되어 경제활동에서 영향이 나타났다. 2012년 9월에 일본 정부가 오키나와현의 센카쿠열도를 소유자로부터 구입하여 국유화하자, 중국에서 격심한 반일 데모가 일어나 일본 관계기업과 상점이 파괴되는 사태도 발생했다. 이러한 리스크가 표면화한 이상, 부산이나 상하이에 의존해온 구조는 지속가능한 성장을 실현하는 데 있어서 재고해야 할 과제가 되었다.

국제경쟁이 격화하는 항만정비는, 선택과 집중에 있어서 국가가 어디까지 지도자적 역할을 수행하고, 어디까지 광역권에 권한을 이양할 것인가 하는 균형이 어렵다. 저성장이 계속되는 가운데 사용할 수 있는 재원도 한정되어 있다. 지방분권인가 중앙집권인가 하는 이항대립이 아닌 새로운 발상으로 임하지 않으면 장래의 성장에 불가결한 인프라를 정비, 유지해 나갈 수 없다.

'강함'을 연결하는 철도와 도로

도시나 거리의 발전은 지역의 매력을 높이는 노력은 물론 주변 거점 도시나 공항 등과 어떻게 연결시킬 것인가가 열쇠의 하나이다.

나하 시내 시가지를 꾸물꾸물 달리는 '오키나와 도시모노레일'(애칭 유이레일). 오키나와현 등이 출자한 제3섹터가 운영하고 있다. 2003년 8월 나하공항-슈리(首里)역 간 12.9킬로미터(15역)가 개업하여, 오키나와현에서 유일한 '철도'로서 연간 약 1,300만 명이 이용한다.[46]

오키나와현은 태평양전쟁에서 철도가 파괴되어 전후 궤도계 공공교통기관이 없었다. 이동수단에서 차지하는 승용차의 비율은 약 86%로 전국 평균(약 66%)을 크게 상회한다. 나하 시내의 교통정체는 대도시권 이상으로 심각하다.

'오키나와 도시모노레일'은 시가지 교통정체 해소를 위해 노선 연장이 결정되었다.
(2012년 3월 촬영)

이러한 사정이 궤도와 차량을 효과적으로 조합한 '파크 앤드 라이드'를 후원하고 있다.

2019년 3월 개통 목표로, 2012년 1월 국토교통성이 모노레일을 슈리역에서 4.1킬로미터(4역) 연장하는 것을 허가했을 때, 오키나와자동차도로 가까이에 있는 우라니시역(가칭. 浦西) 앞에 고속버스터미널과 1,000대 규모의 대형 주차장을 건설하는 것도 함께 결정되었다. 차량에서 모노레일로 환승하는 것을 촉진하고 시 중심부로 차량이 유입되는 것을 줄이는 목적이 있다.[47]

도시 간의 교통망에서도 철도와 도로의 조합은 키워드의 하나다.

미츠비시 UFJ 리서치 & 컨설팅의 가토 요시토(加藤義人) 정책연구사업본부 나고야본부 부부장은 "신칸센과 고속도로 등을 기능적으로 조합하면 최소한의 투자로 전혀 다른 국토로 다시 태어난다"고 강조한다.

교통정체가 없고 대량수송에 적합한 철도와 문전에서 문전까지의 편리성이 매력인 자동차 쌍방의 강점을 잘 끌어냄으로써, 사람과 물건의 이동이 활발하게 되고 해외 관광객도 증가할 것으로 예상된다고 보고 있다.

가령 JR도카이가 추진하는 리니어(자기부상) 주오신칸센(中央新幹線)은 2045년 도쿄-오사카 간 개통을 목표로 하는 동시에 1현 1역의 중간역이 설치된다. 역을 어떻게 도로와 연결할 것인가가 리니어 효과를 지역활성화의 기폭제로 할 수 있을지 어떨지를 좌우할 것으로 보인다.[48]

인구 감소로 지방(로칼) 철도의 존속이 위태로워지고 있는 지역에서는 철도와 도로를 문자 그대로 융합하는 시도도 있다. 노선과 도로 쌍방을 달릴 수 있는 'DMV(듀얼 모드 비클)'다.

도쿠시마, 고치 두 현은 2012년 2월 JR무기선(牟岐線)과 아사해안철도(阿佐海岸鉄道) 아사토선(阿佐東線)에서 실증운행을 실시했다. JR홋카이도가 마이크로버스를 개량해서 개발한 신형차량을 활용했다.

지금 있는 노선과 도로를 그대로 쓸 수 있는 데다, 철도차량과 비교해서 "차량 구입비가 약 4분의 1, 보수비는 약 4분의 1, 연료비는 약 5분의 1"(JR홋카이도)로 끝난다. 아사해안철도는 1992년 개업 이래 적자가 계속되고 있지만 "경비 절감으로 경영이 개선된다. 지역의 발을 유지하기 위한 비장의 카드가 될 것이다"(도쿠시마현 교통전략과)며 기대가 크다. 노선에서 내려서 도로를 달리며, 환승하지 않고 무로토미사키(室戸岬) 등 관광지에 갈 수 있게 됨으로써 관광객이 느는 효과도 예상된다.

전국 고속도로망에서는 맹점으로 불리는 것이 수도권의 환상(環狀道路) 정비 지연이다.

국토교통성 조사로는 환상도로 정비율은 베이징과 서울이 100%, 베를린 97%, 파리가 85%인 데 비해 도쿄는 48%에 그친다. 동일본과 서일본을 왕래하는 차량이 도심을 통과하기 때문에 정체를 악화시켜 도심 교통사정과 광역물류 쌍방에서 커다란 장해가 되고 있다.[49]

국토기술연구센터 오이시 히사카즈 이사장은 "유럽에서는 성벽을 철거한 자리에 환상도로를 만들었다. 일본은 방사상 도로를 우선적으로 건설해온 결과 정비가 현저하게 늦어지고 있다"고 한다. 나아가 경제활동을 뒷받침하는 대도시권의 교통 인프라가 정비되면 일본 경제 전체의 기반 상승으로 이어질 것으라고 조언한다.

감축(減築)

잔디가 아름다운 광대한 공원에서 아이들이 그네 같은 유희 기구를 타거나 롤러스케이트를 타면서 즐겁게 놀고 있다.

2012년 5월 10일. 바하, 바그너와 인연이 있는 도시로 유명한 독일 동부 라이프치히시 시가지 근처에 있는 한 공원 풍경이다. 공간에 여유를 주기 위해 건물과 주택을 줄이는 '감축'이란 발상으로 빈집 아파트를 철거한 후 휴식의 장으로 새로 태어났다.

라이프치히시에서는 1990년 동서 독일 통일 후 서독측으로 인구가 대거 유출되어 약 51만 명이었던 인구가 40만 명대 중반까지 감소했다. 빈집과 빈 점포가 늘어 치안 악화도 염려되게 되었다.

이러한 상황을 계기로 라이프치히시는 2000년 감축사업에 착수했다. 건축 100년 전후의 주택, 노후화가 진전된 대형단지 등을 철거하여 건축물 약 1만 3,000호를 줄였다. 빈터는 시가 매수하는 등으로 공원, 녹지, 공공용지 등으로 정비했다.

그 결과 인구는 현재 52만 명까지 늘었다. 라이프치히시의 담당과장 스테판 가비 씨는 "인구가 는 것은 녹지나 공원이 늘어 매력적인 도시가 되었기 때문이다. 건축물을 줄이는 감축은 인구감소 시대에 맞는 발상이다"고 말한다.

감축은 최근 구동독과 미국에서 적극적으로 이루어지고 있으며 '도시재생'의 수단으로 확립되어 왔다.

자동차의 도시로 번영했던 미국 미시건주 디트로이트시에서도 자동차산업 쇠퇴에 따른 인구감소를 계기로 빈집이 계속 철거되고 있다.

디트로이트시는 2013년까지 1만 호를 해체할 방침으로 빈터에는 식수를 하거나 농장을 조성할 계획이다. 데이비드 빙 시장은 인구가 줄어 '과소지(過疏地)'가 된 지역에서 쓰레기 수집과 버스 운행을 줄이는 조치를 취하고, 인구가 많은 다른 지구로 이전할 것을 촉구하여 행정서비스 효율화와 빈터의 효율적 이용을 실현하려고 하고 있다.

이러한 사례는 해외에서만이 아니라 일본에서도 볼 수 있게 되었다. 인구감소, 급속하게 진행되고 있는 고령화에 대응하기 위해 감축을 추진하지 않을 수 없게 된 것이다.

오사카부 북부의 도요나카(豊中), 스이타(吹田) 두 시에 걸쳐있는 구릉지에 1962년 시가지가 조성된 센리(千里) 뉴타운. 당시 입주자의 대다수가 원기왕성한 '근로자' 세대였기 때문에 주민 고령화와 시설 노후화가 일거에 진행되었다. 1975년 당시에 12만 9,000명이었던 인구도 지금은 4분의 3 정도로 줄었다.

'13개 단지 3,852호'를 소유하고 있었던 오사카부 주택공급회사는 2002년에 재건축사업에 착수했다. 건물 통합과 고층화로 2013년 5월까지 '10개 단지 2,580호'로 줄이고 잉여지를 매각한다. 센리 뉴타운과 같은 현상은 도시부의 뉴타운에도 공통되는 심각한 과제로, 마스다 노보루(増田昇) 오사카부립대학 교수(도시계획)는 "인공적으로 조성된 뉴타운은 시대에 맞춘 유지보수가 중요하다. 다시 한 번 발전하는 호기로 삼아 적극적으로 대처하도록 해야 한다"고 지적한다.

도로 등 사회자본의 감축도 주목을 받고 있다.

2012년 5월 중순. 한국 서울 중심부의 고층 빌딩에 둘러싸인 '청계천광장'에 3억 원분의 동전이 쌓였다. 여기에 동전을 던져 넣는 형태로 기부를 모집하는 민간활동단체(NGO)가 매년 여는 연례적 이벤트다. 모자를 쓴 자원봉사자 여학생들이 광장을 지나가는 시민에게 모금 동참을 호소한다.

광장의 명칭이 된 청계천이 그 아래를 흐르고 있다. 주변 사무실에서 일하는 회사원과 일본, 중국에서 온 관광객이 하천변에 앉아서 담소하고 있는 모습에서는, 이곳이 예전에 이층 도로에 덮여서 악취를 풍기고, 도로 옆에 무질서하게 늘어선 상점과 어울려 일대가 시대에 뒤떨어진 경관을 하고 있었다고는 상상할 수 없다.

그런 하천을 부활시킨 것이 당시 서울시장이었던 이명박 씨다. 2003년부터 2년 3개월, 약 3,800억 원(약 263억 엔)을 들여 하천을 덮은 도로를 5.8킬로미터에 걸쳐 철거하고, 서울의 중앙을 흐르는 대하 한강에서 물을 끌어와 흐름을 복원했다. 천변을 '역사', '문화', '자연'의 3개 지역으로 나누어 정비하고, 20만 명이 일하는 주변 6만 개 점포를 서울 교외로 이전시키는 등의 '대수술'을 했다.

이렇게 해서 새로 태어난 청계천에서는 2005년~2011년, 허가를 받은 것만으로도 연평균 116회의 이벤트가 광장을 중심으로 열려 1일당 5만 8,000명이 모이는 공간으로 변모했다.

서울시장으로서의 행정수완을 하나의 '무기'로 이명박 씨는 그 후 한국의 대통령에까지 올랐다.

감축으로 계류를 부활시킨 효과는 다른 곳에도 있었다. 하천 주변의 기온이 내려간 것이다.

서울시에 따르면 청계천 주변은 도심부 일대에 비해 1.1도~3.3도 기온이 낮아지고, 도심부의 풍속을 6.9~7.8% 증가시켰다. 이로써 공기 체류가 줄어 먼지 농도도 7.1% 감소했다고 한다.

서울시의 류봉현 청계천관리팀장은 "동일본대지진 후의 일본은 원전이 정지하여 전력부족 상태라고 들었다. 온도를 내리는 시책으로서도 유효하지 않을까"하며 하천 부활의 효용을 설명한다.

일본에서도 수도고속도로의 노후화를 계기로 국토교통성 전문가회의가 지하화하는 등의 검토에 착수했다. 고이즈미 정권에서는 도쿄 니혼바시(日本橋) 바로 위로 고속도로가 통과하는 현상에 대해, "다리 위의 하늘을 넓히고, 하천 옆에서 산보를 즐길 수 있도록"이라는 고이즈

미 준이치로 수상의 발안으로 지하화하는 안을 수립했다.[50)]

국토교통성이 작성한 2009년도판 국토교통백서에서는 국토교통성이 관할하는 사회자본 유지만으로 2011년도부터 2060년도까지 50년간에 190조 엔을 필요로 한다고 시산하고 있다. 재정사정이 악화하고 있는 가운데 도시의 확대와 함께 정비된 사회자본을 이대로 유지하는 것은 어렵다.

도시기능 강화라는 관점에서도 사회자본의 감량화는 고령화, 인구감소가 진행되고 있는 일본에 있어, 종래의 발상에 매이지 않고 생각해야 할 과제가 되었다.

제3장

최첨단을 가는 농림수산업

일본 임업의 가능성은 예전에 없이 높아지고 있다. 농업도 수산업도 하기에 따라서는 일본의 성장산업으로 변신 가능하다. 실제 몇 개 지역에서는 이미 성장의 계기를 손에 쥐어가고 있다. 가마가타 다로(鎌形太郎) 미츠비시총합연구소 지역경영연구본부장은 "구미의 농업은 생산성이 매우 높아 젊은 사람도 많이 종사하고 있다. 오스트리아는 임업관련이 수출의 5%를 차지하고 핀란드는 20% 정도. 독일에서는 관련 산업을 합하면 100만 명 정도 고용하는 등 선진국에서는 임업이 성장산업이 되어 있다"고 말한다. 일본에서도 농림수산업이 '최첨단' 산업이 될 가능성은 있다.

여기에서도 일본의 '약점'으로 생각되던 분야에 지속가능한 성장의 요소가 있는 것을 보여주는 예를 발견할 수가 있다.

힘을 내포한 일본의 임업

음악의 도시 빈 북부 교외에 있는 클로스터노이부르크(Klosterneuburg) 수도원. 900년의 역사를 가진 로마네스크 양식의 건물 지하에서 보일러가 낮은 진동음을 내고 있었다.

목재 칩 등의 목질 바이오매스를 이용하는 열공급 보일러다. 관광시설로도 지정되어 있는 수도원뿐만 아니라 열공급 회사의 배관망을 통해 가까운 병원이나 호텔, 관공서 등에 난방용 증기를 공급하고 있다.

"연료인 목재를 우리 삼림에서 조달할 수 있는 것이 강점입니다."

수도원 소유 8,000헥타르의 삼림 관리 책임자 후벨토스 키멜 씨는 말한다.

클로스터노이부르크 수도원 소유 삼림 옆 임도에서 건조 중인 통나무 (2012년 4월 촬영)

도나우강 좌안 등에 펼쳐져 있는 삼림에는 수령 40년 이상인 호두나무, 물푸레나무, 포플러 등이 자생하고 있어, 수도원은 옛날부터 가구나 건재용 통나무를 베어 내서 출하하는 임업을 영위해 왔다.

나아가 열공급 사업을 시작하게 됨으로써 예전에는 퇴비 정도로 밖에 쓸 곳이 없었던 잔가지나 나무껍질에 연료라는 부가가치가 더해졌다.

키멜 씨는 "뿌리에 가까운 굵은 줄기에서 선단의 가는 가지까지 남기지 않고 이익을 낳는다. 수도원의 임업부문 수익력이 월등히 올랐다"고 말한다.

4,000킬로와트의 출력을 갖춘 보일러는 인접 지하주차장과 함께 2003년에 900만 유로(약 9억 4,500만 엔)를 들여 정비했다. 연간 열공급액은 80만 유로(약 8,400만 엔). 초기투자는 곧 회수할 것 같다.

목질 바이오매스를 사용해서 열공급을 하는 같은 유형의 설비는 오스트리아 각지에서 늘고 있다. 오스트리아 바이오매스협회에 따르면 그 수는 오스트리아 국내 전체적으로 1,000곳을 넘는다. 대부분은 삼림 소유자들이 조합을 만들어 운영하고 있으며 수십 동 정도까지의 세대에 열을 공급하고 있다. 삼림 소유자는 통나무를 베어낼 때 불필요하게 된 잔가지와 간벌재를 조합에 유상으로 제공한다.

보일러로 동시에 발전을 하고 있는 곳도 많은데, 2002년 시행된 그린 전력법으로 바이오매스로 생산한 전력의 매수 가격이 보증된 것도 설비 도입에 박차를 가했다.

오스트리아 농업경영자협회 에너지정책 고문 알렉산더 바흐러 씨는 "목질 바이오매스를 이용하는 열공급 설비 보급은 삼림 소유자의 소득 향상으로 이어지고 있어 지역사회 활성화에 크게 도움이 되고 있다"고 말한다.

목질 바이오매스 이용 확대는 성장한 수목의 벌채율을 높이는 상승효과도 낳고 있다.

1990년대 초 제재용 통나무의 벌채량은 600만 입방미터 대였는데, 최근 수년은 1,000~1,300만 입방미터까지 늘어났다.

삼림 소유자가 약 15만 명을 헤아리는 오스트리아에서 사유림 평균 소유면적은 약 20헥타르로, 유럽 속에서는 좁은 부류에 속하는데 경영 규모가 작은 일본에서 참고하기 쉽다.

에너지로 재평가 받는 삼림자원. 일본에서도 그 이용을 둘러싼 모색이 계속되고 있다.

현재 일본 국내에 있는 목질 바이오매스 발전소는 대소 약 100곳 정도다. 다만 연료로 이용되고 있는 것은 제재공장 등에서 나오는 잔재(연간 850만 입방미터)와 건설폐자재(연간 1,000만 입방미터)가 중심으로, 양적으로 한계가 있다. 연간 2,000만 입방미터가 나오는 간벌재는 수집·운반 비용이 들기 때문에 거의 이용되지 않고, 전용으로 만들어진 칩을 구입하고 있는 것이 현 실정이다.

면적의 90%를 산림이 차지하는 홋카이도 시모카와정(下川町)은 임업을 중심으로 한 산업집적을 꾀하고 있어, 2004년 이후 공공시설에 목질 바이오매스 보일러 도입을 추진하고 있다. 2009년도에는 간벌작업 등으로 발생하는 잔재 등을 모아 연료인 칩으로 만드는 시설을 갖추었다. 정부로부터 '환경미래도시', '지역활성화 총합특구'로도 지정되어 고용창출이 기대된다.

내각관방 국가전략실에서 임업정책을 담당한 가지야마 히사시(梶山恵司) 후지츠총합연구소 주임연구원은 "일본의 삼림은 선진국에서도 유수의 자원량. 더구나 달리 산업이 없을 듯한 곳에 숲이 있다. 거기에서 목재가 나와서 가공, 유통, 이용 등으로 널리 퍼지면 지역에 매우 큰 혜택이 된다"고 말한다.

독일 임업전문지에 게재된 통계(2008년)에 따르면 독일 '목재관련산업'의 고용은 85만 7,000명에 달해 제조업 전체의 9.5%를 차지하며, 분야별로는 건설, 금속, 기계 등의 산업에 이어 6번째. 임업재생은 산촌재생의 가능성도 내포하고 있다.

2012년 1월 중순, 시만토가와(四万十川) 원류부에 있는 고치현 유스하라정(檮原町)의 삼나무숲에서 오사카부에서 초대된 3개 조의 가족들이 도끼질을 했다. 신축 주택에 사용할 재목을 베어낼 때 유스하라정 삼림조합 등이 주택시설주를 초대해서 열고 있는 '벌채기원제'다.

환경보전을 배려하는 임업을 증명하는 국제 NGO '삼림관리협의회'(FSC, 본부·독일)의 인증을 2000년에 일본에서 두 번째로 취득한 이 조합은 목재생산자의 얼굴이 보이는 '안심·안전'과 환경을 배려하는 것을 세일즈 포인트로 한다.

2008년부터 시작한 기원제도 그 일환이다. 이러한 노력이 대기업과 차별화를 꾀하고자 하는 건축업자의 의도와 일치하여, 2011년 생산고는 약 2억 5,000만 엔으로 목재가격이 바닥을 치는 가운데 10년 전에 비해 약 5,000만 엔 늘었다고 한다.

"단일품을 대량생산하는 것이 아닌, 얼굴이 보이는 주택 건축 노력이 지금 시대에 잘 맞았다"고 나카고시 도시시게(中越利茂) 조합장은 회고한다.

유스하라정도 2000년 삼림보전과 임업발전을 목표로 하는 '삼림조성 기본조례'를 책정하여 임업을 지원했다. 간벌작업에 독자적인 교부금을 지급해온 결과 삼림정비가 진전되고 소유자의 환경의식도 높아졌다고 한다. 야노 도미오(矢野富夫) 정장은 "임업을 지원하는 것이 숲의 황폐화를 막고 지구환경에 공헌하는 것이다"라고 말한다.

일본의 국산 목재 공급량은 1967년 5,274만 입방미터를 정점으로 감소경향이 계속되었는데, 2002년 1,608만 입방미터를 바닥으로 증가로 바뀌었고, 2009년에는 1,759만 입방미터에 달했다. 2002년에 18.2%였던 목재 자급률도 2009년에는 27.8%로 회복되고 있다.[51)]

일본 국내 인공림은 조림·보육 중심의 조성기에서 자원으로서의 이용기로 이행하고 있다. 전후를 중심으로 심어진 삼나무, 노송나무 등 약 1,000만 헥타르의 인공림 중 목재로 이용 가능한 수령 50년 이상의 삼림은 2006년도 말 시점에서 35%였는데, 10년 후인 2016년도에는 60%로 증가할 것으로 보인다.

이러한 삼림자원을 어떻게 활용해갈 것인가. 새로운 규범 제정을 목표로 하는 움직임도 있다.

삼나무 생산량 일본 제1을 자랑하는 미야자키현의 임업자, 제재회사, 기계 메이커 등 43명으로 구성된 NPO법인 '히무카 이신노카이(ひむか維森の会)'[52)]는 2011년 12월, 손수 벌채를 하는 업자를 대상으로 한 인증제도를 시작했다. 임야청 OB와 대학교수들로 구성되는 제3자 기관이 심사원을 선임하고, 실제로 산을 찾아 삼림보호에 관한 구체적인 조치 등 16개 항목에 대해 심사하는 제도로, 2012년 4월 21일

첫 인증식이 미야자키시에서 열렸다.

삼림 황폐는 산만이 아닌 강이나 해양환경에 영향을 주거나 재해를 유발하기도 한다. 히무카 이신노카이는 이러한 임업자의 사회적 역할과 책무를 명기한 '행동규범'을 책정하는 한편, 환경보호, 폐기물 관리 등을 정한 '벌채반출 가이드라인'도 제정했다.

마쓰오카 아키히코(松岡明彦) 대표이사는 "숲을 지키는 것이야말로 임업 재생으로 이어진다. 미야자키에서 하는 노력을 전국으로 전파하고 싶다"고 말한다.

가지야마 히사시 후지츠총합연구소 주임연구원은 "전후에는 자원 관리가 이루어지지 않고, 팔린다니까 뿌리까지 벌채해버린 후에는 자원이 없는 상태가 쭉 이어져 왔다"고 지적한다. 그렇게 해서 임업은 쇠퇴하고 삼림은 황폐했다.

요구되는 것은 '지속가능한 삼림경영'이다. 숲의 환경가치와 함께 경제성을 어떻게 높여갈 것인가. 이러한 삼림경영을 담당할 인재육성을 함으로써 임업은 일본의 성장을 견인하는 산업이 될 수 있는 것이다.

음료 회사도 임업에 '참여'

두루미 번식지로 유명한 홋카이도 동부의 츠루이촌(鶴居村). 이 촌의 삼림조합이 도입한 새로운 수법이 국내 임업에 변혁을 가져올 가능성을 내포하고 있어 주목을 받고 있다.

수령 약 50년의 낙엽송이 무성한 숲에서 전기톱에 잘려 넘어진 재목이 눈 위를 미끌어지듯 독일제 트랙터의 윈치로 끌어내진다. 그런 다음에는 고성능 전기톱으로 가지런히 잘려 실려 나간다. 삼림작업이 라고 하기 보다는 기계작업 같다.

츠루이촌은 2010년도에 국가의 '삼림·임업 재생플랜' 실천사업의 모델지역으로 선정되었다.

임업선진국 독일과 오스트리아 시찰을 바탕으로 유럽형 임업 시스템을 도입했다.

기존 수법으로는 삼림을 횡단하는 직선 임도를 기점으로 삼림 깊숙한 곳까지 불도저가 들어가 재목을 잘라내서 반출해 왔다. 부드러운 토양이 중장비로 무너지고 환경에 미치는 부하도 컸다.

새로운 수법으로는 삼림 내의 지형에 맞춰 모세혈관이 뻗어나가는 것처럼 '임도(路網)'를 정비하여 비용도 반출시간도 크게 단축했다.

생산성도 높아져 한 작업원 당 1일 반출량은 사업선정 전 2~3입방미터에서 11.2입방미터로 약 4~5배가 되고, 생산비용도 1입방미터 당 8,000~1만 엔에서 3,520엔으로 반액 이하로 줄어들었다.

'삼림·입업 재생플랜'이란, 정부가 2009년에 수립한 것으로 '2020년까지 목재 자급률 50% 이상'을 내걸고 ①기술자 등의 인재육성, ②삼림조합 개혁, ③국유림의 활용-등이 담겼다.

국유림 활용에는 임업재생 견인차로서의 역할도 기대되고 있다. 민유림의 경우, 경계 미획정이나 소유자의 보조가 맞지 않아서 사업을 전개하기 힘든 데 대해, 국유림은 그러한 족쇄가 없기 때문이다. 츠루이촌의 사업이 성공한 것도 촌유림이 많았던 것이 크다.

다만, 광대한 국유림 활용에는 재정상 제약도 있는 데다 '관영임업'이 민간업자를 압박해서 임업 전체의 재생에 마이너스가 될 가능성도 있다. 그런 의미에서는 민간기업의 힘을 국유림에도 수용하여 임업 전체의 활성화에서도 민간의 역할을 확대해 가는 것이 이상일 것이다.

산토리홀딩스가 직접 추진하는 '천연수의 숲(天然水の森)'은 음료수

에 불가결한 양질의 물을 확보하기 위해 국가, 지자체, 전문가 등과 제휴해서 스스로 수원을 함양하는 삼림을 만들려고 하는 노력이다.

2003년에 시작한 '천연수의 숲 아소(阿蘇)'(구마모토현)를 시작으로 지금까지 전국 15개소, 총면적은 약 7,500헥타르(2012년 11월 현재)에 달하고 있다. 금후의 국유림 사용법의 모델 케이스로서도 주목을 받고 있다.[53)]

적절한 간벌을 실시한다든지, 각각의 삼림에 맞는 임도를 정비한다든지 등 시간을 들여 삼림을 육성해 나감으로써 지하수의 질 향상을 꾀하고 있다. 국가와 계약해서 국유림을 사용하고 있는 곳도 많다. 임도 정비 등에 관한 강습회를 여는 등 인재육성에도 관여하고 있다.

이 사업을 중심이 되어 추진하고 있는 산토리홀딩스의 야마다 다케시(山田健) 에코전략부 칩스페셜리스트는 "산에 부담을 주지 않는 길을 만들 수 있는 '명인'이 착착 육성되고 있다. 10년 전에 비해 길에 관해서는 밝은 희망이 보이고 있다. 지역에서 후계자 육성이 잘 진척되면 '천연수의 숲' 만이 아닌 주위의 삼림도 좋아져 지역 활성화로도 이어진다"고 강조한다.

그런 후에 "국가는 아무래도 (관점 등이) 일률적이 되기 쉽고, 인사이동도 있으므로, 그 지역의 특색에 맞는 작업을 하기 힘든 것이 현실이다. 원래 임업재생은 국가의 힘만으로는 다 할 수 없다. 그렇게 넓은 국유림을 확실히 정비해 나가는 것은 불가능하다. 좀 더 기업의 힘을 적극적으로 빌려가는 흐름, 구조가 고려되었으면 좋겠다"고 문제를 제기한다. 최근에는 임야청도 이해를 해서 "이런 정비를 하면 일본 숲이 좋아진다"는 관점에서 논의를 하고 있다고 한다.

오랜 수목 육성기를 거쳐 '보물산'이 만들어지고 외국 목재와의 가격차도 작아져서, 일본 임업은 재생의 큰 기회를 맞이하고 있다고 한다. 다만, 지금이라도 바로 대처하지 않으면 되돌릴 수 없는 과제가 산적해 있다.

그 하나는 산에 있는 나무를 일제히 잘라버리는 '개벌(皆伐)'이다. 소유자가 새로 식수를 하지 않고 그대로 재조림을 포기하는 사례가 끊이지 않는다. 임야청에 따르면 전국의 '조림미필지'는 벌칙강화 등으로 감소경향에 있을 뿐, 2008년도에 1만 3,600헥타르에 달한다. 외국산 목재에 밀려 가격이 저하함에 따라 재조림하지 않고 버려지는 것이 많다고 한다.

구마모토현 구마촌(球磨村)의 삼나무·노송나무 벌채 현장. 전부 벌채한 후에 어린 나무를 심고 있는 이즈미임업(泉林業 구마모토현 히토요시시 人吉市)의 이즈미 다다요시(泉忠義) 사장은 "베어버린 채로 방치하지 않고 어린 나무를 심어서 순환시키지 않으면 생태계도 이상해진다"고 호소한다.

전국 너도밤나무림에서 진행되고 있는 수목 고사, 과보호를 받은 사슴이 수목을 마구 먹어치우는 등의 문제도 있다. 관민이 함께 과제에 대처하면서 임업재생의 호기를 살릴 것이 요구되고 있다.

외국인의 산림 매수

임업이 다시 활성화하여 일본의 성장엔진이 되는 것은 부산물도 가져온다. 바꿔 말하면 임업 쇠퇴가 가져올 뻔했던 전혀 다른 차원의 '위기'를 임업활성화로 회피할 수 있다는 이야기다.

그 한 사례가 외국인이 수원지 등을 매점하는 것이다.

위세 좋은 중국어가 난무하는 홋카이도 오타루시(小樽市)의 무역회사 ‘홋카이도 스타일’에 중국인 여성으로부터 메일 하나가 도착했다. “일본 산(山)은 싸니까 어린애에게 사주고 싶다”는 내용이었다.

“이런 의뢰는 끝이 없습니다”하고 이시이 히데유키(石井秀幸) 사장은 상냥하게 말한다.

홋카이도 스타일사가 외국인을 상대로 토지중개업을 본격화한 것은 2010년경부터다. 스키를 타러 홋카이도를 찾아온 외국인 자산가들이 마치 선물처럼 가벼운 마음으로 토지를 사서 돌아가는 모습을 당연시 해왔기 때문이다. 지금까지 홋카이도 스타일사가 외국인에게 판 토지는 가격으로 해서 수십억 엔 분이나 된다. 대부분이 자국에서 토지소유가 허용되지 않는 중국인이다.

외국인의 산림 매수는 일본 각지에서 일어나고 있다.

“음료수 확보에 머리를 싸매는 나라가 수원지 점유를 노리고 있는 것이 아닌가”하는 견해도 있어 홋카이도와 사이타마현은 2012년 4월 수원지 주변의 매매를 사전 신고제로 하는 감시강화조례를 시행했다.

그러나 이시이 사장은 수원지 주변 토지를 사 모으는 외국인의 속셈을 “부유층에 의한 단순한 투기”로 보고 있다.

오히려 매매를 권장하고 있는 것은 “외국인이든 누구든 좋으니까 사주면 좋겠다는 지주측의 절실한 요망이다”라고 느낀다고 한다.

그 배경에는 오랫동안 계속된 임업 부진과 지주의 고령화 문제가 있다.

일본부동산연구소에 의하면 산림 가격은 최근 20년간 계속 내려 2011년은 1,000제곱미터 당 4만 9,288엔. 2011년에 중국인에게 산림을 매각한 오타루시의 남성은 “사람도 없고, 산은 그냥 황폐되고 있다. 고정자산세를 내는 만큼의 쓸모가 없다고 느꼈다”고 털어 놓는다.

지역에서는 오히려 투자를 환영하는 목소리도 많다. 스키장과 온천지를 안고 있는 홋카이도 니세코(ニセコ) 지구에서는 약 10년 전부터 호주에서 오는 손님이 급증. 200동 이상의 해외 부유층용 별장이 서

있는 굿찬정(俱知安町)에서는 지가가 2008년까지 3년 연속으로 전국 제1의 상승률을 기록했다.

총 135헥타르의 산림이 외국자본에 매수된 이웃 니세코정(ニセコ町)에서는 지하수를 대량 취수할 때는 정장의 허가를 필요로 하는 조례를 2011년에 시행하고, 수원지 중 외국자본이 소유하는 2개소 등도 매수하는 방향으로 교섭을 진행하고 있다.그러나 가타야마 겐야(片山健也) 정장은 "외자라는 이유만으로 쫓아내는 것은 이상하다"며 유치책을 취하고 있다.

산림을 황폐하게 버려두는 것보다 외국자본을 받아들여 리조트로 소생시킨다는 방법은 하나의 합리적인 방법이기는 하다. 다만, 거기에는 수자원 함양, 재해 방지라는 지금까지 산림이 수행해온 기능을 훼손하는 리스크도 존재한다. 외국자본의 '의도'에 투자 이상의 속셈이 있다면 일본 사회의 안전과 안심에도 영향을 주기 쉽다.

이에 비해 산림 그 자체를 활용하는 임업의 활성화는 산림의 기능과 안전, 안심을 훼손하지 않고, 리조트 개발과는 다른 혜택을 지역만이 아닌 일본 전체에도 가져올 가능성을 내포하고 있다.

임업재생의 메리트로서 염두에 두어야 할 것이다.

산속의 참치 공장

1차 산업을 수익성 높은 비즈니스로 바꾸려고 최첨단 과학기술을 도입하는 움직임이 활발해지고 있다.

오카야마이과대학(오카야마시)은 나지막한 산에 펼쳐져 있는 캠퍼스 일각에서 실내에 순환수 등의 시설을 완비한 '물고기 공장'을 2010년경부터 가동시키고 있다.

2012년 4월 방문했을 때에는 평옥으로 된 건물 내에 크고 작은 수조가 늘어서 있고, 실내에 설치된 직경 8미터의 원형 수조에서는 약 8킬로그램으로 성장한 세 마리의 참치가 활발히 헤엄쳐 돌아다니고 있었다. "과소화와 고령화가 진전되고 있는 산촌에서도 상품가치가 높은 물고기를 양식할 수 있는 기술을 확립하고 산업을 일으키고 싶다"며 오카야마이과대학 공학부 야마모토 도시마사(山本俊政) 준교수는 힘 있게 말한다.

생수에 나트륨과 칼륨 등 수 종류의 성분을 약간 가미해서 해수어와 담수어를 모두 양식할 수 있는 방법을 개발했다. 해수를 산으로 운반하는 것보다 싸게 먹히고 수질관리도 쉽다.

8종류의 물고기로 양식 연구에 매달리고 있다. 특히 기대되는 것이 고급어인 참다랑어다. 고속으로 헤엄치고 빛과 소리에 민감하기 때문에 수조에 충돌하거나 뛰쳐나가거나 해서 양식이 어렵다.

산속의 참치 '공장'. 충돌하지 않고 대형 수조 안을 돌아다닐 수 있도록 연구했다.
(오카야마시에서. 2012년 4월 촬영)

처음 도전했던 2010년은 전멸했지만, 2011년 여름부터는 살균작용이 있는 요소를 물에 첨가하고, 뛰쳐나가는 것을 막는 그물을 수조에 치는 등 개량을 거듭한 결과 25센티미터의 치어를 8개월에 80센티미터로 키웠다.

세모용 등으로 복어(자주복) 200마리를 매입한 오카야마 다카시마야(高島屋) 백화점 담당자는 "맛은 보통 복어에 뒤지지 않는다. 장래성이 있는 기술이니까 재빨리 거래해서 소비자에 제공하고 싶었다"고 한다.

물 순환과 정화 등에 드는 비용을 줄일 수 있으면 시장 경쟁력도 높아진다. 미국과 중국, 한국 기업으로부터도 공동연구를 타진 받고 있다.

"농협이 참치를 출하하는 시대가 찾아올지도 모른다"고 야마모토 준교수는 힘을 주어 말했다.

이 같은 공장으로는 시설 속에서 온도와 수분, 양분 등을 인공관리해서 농작물을 생산하는 '생물공장(식물공장)'도 주목을 받고 있다. 밭에서 자연의 혜택을 받은 식물에 비하면 무미건조한 인상을 받지만 생산성이 높고 당도 등 맛과 품질도 제어할 수 있다. 방사성 물질과 환경오염의 영향을 받지 않고 병해충으로 골머리를 앓을 일도 없다. 원래는 일조시간이 적은 북유럽에서 발달한 기술인데 대기업 자본의 참여와 세계적인 수요 증가로 시장이 활발해져 농업인구가 감소하는 일본에서도 관심이 높아지고 있다.

2011년 오사카부립대학(堺市)에 완성된 넓이 2,000제곱미터의 식물공장은 태양광을 쓰지 않는 형태로서는 국내 최대다.[54]

"부디 씻지 말고 먹어 주십시오. 수돗물보다 훨씬 깨끗하니까."

파릇파릇한 상추를 손에 들고 무라세 하루히코(村瀬治比古) 교수는 자신만만하게 웃었다.

공장은 잎과 꽃을 만드는 푸른 빛과 광합성에 필요한 붉은 빛을 파장까지 정밀하게 관리해서 조사(照射)한다. 노지물의 절반 기간에 키워내고, 연중 수확할 수 있어 수확량은 같은 면적 밭의 20배 이상. 현재 공장 산 상추 가격은 노지물의 1.4~2배이나 생산 효율화를 추진함으로써 장래에는 밭보다 싸게 생산할 수 있다고 한다.

곡물 메이저를 위시한 거대자본이 유전자변환 등 첨단기술을 농업생산에 투입하는 가운데, 일본에서도 로봇공학 등 특기분야를 농업에 응용하려고 하는 움직임이 나오고 있다.

도쿄농공대학 도야마 시게키(遠山茂樹) 교수 등은 몸에 장착해서 농작업을 편리하게 하는 파워 어시스트 슈트(로봇형 작업지원 슈트)를 개발했다.[55]

허리를 구부리고 팔을 올린 자세를 장시간 계속하는 일이 많은 포도 재배 농가에서 사용할 것으로 예상하고 있고, 가격은 약 189만 엔. 다리 피로도를 약 50%, 팔은 약 85% 경감할 수 있다.

2007년경 개발에 착수하여, 요양보호가 필요한 사람을 위한 슈트를 기본으로, 무겁고 값이 비싼 초음파 모터를 스프링으로 치환하는 등 개량을 거듭하여 약 12킬로그램까지 경량화하고 가격도 억제했다. 슈트에는 다기능 정보단말기를 부착, 농작업을 하면서 작물의 사진과 당도, 영양성분 등의 정보를 인터넷에 올려서 소비자에게 실시간으로 전달되도록 한다.

도야마 교수는 "국제경쟁에 뒤지지 않는 농업으로 만들기 위해서는 농산물의 부가가치를 높이고, 마켓을 세계로 넓혀가는 것이 필요하다"고 말한다.

농업에는 식량만이 아닌 연료·자원 생산이라는 가능성도 있다.

요시쿠니 야스오(吉国靖雄) 씨가 미 캘리포니아주에서 창업한 벤처기업 '바이오 아키텍처 라보(Bio Architecture Lab)'의 성과가 그 좋은 예다.

바이오 연료의 원료가 되는 식물로는 현재 옥수수와 사탕수수가 유명하지만, 석유 대신으로 쓸 만큼 대량으로 만들려고 하면 인간의 먹거리나 사료와 토지나 물을 서로 빼앗는 꼴이 되고 만다.

바다에서 자라는 해조라면 경작지가 불필요하고 다른 작물과의 충돌을 피할 수 있다. 더구나 해조는 육상 식물이 갖고 있는 단단한 목질성분인 리그닌(lignin)을 함유하고 있지 않기 때문에 화학처리가 쉬워 공장 연료로 적합하다.

바이오 아키텍처 라보사는 유전자 변환 기술로 다시마의 당질을 분해해서 에탄올로 바꾸는 대장균을 만들어내, 다시마에서 연료를 추출하는 기술의 키를 손에 넣었다.

획기적인 기술의 개발을 노리는 미 에너지성 특별 프로그램이 연구자금 일부를 제공, 연구성과는 2012년 1월 미국 과학지 '사이언스'에 게재되고, 미디어는 "다시마를 사용한 것은 일본인다운"이라고 보도했다.

남미 칠레 연안에는 바이오 아키텍처 라보사가 해조 '자이언트 켈프(giant kelp)'[56] 양식장을 보유하고 있다. 실증실험을 위한 공장도 칠레에 건설 중이다. 향후 아시아와 유럽 등에서 5년 이내의 상업화를 목표로 하고 있다.

요시쿠니 씨는 "국토가 좁은 일본에 해조는 안성맞춤. 연료나 다양한 화합물을 만들어낼 수 있는 당(糖)은 차세대의 원유다"고 말한다. 산리쿠(三陸) 외해에 대규모 양식장을 만들어 지진 부흥에 한 역할을 할 수 있지 않을까 생각하고 있다.

일본의 뛰어난 과학기술이 국내 산업구조 상 약점으로 여겨졌던 1차산업을 국제경쟁력이 높은 분야로 끌어 올리려 하고 있다.

어항의 선택과 집중

동일본대지진 후 재해 피해지역의 바다에서 변화가 일어나고 있다. 굴과 미역의 생육이 좋아져 높은 값으로 거래 되게 된 것이다.

대지진의 쓰나미로 바다에 영양분이 유입된 데다, 이전에는 좁은 해역에 모여 있던 양식시설이 떠내려가고, 재해를 입어 업자 자체도 줄어 과밀양식이 해소된 것도 영향을 주었다고 한다.

여기에 착안한 미야기현 어업협동조합에서는 일부러 양식을 하지 않는 구역을 설정하는 구상이 부상했다.

지진 재해 전의 80%의 어업인이 양식을 재개할 것으로 예상, 남은 20%를 비워두어 영양분이 널리 퍼지도록 한다.

기쿠치 신에츠(菊地伸悦) 회장은 "앞으로 '밀식(密殖)'은 하지 않는다는 다짐을 하지 않으면 안 된다"고 말한다. 부가가치가 높은 해산물을 확보하는 목적이다.

어업재생의 키워드는 '지속가능한 자원의 활용'이다. 어업인 개개인이 배양해온 지혜와 경험, 힘을 어업 전체의 이익으로 연결하는 구조로 승화해 나가는 시스템 구축이 중요하다.

그렇게 하기 위해서는 우선 '선택과 집중'을 추진할 필요가 있다.

예를 들어 어항이다. 최근의 일본 어업생산액(2009년)은 1조 4,702억 엔으로 피크 시의 2조 9,772억 엔(1982년)에 비해 반으로 줄고 취업자도 어선도 줄었는데, 어항 수 (2011년 10월 시점)에 큰 변화는 없다.[57)]

농림수산성은 '어항어장정비 장기계획'(2012~2016)에 입각하여 효율화, 중점화를 꾀하고 있는데 보다 발본적인 노력이 요구된다.

미야기현은 지진 후 현내 142개의 어항 중 60개 항에서 기능강화를 집중적으로 추진하고 있다. 냉동창고, 굴까는 공장, 미역 삶는 시설, 양륙용 크레인 등 어항에 따라서는 지진 전에는 없었던 시설도 갖추어 광역 거점화를 도모한다. 거점어항 구상[58]에서 탈락된 어업인의 반발도 있지만 일본 어업 전체의 재생의 시금석이 될 것으로 보인다.

어업인의 의식도 바뀌고 있다. 하나의 사례가 어업협동조합과는 별도로 어업생산조합을 만드는 움직임이다.

종래에는 어협에 소속되어 있어도 어업인 개개인의 영업은 제각각이었다. 가족경영이 많고, 효율성을 고려하지 않는 마구잡이 어획으로 산업으로서의 경쟁력을 해쳐 자원 고갈 문제를 일으켰다. 그러나 대지진으로 자택과 배를 잃은 어업인이 단독으로 재기하는 것은 곤란하다. 그래서 어협 소속인 채로 생산조합을 조직하는 수법이 퍼져 지진 전에는 미야기현 내에 5개였던 생산조합이 20개로 늘었다.

미나미산리쿠(南三陸)어업생산조합의 엔도 가즈히코(遠藤一彦) 조합장은 "주위 어업인이 자극을 받아 전체가 기반이 올라가면 어업재생으로 이어진다"고 협업화의 효율을 설명한다.

미야기현 게센누마시의 근해참치연승 어선 13척은 2012년도, 4그룹의 선단으로 나뉘어 출항부터 위판까지 일체적으로 추진하는 집단조업을 시험하고 있다. '공동화'로 생산성을 높이자는 것이다.

새로운 움직임이 있는 반면에 한편으로 뒤처진 것이 수산자원의 고갈을 막는 노력이다.

구미에서는 20세기 들어 대서양에서 대구가 격감하고, 캘리포니아에서 정어리가 모습을 감춘 것 등에 대한 반성으로 어업인별로 어획량을 관리하는 수법을 취하고 있다.

1970년대에 네덜란드, 아이슬란드, 캐나다 등이 어업인별로 어획량을 개별적으로 할당하는 'IQ(개별할당)제도'[59]를 도입해, 현재는 미국, 뉴질랜드 등을 포함하는 세계의 150개 가까운 어장이 이 제도에 따라서 운용되고 있다. 제도운용에는 고도의 지식과 기술이 필요하기 때문에 어업이 '선진산업화'하고 젊은 노동력도 진입하고 있다.

이에 대해 일본에서는 여전히 각 어업인의 의사에 위임하는 것이 주류로, 전체를 조정하는 기능이 불충분하다.

그러한 가운데 니가타현에서는 전국 3위의 위판량을 자랑하는 북쪽분홍새우(단새우)에 대해 현이 주도해서 2011년에 IQ제도를 도입, 사도(佐渡) 아카도마리(赤泊) 지구 4명의 어업인을 대상으로 시범사업을 개시했다. 1972년 1,250톤을 최고로 어획량이 줄어, 1991년에는 239톤까지 떨어지고 지금은 500톤 전후의 추이를 보이고 있기 때문이다.[60)]

과거 5년간의 실적으로부터 산출한 기준어획량에서 2% 줄인 수치를 이번 어기의 지구 어획가능량으로 하고, 설정량 속에서 서로 많이 어획하려고 다투는 것을 막기 위해 IQ제도를 도입했다.

성장 도중의 소형 새우를 잡지 않도록 통발 그물코를 확대하는 비용도 니가타현과 사도시가 지원한다. 니가타현 수산과 마루야마 가츠히코(丸山克彦) 과장보좌는 "어획량은 일시적으로 줄지만 장기적으로는 증가한다. 망목 확대로 대형 새우를 선택적으로 잡음으로써 단가 향상도 예상된다"고 취지를 말했다.

어업의 가능성을 끌어내기 위한 노력은 시작되었을 뿐이다.

로마 교황이 먹는 쌀

“에에, 로마 교황 쌀, 이제 없어?”

“미안해요, 네!”

가파른 산 사면에 다랭이논이 펼쳐져 있는 이시카와현 하쿠이시(羽咋市) 미코하라(神子原) 지구. 그 산 기슭에 있는 ‘미코노사토(神子の里)’ 직매소에서는 전화가 울릴 때마다 종업원이 품절을 알리며 머리를 숙인다.

“다른 현에서 사러 오는 손님도 있다. 붐비는 지구가 된 것 같다”고 농가를 겸업하는 마츠모토 마사후미(松本政文) 사장은 이마를 폈다.

미코노사토는 이 지구의 70%를 넘는 119세대가 출자한 주식회사다. 지명 ‘神’과 연관시켜 로마 교황에게 헌상해서 평판을 얻게 된 지역산 ‘미코하라쌀’ 외에 특산인 메밀을 원료로 한 케이크 등도 판매하여 2011년에는 8,000만 엔의 매출을 올렸다.

농업과 수산업 등의 1차산업자가 식품가공과 유통판매를 전개하는 ‘6차산업화’. 그 선구자로서 주목을 받는 동 지구가 수년 전까지는 65세 이상의 고령자가 반수를 넘는 ‘한계집락’이었다. 당시 지구의 평균 농업수입은 년 87만 엔. 대부분의 농가는 건설작업 등을 겸하면서 그럭저럭 생계를 이어갈 수밖에 없었다. 미래에 대한 꿈을 가질 수 없는 젊은이들은 고향을 떠나, 축제 때 가마를 멜 사람이 없게 된 지구에서는 전통적인 가을축제조차 중지되었다.

그런 지구에서 아이디어맨으로 알려진 하쿠이시 직원 다카노 죠센(高野誠鮮) 씨가 전 세대를 모아놓고 한 제안을 한 것이 2005년 봄이었다.

“농협과 시청에 의지하지 말고, 우리들이 만든 것을 우리들이 팔자.”

풍부한 눈 녹은 물로 재배되는 지구의 쌀은 옛날부터 맛에 정평이 있었으나, 농협을 통하면 다른 지역 쌀과 함께 취급되어 높은 값으로 팔리지는 않는다.

좀 더 독자색을 띠고 판로도 개척하자-.

그러나 제안에 찬성한 사람은 불과 3세대.

"새로운 보조금에 대한 설명인가 하고 생각했는데.", "농협의 도움도 없이 팔릴 리가 없지."

그런 반응이 대부분이었다.

그래도 다카노 씨가 꺼낸 '로마 교황 헌상계획'에 이르자 조금씩 이해가 퍼져 갔다.

월 30만 엔이나 수입이 늘어난 농가도 나타나고, 여기에서 하는 농업에 매력을 느끼고 30대 4세대가 이주해 왔다. 당초에는 반대파였던 가와구치 겐이치(川口建一) 씨도 "한 때는 농업을 그만 둘 생각도 했지만, 지금은 훨씬 맛있는 쌀을, 하고 의욕이 넘친다"고 말한다.

다만 누구나가 성공을 하는 것은 아니다.

홋카이도에서 무를 재배했던 전 농사조합법인 사장이었던 한 남성은 편의점 오뎅용의 가공업을 시작해서 실패. 약 7억 엔의 부채를 안고 파산절차 중이다. 예상하지 않았던 기후불순으로 수확량이 줄어든 데다 설비투자 부담이 겹쳤다.

"가공업은 발주에 응해서 움직이지만, 생산은 기후에 좌우된다. 양쪽을 모두 살피는 것이 어려웠다"고 회고한다.

농림수산성이 2005~2009년도에 실시한 가공품 판매확대 등에 관한 보조제도에서도 총 10억 8,000만 엔의 예산을 투입했지만 판매 목표액에 달한 사업은 현 시점에서 20%에 지나지 않는다. 보조기간 중에 도산한 업자도 있다.

지역산 미역이 들어간 떡을 만들어 실패한 돗토리현의 여성은 "계획이 미진했다"고 말한 후에 "보조금은 고맙다. 그렇지만 보조금만이 아닌, 혹시 개발 노하우 같은 조언도 있으면……"하고 회고한다.

이러한 반성을 바탕으로 농림수산성은 2011년도부터 신사업을 전개했다.

시설정비 등 시설면의 보조 외에 어드바이저를 통한 개별상담이나 문제해결 연수회 등 제도면의 지원을 마련했다. 지구 전체에서 711건이 적용되었다. 농림수산성은 5년간에 6차산업의 시장규모를 1조 엔에서 3조 엔으로 확대하겠다는 생각이다.

"행정기관이 해야 할 것은 농가를 보조금에 빠지게 하는 것이 아니라 경영감각을 기르기 위한 환경을 만드는 것."

미코하라지구의 경험을 바탕으로 다카노 씨는 지적한다.

"관청과 농협의 '보조 고리'를 벗기고 경영 감각을 갖는다. 6차산업화는 일본의 농업이 자립할 수 있을지 어떨지의 시금석도 되는 셈이다."

환경과 양립하여 성장산업으로

일본 자연계에서 한 때 모습을 감추었던 황새의 야생 복귀사업이 이루어지고 있는 효고현 도요오카시(豊岡市) 도시마(戸島) 습지에서 2012년 4월 2일, 방조된 어미새 알에서 병아리 두 마리가 부화했다.

막 태어난 병아리는 자연과의 조화를 배려한 농업이 순조롭게 이루어지고 있는 증거이기도 하다.

야생 황새가 절멸한 한 요인은 농약 때문에 먹이인 미꾸라지와 개구리가 사라진 것이었다. 2003년부터 효고현과 도요오카시가 추진하는 '황새 기르는 농법'은 농약을 75% 이상 줄이고, 겨울에도 논에 물을

농작업을 하는 트랙터 옆에서 유유자적하고 있는 황새
(효고현 도요오카시 히다카정에서. 2011년 5월 촬영)

채워 수생생물이 계속 살아가는 상태를 유지한다. 논 0.7헥타르에서 시작하여 2011년에는 시내 논 전체의 약 10%인 234헥타르로 늘었다.

수확량은 20% 감소했지만 1킬로그램 당 쌀의 단가는 무농약으로 약 50%, 감농약으로 약 20% 향상했다. '황새 기르는 농법'을 실천하는 73세의 나와테 에츠요시(畷悦喜) 씨는 "황새가 날아오고 미꾸라지, 개구리 등 생물이 늘어난 것을 실감한다. 소비자들도 기뻐해 주니 쌀 재배 의욕이 넘친다"고 역설한다.

수확된 '황새 기르는 쌀'은 소매 대기업 이토요카도의 134개 점포를 비롯하여 전국 약 500개 점포가 취급하고 있다.

농업의 활성화와 환경의 재생·보전을 양립시키기 위한 시행착오는 각지에서 볼 수 있다. 농업 전체의 재생을 생각하면 아직 확산이 충분하다고는 말할 수 없지만, 전통적 수법에서 혁신적 방법까지 후발지역에서 참고가 될 독특한 사례도 많다.

미야자키현 시이바촌(椎葉村)에서는 지금도 '화전'이 이루어지고 있다. 잡목과 잡초를 태워 없애고, 불타고 난 땅에 메밀이나 피 등을 뿌린다. 불을 질러서 해충을 구제하고 재는 양분이 된다. 규슈산지 중앙부에 있는 시이바촌은 잡목림이 많고 경작지가 적기 때문에 다른 지역에서는 없어진 화전농법이 사라지지 않고 계승되어 왔다.[61)]

시이바촌에서 민박 '야키하타(焼畑)'를 운영하는 시이바 마사루(椎葉勝) 씨는 2010년부터 '화전체험도장'을 열고, 숙박객에게 '불지르기'나 수확한 조나 피의 탈곡, 메밀 찧기 등을 체험하도록 하고 있다. 지금까지 미야자키현 내외에서 약 300명이 참가했다.

시이바 씨는 "숲을 태우기 때문에 환경파괴가 아니냐는 소리도 있지만, 숲을 되살려서 순환시키는 농법이다. 옛날부터 촌민이 힘을 합쳐 해오고 있다. 최근에는 촌 밖으로부터 관광객을 불러들이는 촌 진흥운동도 겸하고 있다"고 말한다.

광대한 상록활엽수림대가 펼쳐져있는 미야자키현 아야정(綾町)에서는 유기농업과 숲 보전활동 등이 활발하다. 취지에 찬동해 도시부에서 이주해온 사람도 많아 1970년에 약 7,700명이었던 인구는 지금도 7,200명을 유지하고 있다.[62)]

정(町)이 안정적으로 존속하게 된 계기는 1966년 국가가 시행한 상록활엽수림 벌채계획에 대해 독자의 길을 택한 것이다.

수목을 목재로 만들기 위한 사업으로서 임업관계자를 중심으로 찬성하는 주민도 많았지만, 당시의 고다 미노루郷田実) 정장이 "정의 재산을 잃게 된다"며 보호하는 방침을 취했다. 다음 해, 유기농업으로 자급자족을 촉구하는 '1평 채원(菜園)운동'을 개시하고, 야채 씨앗을 주민에게 무료 배포했다. 1988년에는 전국 처음으로 '자연생태계 농업의 추진에 관한 조례'를 제정, 화학비료 사용 상황과 농지 관리상황 등에 따라 작물의 안전성을 3단계로 정이 인증한다. 아야정에 따르면

2010년도에는 387호가 인증을 받았다고 한다. 건강지향 의식이 높아짐에 따라 소비자나 소매점과 직접 계약하는 예도 많다.

농업의 수익성을 높이는 동시에 농산물을 함부로 낭비하지 않음으로써 환경에 배려하려는 노력도 있다.

포도 산지로 알려진 야마나시현 고슈시 가츠누마(甲州市勝沼) 지구에서 토마토 재배를 하고 있는 농업생산법인 '주식회사 시키사이(四季菜)'에서는 야채 '아울렛' 사업에 전력을 기울이고 있다. 일반적으로 크기, 모양, 색, 맛 등이 일정기준에 미달되는 농작물은 수확량의 40% 가까이나 된다고 한다. 여기에 눈을 돌려 정규품과는 포장이 다른 '규격외품'으로 판매한다. 관광 승용차나 버스가 들르는 국도연변 직매소에서는 정규품과 나란히 진열된 규격외품이 싼 가격으로 판매되고 있으며 호평이다.

건설업계 출신인 야마자키 노보루(山崎昇) 사장은 "공공공사가 줄어들고 있는 가운데, 앞으로는 농업으로 지역경제를 뒷받침하고 싶다"며 의욕을 보인다. 환경을 배려하고, 지중의 열을 이용해서 하우스 내 지표 가까운 흙을 생육에 적합한 온도로 맞추는 시도 등 농업에 새바람을 불어넣고 있다.

부가가치가 높아진 1차 산업이 언젠가 국제경쟁력을 높여 일본의 성장 견인력이 되는 사태가 일어나는 것은 그렇게 먼 미래의 이야기가 아닐지도 모른다.

재평가되는 도시형 농업

“나무는 많이 있는데, 혼자서 수확할 수 있는 열매는 전체의 10분의 1도 되지 않아요.”

동중국해에 떠있는 나가사키현 고토열도(五島列島)의 후쿠에지마(福江島).[63] 약 3만 제곱미터의 야생동백나무 자생림을 소유하고 있는 스기모토 도시유키(杉本利幸) 씨는 아쉬움이 가득하다.

고토열도에는 약 900만 그루의 동백나무가 자생한다. 그 열매를 짠 기름은 질이 높아 2011년 6월에는 화장품회사 시세이도의 헤어케어 상품 ‘TSUBAKI(츠바키)’의 원료로 채택되어 주목을 모았다.

그런데 자생림의 적어도 30%는 상속절차가 되어 있지 않거나 소유자를 알 수 없다. 열매를 이용하는 데는 상속권을 가진 사람 2분의 1 이상의 동의를 얻는 등 번잡한 절차가 장벽이다. 소유자를 알고 있어도 고령화로 수확할 일손이 없어 이용률은 전체의 1.4%에 그친다.

일본의 경지 면적은 1961년 609만 헥타르를 정점으로 50년 연속 감소하여 2011년에는 456만 헥타르까지 떨어졌다(그림).[64] 농림수산성은 식료자급률 50%(현상 39%)를 확보하는 데는 461만 헥타르가 필요하다고 보고 있다. 전국의 경작 포기지에는 각양각색의 사정이 있어 일률적 대책은 어렵다. 희망의 빛은 현장 단계의 조치에서 보인다.

고토열도의 경우, 나가사키현 등은 소유자를 알 수 없는 자생림을 이용할 수 있도록 대담하게 규제를 완화하는 ‘지역활성화 종합특구’를 정부에 신청, 2016년도까지 이용률을 7%까지 높이려 하고 있다. 오이타현은 2007년부터 기업의 농업 참여를 추진, 경작 포기가 예상되는 농지의 정보를 모아 제공하고 있다. 2010년까지 100개사 이상이 참여하고 철수는 불과 2개사다.

교토시에 본사가 있는 '마이팜'은 고령화로 경작할 사람이 없어진 경작 포기지를 지주로부터 빌려 시민농원으로 소생시키고 있다. "농업을 하고 싶어하는 사람이 늘고 있다"(니시츠지 닛신 사장)고 하면서 창업 4년 반 동안에 약 19헥타르의 농경지를 부활시켰다.

경지면적은 50년 연속 감소하고 있다

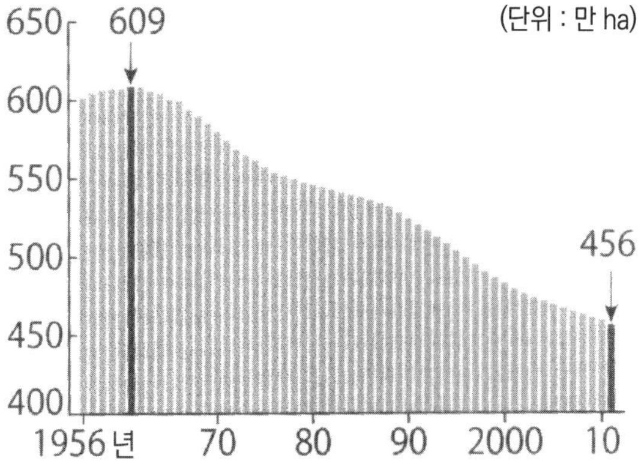

개인의 활동도 있다. 농림수산성에 들어가 3년째인 사토 다이스케(佐藤大祐) 씨(현 소비자청)는 휴일을 이용해서 동료들과 야채 등을 재배한다. 지바현 나리타시(成田市)와 고자키마치(神崎町)[65]의 경작 포기지 등에서 밭 만들기부터 시작하여 재배한 생강을 가공한 소금절임 등의 판매까지 직접 한다. "경작 포기지를 원래대로 돌리는 것만으로는 안 된다. 계속적으로 사용하지 않으면 의미가 없다"고 생각하고 있다.

경작 포기가 '맡을 사람이 사라진 문제'라고 한다면 '농지 그 자체가 사라진 문제'가 다른 용도로의 전용이다. 농지법은 농지를 농업 이외에 사용하는 것을 금지하고 있다. 택지나 상업시설 등으로 사용하기 위해서는 전용절차가 필요한데, 현재 매년 1만 5,000헥타르의 농지가 전용으로 모습을 감추고 있다.

특히 도시 근교에서는 평탄하고 채광이 좋은 우량농지의 조건이 그대로 택지 등으로서 높은 가격이 붙는 조건과 일치한다.

실은 농림수산성은 도시 과밀이 문제가 되어 온 1960년대 이후, 도시계획법의 시가화구역 내에 있는 농지를 "농업생산의 전력 외로 간주, 빨리 택지로 전환하는 것이 좋다고 공언해 왔다"(농림수산성 간부)는 전력이 있다.

그런데 최근 도시부의 농업을 재평가하는 기운이 높아지고 있다. 도쿄도와 오사카부의 농업산출액을 합하면 약 603억 엔에 달해 쌀 산지인 시가현(532억 엔)이나 후쿠이현(413억 엔)을 상회한다. 도시부는 소비지가 가까운 점을 살려 야채나 꽃 등 쌀에 비해 '돈 버는 농업'을 영위할 수 있기 때문이다.

도시농업에 밝은 무사시대학(武蔵大学)의 고토 미츠조(後藤光蔵) 교수는 "도시의 농지는 교육목적으로도 쓸 수 있고 복지에도 활용할 수 있다. 재해가 발생했을 때 가설주택 용지로 쓸 수도 있다"며 효용을 강조한다. 그런 다음, 도시부의 농지를 지키기 위해서는 "상속이 발생해도 용이하게 농지가 손실되지 않는 구조를 만드는 것이 불가결하다"고 지적하고 있다.

희소한 도시의 농지를 공공을 위해 활용한다는 발상을 토지소유자 한 사람 한 사람이 갖는다면 그보다 좋은 일은 없을 것이다. 한편으로, 높은 값을 받을 것으로 기대하고 토지를 활용하지 않은 채로 내버려 두는 것을 단순히 '에고'라고 잘라버릴 수도 없다. '사권' 대 '공공'이라는 이항대립에 빠지지 않도록 제도적 궁리를 해 나가는 가운데, 국민의 의식을 바꿔 갈 것이 요망된다.

제4장

잠자는 자원과 잠재력

일본열도가 세계에서도 희귀한 '도호=호상열도'라는 것은 이미 기술했다.

재해를 가져오는 지리, 지형에는 그런 만큼의 '혜택'도 있다.

고저차가 격심한 급류의 하천은 발전에도 음용으로도 쓸 수 있는 풍부한 수자원을 양성했다. 마그마는 유수의 지열지대를 만들고, 주변 해역에는 마그마가 땅 속 깊은 곳에서 가져온 귀금속과 레어아스의 해저광산과, 해저의 고압저온환경에 축적된 얼음 형상의 천연가스 자원 '메탄하이드레이트'가 있다. 역사적으로 보면 사방이 바다로 둘러싸인 도호였기 때문에 용이하게 다른 나라가 침입할 수 없었던 면도 있다.

2012년 4월, 유엔 대륙붕한계위원회[66]는 일본 주변의 해저지역 일부를 새로이 대륙붕으로 인정했다.[67] 그 속의 시코쿠해분 해역에서 오키노토리시마 남방까지 계속되는 높지막한 해저는 과거에 활동한 도호의 흔적이다. 도호가 집중하는 장소였기 때문에 국토면적의 80%에 필적하는 대륙붕을 얻을 수 있었다고 할 수 있다.

지금까지 일본인이 크게 자각하지 못했던 '도호의 혜택'이 기술의 발달과 발상의 전환으로 계속 현실화되고 있다.

소생하는 흑광, 구로코

1세기 전에 일본 산업을 지탱했던 '도호의 혜택'이 지금 첨단기술에 의해 소생하려 하고 있다.

'구로코(黑鑛)'로 불리는 유황과 금속이 함유된 광석을 해저에서 인공적으로 양산하는 시도다.

그 색에서 이름이 붙은 구로코는 일본열도가 탄생할 때의 해저화산활동으로 생성되었다. 품질이 좋고 에도시대 후기부터 쇼와(昭和)에 걸쳐 동일본의 일본해(동해)측 광산에서 아연과 연, 동 등을 포함한 구로코가 다량으로 채굴되었다. 일본과 같은 도호에 특유한 것으로 해외에서도 'KUROKO'란 이름으로 유명하다.

자원 고갈 등으로 국내 광산은 닫혔지만 일본 주변에서는 지금도 열도 형성과 같은 해저화산활동이 일어나고 있다. 해양연구개발기구((JAMSTEC, 해양기구)는 거기에 착안하여 오키나와현 북서해역 깊이 약 1,000미터 해저에서 세계 최대급 구로코 광상을 만들어내는 연구를 시작했다.

해양기구는 이 장소를 2010년에 발견했다. 일대 지층에는 마그마열로 따뜻해진 금과 레어메탈 등의 금속을 함유한 열수가 대량으로 축적되어 있다. 다카이 겐(高井研) 해양기구 상석연구원 등은 지구심부탐사선 '지큐'[68]로 구멍을 뚫은 후, 금속관을 넣어서 열수 분출공을 만들어 구로코를 인공적으로 회수할 수 있게 되었다. 열수 속의 금속은 분출공에서 식어서 침전하여 연돌 모양의 구로코 덩어리가 된다. 자연상태의 구로코 광상은 긴 세월을 거쳐 만들어지지만 불과 10개월에 11미터의 연돌이 만들어졌다.

이러한 수법은 세계에서도 예가 없다. 해양기구는 특허를 출원했다.

도교대학 공학계연구과 가토 야스히로(加藤泰浩) 교수 그룹은 2011년, 심해굴착으로 채취된 시료 분석으로 하와이섬, 타히티섬을 포함하는 태평양의 광대한 범위의 해저니(海底泥)에 육상 매장량의 800배에 이르는 레어아스가 존재하는 것을 밝혀냈다.[69]

나아가 2012년에 들어서는 오가사와라제도 미나미토리시마(南鳥島)에도 대규모 광상이 있는 것을 알게 되었다. 일본 배타적경제수역(EEZ)에서는 처음 발견한 것이었다. 정확한 자원량은 명확하지 않고 회수 비용도 미지수이지만, 이러한 성과는 해양입국을 제창하는 일본에게 강점이 되어, 중국 일극집중으로 레어아스 가격폭등을 초래하고 있는 현상에 대한 견제이기도 하다.

가토 교수는 "자원량의 파악이나 회수, 정련 가능성 검토를 서두르고, 조기에 실현 가능한 전략 수립을 추진해야 한다"고 말한다.[70]

차세대 화석연료자원으로서 기대가 높아지고 있는 것이 메탄하이드레이트다. '불타는 얼음'으로도 불리며 해저의 저온고압 환경에서 고체 상태로 존재한다. 주성분은 메탄과 물로, 채굴하면 천연가스로 이용할 수 있다.

자원화를 위한 개발에서는 일본이 세계 최선두를 돌진하고 있다. 2012년 2월에는 아이치현 앞바다에서 세계 최초로 해저로부터의 산출시험이 시작되었다. 시험은 정부로부터 위탁을 받은 '석유천연가스·금속광물자원기구(JOGMEC)'가 담당하고 있다. 이미 계측용과 굴착용 시추공을 뚫어 2013년 1~3월에 메탄가스를 생산할 계획이다.

시즈오카현에서 와카야마현에 걸친 해역만으로도 일본 액화천연가스(LNG) 수입량의 약 11년분에 상당하는 자원량이 부존한다고 추정되고 있다.

또 메이지대학 등의 연구팀은 2012년 10월, 일본 EEZ 내에 있는 일본해(동해) 아키타-니가타현 외해와 오호츠크해 홋카이도 아바시리(網走) 외해에서 메탄하이드레이트 집적장소가 발견되었다고 발표했다. 매장량은 명확하지 않지만, 이 일본해와 오호츠크해에서 발견된 메탄하이드레이트는 표층부분에 집적되어 있어, 해저 아래 수백 미터에 있는 태평양측 메탄하이드레이트 보다도 채굴하기 쉽다고 한다.

다른 지역에서 추가 조사가 추진되면 보다 많은 메탄하이드레이트가 발견될 가능성도 있다. 장래 일본 근해에서의 채굴이 실현되면 직접 파이프라인으로 국내에 공급하는 것도 가능하게 될 것 같다.

과제는 채굴기술 확립까지의 기간과 채굴 비용이다.

정부는 2018년도까지 상업화를 향한 채굴기술의 확립을 목표로 하고 있지만 상업생산 개시까지는 더욱 시간이 걸린다. 석유채굴 등 기존 기술을 활용하는 등으로 채굴 비용을 낮추겠다는 생각이다.[71)]

JOGMEC은 2007~2008년도에 캐나다에서 실시한 육상산출시험에서 상업화에 불가결하다는 연속생산에 성공하고, 산출량은 6일간 1만 3,000입방미터에 달했다. 2013년에 실시되는 해저 산출시험에서는 수 주간 연속 생산을 목표로 한다. 성공하면 상업화에 크게 근접, 일본의 방법이 세계 표준이 될 가능성도 있다.[72)] JOGMEC 메탄하이드레이트개발과 나카즈카 요시히로(中塚善博) 과장대리는 "메탄하이드레이트는 일본 바로 옆에 있고, 그 존재는 크다. 자원화로 가는 길이 열리도록 해양산출을 성공시키고 싶다"고 의욕을 불태우고 있다.

마그마의 혜택

도호가 가져오는 풍부한 에너지원은 다른 곳에도 있다. 그 필두가 제1장에서도 취급한 지열과 이미 오랜 이용의 역사를 갖고 있는 수력이다.

지열발전은 마그마열로 따뜻해진 지하 약 1~3킬로미터의 천연 증기를 발전에 이용한다. 일본의 지열자원량은 발전량 환산으로 약 2,350만 킬로와트. 미국, 인도네시아에 이어 세계 제3위의 자원량이다. 국립공원 내에 많이 있어 개발 장벽이 되고 있었지만 정부가 규제 완화 방침을 내세우는 등 밝은 전망도 나왔다.

도쿄전력 후쿠시마 제1원전 사고 후 각광을 받고 있는 풍력과 태양광은 구미에서 배양된 '대륙형'의 재생가능 에너지다. 구미 각국에서 도입이 진전되고 있다. 일본에서도, 예를 들어 풍력발전으로, 풍력이 안정되지 않고 입지상 장해가 많은 육지로부터 무대를 해상으로 넓히는 움직임이 가속되고 있다. 규슈대학과 후쿠오카시가 2011년 12월, 약한 바람으로도 발전할 수 있는 풍차를 하카타만(博多湾)에 띄우는 실험[73]을 시작한 외에, 산업계에서는 시미즈건설 등이 초고층빌딩 등의 설계기술을 활용하여 대지진이나 거대 태풍에 견딜 수 있는 해상 풍력발전을 실용화하는 등 기술개발을 다투고 있다.[74]

다만, 풍력도 태양광도 기상 등에 좌우되기 쉬운 결점이 있다. 일본과 같은 '도호의 혜택'이 적은 구미는 다른 선택지를 갖기 힘든 사정으로 풍력발전과 태양광 등에 힘을 쏟아왔다는 측면이 있기 때문에 '대륙형'의 발상과 선택이 반드시 일본에 적합하다고는 할 수 없다.

이에 대해, 일본이나 인도네시아가 유리하다고 하는 '도호형' 에너지인 지열발전은 기상이나 주야의 영향을 받지 않는다. 산업기술총합연구소 메탄하이드레이트 연구센터의 텐마 노리오(天満則夫) 부센터장은 "상시 안정된 기본적인 전원으로서 쓸 수 있다. 풍력이나 태양광에 없는 이점"이라고 말한다.

물론 지열만으로 필요한 에너지의 전부를 감당할 수 있는 것은 아니다.

일본열도에 있는 지열 '자원량'의 전부를 모두 개발한다고 해도 국내 총발전설비 용량의 10% 정도에 불과하다. 국가 전체의 에너지를 지원하기에는 현실감이 엷은 것이다.

그러나 특정지역에 한정한 소규모 이용의 길을 열면 충분히 유효한 에너지원이 된다. 지금까지 중동의 원유에 크게 의존해온 일본에 국산자원의 확보는 에너지 안전보장 면에서도 중요하기 때문이다. 나아가 이 분야의 기술을 연마해 나감으로써 지열기술 수출국으로서의 성장이 예상되는 것은 제1장에서도 소개한 대로다. 세계 어디에나 '도호'와 같은 지리조건이 있을 리가 없지만, 일본이 연마한 기술을 팔 시장으로서의 규모는 결코 적지 않다.

일본의 도호형 에너지 자원량 (발전량 환산)		
실용화	지열발전	약 2,350만 킬로와트
	수력발전	약 4,600만 킬로와트
연구개발 단계	고온암체발전	약 3,000만~ 3,800만 킬로와트
장래구상	마그마발전	약 60억 킬로와트

전력중앙연구소(電中硏)에 의하면 일본의 지하 10킬로미터까지 존재하는 마그마의 열을 발전에 이용한다고 가정하면 약 60억 킬로와트라는 방대한 양이 된다. 실용화는 장래의 과제이지만 이러한 잠재적인 에너지를 일부라도 활용할 수 있다면 도호의 혜택은 더욱 크게 된다.

차세대 지열발전으로서 실용화가 기대되는 기술도 있다. 그것은 고온암체(高溫岩体)발전이다.

자연의 증기를 이용하는 지열발전과는 달리 지하 2, 3킬로미터에 있는 고온의 암석 틈새에 물을 주입하여 200~300도의 고온증기를 발생시킨다. 야마가타현과 아키타현에서 실증연구가 이루어진 실적도 있다.

전중연은 20년 전 홋코쿠(北国), 난코쿠(南国), 낙도에 3개의 소규모 지역을 설정해서, 고온암체발전에 의한 전력공급이나 농작물의 생산, 온열의료, 오락시설 등 지열로 모든 것을 충당하는 '지오서모피아'(地熱理想郷) 구상[75]을 내건 일도 있다.

애석한 것은 이 구상과 연구가 국내에서는 정체되고 말아 일본 연구기관의 기술개발 현장도 외국과의 공동연구로 옮아가고 말았다는 것이다. 그런 동안에 일본보다 고온암체발전 실용화라는 관점에서는 전망이 흐렸을 터인 호주와 유럽에서 이산화탄소 삭감을 목적으로 연구개발이 활발해졌다. 미국에서도 기존의 지열지역에 주수해서 출력을 높이는 '지열정함양(地熱井涵養)시스템(EGS)'이라는 독자 방식의 개발이 계속되고 있다.[76] 결과적으로 일본은 뒤처지고 만 모양이 되었다.

전중연과 신에너지·산업기술총합개발기구(NEDO)의 추산으로는 고온암체발전은 약 3,000만~3,800만 킬로와트의 자원량으로, 발전비용은 24만 킬로와트급 발전소의 경우에 1킬로와트/시 당 12.7엔이다. 후쿠시마 원전 사고 후 에너지의 다양화에 대한 관심이 높아지고 있는 가운데 전중연의 이토 히사토시(伊藤久敏) 상석연구원은 "지금이야말로 다시 빛을 보았으면 한다"고 말한다.

야마구치 츠토무(山口勉) 도호(東邦)대학 이학부 교수도 "종래형 지열은 도호쿠나 규슈 등 지역적으로 편중되어 있지만, 고온암체라면 가능성 있는 지역이 전국에 퍼져 있다"고 기대하고 있다.

소형 수력발전의 가능성

급류가 많은 도호에 적합하다는 수력발전은 어떨까. 수해대책을 어렵게 하는 흐름 급한 하천이 많다고 하는 것은 거꾸로 말하면 수력발전의 적지가 많다는 것을 의미한다.

미개발분을 포함한 합계(포장수력)로서는 최대출력으로 약 4,600만 킬로와트 상당(경제산업성 조사)이 있다고 할 뿐, 발전량 기준으로 70%가 개발이 끝났다. 그 대부분은 대규모 발전량이 예상되는 장소에서의 개발이었다. 즉 금후의 대규모 수력발전 개발 여지는 거의 없다고 해도 좋다.

그러나 동일본대지진에서는 몇 개의 발전소가 재해를 입었다. 그 영향은 계획정전과 강제적인 전력사용 제한에 영향을 미쳐 커다란 발전소에 의존해온 사회의 나약함을 보여주었다. 대지진을 계기로 수력발전을 재평가하는 기운이 높아져, 대규모 수력발전 대신에 소형 발전을 지역에 활용하는 방안 등이 모색되고 있다.

미부가와전력주식회사 소수력발전소 '다테시나발전소'의 취수구
(2011년 12월 촬영)

표고 1,200미터의 나가노현 다테시나(蓼科) 고원.

별장이 즐비하게 늘어서 있는 숲속에 졸졸 흐르는 물소리를 내는 고사이가와(小斉川)에 조그만 물건창고 같은 콘크리트제 취수구가 보인다.

수로와 지중 파이프로 연결되어 낙차 65미터 정도의 급경사를 일거에 내려간다. 온천가에 있는 다테시나발전소(나가노현 치노시茅野市)의 발전기를 돌려 최대출력 260킬로와트, 약 500세대분의 전기를 주부(中部)전력에 파는 소수력발전소다.

지역 온천업자 등이 1954년에 만든 낡은 발전소를 마루베니의 자회사인 미부가와전력(三峰川電力)이 사들여 약 3억 엔을 들여서 전면 개수한 것이다. 2011년 6월에 운전을 시작한 발전소는 무인으로 손이 가지 않고, 2021년경까지 초기투자를 회수할 수 있을 전망이다. 댐과 달리 저수하지 않기 때문에 환경에 미치는 영향이 적은 이점도 있다.

미부가와전력은 2012년 4월부터 야마나시현 호쿠토시(北杜市)의 농업용수로에서도 본격적으로 발전을 시작했다. 오니시 히데카즈(大西英一) 관리부장은 "도호쿠와 호쿠리쿠, 주부 등에서 2020년까지 총 30개소로 늘릴 계획이다"고 의욕을 보였다.

도치기현에서는 노무라증권 그룹의 농업 컨설턴트 노무라 어그리플래닝 & 애드버서리(NOMURA Agri Planninng & Advisory)가 소수력발전의 깃발을 들었다. 현과 협력해서 농업용수로에서 발전하는 회사를 준비하고 있어 2013년~2014년도에 100개소 정도의 운전개시를 목표로 한다.[77]

환경성에 의하면 3만 킬로와트 미만의 '중소수력'은 원전 10기분 이상에 해당하는 1,400만 킬로와트의 잠재력이 있다. 2012년 7월에 시행된 '재생가능에너지 특별조치법'에서 전력회사의 전량 매수 대상이 되어 정책적 지원도 받고 있다.

전원별 장래 발전비용과 잠재력				
전원	발전비용 (엔/킬로와트·시)	현재의 전력량 구성비 (괄호 안은 현재 출력 킬로와트)		잠재력 (킬로와트)
원자력	8.9	29%		의존도 저하
LNG화력	10.9	29%		당면은 주력 전원
석탄화력	10.3	25%		당면은 주력 전원
석유화력	38,9	8%		피크 시 조정
일반수력	10,6	9%		대형은 현상 유지
풍력(육상)	8.8	계 10%	(167만)	1억 5,000만
태양광	9.9		(263만)	9,100만
지열	9.2		(53만)	430만
소수력	19.1		(20만)	※1,400만

정부의 비용 등 검증위원회와 전기사업연합회 등의 테이터를 바탕으로 작성.
발전비용은 검증위원회에 의한 2030년 시산 하한치. 소수력은 출력 1,000킬로와트 이하.
잠재력은 ※가 중소수력(3만 킬로와트 미만)의 환경성 시산, 다른 것은 검증위원회 시산

소형발전이라는 의미에서는 도시부에서 대규모 빌딩 등의 자가발전 설비가 존재감을 높이고 있다.

도쿄도 미나토구(港区)에 있는 롯폰기힐즈는 평상시부터 전력을 지하에 있는 가스발전 설비로 충당하고 있다. 가스공급이 멈추면 도쿄전력으로부터 전기를 사고, 그것도 무리라면 3일분 비축하는 등유연료로 발전설비를 가동하는 3중 구조다.

동일본대지진 후에 외국계 기업 등의 사전 문의가 이어져 금융, IT(정보기술) 관계기업이 새로 입주했다.

도쿄도도 이것을 힌트로 재해 시의 피난장소가 될 '방재공원'으로 지정한 아다치구(足立区) 도네리공원(舎人公園) 등에 비상용 가스발전 설비를 설치하는 계획을 세웠다.

육지뿐만 아니라 바다에 대한 관심도 높아지고 있다. 정부 종합해양정책본부[78]는 2012년 6월, 해상풍력발전 외에 파력, 조류, 해류 등의 발전 실용화를 서두르는 방침을 세웠다.[79]

소규모 전력의 과제는 규모가 작은 데 따른 높은 발전 비용을 어떻게 해소할 것인가 하는 것과, 수력발전과 같이 국가나 지방공공단체의 허가를 얻는 수리권 취득 절차에 길면 2년 이상이나 걸린다는, 규모에 비해서는 기동성이 없다는 문제가 있다.

그러나 도호의 혜택을 충분히 끌어낼 수 있다면, 그것은 일본열도의 재생뿐만 아니라 지속가능성을 높이는 것으로도 이어진다. 지속적인 노력이 필요하다.

중국이 진출하는 오키나와 해구

도호로서의 일본의 높은 잠재력은, 이것을 중국이 강한 관심을 갖고 주시하고 행동하고 있는 것으로부터도 엿볼 수 있다.

일본 난세이제도(류큐호)와 필리핀 등의 도호에 주위가 둘러싸인 중국은 자원뿐만 아니라 군사, 지정학의 관점에서도 이 주변 지역을 중시하고 있다. 중국이 제1열도선, 제2열도선으로 부르는 전략상의 경계는 각각 류큐호, 이즈(伊豆)·오가사와라호의 도호를 따라서 설정되어 있다.

중국이 일찍부터 일본과는 별도로 독자적인 조사까지 주장하고 있는 장소가 있다. 그것이 오키나와 해구(海溝, 海谷), 즉 오키나와 트러프(Okinawa Trough)이다.[80]

도호에는 병행해서 '배호해분(背弧海盆)'이라 불리는 가늘고 긴 함몰대가 생긴다. 현재 류큐호 연변에 성장 중인 배호해분이 오키나와 트러프다. 해저화산활동이 왕성하고 자원의 잠재적 보고이지만, 대륙붕을 구성하는 두꺼운 지각(대륙지각)이 함몰하여, 그 폭을 넓혀가면서 깊은 해저로 변해가는 곳이기도 하다. 트러프(Trough)로 이름이 붙지만 난카이 트러프 등의 해구와는 다르다. 중국이 영유권을 주장하고 있는 오키나와현 센카쿠열도(尖閣列島)[81]는 훨씬 해곡 건너편 중국 쪽에 있다. 긴 시간으로 보면 그 활동의 영향으로 센카쿠열도는 조금씩 오키나와 본도 쪽에서 떨어지고 있는 것이다.

동중국해의 평균 수심이 370미터인데 대해 오키나와 트러프의 최심부는 2,200미터이다. 중국은 동중국해 대륙붕의 자연연장은 트러프에서 끝났다고 하면서, 트러프까지가 자국의 배타적경제수역(EEZ)이라고 주장하고 있다.

한편, 일본 정부는 "양국 해안선으로부터의 중간선까지가 EEZ"(외무성)라는 입장을 취하고, 해저지형에 법적인 의미는 없다고 주장한다. 조약의 규정과 원칙론으로는 일본에 정당성이 있다. 그러나 경계획정은 당사자 간의 협의로 이루어지기 때문에 주장은 평행선을 달리고 있다. 센카쿠열도의 영유권뿐만 아니라 그 주변을 둘러싼 동중국해의 대륙붕을 둘러싸고도 일본과 중국 간에서는 주장이 서로 엇갈리고 있는 것이다.

마주보는 두 국가 간의 대륙붕 경계를 둘러싼 국제사법재판소 등의 판례로는 등거리(중간선)의 원칙만을 기계적으로 적용하는 것이 아니라, 해저지형이나 자원, 안전보장 상의 이유 등을 고려한 후에 쌍방에게 법적으로 '형평'하다고 간주되는 판단을 하고 있는 것이 많다. 일본과 중국이 국제사법재판소에서 다툴 가능성은 지금으로서는 낮다. 일본 정부는 "일중 간에 영토문제는 존재하지 않는다"는 입장을 취하고 있기 때문에 일본측이 제소할 일은 없고, 역사적 경위에만 착안한다면 중국측 주장을 뒤엎을 증거가 중국 자신의 공문서에 다수 존재하고 있기 때문에, 중국도 국제사법재판소에서 다투려고 하지는 않는다. 그러나 지리, 지형에 착안한 경우에는 국제사법재판소에 계송되어도 일본 정부 주장이 일방적으로 통할 것이라고는 장담할 수 없다는 설이 있다.

이러한 가운데 2000년대에 들어서 미 캘리포니아대학과 미 지질조사소 등 유력기관이 오키나와 트러프를 경계로, 동중국해의 플레이트(암판)를 '오키나와 플레이트', '양자강 플레이트'로 나누어 취급하게 되었다(그림).

오키나와 트러프와 플레이트 경계

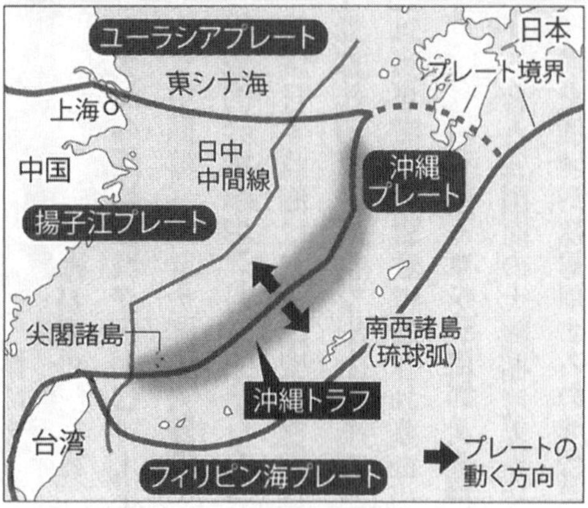

두 개의 플레이트로 나눈다고 하는 것은 양자의 경계부의 지하구조에 지구과학 상의 명확한 차이가 있다는 것을 의미한다. 중국 연구자도 당연히 이 구분을 다용한다. 일본 측은 '영향 없음'이라고 보지만 중국 주장을 보강하거나 중국측 배타적경제수역이라는 인상을 주기

는 한다.

자국의 권익을 위해 과학적 식견을 적극적으로 이용하는 것은 국제사회에서의 다툼에서는 당연한 것이라고도 할 수 있다.

그럼, 일본의 연구기관은 이 건에 대해 어떤 대응을 하고 있는 것일까.

해상보안청 해양정보부와 해양기구, 류큐대학(琉球大学) 등의 기관은 오키나와 트러프에서 대륙지각의 함몰이 시작되고 있는 것은 인정하고 있지만, 얇아지면서도 대륙지각이 계속 존재하고, 깊은 해저를 나타내는 현무암질의 해양지각은 "확인하지 못하고 있다"는 입장을 취하고 있다. "함몰하고 있다"고 하는 지형학적인 이유에서 오키나와 트러프가 대륙붕이 아니라고 주장하고 있는 중국에 대해, 일본의 연구기관은 지각의 질을 근거로 반론하고 있는 셈이다.

또 오키나와 플레이트, 양자강 플레이트의 구분을 필요에 따라 사용하는 연구자는 있지만, 정부 공식 발표에서는 사용되지 않고 있다. 기세 좋은 중국측에 비하면 이러한 대응은 방어전에 몰리고 있는 것처럼도 보인다. 조사 결과 (중국측이) 해양지각을 발견해 버리면, 외무성 주장대로 법적인 의미는 없다고 하더라도, 중국 측 주장을 보강하는 재료를 제공하는 것이 된다.

중국은 이 문제에 한정하지 않고 해양개발 분야에서 약진이 눈에 띈다.

2012년 6월 24일에는 중국의 유인잠수정 '샤오링(蛟龍)호'가 태평양 마리아나해구에서, 해양기구의 '신카이6500'이 1989년에 달성한 심도기록 6,527미터를 돌파하는 7,020미터의 잠수를 달성했다. 중국은 80년대 이후 해양조사와 학술 굴착에 힘을 들여 지금은 세계를 견인하는 정도의 지위를 점하게 되었다.[82]

후진타오(胡錦濤) 정권 하에서 수상을 지낸 웬자바오(溫家寶) 씨는 지질광산 부문의 기술관료 출신이고, 죠욘캉(周永康) 중국 공산당 정치국 상무위원도 자원부문의 기술관료였다. 피아의 체제에 차이가 있다고는 해도 일본에는 없는 강점이라고 할 수 있다.

문부과학성 간부는 샤오링호에 대해, "심해의 높은 수압을 견디기 위해서는 찌그러지지 않는 진구의 내압각(耐壓殼)을 만드는 고도의 기술이 불가결. 기술, 산업력의 수준이 상당히 올랐다"고 보고 있다. 일본으로서는 '세계제일'을 탈환하고 싶지만 신카이 후계 유인잠수정 개발은 아직 미정이다. 대조적으로 중국은 일본의 '지큐'를 능가하는 세계 최대급 심해굴착선을 건조 중이다.[83)]

일본에서는 과학기술 예산과 이과교육 속에서 지구과학의 우선도가 낮고, 고교의 지학 이수율도 혼미가 계속되고 있다. 지구과학에 대한 리테라시(독해력) 부족은 구미와 비교해도 심각하다. 일본학술회의에서도 이 문제가 거론되었는데 학계로서는 어느 분야나 중요하기 때문에 결론은 나오지 않는다. 정치적인 지도력을 기대하려고 해도 정치가와 관료에게 중요성의 인식이 별로 없다.[84)]

최저한의 리테라시 만이라도 향상시키자며, 지학을 통상의 이과과목에서 떼어내 초등학교 때부터 일반교양과목으로 편성해서 재해, 자원, 환경 등을 배우게 하자는 제언도 전문지에 발표되었다.

제안자 다카하시 마사키(高橋正樹) 니혼대학(日本大学) 교수(화산학)는 "이과 과목이 아닌, 이 나라에서 살아가기 위해 몸에 익혀야 할 지식으로 생각하면 좋겠다"고 말한다. 고교 이과 교사들이 방재교육을 수업에 도입할 움직임도 있다.[85)]

실은 미국에서도 '내셔널 지오그래픽'지를 발행하는 전미지리학협회가 국제적인 교육 보급의 일환으로서 최근 '지오 리테라시(Geo-literacy) 활동'을 시작했다. '지오(geo)'는 지질(geology)과 지리(geography)와 같이 '지구' '대지'를 의미하는 접두어로, 활동은 지구

과학 관련의 독해력 강화를 목표로 하고 있다.

미국은 내셔널 지오그래픽 지의 보급과 미 우주항공국(NASA)의 활동 등으로, 지구과학에 대한 독해력이 높은 국가로 간주되고 있지만, 그래도 국내 관계자에게는 "다른 이과교육 진흥 속에 매몰되어 버리는 것이 아닌가" 하는 위기감이 있다. 그래서 통상의 이과 교육과는 분리해서, 많은 사람이 갖추어야 할 지식과 개념으로서의 지오 리테라시를 보급하려고 하는 것이다.

전미지리학협회 전용 웹사이트(영어)에서는 지오 리테라시(Geo-Literacy)에 대해 "자연재해에 대한 대비에서부터 공업제품의 서플라이체인까지, 우리들의 삶을 통해 의사결정에 필요하다고 생각되는 것"이라고 정의하고 있다. 다카하시 교수의 제안도 공통된 점이 있다.[86]

대재해가 많은 이 열도에는 귀중한 자원도 외국이 주시하는 높은 가치도 있다. 마이너스, 플러스의 양면을 알 때 비로소 새로운 성장전략의 발상을 할 수 있을 것이다. 그런 것이 전후 별로 의식되지 못해왔던 배경에는 패전의 영향이 컸다는 견해도 있다.

제2차 세계대전까지는, 대륙 중국에 '만주'(현 중국 동북부)가 있고, 타이완과 한반도에도 진출했던 일본에게는 신경을 써야 할 지리적 범위가 지금보다 훨씬 컸다. 전후에는 거꾸로 일본이 대외적 '야망'을 갖지 못하게 하기 위한 수많은 정책[87]이 취해졌고, 그런 속에서 일본인의 의식이 내향적으로 되어버려서 안전보장과 지리 등의 문제를 기피하는 체질이 되었다는 지적이다.

독도를 한국이 이승만 정권 때 실효적 지배를 시작했을 때도 일본은 어찌할 방법이 없었다.[88] 역으로 일본이 실효지배하고 있는 센카쿠열도를 둘러싸고는 2012년 9월 12일에 일본 정부가 토지소유자로부터 센카쿠열도를 구입한 이후 중국으로부터 끊임없는 공세를 받고 있다. 중국선박은 연일 센카쿠열도 주변의 일본 영해 깊숙이 들어오고,

국제회의 등을 이용해서 센카쿠열도가 중국의 영토라는 주장을 반복하고 있다. 역사적 경위와 공문서에 의거한 주장이 과학에 의해 뒤집히지 않도록 하기 위해서도, 그리고 새로운 성장을 창출하기 위해서도, 일본 열도를 둘러싼 리테라시를 일본인 자신이 높여갈 필요가 있을 것이다.[89)]

제5장

세계의 두뇌를 유치하다

국가가 성장해 가기 위한 최대의 요소는 '인재'라고 할 수 있다.

저출산 고령화에 따른 인구감소 속에서 인재, 특히 성장전략과 새로운 분야를 개척할 '두뇌'를 어떻게 확보해 나갈 것인가는 국가의 지속가능성을 높여 나가기 위해 피해갈 수 없는 과제다.

그 노력은 조금씩이지만 시작되고 있다. 일본의 라이벌인 외국의 사례도 들어가면서 일본의 '두뇌집적' 전략을 생각한다.

인도에 있는 도쿄대학

예전에는 '획일적'이라고 폐해를 지적받아 온 일본의 대학이 우수한 인재 획득에 본격적으로 나서기 시작했다.

2012년 2월 27일, 도쿄대학은 인도 남부 벵갈루루(Bengaluru)에 '인도사무소'를 정식 개설했다. 우수한 인도인 유학생 유치가 목적이다.

개설 당일, 벵갈루루 시내 호텔에서 열린 기념 세미나에는 약 120명의 인도인 학생이 찾아와 도쿄대 교수들의 강연과 패널 디스커션을 열심히 들었다.

인도에서는 종래, 유복한 가정의 자녀는 어릴 때부터 영어로 교육을 받기 때문에 유학을 가는 곳은 미국과 영국 등 영어권이 압도적 인기였다. 일본은 지금까지 인도인 학생의 관심 밖이었다고 말할 수 있다.

그러나 일본 유학 경험이 있는 인도공과대학(Indian Institute of Technology. IIT)[90] 니레슈 바사 교수는 "인도에 진출하는 일본 기업이 늘었기 때문에 5년 전 무렵부터 일본 유학에 관심을 갖는 학생이 늘고 있다"고 말한다.

세미나에 참가한 22세의 대학생 스샨토 쿠마르 씨도 일본 유학을 목표로 하는 한 사람이다.

"로봇 공학을 공부하고 싶기 때문에 유학 희망국은 공학에 강한 일본, 중국, 한국으로 압축하고 있다. 구미 대학에는 흥미가 없다. 동일본대지진으로부터 급속하게 부흥한 모습을 보고 일본 기술력에 대한 관심이 강해졌다"는 쿠마르 씨. 동일본대지진의 타격으로부터 다시 일어서려는 일본의 모습이 세계의 두뇌를 일본에 유치하는 데 있어서 자력(磁力)이 되고 있는 면도 있는 것 같다.

도쿄대학 인도사무소의 요시노 히로시(吉野宏) 소장도 "동일본대지진에서 일본인이 보인 강한 인내심과 윤리관, 지진으로 인한 철도 사상자가 전혀 없었다는 것으로 확인된 높은 기술력이 새롭게 각광을 받아, 일본에 대한 평가가 올라갔다"고 분석한다.

다만 일본에 대한 유학에 불안을 안고 있는 학생도 많다. 식사도 그 하나다.

쿠마르 씨는 힌두교도에 많은 채식주의자(베지테리언)로 고기를 일절 입에 대지 않는다.

"유학은 식사가 목적이 아니다. 참을 수 있다"는 쿠마르 씨는 유학생활에 대한 꿈을 말하지만, 실제 문제로서, 일본에서 공부를 계속하는 데 있어서 식사의 기호나 터부가 큰 장해가 될 것은 쉽게 예상된다.

일본의 유학생 수 추이

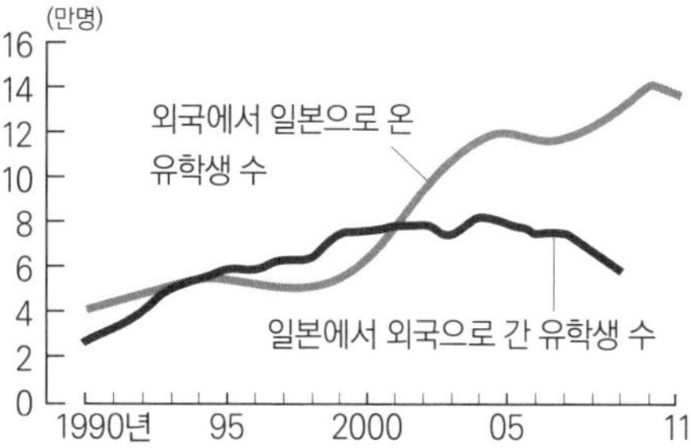

※ 문부과학성, 일본학생지원기구 등이 조사·집계

도쿄대학 인도사무소 개소식에 나고야대학(名古屋大学)을 대표해서 참석한 와타나베 요시토(渡辺芳人) 교수(부총장)는 자신의 화학연구실에 지금까지 많은 외국인 유학생을 받아들여 온 경험을 갖고 있다. 그 중의 십 수 명은 인도인이었다고 한다. 인도인 유학생은 채식주의자가 많고, 요리에 스파이스를 많이 쓰기 때문에 학생식당에서 식사를 하지 않고 자취하는 학생이 많다. 그 결과 친구 사귀는 데 힘들어 하거나, 연구시간이 제한되거나 하는 인도인 유학생을 가끔 본다고 한다.

나고야대학을 포함하여 유학생을 적극적으로 받아들이고 있는 대학에서는 학생식당에서 채식주의자나 이슬람교도용 메뉴를 내는 것이 일반적이 되었다. 다만 나고야대학의 경우에도 이러한 메뉴를 내는 곳은 광대한 캠퍼스 속의 일부 학생식당에 한정되어 있다. 유학생으로서는 여전히 불편한 상황이 계속되고 있다.

와타나베 교수는 "인도인 유학생의 약 30%는 고립감 등의 문제를 안고 있다. 식사 문제가 해결되면 이러한 문제도 상당해 해소될 것이다. 학내에서 채식주의자용 메뉴를 늘리는 것은 금후 과제의 하나다"라고 지적한다. 학생식당에서 유학생의 식습관에 따른 메뉴를 늘리는, 이러한 소박한 환경정비가 연구자와 유학생을 모으는 데 있어서 열쇠를 쥐게 된다는 셈이다.

실제 이러한 노력이 성공으로 이어진 사례가 있다.

오이타현 벳푸시(別府市)에 있는 리츠메이칸(立命館) 아시아태평양대학은 유학생이 전 학생의 40%인 약 2,550명을 차지, 유학생 비율로는 국내 톱클래스의 대학이다. 유학생의 출신국은 아시아·태평양지역을 중심으로 유럽과 중동 등 78개국·지역에 퍼져 있다.[91]

영어로 하는 수업과 기숙사를 캠퍼스 인접지에 설립, 생활의 불안을 경감시키는 것만이 아니라 식사에도 신경을 쓴다. 학생식당에서는 채식주의자를 배려하여 돼지고기나 술을 입에 대지 않는 이슬람교도용

'할랄푸드(Halal food)'도 준비하고 있다. 한 번 돼지고기 요리에 쓴 냄비는 이 요리에는 쓰지 않는다. 간장 등에 양조 알코올이 들어있지 않은지 어떤지도 점검한다.

이러한 배려로 유학생의 만족도를 높여 지원자 획득으로 연결하고 있다.

리츠메이칸 아시아태평양대학에서 공부한 유학생들을 통해 그들 출신국의 고교나 행정기관과도 빈번히 접촉을 꾀하고 있다. 이 대학에서는 8개국·지역에 해외사무소를 설치하고, 유학 희망자를 위한 설명회에서도 부스를 설치하고 있는데, 학생모집 담당인 아베 야스하루(阿部泰治) 과장은 "설명회에서 부스를 늘어놓는 것만으로는 구미 명문대학에 이길 수 없다. 우수한 학생을 획득하기 위해서는 이러한 대학이 하지 않는 궁리가 필요하다"고 말한다.

일본의 대학으로서 인재획득 경쟁의 라이벌은 해외만이 아니다. 저출산의 진전으로 국내 경쟁도 더욱 격심해지고 있다.

대학입시센터시험이 시작된 1990년에 61만 9,990명이었던 국공립대학 지원자는 2012년에는 49만 4,813명까지 줄었다. 모집정지에 몰린 대학도 이미 나오고 있다.[92]

2012년 11월, 노다 제3차 개조내각에서 문부과학상으로 취임한 다나카 마키코(田中真紀子) 씨가 아키타공립미술대학, 삿포로보건의료대학, 오카자키(岡崎)여자대학 등 3개 대학 신설을 일시 '불인가'하여 혼란이 일어났을 때, "대학이 너무 많다"고 하는 다나카 씨의 주장에 동조하는 목소리도 많았다.

국공립대학은 지방을 중심으로 과거 10년간에 50개교 가까이가 재편·통합되었다. 지역 인재육성을 담당하는 거점으로서 살아남기 위한 움직임이다. 통합까지는 이르지 못했지만 동일 지역의 대학이 '컨소시엄'을 결성하고 제휴해서 인재육성과 지역의 특색을 살린 연구를 진행하는 노력은 전국에 퍼졌다.

이와테현 내 5개 대학으로 구성된 '이와테 고등교육 컨소시엄'은 2012년 4월부터 연안부인 구지(久慈), 오후나토(大船渡), 가마이시(釜石)에 있는 3개 고교에 텔레비전 회의 시스템을 설치, 각 대학의 일반교양 강의 등을 발신하는 사업을 개시했다.

이와테현에서는 전국평균에 비해 낮은 대학진학률 향상이 과제다. 이번 사업에는 현내에서도 진학률이 낮았던 데다 동일본대지진이 직격한 연안부의 고교생에게 지역 대학 진학을 촉구하고, 부흥을 담당할 인재를 육성하는 목적이 있다. 이와테대학의 다카하타 요시히토(高畑義人) 부학장은 "지진을 계기로 지역에 관심을 가져주기 바란다"고 힘을 주었다.

대학별 개별적인 노력에 그치지 않고, 노다 정권의 '글로벌 인재육성 추진회의'[93]도 2012년 2월부터 세계에 통용되는 인재육성과 우수한 두뇌 확보를 위한 검토작업을 본격화 했다. 정부가 드디어 무거운 몸을 일으킨 것이다.

다만 세계 각국은 이미 앞을 달리고 있다. '후발'이라고도 할 일본이 어디까지 두뇌집적에서 싸워 이겨 나갈 것인가. 해외 사례에도 눈을 돌려 보자.

성장을 불러오는 '가상대학'

그 이름도 센젠허의대학원(深圳虚擬大学園)-.

이것은 1980년대 이후 중국 남부의 경제특구로서 급속한 발전을 계속하고 있는 인구 약 1,400만 명의 도시, 센젠시(深圳市)의 '두뇌공급원'으로서 주목을 받고 있는 연구기관의 이름이다.

'虛擬'란 중국어로 '假想'을 의미한다. 1999년에 창설된 센젠허의대학원은 현재 외국을 포함하여 50개 이상의 대학이 오피스와 연구실을 갖추고 있다. 기하학적 형태의 대학시설 앞에는 베이징대학, 칭화대학, 푸단대학 등 명문대학의 교기가 죽 늘어서 있다.

센젠은 중국 경제발전의 원동력이 될 개혁·개발정책이 시작될 때까지 인구 3만 명의 조그마한 어촌이었다. 1980년에 외자유치와 수출확대를 목적으로 한 경제특구로 지정되자, 인접하는 홍콩 등으로부터의 투자로 제조업이 성장, '세계의 공장'으로 변모했다.

그 성장도시의 약점이 '인재'였다. 대학 등의 연구기관이 빈약하고 높은 수준의 인재공급이 이루어지지 않았던 것이다.

"좋은 인재를 확보할 수 없으면 경제특구라는 이점만으로 발전을 유지하는 것은 불가능하게 된다."

센젠허의대학원 창설에 관여했던 센젠시 심항(深巷)산학연구기지의 장극과(張克科) 부주임은 당시의 위기감을 돌아본다.

센젠허의대학원 캠퍼스에는 사무소를 개설한 각 대학의 교기가 펄럭인다. (2012년 2월 촬영)

우수한 학생과 연구자가 모이는 대학을 만드는 데는 막대한 시간이 걸린다. 그래서 생각한 것이 국내 정상급 대학의 '분교'를 모으는 방법이었다. 동시에 학원에 참가하는 각 대학과 지역 기업의 교류도 장려하여 산업발전에 공헌하게 하는 것도 목표로 두었다.

"실제의 대학이 아니고, 대학 집합체를 목표로 하기 때문에 '허의대학원'이라고 이름 붙였다. 각 대학에 대한 유치에는 규제가 느슨하고 진취적 기상이 풍부한 센젠의 풍토를 강조했다"고 장 씨는 설명한다.

학원에서 배운 학생은 연인원 14만 명 이상. 학원과 지역 정부나 기업의 교류로 인맥과 자금제공 네트워크가 생겨나고, 졸업생들이 학원의 후원으로 창업한 기업은 700개사를 넘었다. 2012년 2월에 중국 정부가 발표한 전년의 도시별 국제특허신청 건수에서는 8년 연속으로 센젠이 최고였다.

학원에 참가하는 일본의 전기통신대학 미키 데츠야(三木哲也) 학장 특별보좌는 "중국 정상급 대학의 분교가 집적하는 매력으로 인재도 모인다. 지역의 특성을 숙지하는 지방당국이 주도했기 때문에 성공했다"고 분석한다.

경제의 글로벌화에 따른 국가 간, 나아가서는 도시 간의 경쟁 격화는 인재획득 경쟁도 격화시켜 지혜와 궁리가 필요하게 되었다.

도쿄 23구와 거의 같은 면적으로, 인구는 약 500만 명인 싱가포르가 경제발전으로 존재감을 보이고 있는 하나의 요인은 국가전략에 입각해서 목표를 명시하고 인재집적을 진행하고 있는 것이다. 우수한 인재의 확보는 교육정책이 아니라 경제정책의 일환으로서 명확하게 자리를 잡고 있는 것이다.

싱가포르의 의료·바이오테크놀로지 관련 연구개발 거점 '바이오폴리스(Biopolis)'는 2003년에 설립되어 각국에서 모인 연구자가 연구개발을 하고 있다. 여기에서 이룬 연구성과를 기업의 제품개발에 활용하

고 경제발전에 연결하는 것이 목적이다.[94]

바이오폴리스를 관리하는 과학기술연구청의 벤자민 시트 사무국장은 “인재는 연구개발 성과를 위해 중요하다. 적은 인구 속에서, 국내와 해외 양쪽에서 톱클래스의 과학자를 초빙하지 않으면 안 된다”고 말한다.

과학기술연구청에 따르면 싱가포르의 연구비는 증가하고 있으며, 5년마다 편성되는 예산은 1991~1995년이 10억 싱가포르 달러였는데 대해 2011~2015년은 161억 싱가포르 달러로, 이 20년간에 8배로 늘어났다.

시트 씨는 “이러한 투자는 싱가포르에 보답을 해주고 있다”고 말한다. 싱가포르의 2010년 의료·바이오 테크놀로지 산업의 생산고는 2000년과 비교해서 4배 증가한 약 230억 싱가포르달러로 제조업 전체의 8.6%를 차지하기까지 성장했다.

바이오폴리스의 설립 등으로 세계적인 연구허브로서의 지위를 확립하고 연구자는 착실히 늘고 있다. 2010년 시점에서 공적 기관과 민간기업 등의 연구자는 2000년과 비교해서 약 2배인 총 2만 8,300명에 달했다고 한다.

시트 씨에 의하면 첨단연구의 집중으로 해외 대기업이 싱가포르에 투자를 늘리는 호순환이 생기고 있다고 하며, 일본계 기업도 속속 바이오폴리스에 진출하고 있다.

싱가포르는 연구자뿐만 아니라 유학생에게도 매력적인 장소로 비치고 있는 것 같다.

난양공과대학[95]에서는 학부생의 약 20%, 대학원에 이르러서는 반수를 유학생이 차지한다. 도쿄대학을 퇴직한 후 난양공과대학으로 옮긴 나라사카 고이치(奈良坂紘一) 교수(유기화학)는 “일본을 희망하는 유학생은 물론 있지만, 생활면 등으로 수용할 태세는 충분히 갖추어져 있지 않다"고 지적한다.

예를 들어, 나고야대학의 예에서 언급한 것 같은 식사문제에서도, 난양공과대학에서는 각국에서 온 유학생의 종교나 기호 등의 식문화에 대응할 수 있도록 식당별로 베지테리안 요리, 할랄요리, 인도요리 등을 준비하고 있다. 주말에도 반드시 열고 있는 식당이 있기 때문에 학생이 식사로 힘들어하는 일은 없다.

싱가포르에 유학하는 학생에게는 언어환경도 매력의 하나인 것 같다. 난양공과대학 대학원에 다니는 중국인 유학생은 "영어가 뛰어난 학생은 미국이나 영국의 대학을 목표로 하겠지만, 거기까지 힘이 닿지 않는 학생은 입학 후에 배울 수 있는 환경이 정비되어 있는 싱가포르가 도움이 된다"고 말한다.

싱가포르의 대학에서는 실학과 응용연구에 열심인데 그 배경에는 기업과의 공동연구 등으로 연구비를 조달하는 목적도 있다고 한다. 공적 기관과 대학에 연구비를 신청하는 서류에는 "싱가포르에 어떠한 의의가 있는가" 하는 것을 설명하게 하는 난도 설정되어 있다. 나라사카 교수는 "일본에서는 별로 없는 경험이지만, 연구자로서도 국가에 어떠한 의의가 있는가 하는 것을 의식하는 자세를 갖게 된다"고 말한다.

나아가 "싱가포르 정부는 연구성과를 비즈니스로 연결하고자 하는 명확한 방침을 갖고 있는데, 일본에는 그것이 없다. 예들 들어, 일본의 기초연구는 높은 수준에 있으니까 그것을 특징으로 해서 우수한 두뇌를 불러오도록 하는 등 정부의 명확한 방침이 필요하다"고 지적하고 있다.

일본 정부가 '글로벌 인재육성 추진회의'에서 착수한 두뇌집적 노력에 있어 경청할 만한 충고라 할 것이다.

유럽발 47개국 대학 연계

게놈(全유전정보) 연구의 제1인자로 알려진 나카무라 유스케(中村祐輔) 도쿄대학 교수는 민주당 정권이 2011년 1월에 설치한 내각관방 의료이노베이션 추진실장을 2011년 말에 사임하고, 2012년 4월부터 거점을 미 시카고대학으로 옮겼다. 국제경쟁력을 가진 국산의료품 개발의 기수역으로서 의료이노베이션 추진실장에 취임했는데, 정치가의 무관심과 관료기구의 영역주의에 무력감을 느꼈다고 한다.[96]

59세인 나카무라 교수에게는 "세계에서 인정을 받기 위해서는 미국에서 인정을 받지 않으면 안 된다. 남은 인생을 신약개발에 걸겠다"는 생각도 있었다.

나카무라 교수는 나카무라연구실 출신자인 스탭 11명을 데리고 시카고대학으로 옮겼다. 이 중 일본인은 2명뿐으로, 그 외에는 한국 5명, 말레이시아 2명, 수단 2명이었다. 국내 지향이 강한 일본인과 대조적으로 유학생들은 활약의 장을 탐욕스럽게 찾아서 뛰어나가는 것을 두려워하지 않는다. 일본은 그런 과정의 하나에 지나지 않는다는 사고방식인 것이다.

위암과 백혈병 유전자 연구의 권위자인 73세의 이토 요시아키(伊藤嘉明)[97] 전 교토대학 교수도 2002년에 자신의 스탭을 데리고 호조건을 제시한 싱가포르국립대학으로 옮겼다. 개인의 두뇌만이 아닌 연구실 통째로 유출하는 경향은 금후 거세질지도 모른다.

미국의 여론조사회사 갤럽사가 2010년 11월에 공표한 조사에 따르면, 연구자 등의 고학력층이 이주하고 싶어 하는 나라는 미국과 싱가포르 등이 상위다. 그 희망대로 전원이 미국과 싱가포르 등으로 이주한 경우, 동아시아의 고학력층은 10~30% 줄어드는 계산이 된다고 한다.

이러한 상황을 감안하여 일본에서도 우수한 인재를 해외에서 불러 오자는 시도가 이루어졌다.

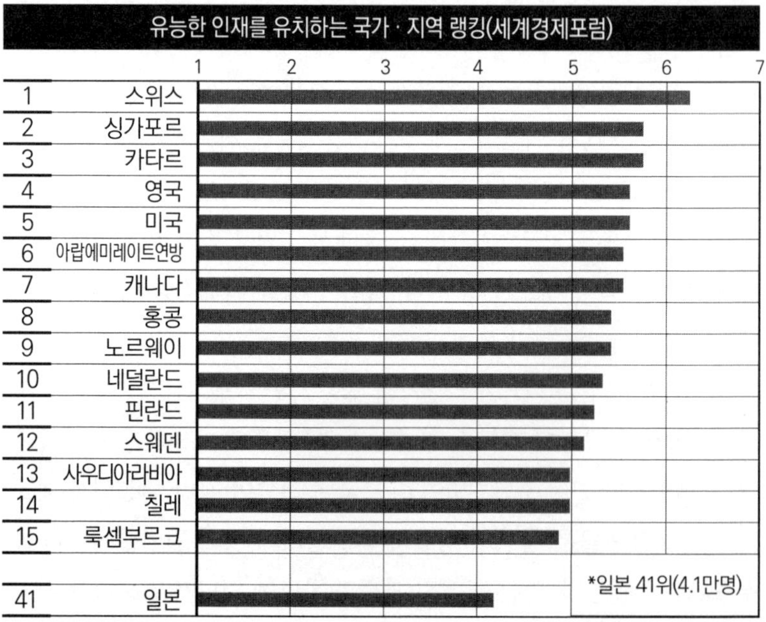

오키나와현 온나촌(溫納村)에 2011년 11월 정식 발족한 오키나와과학기술대학원대학(OIST)은 그 한 예다.[98] 세계 최고수준을 주창하고 '공용어는 영어', '교원과 학생의 반수 이상은 외국인'을 표방하는 등 국제성과 학제성을 세일즈 포인트로 하고 있다.

조나산 도판[99] 초대 학장이 2011년 11월 19일 있은 창립기념식전에서 "오키나와 진흥에 공헌하는 한편, 일본과 세계 과학기술 발전에 진력하겠다"고 말한 것처럼, 대학은 정부의 오키나와 진흥책의 일익을 담당하는 존재이기도 하다.

오키나와과학기술대학원대학 구상이 부상한 것은 2001년의 일. 오키나와 진흥책과 과학기술진흥을 조합하여 제도·예산 쌍방으로 기존의 틀에 얽매이지 않는 조직을 목표로 하였다. 준비조직인 오키나와과학기술연구기반 정비기구 이사장에는 노벨 생리학·의학상 수상자인 시드니 브랜너 박사[100]가 취임했다.

구상에 관여했던 당시의 각료들에게는 "세계 최고 수준을 실현하기 위해서는 필요한 예산투입을 아까워해서는 안 된다"는 생각이 있었다. 그러나 실현에 이르는 길은 험했다.

민주당 정권의 사업분류에서 기구의 운영위원회 경비가 고액이라는 문제가 제기되는 등 설립 구상은 혼미를 거듭, 대학 발족이 대폭 늦춰졌다.[101]

유럽 각국은 자기들 국가에 우수한 인재가 머물지 않고 미국 대학의 인재공급원이 되어 버렸다는 것에 위기감을 강하게 느끼고, 1990년대 후반부터 대학의 국제경쟁력을 높이기 위해 국가마다 따로따로였던 대학제도의 통합을 추진하게 되었다.

유럽의 고등교육 통합 움직임은 1998년에 프랑스, 독일, 영국, 이탈리아 4개국 교육상이 파리 제4대학(통칭 소르본느)에서 '유럽교육권' 구축을 다짐하는 '소르본느 선언'에 서명한 것이 계기다. 다음해 1999년에 대학 발상지인 이탈리아 볼로냐에서 유럽 29개국 교육상이 2010년까지의 제도통합을 목표로 하는 '볼로냐 선언'을 채택하고, 발본적인 대학 개혁 '볼로냐 프로세스'가 시작되었다.

볼로냐 프로세스는, ①단위 호환제도 도입, ②대학 학위제도의 3단계 구조(학사·석사·박사)로의 통일-이 축이 되어 있다. '유럽고등교육권'을 창설해서 제도의 일원화를 추진, 역내 학생과 교원의 역내 이동을 촉진하는 것뿐만 아니라, 유럽 외에서도 우수한 인재를 획득하려고 하는 것이 목적이다.

'교육의 질'에 대해서도 외부평가제도 채용을 포함, 유럽 대학에서는 인연이 멀었던 '경쟁원리'를 작용시켜 기반 상승을 꾀할 방침을 내걸었다.

볼로냐 프로세스는 EU(유럽연합) 가맹국이라는 구조가 아닌 '유럽회의'(본부·프랑스 스트라스부르)의 문화협약에 조인한 국가 모두에게 문호를 개방하고 있다. 이 때문에 볼로냐 프로세스 가맹국은 해마다 증가하고 있는데 2010년에는 중앙아시아의 카자흐스탄이 참가, 그 시점에서 47개국까지 확대되었다.[102)]

벨기에 브뤼셀자유대학 캠퍼스에서 대화하고 있는 학생들 (2012년 3월 촬영)

볼로냐 프로세스에 참가하고 있는 유럽대학협회(본부·브뤼셀)가 2010년 발표한 조사(821대학=전체의 약 15%가 회답)에서는 학위제도의 3단계 구조 이행은 95%가 완료하고, 단위 호환제도도 90%가 도입을 완료했다는 결과가 나왔다. 개혁이 착실히 전진하고 있는 것을 알 수 있다.

유럽대학협회의 고등교육 정책 책임자 미하엘 게베르 씨는 "제도의 표준화에 매진함으로써 유럽 이외의 학생도 세계적으로는 이름이 알려지지 않은 대학에 눈을 돌리게 되었다"고 효과를 강조한다.

EU도 2004년부터 일본을 포함한 비유럽권 학생을 유럽의 대학원에 유치하기 위해 장학금제도를 핵심으로 하는 '에라스무스 문두스' 사업[103)]에 착수하고 있어, 유럽에 한 사람이라도 더 많은 우수한 학생을 불러들이려고 열심히 움직이고 있다.

동아시아에서도 일본, 중국, 한국 3개국이 2010년에 대학 간 단위 인정기준을 공유하기 위해 국가 차원의 제도 구축을 추진하기로 합의하고, 2011년도부터 일부 대학 간에서 파이롯트 사업이 막 시작되었다. 이러한 동아시아의 노력에 대해 게베르 씨는 “유럽에서의 경험을 감안하면 기술적으로는 충분히 가능하다”고 본다. “유럽에서는 제도 도입이 진전되어 교육의 질 향상에 관심이 옮겨 갔다. 한편으로, 교육기관으로서의 측면에 너무 힘을 쓰면 연구력이 저하할 염려도 있다. 제도 도입에 있어서는 대학이 가진 두 개의 기능을 양립시키는 배려도 필요하게 될 것이다”라고도 말했다.

한중일 관계는 어려운 면도 있다. 한국 이명박 대통령의 독도 방문[104]이 발단이 되어 한일 관계가 험악해지고, 일본 정부의 오키나와현 센카쿠열도 국유화를 계기로 일어난 중국의 거센 일본 배척 움직임은 다양한 분야에서 한중일 제휴에 그림자를 드리우고 있다.

그냥 보더라도 유럽세에 비해 뒤처져 있는 인재획득을 위한 지역의 국제협력에 이러한 한중일 간의 심각한 균열이 영향을 주지 않을까 하는 염려도 강해지고 있다.

급속한 경제성장을 계속해온 중국과 한국은 지금 국제무역 등에 관해서는 일본이 상대하기 벅찬 경쟁상대이기도 하다. 일본이 성장을 계속해가는 데 있어서는 ‘제로섬게임’의 발상보다는 ‘윈윈’으로 발상을 전환하는 것이 중요해지고 있다. 일본으로부터 인재가 유출되는 것을 막고 세계의 두뇌를 일본으로 모으는 계기로서, 일본 단독으로 움직이는 것보다도, 한중일이 협력하는 쪽이 메리트가 많다고도 한다.

한중일 간에 걸려있는 역사인식 문제를 위시한 대립의 씨앗을 극복하고, 어떻게 미래지향적으로 협력할 수 있는지가 지역 전체의 부침과도 관계를 맺고 있다.

교수진은 삼성 OB

세계의 두뇌를 모으는 데는 정부의 전략, 대학의 노력에다 대학과 제휴하는 기업, 공장이 가져오는 경제효과가 없으면 인센티브가 결여되게 된다.

한국의 수도 서울에서 약 100킬로미터 남쪽 충청남도 아산시에 있는 호서대학교에는 일본에서는 진귀한 '디스플레이공학과'가 있다.[105]

창설은 2004년. 삼성전자가 아산시 탕정지구에 있는 액정패널 공장 확충을 발표한 것이 계기였다.

삼성은 1995년 탕정에서 457만 제곱미터의 토지조성에 착수했다. 2012년까지 약 2조 410억 원(약 1,498억 엔)을 투자하는 계획으로 이미 최첨단 제7, 제8세대용 제조라인이 가동되고 있다.

한국 정부도 개발을 지원했다.

'탕정 디스플레이 시티'로 명명, 현지 충청남도를 통해 도로정비와 용·배수시설 정비에 8,860억 원(약 650억 엔)을 투입한 것이다. 디스플레이 관련 기업이 집적되어 있는 탕정은 '한국의 크리스탈 밸리'(디스플레이 산업단지라는 의미)로까지 불리게 되었다.

호서대학교 신문기 공학부장(공대학장)은 "지금은 현지 산업이 된 디스플레이 산업을 지탱하기 위해서는 무엇보다도 수준 높은 인재 공급이 불가결하다"고 학과 창설 이유를 설명한다.

2011년까지 한국 교육과학기술부[106]로부터 약 340억 원(약 24억 9,500만 엔)의 지원을 받아 연구시설을 충실히 갖추어 왔다고 한다.

14명의 교수 중 상당수가 삼성과 LG 등 관련 기업으로부터 모은 인재다. 삼성전자 출신의 주효남 교수는 "디스플레이를 지탱하는 기술은 일취월장이다. 항상 산업계의 움직임과 필요한 인재 수요를 파악해서 커리큘럼을 개편하도록 하고 있다"고 말하고, 학생을 인솔해서 공장견학도 빈번히 실시하고 있다고 한다.

이러한 교육환경에서 배우는 학생의 상당수가 현지 출신 학생이다. 디스플레이 학과는 30%를 현지 출신으로 할당, 금년 취직률은 90% 이상. 반수가 삼성전자를 포함한 지역 디스플레이 관련 업계에서 일하고 있다.

아산만에 인접한 천안시 출신의 호서대학교 4년생 전창우 군은 "서울에 가지 않아도 현지에서 최신 기술을 배울 수 있는 것은 매력. 역시 삼성에 취직하고 싶다"고 이 지방에 남을 것을 희망한다.

한국 통계청에 의하면 2011년에 서울 수도권에서 아산·천안지역으로 약 8,400명이 이주했다. 양 시의 인구는 그 5년 전에 비해 아산이 7만 3,851명, 천안이 5만 5,293명 늘었다.[107]

이러한 한국의 '디스플레이' 공세에 잠시도 버티지 못하고 패한 것이 일본이 자랑한 가전 메이커 샤프다. 이 '패배'는 지역경제에도 큰 영향을 주었다. 샤프의 액정 텔레비전 '세계의 가메야마 모델'로 유명해진 미에현 가메야마시(亀山市)를 두고 하는 말이다.

타이완의 홍하이(鴻海)정밀공업과의 자본·업무 제휴에 회사의 재생을 의존하지 않을 수밖에 없게 된 샤프의 실적 저조로 인한 충격을 가메야마시는 정면으로 받았다. 시가지에서 서북 약 5킬로미터에 있는 3층 아파트는 2010년 전후부터 33실이 모두가 공실이다. 나아가 4.5킬로미터에도 14개 동 총 150실이 있는데 90% 가까이는 비막이 덧문이 닫힌 채이다.

샤프가 2002년에 액정 패널과 액정 텔레비전 공장 건설을 표명하자 인구 5만 명이 약간 되지 않았던 거리에는 독신자용 아파트가 난립했다. 그런데 최고 번성기에 관련회사를 포함해서 8,600명이었던 종업원은 회사에 대한 역풍이 강해지자 20% 가까이 줄었다. 마에다

고이치(前田耕一) 가메야마 시의원은 "지금은 1,300호 가까이가 비어 있다. 상점가도 황폐일로다"고 탄식한다.

최첨단 기술이 투입된 가메야마제 액정 텔레비전은 고품질 텔레비전의 대명사였다. 그 액정 텔레비전이 순식간에 경쟁력을 잃은 이유는 엔고의 영향도 있었지만 한국세의 대두가 크게 작용했다.

샤프 유치로 미에현과 함께 총 135억 엔의 보조금을 낸 가메야마시의 간부는 "일본 기업은 한국이라는 국가 자체와 싸우고 있는 셈"이라고 느끼고 있다. 가메야마상공회의소의 나가타 유키오(永田幸夫) 회장은 "정부는 좀 더 강하게 자국 산업을 지원해야 할 것"이라고 호소한다. 한 기업에 맡기고 한 대학에 맡겨서는 산관학 제휴의 메리트를 활용한 성장전략은 달성될 수 없다는 것을 샤프의 어려운 상황이 말해주고 있다.

한국과 같이 국가 전체적으로 산관학 제휴를 추진하고 있는 나라가 2010년에 세계 제2위의 경제대국이 된 중국이다.

세계 금융경제의 중심을 노리는 상하이에서는 전 세계에서 우수한 인재를 모아, 상하이시 발전에 공헌하게 하려고 이런 저런 우대책을 마련하고 있다. 2008년에는 상하이시가 인재유치를 위한 사무실을 개설하고, 해외의 우수한 인재 1,000명 초빙을 목표로 하는 '상하이 천인계획'을 출범시켰다.

계획에서는 해외에서 경험을 쌓고 상하이의 대학이나 연구기관, 지역 기업 등에서 일하는 고도의 기술, 지식, 경험을 가진 인재를 인정한다. 준비금으로 50만 위안(약 659만 엔)을 지급하고 의료, 비자, 어린이 교육 등에서 우대조치를 한다.

2011년 말까지 4년간에 인정을 받은 사람은 1980년대에 미국이나 일본 등 선진국에 유학해서 전문직에 취업한 중국인을 중심으로 한 160명이었다. 상하이시 담당자는 "중국 경제 중심지인 상하이에 전 세계로부터 뛰어난 인재를 모아, 여기에서 능력, 지력을 마음껏 발휘하게 하고 싶다"고 힘주어 말했다.

중국에서는 국가 차원의 '천인계획'[108]도 실시되고 있는데, 이 계획은 상하이의 341명을 포함하여 이미 전국에서 1,500명 이상이 인정을 받았다.

또 상하이에서는 시내 10개소에 해외유학에서 돌아온 기업가를 위한 '기지'를 개설했다. '기지'는 IT(정보기술), 전자기기산업과 생물의약품, 자동차 부품 등 분야별로 나뉘어 토지건물 제공과 세금, 금융상의 우대조치 등의 시책으로 기업을 지원한다.

상하이시 금융 당국은 금융위기가 한창이었던 2008년과 2009년에 뉴욕, 런던, 싱가포르 등에 유치단을 파견하기도 했다. 유치회에는 연 7,000명이나 되는 사람이 참가했다고 하며 금융관계 인재 총 130명을 채용했다. 금융위기에서는 그때까지 고수입을 자랑하던 증권회사나 은행 종업원이 하룻밤에 해고의 아픔을 맞는 사례가 이어졌다. 갈 곳을 잃은 우수한 인재를 한꺼번에 스카웃 해버리겠다는 상하이시의 강력하다기보다 노골적인 수법이었다고 해도 좋을 것이다.

2001년에는 인터넷에 홈페이지를 개설하고 세계 23개국 금융관계 사이트 등 약 100개에 광고를 내고 네트를 통한 유치활동도 했다. 그때는 응모자가 6,000건을 넘어 2일간에 걸쳐 '온라인 면접'을 실시했다.

상하이시내에 있는 상하이재경대학[109]은 학부장들을 해외에서 유치하는 등으로 인재의 글로벌화도 진전되고 있다.

경제규모로는 중국에 추월당하고, IT와 자동차산업에서 맹추격을 받는 일본이 중국, 한국의 거국적 인재확보에 돌진하는 모습에서 배워야 할 점은 많다.

iPS 세포 연구가 기폭제로

“모든 분야에서 가장 정도(精度)가 높은 계산이 가능하다. 여러분과 제휴해서 그 능력을 최대한으로 끌어내고 싶다.”

2012년 3월 1일, 고베시에 있는 인공섬 포트아일랜드에서 개최된 국제 심포지엄.

여기에 건설된 세계에서 가장 빠른 슈퍼컴퓨터 ‘케이(京, K computer)’는 매초 1경 회(경은 1조의 1만 배) 이상의 계산능력을 갖고 있다. 계산속도는 다른 세계 정상급 슈퍼컴퓨터의 4~10배다. 신소재 개발과 창약(創藥), 지구 규모로 일어나는 환경변화의 예측 등 폭넓은 분야에서 성과가 기대되고 있다.[110]

그 과실을 얻고자 ‘케이’ 주변에는 지금 대학과 기업의 진출이 줄을 잇고 있다. 도쿄대학 생산기술연구소는 2011년 9월 ‘케이’에 인접하는 빌딩에 거점을 두었다. 여기에는 ‘케이’의 입문판에 해당하는 소형 슈퍼컴퓨터가 있어 이미 자동차 메이커와 제철회사 등 56사가 이용하고 있다.

이밖에도 영국 케임브리지대학에 기원을 둔 소프트웨어 개발 벤처기업 복서솔루션즈(BoXeR Solutions) 등 13사가 주변지역에 진출했다. 도쿄대학 생산기술연구소 가토 지사치(加藤千幸) 교수는 “누구나가 케이를 구사할 수 있는 소프트웨어를 개발해서 새로운 산업으로 연결하는 것이 우리들의 사명”이라고 의욕을 보인다.

1995년에 일어난 한신대지진 후, 일본 정부와 고베시는 부흥책으로서 포트아일랜드에 관민 병원과 연구시설을 집중시키는 ‘의료산업도시구상’을 내걸고 기업유치에 부심했으나 당초 움직임은 둔했다.

그 풍향을 바꾼 것이 2007년에 결정된 ‘케이’의 입지와 같은 해 야마나카 신야(山中伸弥) 교토대학 교수[111] 등이 개발한 인간의 iPS세포(인공다능성줄기세포)였다.

'케이'의 북쪽 약 600미터 지점에 있는 이화학연구소(理化学研究所. 理研)의 발생·재생과학 총합연구센터는 교토대학과 함께 '재생의료실현화 하이웨이 구상'에 선정되어, 2014년을 목표로 iPS세포로 망막질환을 치료하는 세계 최초의 임상응용실현을 목표로 하고 있다.[112]

발생·재생과학 총합연구센터 주위에는 세포 배양에 쓰는 시약과 검사기기, 실험동물을 공급하는 기업과 iPS세포를 이용해서 창약을 목표로 하는 제약회사 등 2012년 2월말 현재로 216사가 진출해 있다.

2012년 노벨 생리학·의학상을 야마나카 교수가 수상함으로써 가일층 순풍이 불 것은 틀림이 없을 것 같다.

이화학연구소는 2011년 4월, 세포 내의 복잡다양한 현상을 철저하게 분석하는 '생명시스템연구센터'를 오사카대학과 포트아일랜드에 신설했다. 데이터 분석에 '케이'의 계산능력을 빼놓을 수 없기 때문이다.

유럽의 IBM연구소에서 생명시스템연구센터로 이적한 34세의 스위스인 과학자 우르스 프레이(Urs Frey) 박사[113]는 신경세포의 정교한 정보처리 메커니즘을 해석하는 마이크로칩형 장치 개발에 매진한다.

연구실에는 한국, 필리핀, 그리스에서 온 20~30대의 연구자가 결집해 있다. 팀을 이끄는 프레이 박사는 "국제도시 고베는 살기 편하고, 대형방사광시설 SPring-8, 2011년 완성된 엑스선 자유전자 레이저 시설 SACLA(사쿠라) 등 최첨단 연구시설도 가까워서 전 세계에서 사람이 모인다"고 설명한다.

모인 사람들이 나라와 조직의 벽을 넘어서 교류하는 사이언스 카페를 여는 기업도 나왔다. 다종다양한 지식과 경험이 서로 섞여 새로운 비즈니스 찬스가 생기고 있다.

포트아일랜드는 오사카, 교토를 포함하는 3부현(府県)의 8지역과 함께 세금 우대조치와 규제완화로 의약품 연구개발 등을 촉진하는 '간사이 이노베이션 국제전략 종합특구'에 지정되었다. '케이'는 2012년 9월 28일 본격 가동했다. 그 3개월 전, 반년에 1회 발표되는 슈퍼컴퓨터 계산속도 세계 랭킹 'TOP500'에서 2011년의 2기 연속 수위에서 추락하고, 미국의 로렌스 리버모어 국립연구소(LLNL)의 신예 슈퍼컴퓨터 '세콰이아(Sequoia)'에 이어 2위가 되었다. 이 때문에, 일본 민주당 정권이 추진한 '사업분류'에서 렌호(蓮舫) 참의원 의원이 말해 유행어가 되기도 한 '2위면 안 되는 것인가요'란 말 그대로 되었다고 야유하는 목소리도 나왔다. 2012년 11월 발표한 'TOP500'에서는 미국의 오크릿지 국립연구소(ORNL)의 '타이탄(Titan)'이 1위로, '케이'는 3위까지 후퇴했다.

그래도 높은 범용성과 고장이 적은 것 등 계산속도 이외의 면에서는, '케이'는 여전히 우위에 서 있다고 한다. 적어도 '케이'가 세계 정상급 슈퍼컴퓨터인 것에는 변함이 없다.[114]

'케이'와 iPS세포 등의 '특수'를 일과성으로 끝내지 않고 세계의 두뇌를 모으는 거점으로서 계속 발전한다면 간사이는 일본 성장의 강한 견인차가 될 것이다.

외국인과의 공생

저출산 고령화로 인한 노농인구 감소로 여성을 더욱 활용하고 고령자의 힘을 살리려고 하는 노력이 본격화하고 있다. 그래도 여전히 노동력 부족이 예상되는 가운데 외국인의 두뇌와 기술을 받아들이지 않으면 사회를 지탱할 수 없는 시대를 맞이하고 있다.

도쿄 오테마치(大手町)에서 미츠비시지쇼(三菱地所)와 세이(聖)로카 국제병원이 협력해서 2012년 가을 '세이로카 메디로카스(St. Luke's MediLocus)'를 개설했다. 주변에서 일하는 외국인과 가족의 이용을 예상한 국제외래 창구를 두고 인간도크서비스 등도 제공한다.

오테마치와 인접하는 마루노우치(丸の内) 지구는 외국계 금융기관만으로 4사, 외국인 비즈니스맨이 많이 일하는 일본 금융기관을 포함하면 14사가 집중되어 있다. 정부도 국제금융의 중추거점으로 육성하는 것을 목표로 하고 있다. 미츠비시지쇼 마치(街)브랜드기획부 시노시마 히사아키(篠島久明) 부부장은 "외국인이 일하기 편한 환경정비의 일환으로서 외국인 대응 의료서비스는 빼놓을 수 없다"고 강조한다.

외국인과의 공생에 지혜를 짜는 지방공공단체도 적지 않다.

2001년에 발족한 '외국인집주도시회의'에는 일본계 브라질인 등 '뉴커머(newcomer)'로 불리는 정주외국인 노동자가 다수 거주하는 군마현 오타시(太田市)와 시즈오카현 하마마츠시 등 29시가 참가하여 공통된 과제 해결을 위해 제휴해 왔다. 동일본대지진 시에는 모국어에 의한 정보제공과 재해 시 상호응원협정에 입각한 지원활동도 전개했다.

한편으로 일본 정부의 대응에 부족함을 느끼는 외국인이 적지 않다고 한다. 그중에서도 '일본어의 벽'에 대한 불만이 강하다.

"국가시험에 인도네시아어에 없는 것이 있어서 의미를 알 수 없었다.", "초등학교 1학년에서 배우는 한자에서 전문용어까지 혼자서 공부해야 해서 심신이 모두 피곤했다."

2012년 3월 6일, 자민당이 개최한 회의에서 인도네시아인 요양관리사 후보자가 제각기 호소했다. 인도네시아와 필리핀과의 경제제휴협정에 입각하여 일본 정부는 2008년도(필리핀은 2009년도)부터 요양

관리사와 간호사 후보자를 받아들이기 시작했다. 그러나 국가시험에서 난해한 한자에 일본어발음을 같이 표기하게 된 것은 2010년도부터다.

뉴커머들도 같은 문제를 안고 있었다.

2012년 2월 18일 도쿄도내에서 열린 일본국제문제연구소 주최 심포지엄에서는, 전문가로부터 "일본계 브라질인을 받아들이기 시작했을 때 일본어를 말하지 못하는 자녀의 교육지원태세가 정비되지 않았기 때문에 낙오되는 사례도 있었다. 경기가 나빠지면 가장 먼저 해고되었다. 확실한 수용태세를 갖추고 있었다면 경제성장이 현저한 브라질과의 가교 역할을 해줄 수 있었을 텐데"하고 탄식하는 목소리가 이어졌다.

그래도 쓰라린 교훈을 살린 조치는 아직 충분하다고는 할 수 없다.

중국 정부가 2004년 이후 중국어교육 해외거점으로 개설하고 있는 '공자학원'은 관련시설을 포함하여 세계 800개소 이상, 일본에서도 18개소에 설치되었다. 2008년에 과학기술계에서 처음으로 설치된 공학원대(工学院大) 공자학원의 어학·문화강좌 수강생은 당초의 약 8배인 300명으로 늘었다.

국제교류기금도 일본어강좌를 갖고 있는 해외 대학을 중심으로 일본어 교육의 보급을 목표로 한 'JF일본어 네트워크'(사쿠라 네트워크)의 정비를 진행하고 있지만, 2012년 1월 현재 116개소 설치에 그치고 있다.[115)]

〈우리들은 노동자를 불러들였다. 그러나 온 것은 바로 인간이었다.〉

이것은 외국인 노동자 문제에서 자주 인용되는 스위스 작가 막스 프리쉬[116)]의 말이다. 일본의 활력과 성장의 담당자가 될 가능성을 내포한 외국인을 '인간'으로서 받아들이려고 할 때에 필요한 것은 무엇일까. 그것을 신중하게 생각할 때 일본의 성장에 있어 새로운 문이 열릴 것이다.

인재를 끌어들이는 시가지의 활기

지역에 ‘두뇌’, ‘인재’를 집적하기 위한 요건은 대학이나 연구기관, 기업이 있으면 된다는 것이 아니다.

대형 소매점의 계속되는 교외 출점, 고령화와 인구 유출로 지방 중심시가지의 쇠퇴가 심각하다. 일본 정부는 2006년에 ‘개정 중심시가지 활성화법’을 시행하고, 작년에도 지방공공단체 시가지조성계획의 자유도를 높이는 개정을 했다. 지금까지 105개 시의 108개 계획(2012년 현재)이 인정되었는데 지방공공단체의 시행착오는 계속된다.[117]

니가타현 나가오카시(長岡市)의 JR나가오카 역전에는 간벌재로 된 패널을 곁들인 현대 아트풍의 건물이 있다. 나가오카시가 총사업비 약 130억 엔을 들여 건설한 시티홀 플라자 ‘아오-레 나가오카’다.

‘아오-레’는 그 지방 말로 ‘만나요’라는 의미로 2012년 4월 1일 개업했다. 개업 당일의 이벤트에는 시민 약 2만 5,000명이 모여 중심시가지가 크게 붐볐다. 아오-레 나가오카에는 역에서 약 3킬로미터 떨어진 장소에 있던 나가오카시청도 이전해 왔다.

나가오카시는 니가타현 제2의 도시로 나가오카역에는 조에츠신칸센(上越新幹線)이 정차하는 호조건을 갖추고 있다. 그럼에도 불구하고 역전의 시민 통행은 35년 전과 비교해 평일에 약 40%, 휴일은 약 70% 감소해 백화점은 철수하고 빈 점포도 증가하고 있다.

아오-레 나가오카는 나가오카역에서 보행자용 데크로 직결되는 바닥 연면적 약 3만 5,000제곱미터의 건물로, 그 약 3분의 2는 중앙부의 ‘나카도마(中土間)’로 명명된 지붕이 있는 광장, 시민교류 홀 등 주민들의 활동공간으로 활용되고, 나가오카시청의 업무를 보는 장소는 그 사이사이에 모자이크 형태로 혼재한다.

“시민이 모이는 장소에서 직원이 일을 하고 협동으로 시가지 조성을 추진한다.”

모리 다미오(森民夫) 시장이 중시해온 개념이 ‘시민협동’이었다. 신 시설은 구 나가오카성 ‘니노마루’가 있었던 장소인 만큼, 축제 때가 되면 시민이 이끄는 포장마차를 성내로 끌어넣어, 무사들도 축제 기분을 함께 나누었던 나가오카번의 ‘관민일체’ 정신이 이어지는 풍토가 설계에도 반영되어 있다고 한다.

독특한 것은 역전 상점가 등에서 약 1,000명의 시 직원 이입에 따른 경제효과를 기다리는 것이 아니라 ‘주민 자신이 활기 창출에 나선다’는 자세가 현저한 것이다.

나카도마를 내려다보는 아오-레 나가오카 3층에 설치된 시민협동센터에는, 상점가와 NPO(비영리조직) 등의 멤버가 모여 이벤트 기획과 정보 발신에 지혜를 짜낸다. 신청사에는 직원식당을 두지 않기 때문에 역전 상점가는 음식점 출점으로 빈 점포가 거의 사라졌다.

‘민’의 힘으로 젊은이를 시가지에 불러들이려고 지방도시의 음식점 경영자들이 ‘마치(街)콘’[118]을 기획, 개최하는 움직임도 퍼지고 있다.

여러 곳의 음식점 등을 행사장으로, 회비를 낸 젊은 남녀가 모여 대화에 꽃을 피우게 하는 이벤트를 말한다.

2012년 3월 10일, 야마나시현 고후시(甲府市) 중심가에서 열린 ‘나시(梨)콘’에는 약 1,000명이 참가했다.

“어디에서 왔어요?”, “하는 일은?”

첫 대면한 남녀가 말을 나누고 자연스럽게 친목을 더해 간다.

마치콘의 선구는 2004년 우쓰노미야시(宇都宮市)에서 시작된 ‘미야(宮)콘’[119]이다. 주최자는 “폐업해서 문을 닫은 상점들이 눈에 띄게 많아진 중심가를 젊은이들이 만나는 장소로 만들고 싶었다”고 설명한다. 미야콘은 2012년 3월까지 총 37회가 열렸으며 참가점포도 60개를 헤아리게 되었다. 지금은 3,000명 가까운 젊은이들이 모여 숙박시설이 만실이 되는 일도 있다고 한다.

'일본에서 가장 활기로운 상점가'란 별명을 갖고 있는 나가사키현 사세보시(佐世保市)의 산카쵸(三ヶ町), 욘카쵸(四ヶ町) 두 상점가[120]에서는 지역 상점주들이 아케이드 아래서 가장 파티와 결혼식 등의 이벤트를 연중 기획하여 활기를 만들어내고 있다.

예전의 지역 활성화책으로 말할 것 같으면, 다목적 홀 설치 등 이른바 '하코모노', 하드(시설)면을 중시한 것이 대부분이다. 다목적 시설은 무엇에나 쓸 수 있는 한편, 그만큼 획일적이게 된다. 전국 각지에 같은 형태의 시설이 즐비한 상황에서는 도시의 활기도 지역의 특색도 나오지 않는다.

주오(中央)대학의 호소노 스케히로(細野助博) 교수(공공정책)는 "활기 조성이 잘 되면 시가지는 활성화된다. 그러나 예를 들어, 중심시가지 활성화대책으로서 주목받는 LRT(차세대형 노면전차)를 도입해도, 주변 상점이 일요일에 가게를 닫아서는 활기가 나오지 않는다. 지역 사람들의 의식을 바꿔 어떻게 끌어들일 것인가가 중요하다"고 지적하고 있다.

중심시가지의 활성화는 젊은이의 고향 회귀, 지방 상점가 재건축 등의 관점에서 이야기되는 경우가 많았으나, 세계의 두뇌를 유치하고자 하는 대학과 기업의 움직임이 지방에도 확산되는 가운데, 중핵도시의 활기는 인재를 불러들이는 데 있어서 커다란 매력이 된다.

2012년에 창립 30주년을 맞이한 니가타현 미나미우오누마시(南魚沼市)에 있는 고쿠사이대학(国際大学, 北岡伸一 학장)은 경제계 주도로 설립된 민간의 대학원대학으로, 세계 각국의 정계, 관계에 인재를 배출해 왔다. 도쿄 롯폰기(六本木)에 정부 주도로 설립된 정책연구대학원대학(政策研究大学院大学)과 '관민' 쌍벽을 이루는 자력(磁力)으로 인재를 유치해 왔다. 그래도 고쿠사이대학 관계자는, "자연에 둘러싸인 좋은 환경이 세일즈 포인트이기는 하지만, 시가지의 활기가 좀 더 있으면, 더욱 매력적인 캠퍼스가 되어 국내에서 많은 사람들이 오게 될 텐데"하고 고민을 털어 놓았다.

고쿠사이대학에서 가장 가까운 역은 조에츠신칸센이 정차하는 JR 우라사역(浦佐駅)으로, 도쿄와의 접근이라는 점에서는 편리하지만 역전에 조차 도시의 활기가 없는 것이 고민이라고 한다.

사람들이 오면 거리가 저절로 붐비게 된다는 '수동'적 자세가 아니라, 활기가 사람을 부른다고 하는 발상의 전환이 여기에서도 필요하게 된다.

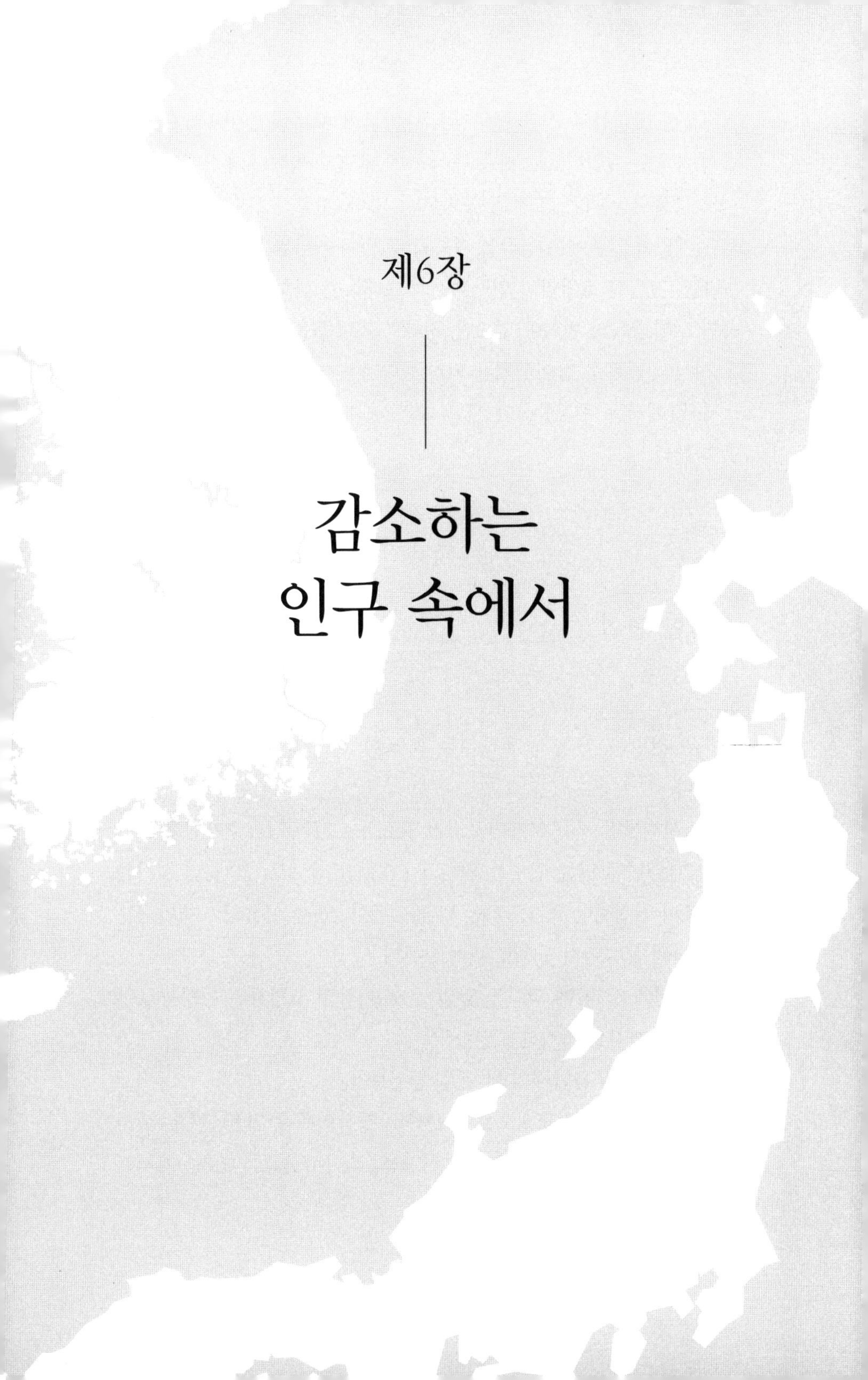

제6장

감소하는 인구 속에서

저출산 고령화로 인한 인구감소는 일본의 활력을 떨어뜨리고 성장을 방해하는 요인이라고 계속 들어왔다. 제5장까지에서 제시한 사례에서도 명확한 것처럼, 그것은 꼭 맞지는 않다. 저출산 고령화, 인구감소와 관계없이 일본에는 성장을 계속할 수 있는 커다란 잠재력이 있다.

다만, 저출산 고령화와 인구감소가 초래하는 사회구조의 변화에 대응한 생활방식의 변혁이 없으면, 정부와 지방공공단체를 피폐하게 하고 성장의 발목을 잡아당기게 되기 쉽다.

제6장에서는 주거방식의 재편, 새로운 커뮤니티 형성에 대한 발상을 다룬다.

혹독한 현실

밝은 전망을 내놓기 위해서는 혹독한 현상의 파악이 그 제1보가 된다.

국립사회보장·인구문제연구소가 발표하고 있는 장래추계인구에 따르면 2035년에 일본 인구는 약 1억 1,000만 명으로, 2005년 실시한 국세조사 시점보다 약 1,700만 명 줄어든다. 65세 이상의 노년인구는 2005년의 20%에서 33%로 튀어 오른다.[121]

2005년에 3%밖에 되지 않았던 '40% 이상이 고령자인 지방공공단체'가 42%까지를 차지하게 된다.[122]

이러한 지방공공단체의 한 예를 들어보자.

1950년대 후반, 수도권으로 통근하는 직장인들을 위한 단독주택지로 개발된 이바라키현 도리데시(取手市)의 후타바단지(双葉団地)에서는 최고 번성기에 인구가 약 4,500명에 달해 '도리데 그레이트 타운'으로도 불리었다. 그러나 40년 후, 인구는 2,800명 정도까지 줄었다. 차세대가 정착하지 않았기 때문에 65세 이상의 고령자가 37%에 달해, 단지 내에는 빈집과 빈터가 흔히 눈에 띈다.

인구유출로 공공교통과 상점가가 약체화하고 대량의 고령자만이 '베드타운'에 남겨졌다. 30여 년 전부터 단지에서 잡화점을 운영하는 68세의 여성은 "여기는 노인 동네. 교통편이 나빠지고 새로 들어오는 사람도 없다. 이대로 가면 단지가 없어진다"고 탄식했다.

옛날에는 버스를 기다리는 행렬까지 생겼던 노선버스는 승객 감소로 채산이 맞지 않게 되어, 토요일과 일요일에는 운행을 하지 않고 평일도 아침과 저녁 무렵밖에는 달리지 않게 되었다. 예전에 50동을 헤아렸던 상점도 10동이 되지 않아 상점가는 적막해졌다.

2035년에 2005년보다 인구가 늘 것이라고 예상되는 것은 편리함을 찾아서 사람들이 유입하는 대도시와 그 주변뿐이다. 한편, 총인구가 감소하는 가운데 대도시에 인구를 빼앗기는 중소도시의 인구감소는 가속되어 이 30년간 인구가 60% 이상 줄어드는 지방공공단체는 10개이며, 40~60% 줄어드는 지방공공단체는 289개에 달한다.

유엔 추계로는 2100년에 일본 인구는 1억 명에 미달, 9,133만 명까지 줄어들게 된다.

저출산 고령화의 영향으로 지역 철도와 노선버스 등 공공교통기관 이용자는 금후에도 감소경향이 계속된다. 이대로는 고령자 등에게 불가결한 '지역의 발'을 유지하는 것이 어려워진다.

후쿠이도시권(福井市 등 7市4町)은 2030년에 2005년과 비교해서 철도 이용자가 26% 줄고, 노선버스는 37% 줄 것으로 추계되고 있다.

전국에서 이어지는 철도의 노선 폐지 추이

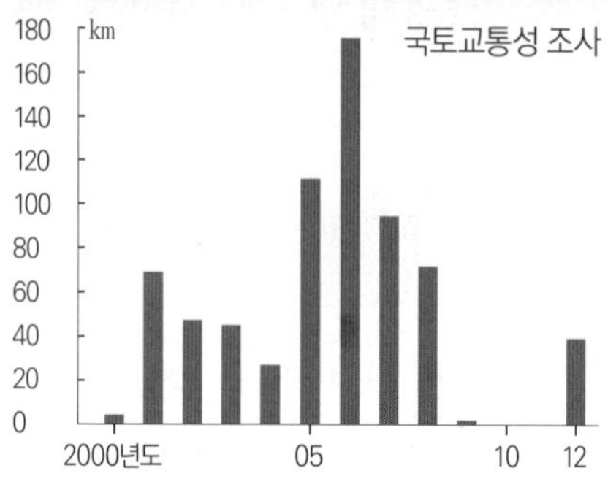

삿포로시와 오타루시 등 홋카이도 중앙부의 도오(道央)도시권은 2006년과 비교해서 2030년에 철도가 9% 감소, 노선버스 등이 13% 감소할 것으로 예측된다. 이바라키현은 공공교통 수송인원이 2010년과 비교해서 2020년에 7.7% 줄고, 2035년에는 23.6% 감소할 것으로 보고 있다.

이용자 감소는 철도회사와 버스사업자의 경영을 직격한다. 국토교통성에 의하면 철도는 2000년도 이후 전국에서 35노선, 총 약 673킬로미터가 모습을 감추었다. 이것은 도쿄-히메지(姬路) 간(644킬로미터)보다 길다.

2003년에 히로시마현의 JR가베선(可部線) 가베(히로시마시)-산단쿄(三段峽, 戸河内町) 간(46.2킬로미터), 2006년에는 홋카이도 기타미시(北見市)와 이케다정(池田町) 간 140킬로미터를 잇는 제3섹터 철도 '후루사토 긴가선(銀河線)' 등이 폐선하지 않을 수 없게 되었다.

2012년 4월에는 나가노현의 나가노전철이 야시로선(屋代線, 24.4킬로미터)을 폐지했다. 이러한 움직임은 2000년 3월 시행한 개정철도사업법에서 노선폐지에 그 지역의 동의가 필요하지 않게 된 것도 영향을 주고 있다.

버스사업자는 민간의 약 70%, 공영의 약 90%가 적자다. 사업자의 도산 등으로 노선폐지는 2006~2009년도에 총 8,598킬로미터에 달해, 매년 본토 최북단 홋카이도 와칸나이시(稚内市)에서 최남단 가고시마시(鹿児島市) 간을 넘는 거리가 없어지고 있는 셈이다.

국토교통성 등에 의하면 버스정류소 600미터, 철도역 1킬로미터권 밖을 말하는 '공공교통기관 공백지역'은 전국에서 거주가능면적 전체의 약 31%를 차지하는 3만 6,433평방킬로미터에 달한다. 이 구역에 사는 약 242만 명이 불편한 생활을 강요당하고 있다.[123)]

공공교통기관 이용이 어렵게 되면 자가용차를 사용하면 되는 것 아닌가 하고 말하겠지만, 그렇게 간단한 이야기가 아니다.

눈이 많이 오는 호설지대로 알려진 후쿠시마현 히노에마타촌(檜枝岐村)에서는 촌내 유일한 주유소에 이른 아침부터 노인들이 급유를 하러 찾아온다. 그러나 촌 인구는 불과 약 600명으로 주유소 경영 최저한계인 주당 급유차 수 600~700대에는 달하지 못한다.[124)]

이 주요소가 없어지면 이웃 정에 있는 가장 가까운 주요소까지는 왕복으로 약 50킬로미터나 걸린다. 촌은 수년 전부터 가솔린 가격의 약 10%분을 조성하기 시작했다. 가까이에 사는 53세의 자영업자 호시 츠네히코(星恒彦) 씨는 "자동차를 갖고 있지 않은 사람도 이 주유소에서 등유를 산다. 없어지면 촌 생활은 무척 힘들어 진다"고 걱정하고 있다.

경제산업성에 의하면 전국의 주유소 수는 1994년에 6만 점포에서 2010년에는 3만 8,000점포로 36%나 감소했다. 주유소가 3점포 이하인 '급유소 과소지'는 2010년 10월에는 229정촌(町村)에 달했다.[125)]

국토교통성 조사로는 자택에서 도보 20분(1킬로미터권) 이내에 생선식료품점이 없는 고령자 세대 수는 2005년 46만 세대에서 2050년에는 약 2.5배인 114만 세대로 늘어날 전망이다.

이러한 숫자를 보면 지금까지와 같은 생활방식을 계속하는 것이 얼마나 비합리적일 것인가는 일목요연할 것이다. 그래도 "효율이란 발상만으로, 사람의 거주의 자유를 빼앗아서는 안 된다"고 하는 소리는 사라지지 않는다.

그러나 '비합리적'인 생활은 그 생활을 최저한 지원하지 않으면 안 되는 지방공공단체 행정의 재정을 압박하고 업무를 늘리게 된다. 그것은 국가전체를 생각하면 성장과는 역의 방향으로 작용한다.

그렇다고 하면 선택지는 세 개밖에 없다. 하나는, '비합리적'인 생활방식을 허용하고 찬양해서, 국가 전체의 쇠망을 초래하는 것을 신경쓰지 않는다는 선택지가 있다. 역으로, 지역의 자립을 꾀하여 '비합리적'인 생활방식을 '생산성'이 높은 생활방식으로 변혁한다고 하는 선택지도 있는데, 이것은 '말은 쉽고 행하는 것은 어렵다'는 부류에 든다. 마지막으로는, 종래의 발상을 발본전환해서 '비합리적' 생활방식을 '합리적' 생활방식으로 바꿔 국가 전체의 기반 상승을 꾀하는 것이다.

시라이시 다카시 정책연구대학원대학 학장은 "동일본대지진에서 쇼크였던 것은 많은 고령자가 죽은 것이다. 30년 정도의 시간축으로 생각하면 한계집락의 면적이 넓어지는 것 같은 세계가 기다리고 있다. 정치적으로는 피재해자가 원래의 장소에 원래와 같이 살 수 있게 하자는 것이 받아들여지기 쉬울 것 같은데, 새로운 커뮤니티를 만든다는 선택지를 정치권이 제시할 기회가 아닐까"하고 지적한다.

고마무라 고헤이(駒村康平) 게이오대학(慶應大学) 교수(사회시스템, 사회보장론)도 "전국의 세대 구성은 이미 30%가 독신세대로, 현실에서는 가장 많은 유형이다. 2030년경에는 40% 가까이 될 것으로 예상되어, 지방에서 진행되고 있는 급격한 인구감소와 고령화를 고려하면, 지역 커뮤니티가 '듬성듬성'해질 가능성이 있다. 남성의 생애미혼률도 25%까지 올라가 가족의 도움을 기대할 수 없다. 주거와 요양간병 문제를 어떻게 할 것인가, 새로운 주거방식을 생각하지 않으면 안 된다. 단신남성 증가 배경에는 비정규 노동자의 증가도 있는데, 연공임금이 아니기 때문에 자택도 사택도 기대할 수 없다. 일본의 사회정책, 사회보장에 선진국에서는 당연한 주거보장에 착안한 주택정책이 없다"고 염려를 표명하고 있다.

가마가타 다로(鎌形太郎) 미츠비시총합연구소 지역경영연구본부장의 시뮬레이션은 가까운 미래의 현실을 보다 구체적으로 지적하고 있다.

"50년 후, 전국 인구는 4분의 3이 된다. 특히 소규모 도시에서 빨리 인구감소가 진행되어 1만 명 이하의 도시는 인구가 반으로 줄어든다. 고령화로 생산연령인구는 40% 줄고 홋카이도, 도호쿠, 호쿠리쿠, 주고쿠 지방에서는 반감한다. 나아가 현재 사람이 살고 있는 지역의 4분의 1이 무인, 무거주지가 된다. 미츠비시총합연구소의 시뮬레이션으로는, 재정비용은 인구 16만 명 정도의 시가 최소로, 그 이하가 되면 1인당 비용이 늘어난다. 지방공공단체가 담당하는 인프라 유지관리 비용도 2035년경이 정점이다. 그 때, 거주 지역이 넓게 흩어져 있으면 행정서비스를 착실하게 수행할 수 없다. 광역의 중심도시에 고도 서비스를 집적해서, 주위 도시가 연계해서 사용할 수 있게 한다. 광역행정권과 정주자립권의 조치는 있지만, 이러한 권역이 하나의 자치단체로서 서비스를 담당할 수 있도록 하지 않으면 안 된다"는 것이다.

저출산 고령화와 인구감소 사회에 적합한 새로운 생존방식, 생활방식을 생각하지 않으면 안 될 때가 이미 도래해 있다.

도심의 '한계집락'

JR야마노테선 신오쿠보역(新大久保駅, 도쿄도 신주쿠구)에서 도보로 약 10분 거리의 좋은 위치에 자리 잡고 있는 도영주택 '도야마 단지(戸山団地)'.[126] 이곳이 도회의 '한계집락'으로 주목을 받기 시작한 것은

2007년 전후의 일이다.

한계집락(限界集落, 한계취락)이란, 65세 이상의 고령자가 차지하는 비율(고령화율)이 50%를 넘고, 관혼상제 등 사회적 활동이 어려워 공동체의 유지가 한계에 가까워지고 있는 집락을 가리킨다.

6~19층 건물이 임립하는 넓은 부지를 지팡이나 손수레에 의지하여 걷는 고령자의 모습이 두드러진다. 83세의 독신 남성은 "식사는 내가 만들고, 주 1회 가사 도우미가 청소를 해주는데, 몸을 움직일 수 없게 되면 노인홈이라도 들어갈 수밖에 없어"하고 불안한 마음으로 말한다.

자치회 임원을 역임한 혼조 아리요시(本庄有由) 씨는 "이곳은 '일본 미래의 모습'이라고 해도 과언이 아니다"라고 말한다.

수년 전, 78세의 남성이 사후 약 2개월 만에 방에서 발견되어 자치회 임원으로서 현장 확인에 입회했다.

혼조 씨는 "막 재건축되어 깨끗한 단지에서 이런 일이 일어나리라고는"하고 충격을 받았다.

"고독사를 없애자"고 생각한 혼조 씨는 2007년에 NPO법인 '사람과 사람을 연결하는 모임'을 설립, 주민 친목회 개최 등의 활동을 하게 되었다.

전후 얼마 되지 않아 조성되어 노후화한 건물은 1990년대 전반 이후에 고층화되어, 호수는 약 1,200에서 약 2,300으로 증가하고, 늘어난 방의 상당수를 고령자가 차지했다. 사회적 약자의 입주가 우선되는 등 요인은 단순하지 않지만, 결과적으로 단지의 고령화율은 2011년 1월 시점에서 47.7%로, 일본 전체의 고령화율(23.3%. 2011년 10월 현재)을 크게 상회, 한계집락에 가까운 상태가 되었다.

주민의 약 반수가 65세 이상이 된 도쿄도영 도야마단지 (도쿄 신주쿠구에서. 2012년 5월 촬영)

도시와 근교에서 임대주택을 제공하는 독립행정법인 '도시재생기구'(UR)의 집계에 따르면, 이 기구가 운영관리하는 임대주택에서 독신거주자가 누구의 병시중도 받지 못하고 주택 안에서 사망한 예는 2008년도 154건이 2010년도에는 184건으로 늘어나는 경향으로, 이 중 132건이 65세 이상이었다.

도쿄도 도시정비국이 2012년 정리한 자료에서는, '쇼와 30~40년대(1955~1974년)에 입주를 시작한 1,000호 이상의 대규모 주택단지'의 공통문제로서 '고령화와 젊은이 감소로 인한 연령 구성의 불균형'을 들고 있다.

대규모 주택단지의 하나, 다마 뉴타운(도쿄도 多摩市 등)에 밝은 호소노 스케히로 주오대학 교수(공공정책)는 "같은 뉴타운 내에서도 새로 구획정리한 토지에 민간 개발사업자(디벨로퍼)가 건립한 아파트는 젊은 세대에 인기가 있지만, 고령자는 돈 문제가 있어 살 수 없다. 1970

년대에 세워진 곳은 고령자가 남아 있다"고 염려를 표했다.

대규모 뉴타운의 선구였던 센리(千里) 뉴타운(오사카부 豊中市, 吹田市)과 같이 재건축되면서 젊은 가족의 입주가 늘어, 인구감소에 브레이크가 걸린 예도 있다. 한편으로, 전후에 생긴 베드타운에서는 어린이가 성장해서 집을 떠나, 주민자치단체인 정내회(町內會)와 같은 작은 단위에서 보면 '한계집락화'하고 있는 곳도 있다.

야마시타 유스케(山下祐介) 슈토대학도쿄(首都大学東京) 준교수(사회학)는 "성읍도시(城下町)라면 집이 몇 대씩 이어지고 있고 가업도 있다. 촌락에서도 대대로 이어지는 집, 밭이 있고 묘도 가깝다. 처음부터 시작한 교외 주택, 특히 집합주택은 가업도 없고, 불단도 없고, 집은 사람이 사는 '상자'에 지나지 않는다. 문제는 보다 복잡하다"고 지적한다.

설벽이 3미터를 넘어 차가 비킬 수 없을 정도로 도로폭이 좁아진 도로
(야마가타현 도자와촌에서. 2012년 2월 촬영)

야마가타현 모가미(最上) 지방의 도자와촌(戸沢村)에서는 4세대 7명

이 사는 마을이 있다. 4명은 65세를 넘고, 남은 3명도 50~60세인 한계집락이다.

촌사무소가 있는 촌 중심부까지는 20킬로미터 가까이 되고, 3월 하순에도 매일 눈치우기를 빼놓을 수 없는 호설지대다. 노선버스 운행은 마을 약 1.5킬로미터 바로 앞까지. 그 앞은 겨울이 되면 설벽이 생기는데 눈이 많았던 2012년은 차가 비킬 수 없을 정도로 도로폭이 좁아져, 마을 가까이에서는 높이 3미터를 넘었다.

84세의 하가 곤타로(羽賀権太郎) 씨는 익숙한 솜씨로 자택 앞의 눈을 삽으로 융설연못에 퍼나르면서 "지난 몇 년 동안 이렇게 많이 내린 일이 없어"하고 투덜거린다. 아침 5시부터 4시간 이상 작업하는 때도 있다. 야마가타현 위기관리과에 따르면, 야마가타현 내에서 2011년 12월~2012년 4월 사이에 눈 때문에 발생한 사상자 수는 311명.[127] 눈치우기는 위험도 수반한다. 고령자에게는 더욱 더 그렇다.

"마을 밖으로 통근하는 것도 곤란. 논도 집도 눈으로 덮여 겨울에는 일을 할 수가 없다"고 하가 씨는 말한다.

종전 후에는 25세대 이상이었는데, 후계가 되어야 할 세대는 전출해 갔다. 남은 사람들은 연령이 거듭 쌓여 체력이 떨어져도 눈과의 싸움이 계속된다. 다른 남성은 "여기까지 눈이 내리면 몸을 움직일 수 없다. 언젠가 이 마을이 없어지는 것은 어쩔 수 없다"고 체념한다.

한계집락의 수는 전국에서 1만을 넘었다. 집락 단독으로는 자립이 어려운 경우, 지방공공단체에 의한 다양한 원조가 필요해지게 된다.

한 지방공공단체장 경험자는 "과소지역의 도로가 잘 닦여진 것은 환자를 병원까지 일거에 차로 운반하기 위해 필요하기 때문이다. 주민이 적다고 해서 버릴 수 없고, 그렇다고 해서 병원을 가까이에 세울 수도 없다"고 딜레마를 말했다.

지방공공단체에 파견되어 근무한 경험이 있는 중앙부처 간부는 "지방공공단체도 재정난으로 이용이 적은 도로의 보수는 하지 않으려고 하는 등의 움직임이 나오고 있다"고 털어놓았다. 집락과 공공시설이나 의료시설을 연결하는 '명망(命網)'의 유지비가 금후 축소될 가능성도 있다.

고령자 사망으로 인한 '빈집' 증가도 지방공공단체를 괴롭게 하고 있다.

2008년의 빈집 총수는 757만호로, 20년 전과 비교해서 배가 증가했다(총무성 조사).[128] 저출산 고령화로 도시부에서도 빈집이 늘었다. 그리고 도시, 농촌을 가리지 않고 재해로 인한 도괴나 화재 등 방재상의 문제, 가옥 방치에 따른 위생상의 염려에다, 빈집에 범죄자 등이 숨어산다고 하는 방범상의 염려도 지적되고 있다.

이 때문에 소유자에 대한 보수와 해체 권고, 명령 등을 규정하거나, 자치단체가 비용을 입체해서 해체 등을 시행하는 '대집행' 조항을 담은 조례를 제정하는 지방공공단체가 늘고 있다.

2012년 4월 1일 시점에서 '빈집조례'를 제정해서 시행한 단체는 54. 이중 29곳이 최근 5년 이내에 막 도입했다(국토교통성 조사. 동일본대지진으로 피해가 컸던 이와테, 미야기, 후쿠시마의 3현을 제외).[129]

행정의 효율이라는 시점에서는 산재해 있는 집락을 모으거나, 고령자를 편리한 시가지에 살게 하는 쪽이 서비스 향상과 예산 억제를 기대할 수 있다. 그러나 어디에 살까를 행정측이 강제할 수 없는 이상, 주민 자신의 의식이 바뀌지 않으면 주거방식의 전환은 일어나지 않는다.

일본에서 처음으로 주민 반수 이상이 65세 이상인 '한계자치단체'가 되었다는 고치현 오토요정(大豊町)은 2012년 4월, 정사무소 내에 '원기집락 프로젝트반'을 설치하였다. 반 직원 2명이 정내를 돌아보며 고령자가 곤란해 하는 것에 귀를 기울이고 있다.

고치현 북부 산간부에 위치하는 인구 4,740명의 오토요정 고령화율은 53%. 전체 85집락 중 62집락이 한계집락이다.[130] 그러나 고령화 등이 원인으로 소멸한 집락은 하나에 불과하다.

오토요정에서는 "이웃집에 가는 것도 산길을 오르내리지 않으면 안 되어, 팔다리가 튼튼하고 원기 있는 노인들이 많다"고 분석하고, 별다른 대책 없이도 집락의 자립은 가능하다고 생각하여 2005년에 전담 직원이 고령자 주택 순회를 시작했다. 그 연장에서 생긴 '원기집락 프로젝트반'의 모리 가즈요시(森一芳) 반장은 "직원이 '팔방미인'이 됨으로써 안심감을 줄 수 있다. 고령화를 막는 것은 어렵지만 세세한 노력으로 바싹 붙어서 가고 싶다"고 말한다.

한편, 아오모리역전 중심가에서는 2002년 이후 550호 이상의 아파트가 생겨 이주하는 고령자가 늘고 있다.

일본 정부는 2007년 2월, 아오모리시(青森市)가 책정한 '중심시가지 활성화 기본계획'을 '인정'했다. 인정을 받으면 정부로부터 보조 등이 나오는 구조로 아오모리시 등이 이 제도의 제1호 인정자가 되었다.

아오모리시는 2009년부터 고령자가 교외에 보유하는 단층주택을 빌려서 자녀를 키우는 세대에 다시 임대하는 한편, 고령자에게 중심시가지로의 이주를 촉진하는 제도를 시작했다.

2006년 교외에 있는 단독주택에서 역전의 고층아파트로 이사한 77세의 여성은 "연령적으로 차량 운전이 어렵게 되고, 병원가기나 시장보기가 어렵기 때문"이라고 한다. 지금은 같은 건물에 진료소가 설치되어 식사나 시장보기 등 일상생활은 200~300미터의 도보권 내에서 끝낼 수가 있다.

아오모리시의 사례는 오토요정과는 달리 노인이 늘어난 집락의 '자립'이 아니라, 중심시가지로 커뮤니티 '집중', '재편'을 모색한 조치라고 말할 수 있다.

다만 아오모리시의 커뮤니티 재편 시도는 꼭 순조롭지만은 않았다.

아오모리시는 1989년부터 압축도시 '콤팩트시티 구상'을 세웠다. 차가 없어도 공공교통기관 등을 써서 생활할 수 있는 콤팩트한 시가지 조성을 목표로 한 것이다. 이것이라면 노인이라도 생활하기 쉽다. 그 핵심이 되는 복합상업시설 '아우가'의 개업에 겨우 도달한 것은 2001년이었다.

그러나 콤팩트시티의 중심으로 활기를 유지했어야 할 아우가는 교외 대형점과 차별화를 하지 못하고 빈 입주자가 늘어 아오모리시가 공적자금을 투입해서 재건 도중이다. 중심시가지의 2010년 빈 점포 비율은 목표(8.8%)에 대해 16.4%로 악화, 보행자 통행량도 줄었다. 아오모리시에서는 계획 중인 JR아오모리역의 재건축으로 만회를 도모할 생각이지만, 신칸센이 정차하는 신아오모리역과 떨어져있어 불리하다는 견해가 많다.

아오모리시가 콤팩트시티 구상을 세우기 이전부터 신칸센 역을 아오모리역에 병설해서 활성화의 기폭제로 한다는 생각은 있었다. 그러나 당시의 국철 등 정부측에 아오모리시가 밀려 실현되지 못했던 경위가 있다. 혹시 아오모리역과 신아오모리역으로 혼슈(本州) 최북단의 '현관'이 나뉘지 않았다면 아오모리시 나아가서는 아오모리현의 도시정책은 아주 바뀌었을 것이라고 아쉬워하는 목소리도 적지 않다.

동일본대지진 후, 콤팩트시티에 주목해서 많은 지방공공단체가 검토를 시작하고 있다. 콤팩트시티가 원활하게 도입되면 커뮤니티 '재편'도 가속된다. 콤팩트시티를 실현하기 위해 필요한 요건이란 무엇인가.

다음 항에서는 국내외 성공사례를 보면서 그 요건을 찾는다.

걸어서 살 수 있는 시가지

독일 남서부에 있는 인구 약 22만 명의 프라이부르크시. 초여름의 양기에 싸인 중심시가지는 대도회로 오인할 만큼의 인파로 붐비고 있었다.

대성당 가까이에는 백화점 등 다양한 점포가 자리를 잡고 있고, 차세대형 노면전차 LRT(라이트 레일 트랜짓) 등의 공공교통기관과 자전거, 보행자가 오고 간다.

선진적인 노력으로 '환경수도'로 불리는 프라이부르크시는 안전하고 인간 친화적이고 차 없이도 편리하게 생활할 수 있는 시가지다. 동일본대지진 후 갑자기 주목을 받게 된 콤팩트시티의 선구이기도 하다.

프라이부르크시는 1969년, 배달차량을 제외하고 중심시가지에 차가 진입하는 것을 금지했다. 당초에는 상점가 점주들의 반대도 있었지만 보행자는 증가하고 이해가 확산되었다.

1992년 이후는 강제력 있는 지구정비 플랜으로 식료품 등을 판매하는 슈퍼마켓의 교외 출점을 규제하고 중심부로의 쇼핑객 유입을 촉구했다.

초저상 LRT는 '수평식 엘리베이터'로도 불리며, 고령자와 어린이도 이용하기 쉬운 중심시가지의 이동 주역이다. 2017년을 목표로 하는 신로선 정비와 교외 연장을 계획 중으로 차량 진입금지지역의 대폭 확대도 진행되고 있다.

프라이부르크시에서 도시계획을 담당하는 마틴 허그 부시장은 "'사람이 이용하기 쉽고 즐길 수 있는 시가지'가 시 콤팩트시티의 기본 이념. 경제성과 사회성과의 균형을 맞춘 정책이 필요하다"고 강조한다.

LRT(안쪽)가 달리고, 많은 인파로 붐비는 독일 프라이부르크시의 중심시가지
(2012년 5월 촬영)

일본에서는 대규모소매점포법(구 대점법)이 2000년에 폐지됨에 따라 대규모 점포의 교외 진출이 가속되었다. 대주차장이 있고, 대량의 상품을 차로 갖고 돌아가는 스타일이 정착함에 따라 중심시가지의 공동화(空洞化)가 한층 진전되었다. 소규모점포가 많은 상점가는 '사양화'하고, 교외로 가는 공공교통수단이 없는 주민은 '쇼핑난민'이 되어, NPO(비영리조직) 등이 지원에 나서는 사례도 많다.

정부는 2006년 9월, 중심시가지의 활성화를 꾀하기 위한 기본방침을 제시, 콤팩트한 시가지 조성 지원에 나섰다. 동일본대지진 후 재해지역의 부흥과정, 저출산 고령화 사회에 맞는 시가지의 방향성으로서도 콤팩트시티의 이점이 주목을 받게 된 것은 이미 서술한 대로다. 한계집락 문제 타계책으로서 기대하는 목소리도 나오고 있다.

현재 상황은 시정촌이 수립한 중심시가지 활성화기본계획이 인정되면 정부로부터 보조 등이 나오는 구조다. 다만, 그것으로 콤팩트시티의 성공이 약속되는 것이 아닌 것은 아오모리시의 예가 말해주고 있다. 한편으로, 아오모리시와 같은 2007년 2월에 인정을 받은 도야마시(富山市)는 국내 '성공사례'로서 주목을 받게 되었다.

도야마시에서는 도야마역 남측에 위치하는 소가와지구(総曲輪地区)의 일요일 보행자 수가 2006년 2만 4,932명(8월 조사)에서 2011년은 2만 7,407명(년 4회 조사의 평균)으로 늘었다. 중심시가지로 전입한 사람도 증가하고 있어 2007년부터 2012년에 걸쳐 완성된 아파트 7동은 모두 완매 상태다.

도야마시 콤팩트시티 구상의 축은 LRT환상선 '센트램(CENTRAM)'[131]이다. 2007년에 소가와지구에 개업한 광장이 붙은 재개발빌딩과 도야마역을 센트램이 연결, 주말은 다양한 이벤트로 붐빈다.

모리 마사시(森雅志) 시장은 "저출산 고령화로 차를 운전할 수 없는 사람이 늘고 있다. 걸어서 살 수 있는 시가지를 만드는 것이 지금의 시정에 부여되고 있는 책무다"고 말한다.

도야마역에서는 호쿠리쿠신칸센(北陸新幹線) 개업을 향해 고가화 공사가 진행된다. 그 아래를 LRT가 역남(駅南)과 역북(駅北)을 연결해서 달릴 예정으로, 시가지의 편리성은 더욱 높아질 것으로 기대되고 있다.

인구증가와 경제성장에 따라 교외로 확산한 도시를 인구감소 시대에 맞는 시가지로 재설계하기 위해서는 공공교통망의 재구축과 중심시가지만이 갖는 매력 창출에 대한 중점 투자가 필요하다. 동시에 아오모리에서 신칸센 역 입지가 시가지 조성을 좌우한 것처럼 지방공공단체와 정부, 기업과의 연계가 콤팩트시티 성패의 열쇠를 쥐고 있다고 말할 수 있을 것 같다.

사회구조의 변화에 맞는 커뮤니티의 방향성, 주거방식을 둘러싸고 각지에서 시행착오가 계속되고 있다.

컬렉티브 하우스

해질녘의 도쿄 다마시. 창에 불이 켜진 저층 맨션에서 웃음소리가 새어나오고 있다.

맛있는 된장국 냄새가 떠도는 1층 대식당에서는 38세의 오하시 뎃페이(大橋徹平) 씨와 28세의 가나(佳奈) 씨 부부가 20개 이상의 접시에 생선을 담고 있다. 2012년 3월에 막 태어난 사카나(咲菜)를 어르고 있는 사람은 76세의 조지마 야스코(城島康子) 씨다. '진짜 할머니'처럼 보이지만 사카나와 피는 섞여있지 않다. 조지마 씨는 "바빠서 치매에 걸릴 틈이 없어" 하고 웃는다.

여기는 NPO법인이 중개하는 집합주택 '컬렉티브 하우스'. 욕탕과 화장실, 부엌이 붙은 사적 공간은 있지만, 식당과 세탁 공간 등은 공유한다. 관리·운영을 거주자 전원이 하는 것이 특징으로 공유공간의 청소, 취사, 가정채원 물주기 등은 돌아가면서 한다.

여기에 사는 17세대 28명은 이른바 '이웃 이상 가족 미만'. 혈연이 아닌, 자신의 의사로 선택한 느슨한 연결을 찾아서, 단신 고령자에서 육아 중인 젊은 부부까지 다양한 연령대가 모인다.

조지마 씨는 40년 살던 오사카의 단독주택을 처분하고 2011년 10월에 혼자서 입주했다. 남편과는 사별했다. 오사카에는 친구도 많았지만, 고희가 지나 만일의 일도 생각해서 자녀가 사는 도쿄로 이사하기로 결심했다. 그러나 자녀와의 동거는 염두에 없었다.

"자유로운 시간을 갖고 싶었고, 건강한 동안에는 자립하고 싶다."

고민한 끝에 선택한 것이 지금 '가족'과의 생활이었다.

다만, 이러한 고령자의 염원을 실현시키는 장소는 아직 적다.

"일본에서는 노인홈 등 요양시설은 늘었지만, 건강한 고령자가 단신

으로 생활하기 위한 지원은 뒤처져 있다"고 미즈호정보총연(みずほ情報総研) 후지모리 가츠히코(藤森克彦) 수석연구원은 지적한다. 국립사회보장·인구문제연구소의 추계로는 18년 후인 2030년, 일본은 약 3분의 1이 65세 이상 고령자로, 이 중 20%가 단신이 된다. 이에 대해 현실적으로 장애편의시설 등을 정비한 고령자용 주택은 고령자 인구의 1.5%(2008년) 밖에 되지 않고, 그 비율은 덴마크나 영국의 5분의 1 정도다. 정부는 2020년까지 고령자용 주택을 3~5%로 끌어 올리겠다는 생각으로, 2011년 10월부터는 안부확인 등을 하는 '서비스 제공 고령자용 주택' 추진에도 착수했다.

고려하지 않으면 안 되는 것은 고령자의 자립은 고립과 종이 한 장 차이라고 하는 것이다. "시설 정비만으로는 '사람의 연결'까지는 만들 수 없다"며, 도쿄대학에서 고령자 문제를 연구하는 쓰지 데츠오(辻哲夫) 특임교수는 말한다.

고령자를 대상으로 한 내각부의 의식조사(2005년도)에서는 혼자 사는 남성의 24%가 사귀는 이웃이 없고, 17%는 걱정거리 상담 상대도 없었다.

지연과 혈연을 버려온 현대사회. 그래도 사람은 인연을 필요로 하고 있다.

"벚꽃이 눈처럼 질 무렵, 묻히고 싶구나."

"더울 때는 싫어!"

2012년 5월 10일, 도쿄도내의 같은 공원묘지에 자기 묘지를 구입했거나 구입하려고 하는 '무덤친구(墓友, 하카토모)' 남녀 6명이 장래 이야기에 꽃을 피우고 있었다. NPO법인 '엔딩센터'가 주선한 자리다.

단신자와 자녀가 없는 부부, 자녀에게 신세를 지고 싶지 않다는 사람이 많다.

"나 혼자서 안고 있던 것을 말할 수 있어서 엄청 편안해졌다."

2010년에 자기 묘지를 구입한 마치타시(町田市)의 나카오 사다코(中尾貞子) 씨는 82세. 남편을 잃고 13년, 지금까지 아무에게도 말하지 못했던 슬픔을 어쩐지 무덤친구에게는 말할 수 있었다. 가족을 잃고 혼자서 죽음을 맞이할 준비를 한다. 그런 경우가 공통적이기 때문일까. 겨우 마음이 차분해지는 기분이 들었다. 16년 전에 남편을 잃은 66세의 야마네 치요(山根千代) 씨도 무덤친구와의 하이쿠(俳句) 짓기와 산책모임이 낙으로, 지금은 여기가 생활 속에서 큰 존재가 되고 있는 것을 느낀다.

쓰지 특임교수는 "초고령화 사회를 지탱하는 것은 사람과 사람과의 이음. 잃어져가고 있는 인연을 대신할 것을, 일부러라도 만들지 않으면"하고 말한다.

커뮤니티의 재생

시마네현 오키제도(隠岐諸島)에 있는 오키노시마정(隠岐の島町)[132)]

2011년 11월, 항구를 바라보는 호텔의 결혼식 피로연회장을 약 100명의 초대객이 가득 메웠다. 주인공인 오키노시마정의 25세 회사원 미야모토 히데키(宮本英樹) 씨와 23세 와카나(若奈) 씨의 소개 등이 끝나고 연회는 절정으로.

"하, 할매 어디 가, 서 말 통 내려놓고 며느리한테 손자 안으러-"

샤미센과 함께 노래가 시작되자 볼화장을 한 신랑신부의 양친들이 인형을 안고, 춤을 추면서 두 사람 앞으로 옮겼다. 자식복을 기원하는 전통행사 '손자안기'다. 두 사람은 "온 섬사람들이 축하를 해준 것 같은" 이라며 기뻐했다.

이 피로연은 오키노시마정의 '축하금제도'를 이용해서 열렸다. 오키노시마정 인구는 이 40년 동안에 약 4,000명 줄어 1만 5,424명(2012년 5월 1일 현재).[133] 주요사업인 관광도 정체하고, 2005년에 약 28만 명이 찾아왔던 관광객은 2010년에는 약 12만 명으로 감소했다.[134]

축하금은 2011년 10월에 오키노시마정이 도입한 커뮤니티 활성화 시책이다. 참석자 30명 이상의 피로연을 연 커플에게 25만 엔을 지급하고, '손자안기'를 하면 5만 엔을 얹어 준다. 섬을 찾아오는 사람들로 인한 경제효과와 전통문화의 승계가 목적이다. 오키노시마정에서는 "참석자가 100명 단위로 오게 되면 새로운 고용도 생긴다"고 기대한다.

과소(過疏)와 고령화가 진행되는 지방의 집락은 커뮤니티로서의 기능이 약해진 곳도 많다. 그것을 되돌리고 유지하기 위한 모색이 각지에서 이어지고 있다.

슈퍼마켓이나 편의점이 철수한 히로시마현 후쿠야마시(福山市) 구마노정(熊野町)[135]에서는 주민들이 운영위원회를 만들어 일용품과 식료품을 판매하는 가게를 2012년 7월에 개점했다. 약 1,000만 엔의 개점자금을 시 보조금과 주민 출자로 모아 JA(일본농협)에서 무상으로 빈 점포를 빌리고, '100엔 균일 숍'도 출점했다.

정내 주민회장으로 80세인 가이다 데츠로(貝田哲郎) 씨는 "모두가 살기 좋은 정을 만든다"며 '모두'를 강조한다. 개점 후에는 주민이 당번제로 근무를 한다고 한다.

생각이 헛도는 경우도 있다.

오이타현 산간부의 히타시(日田市) 나카츠에촌(中津江村) 마루조지구(丸蔵地区)에서는 주민들이 만든 '고향수호대'(약 50명)와 지구 밖에 거주하는 출신자들이 만든 '고향 응원단'(약 90명)이 결성되었다. 두 개의 그룹이 79세대 178명(2012년 3월말 현재)이 사는 고령화율 58%의 집락에서 풀베기와 식수, 전통행사 등을 지원한다.

그러나 지구 밖에서 온 참가자는 해마다 감소하여 기관지도 "손이 닿지 않게 되었다"며 발간을 멈추었다. 2012년 4월에 실시한 벚꽃 식수에 참가한 응원단은 전무. 수호대 대장 후루사와 아츠미(古沢厚美) 씨는 "지역 인구는 감소 일로. 지구 밖과의 관계를 어떻게 유지해 갈 것인가……" 하고 새로운 도전을 생각한다.

한편, NPO(비영리조직)가 과소 농촌과 도시 주민의 가교 역할을 해서 성과를 거둔 예도 있다. 미나미알프스 산록에 있는 야마나시현 호쿠토시 스타마정(須玉町) 마스토미지구(増富地区)에서는 지구 밖 사람들이 조금씩 황폐해진 토지를 경작하고 있다. 도쿄에서 구 하쿠슈마치(白州町, 현 호쿠토시)로 이주한 소네하라 히사시(曽根原久司) 씨를 중심으로 도시와 농촌의 교류활동을 하는 NPO법인 '웃는 얼굴 이어서(えがおつなげて)'의 면면이다.

2003년에 활동을 시작해 약 3헥타르의 경작 포기지를 밭으로 재생시켰다. 지금은 자연체험 학습장으로 이용하는 도쿄의 대기업 사원과 개간을 하는 자원봉사자들로 연간 4,000명이 이 지구를 찾게 되었다.

14세대 23명이 사는 가고시마현 미나미사쓰마시(南さつま市) 하세지구(長谷地区)도 평균연령 85세, 최연소 55세의 집락이면서, 지구 밖에서 연간 약 3,000명이나 되는 방문객을 불러오는 데 성공하고 있다. 2007년에 '다랭이 논 오너 제도'[136]를 도입한 외에, 국가와 현의 보조금을 활용한 물산관과 계단식 가마의 건설, 메밀국수 만들기 체험 등 도시와의 교류를 계속하고 있다. 주도자는 현지 NPO법인 '프로젝트 남에서 오는 조류(南からの潮流)'. 주민에게도 변화가 나타나 2010년부터는 "집락에서 서로 지원하는 구조를 고쳐 만들자"며 주민 서로의 교류회도 시작되었다. 곧 100회 째를 맞이한다.

다만, 지역 초등학교는 2012년 말에 폐교하게 된다. 하세지구의 86세 마루타 아키라(丸太明) 씨는 "젊은이의 이주를 어떻게 촉구할까. U턴, I턴해오는 집락으로 바꿔가지 않으면 문제는 해결되지 않는다"며 인구감소 그 자체를 막는 것의 어려움을 음미했다.

'돈 버는 커뮤니티'로 탈바꿈

과소화가 진행되고 있는 나라현 중부의 다카토리정(高取町)에서 2012년 4월 하순, 관광 이벤트 '정가(町家)의 히나(雛) 순회전' 보고회가 열렸다.

"노인이 건강하게 살 수 있는 정(町) 일으키기다.", "마음이 따스해져서 행복한 기분이 되었다."

순회전을 주최한 '아마노가와(天の川) 실행위원회' 대표 70세 노무라 유키하루(野村幸治) 씨가 관광객이 보낸 앙케이트 회신 내용을 읽어 내려가자 자리에 모인 주민 약 80명의 얼굴에 웃음꽃이 퍼졌다.

다카토리성 성읍도시로 옛날부터 번성해 왔던 다카토리정. 그러나 1950년대에 1만 명을 넘었던 인구가 지금은 4분의 3으로 떨어지고, 고령화율도 30%를 상회하고 있다.[137)]

이벤트는 2007년 주민 발안으로 시작했다. 약 100세대가 소중히 보관해 왔던 히나인형((雛人形)[138)]을 3월 중, 가도를 따라 남아 있는 에도시대의 정가(町家) 등에서 전시하고 찾아온 사람들을 맞아들이고 있다.

정취 있는 히나인형이 입소문으로 인기를 불러 관광객은 매년 늘었다. 정가를 활용한 갤러리와 카페도 영업하고 있다. 젊은 세대도 불러들여 2012년은 1개월에 정 인구의 6배에 해당하는 4만 6,000명이 찾아와 음식과 선물 구입에 약 7,700만 엔을 썼다.[139)]

노무라 씨는 "사람이 모이고 정에 활기가 돌아왔다. 구경을 한 어린이들이 '가족과 다시 오고 싶다'고 생각할 것 같은 정을 함께 만들겠습니다"하고 힘주어 말했다.

젊은이들이 유출되어 과소화가 진행되는 지역에서 최근, 집락과 커뮤니티 재생에 특산품과 관광자원을 활용한 비즈니스 발굴이 진행된다. 저출산 고령화를 막을 즉효약은 없다. 그렇다면 젊은이의 감소를 탄식하기 보다는 남은 주민이 그 토지의 가치를 재발견함으로써 자립하고 행복하게 산다. 배경에는 그런 발상의 전환이 있다.

전국의 '교본'이 되는 성공례는 도쿠시마현 가미카츠정(上勝町)의 '잎사귀 비즈니스'다.[140)]

인구 약 1,900명, 고령화율 48.8%인 과소 정. 일본요리를 장식하는 단풍과 난텐(南天竹), 조릿대 잎 등을 도시권에 출하하여 연간 약 2억 4,000만 엔의 매출을 올린다.[141)]

정이 설립한 제3섹터 '이로도리' 사장 요코이시 도모지(横石知二) 씨가 오사카 초밥집에서 '안주' 장식으로 나온 단풍이 귀한 취급을 받는 것을 보고 사업화를 생각해 냈다. 지금은 약 200명이 나무들을 키워 수확한 잎을 출하한다. 생산자 대부분은 평균 70세의 고령 여성. 1,000만 엔 이상의 연간수입을 올리는 사람도 있다고 한다.

대기업이 지역의 자원을 활용해서 활성화를 지원하는 경우도 있다.

파견 대기업 파소나그룹은 효고현 아와지시마(淡路島)에서 양파밭 등을 경영하고 있다. "가장 고용 창출이 기대되는 분야"로서 2003년부터 농업관련 사업을 전개한다.

자회사인 '파소나농원대(農援隊)'가 아와지시에 챌린지팜을 개설하여 취농을 희망하는 젊은이들을 채용하고 육성한다. 회사 근무를 그만두고 아와지시마에 온 지 2년이라는 25세의 사토 나오야(佐藤直也) 씨는 "기술을 몸에 익혀, 이 섬에서 농업을 계속하고 싶다"고 지도를 받는다. 고령화에 고민하는 지역 농가의 기대가 높다.

농산물의 가공과 판매도 추진, 버질 드레싱 등의 히트 상품을 낳았다고 한다. 파소나농원대 가미우에 다다유키(紙上忠之) 이사는 "농업의 영역을 넓힘으로써 지역 고용도 창출할 수 있다. 그것이 그룹의 사회공헌과 성장으로 이어진다"고 말한다.

동일본대지진 피해지역에서도 부흥으로 가는 단서를 지역의 비즈니스에서 찾는다.

진도 6강을 기록한 미야기현 오사키시(大崎市)에서는 시가지의 활기 거점이었던 상업시설 '쇼쿠노쿠라 가무로(食の蔵 醸室)'에도 큰 피해가 났다.

에도시대부터 계속되는 오랜 술곳간과 가재창고를 개수해서 개성적인 음식점을 모아, 2005년 6월에 개업한 시설이다. 십 수동의 창고 등이 즐비하게 늘어선 경관의 아름다움으로 지진 전에는 연간 약 30만 명이 찾아왔지만, 지진 후에는 약 10분의 1로 줄었다.

보수와 내진화, 장애편의시설을 급피치로 추진한 결과 2012년 10월에 신장개업에 이르렀다. 지역 상점가 관계자는 "주변 상점가에도 큰 피해가 났다. 거점시설인 가무로의 재생이 재해부흥의 기치가 된다"고 기대하고 있다.

일과성이 아닌 영속성 있는 조치로 추진하기 위해서는 '이익'을 올리는 것도 중요하다. 도쿠시마현 가미카츠정에서 잎사귀 비즈니스를 성공시킨 요코이시 씨는 "지역 주민이 하고 싶은 것을 잘 발견해서 역할을 부여한다. 그리고 성공하는 것이야 말로 주민의 살아가는 보람으로 이어져 지역 재생의 열쇠가 된다"고 말하고 있다.

스마트 시티

지바현 이치카와시(市川市)의 타워아파트에 사는 35세의 니시야마 겐이치(西山健一) 씨는 도쿄도 주오구에 있는 소프트웨어 개발회사 '퀘스트컴퓨터(Quest-Computer)'에 근무한다. 전차로 통근하는가 했더니 자택의 일실에 자리를 잡았다.

'텔레 워크룸'이라는 이름이 붙은 방에는 약 8제곱미터 정도의 넓이에 텔레비전 회의용 모니터, 문서 파쇄기 등 회사가 마련한 사무기기가 죽 늘어서 있다.

퀘스트컴퓨터사는 2008년부터 지바 등 수도권의 아파트를 사택으로 사들여 재택근무를 진행하고 있다. 지금은 사원 25명 중 4명이 사택에서 근무한다. 장래는 자택이 있는 사원 외에는 모두 사택근무를 하게 할 구상이다.

대기업에서는 손해보험재팬(損保재팬)이 2012년 4월부터 전 사원 약 1만 8,000명을 대상으로 재택근무를 할 수 있는 제도를 시작했다. 대재해 시에 사원이 출근할 수 없게 된 때에도 재해 피해자에 대한 보험금 지불 등의 업무를 계속할 수 있는 점과 절전 등의 효과도 예상된다는 점이 결정적이었다.

재택근무 증가는 인터넷 등 정보기술(IT)의 보급이 배경에 있는 것은 말할 필요도 없다. 덧붙여 동일본대지진 시 도심에 귀가하지 못한 귀가난민이 넘쳐났다는 점, 계획정전으로 업무가 1개소에 모이는 것의 리스크가 재인식 되었다는 점, 오피스빌딩의 가동을 줄이면 절전 효과가 크다는 것 등이 기업의 등을 밀어주게 되었다.

정부는 사원 한 사람이 재택근무를 하게 되면 오피스에서 1일 당 약 1.65킬로와트/시의 전력을 절약할 수 있다고 시산한다. 다만 가정의 전력 소비가 그 이상으로 늘어서는 곤란하다. 그래서 기대되는 것이 지역 전체적으로 전력소비를 '현명하게 관리'하는 스마트그리드(Smart Grid, 차세대전력망)이다.

구체적인 조치는 해외가 선행하고 있다.

한국 남단의 섬 제주도에서는 한국 정부가 추진하는 스마트그리드 실증실험이 진행되고 있다. '실증단지' 약 3,000호에서는 가정의 전용 모니터에서 텔레비전 등 가전제품의 전력사용상황을 볼 수 있다. 전기요금은 수요일 피크 시에 높게 설정하는 등 시간대에 차이를 두고 있어, 도쿄전력이 2012년 여름에 출범시킨 새로운 요금시스템을 선취한 것 같은 것이다.

일부 세대에는 모니터와 무선으로 연결된 스마트폰과 타블렛 단말기를 제공하고 있다. 실험에 참가하는 조영미 씨는 단말기를 사용해서 외출처에서 끄는 것을 잊었던 가전제품을 끈다든지, 요금이 싼 야간에 세탁을 한다든지 해서 "전기를 싸고 현명하게 사용하자고 생각하게 되었다"는 것으로, 매월 전기요금이 10% 줄었다고 한다.

미국 남부 뉴멕시코주 알버카키에서는 스마트그리드의 일미 공동 실증 프로젝트가 진행되고 있다. 일본의 독립행정법인 '신에너지·산업기술총합개발기구(NEDO)'가 미 연방정부 등과 협력해서 실시하고 있는 것으로, 현지에서는 발전시설 설치공사 등의 작업이 완료되고 2012년 5월 17일 운전 개시를 기념하는 식전이 열렸다.

멀리까지 펼쳐진 사막 가운데에 큰 곡선형 디자인이 인상적인 유리로 장식된 3층 오피스빌딩 한 동이 보인다. 이 빌딩이 전력회사 송전망으로부터 단절되어도 독립해서 가동할 수 있는 전력공급 시스템을 구축하고, 그 시스템 운전상황을 검증하는 것이 프로젝트의 주안점이다. 약 2년간에 걸친 상세한 각종 데이터를 수집하여 장래의 실용화에 도움을 주는 구상이다. 사업예산은 약 18억 엔이 예상되고 있다.

빌딩 자체는 기존 시설을 이용하고 있지만 부지에는 태양광 발전, 연료전기, 천연가스를 이용하는 발전·열공급장치, 축전지 등의 설비를 새로 만들었다. 당초 빌딩 자립운전에는 600킬로와트 정도가 필요하다고 예상되어, 이러한 전원을 조합하여 수급 밸런스를 정확히 감시함으로써 전력공급의 효율화를 꾀한다.

현지에서는 금후 택지와 상업시설 등의 정비가 예정되어 있다. 시가지가 완성되면 빌딩이 중심적 역할을 수행한다.

NEDO는 프랑스, 스페인, 하와이 등에서도 같은 유형의 프로젝트를 추진하고 있는데, 운전개시에 이른 것은 알버카키가 처음이다. 뉴멕시코주 내에서는 로스알라모스에서도 주택지를 무대로 한 계획이 진행되고 있다.

알버카키에서 열린 식전에는 일본과 미국 관계자들 약 120명이 모였다.

NEDO 후루카와 가즈오(古川一夫) 이사장은 "스마트그리드 분야는 일본이 세계를 리드하고 있다. 이번 프로젝트를 통해서 일본의 높은 기술력을 어필하여 해외 시장 개척에 연결하고 싶다"고 프로젝트의 의의를 강조하고 있다.

알버카키에서는 시미즈건설, 샤프, 미츠비시중공업, 도쿄가스 등 일본의 9사가 NEDO로부터 사업을 수탁했다. 프로젝트의 총괄 역할을 맡은 시미즈건설의 미야모토 요이치(宮本洋一) 사장은 "동일본대지진 후의 일본에서, 금후 평준화한 전력공급이 어려워지게 된다면 스마트그리드 기술이 꼭 활용될 것이다"라고 말한다.

스마트그리드를 핵으로 해서 에너지 이용을 최적화한 시가지를 '스마트시티'라 부른다. 동일본대지진 후 집락을 높은 곳으로 이전하는 구상이 검토되었을 때도 새로운 시가지를 스마트시티화 하는 제안이 이어졌다.

하나의 과제는 거액의 비용이다. 한국 정부는 전 국토의 스마트그리드화에 관민 합하여 27.5조 원(약 1조 8,600억 엔)의 투자가 필요하다고 보고 있다. 일본의 경우, 전국적인 스마트그리드화는 10조 엔 단위의 사업이 될 것이라는 견해가 많다.

제도면에서도 전력회사가 발전에서 송전, 가정까지의 배전을 모두 쥐고 있는 현재 상황에서는 유연하게 전력을 융통하는 스미트그리드의 효과를 발휘하기 힘들다는 지적도 있다.

그러나 절전효과를 높인 자택에서 일을 하고, 통근지옥과도 전력부족과도 무연한 스마트시티라는 새로운 생활방식이 정착되면 일본열도의 장래의 전망은 다양한 각도에서 열리게 된다.

지방 회귀

구쥬렌잔(九重連山) 등 웅대한 산들을 바라보는 오이타현 남서부의 다케타시(竹田市)에 있는 한 주택 정원에서, 지바현 다테야마시(館山市)에서 이주한 오가타 마사히코(尾形昌彦) 씨 부부와 초등학교 1학년생을 비롯한 3명의 어린이들이 놀고 있다.

동일본대지진과 도쿄전력 후쿠시마 제1원전 사고 후, 어린이 3명을 오이타현 기츠키시(杵築市)에 있는 친정에 맡기고 부모와 자녀가 오랫동안 따로따로 살았던 만큼 즐거움도 한층 더한 것 같다.

일가 5명이 사는 이 주택은 다케타시의 '자녀육성 정주촉진주택'이다. 인구 약 2만 5,000명인 다케타시는 2009년, 단괴세대와 젊은이가 안심하고 이주할 수 있는 도시조성 등을 목표로 하는 '농촌회귀선언'을 한 것으로 유명하다. 자녀육성 정주촉진주택도 이주자 수용 정책의 일환으로 입주자격의 하나는 초등학생 이하의 어린이가 있을 것. 2011년도는 모두 4동을 정비하여 오가타 씨 일가를 포함한 총 4세대 17명(중 어린이 10명)이 입주했다.

다테야마시는 보소반도 끝에 있어 도쿄에서 전차로 2시간 이상 걸리지만, 수도권 내에 위치하고, 도쿄만 아쿠아라인과 새로운 고속도로 개통으로 편리성이 향상되고 있다. 그곳을 일부러 떠나 전직이 수반되는 이주를 결단한 것은 '경제적 풍요로움과 편리함을 최우선하지 않는 삶'을 추구하겠다고 생각했기 때문이다. 컴퓨터 관계 회사를 그만두고, 토마토 재배 연수를 받으면서 급료를 받을 수 있는 일반사단법인 '토마토학교'가 있는 다케타시로 이주하기로 결정, 2012년 3월에 정주촉진주택에 가족 전체가 입주하고, 4월부터 학교에 다니고 있다.

I턴, U턴 등을 지원하는 NPO법인 '고향회귀 지원센터'(도쿄 有楽町)를 대상으로 한 이주 상담은, 대지진 후 월평균 650건으로 2009년에 비해 배 가까이 되었고, 특히 30대 등 젊은 세대의 가족을 동반한 상담이 격증했다. 이주 희망지는 규슈와 주고쿠, 긴키 등 서일본 각지가 인기라고 한다.

다케타시의 정책은 그런 의식 변화를 선취한 모양으로, 슈토 가츠지(首藤勝次) 시장은 "어린이들도 많이 이주하고 있어, 커뮤니티 재생으로 연결하고 싶다"고 기대를 했다.

총무성이 발행한 2011년 주민기본대장 인구이동보고에 의하면 도도부현 간 이동자 수는 16년 만에 증가했다. 세대별로 가장 늘어난 것이 0~4세, 이어서 40~44세다. 오사카권(오사카, 효고, 교토, 나라)에서는 38년 만에 전입자가 전출자를 상회하는 '전입초과'로, 후쿠오카현은 전입자가 10만 3,497명으로 전년에 비해 5,062명이 늘고 증가 수는 전국 제일. 한편, 도쿄권(도쿄, 가나가와, 사이타마, 지바)의 전입초

과 수는 약 3만 명 줄었고, 지바현은 55년 만에 전출자가 전입자를 상회하는 '전출초과'였다.[142]

고향회귀지원센터의 다카하시 히로시(高橋公) 사무국장은 "지진과 원전사고를 계기로 국민의 가치관이 크게 바뀌었다. 일본의 인구분포가 도쿄권 집중에서 전국 분산으로 바뀔 가능성이 크다"고 본다.

수도직하형 지진이 가까운 장래에 일어날 것이라는 예측과 정년퇴직자가 지방 회귀를 강하게 원하는 경향 등도 인구분포의 변화를 가속시키는 요소가 될 것 같다.

이러한 가운데 농산촌뿐만 아니라, 예전에 뉴타운으로 조성되었으나 현재는 인구감소와 고령화로 고민하는 교외형 단지를 활성화시킬 조치도 진행되고 있다.

오이타시는 2011년도, 시 '후지미가오카단지(富士見が丘団地)'(약 3,000세대) 단독 임대주택에 이주한 자녀양육 세대에 대해 4만 엔을 상한으로 해서 집세의 3분의 1을 보조하는 실험을 시작했다. 2010년 시점에서 고령화율 약 25%, 아동 수는 감소하고 빈집도 문제가 되었지만, 보조제도를 이용해서 7세대 25명이 살기 시작했다.

오이타, 삿포로, 모리오카, 도야마, 니가타현 나가오카, 오사카부 사카이(堺), 후쿠오카현 구루메(久留米) 등 7개시로 구성된 '후루사토 단지의 원기창조 추진협의회'는 정부에 주민의 이주 지원 등도 제언하고 있다. 정부도 교외단지 재생책 등을 담은 지역재생법 개정안을 2012년 정기국회에 제출, 성립시켰다.

완전한 이주까지는 아니라도 평일은 도회, 휴일은 시골에서 사는 '2지역 거주'도 늘고 있다. 휴일만이라도 사람이 정기적으로 모이는 상태가 정착되면, 한계집락 문제 등의 타개로도 이어질 것이라고 기대하는 목소리가 많다.

주거방식을 둘러싼 사고방식의 다양화를 전향적으로 취해, 국가나

지방공공단체가 이주자의 고용과 주택 확보 등을 지원함으로써 도쿄 일극집중과 과소지의 피폐를 동시에 해소하는 길이 보일 가능성도 있을 것 같다.

1세대 = 1주택으로부터의 전환

저출산 고령화와 인구감소에 직면하여 정부와 지방공공단체가 추진해온 주택정책이 전환점을 맞이하고 있다.

예들 들어 공영주택에서도 혼자서 입주하는 고령자가 늘고 있다. 전후, 정부의 통계와 시산에 사용되어 온 부부와 자녀 2명의 이른바 '표준모델 세대'는 줄고, 이제는 '모델'로서 성립하지 않게 되었다.

도쿄도내에 약 26만 호가 있는 도영주택에서는 명의인에 65세 이상의 고령자가 차지하는 비율이 2005년도에 50%를 돌파했다. 도쿄도는 관리인의 정기순회 등 대책을 취하고는 있지만, "우리들은 주택이라는 상자를 만들뿐으로, 안에 사는 사람이 어떻게 살아갈까하는 문제가 되면 프라이버시의 벽도 있다"(담당자)고 하여 발을 들여놓지 않는 것이 현실이다.

오츠키 도시오(大月敏雄) 도쿄대학 준교수(건축학)는 "공영주택은 입주자의 수입이 늘고, 자녀가 성장하면 퇴거할 것이라는 전망으로 설계되어 있었는데, 퇴거자는 늘지 않고, 지금 와서 보니 단지는 고령자로 가득했다"고 지적한다.

일본 정부는 국토교통성과 후생노동성의 제휴로 고령자대책이나 건강대책과 일체적인 주택정책의 검토를 시작했지만, 눈에 띄는 성과는 나오지 않았다. 참고로 행정이 당혹해하는 것과는 달리, 민간 차원에서는 고령화 사회에 맞는 새로운 주거방식의 모색이 시작되고 있다.

고령자, 장애자, 어린이가 격리되지 않고 사는 '현대의 나가야(長屋)'[143]를 목표로 하는 맨션이 히로시마현에 있다. 히가시히로시마시(東広島市)에 2011년 3월 문을 연 'C-CORE 히가시히로시마'다.

1층에는 데이서비스 사업소와 장애자 복지서비스 사업소가 병설되어 있고 장애자 10명이 일하는 카페도 있다. 2~5층이 거주공간으로, 장애자 편의시설이 설치된 전 23실에 40명이 살고, 월 1회는 주민 모두가 참가하는 스시파티와 떡찧기 대회 등이 열린다.

뇌경색으로 휠체어 생활을 하는 61세의 하나모토 고지(花本光二) 씨는 "카페에 가면 젊은 세대와 대화를 즐길 수 있고, 도우미도 있으니까 혼자서도 쓸쓸하지 않아" 하고 말한다. 맨션을 건설한 주택 컨설팅 회사의 오카모토 에츠오(岡本悦生) 대표사원도 "입주자 전원이 가족과 같아서, 누군가 한 사람이 조금 보이지 않으면 모두가 걱정하니까 고독사도 막을 수 있다"고 강조한다.

구미에서도 독거 고령자를 지원하는 것이 큰 과제다.

프랑스에서는 다양한 세대가 공존하는 주택 건축이 진행되고 있다. 고령자용 주택을 기존 공단이나 민간 아파트에 끼워 넣는 계획으로, '산다(vivre)'와 '자유(libertė)'를 조합하여 '비바리브(vivalib)'로 불리는 프로젝트다.

주택 컨설팅을 하는 비바리브社(파리)가 자치단체와 민간 주택업자와 협력해서 2008년에 개시. 파리 등 약 10지역 80개소(고령자 주택은 1,000호)로 확산되었다.

구미에서는 성인이 되면 부모와 자녀의 별거가 당연한 것으로, 고령자의 독거를 어떻게 지원할 것인가가 큰 문제다. "파리에서 고령자 전문 주택에 입주하면 매월 2,000~2,500유로는 든다. 연금으로 살아갈 수 있는 집세로, 고령자가 필요한 도움을 받으면서, 사회의 일원으로서 가능하면 오래 살 수 있는 주거를 목표로 했습니다"하고 비바리브社 뮤리에르 듀노와이에 개발부장은 말한다.

파리에서 동쪽으로 약 130킬로미터 떨어진 도시 랑스에 있는 맨션을 방문했다. 약 40호 중 1, 2층 부분의 9호가 고령자용으로 개조되었다. 장애자 편의시설로, 각 방의 입구폭은 휠체어도 다닐 수 있도록 85센티미터로, 보통주택(70센티미터)보다 넓다. 샤워장에는 누운 채로 들어갈 수 있는 목욕용 베드를 설치할 수 있다. 각 실의 벽에는 심야에 눈을 떠도 화장실에 갈 수 있도록 유도등이 붙어 있다. 귀가 잘 들리지 않는 주민용으로 초인종이 울리면 램프가 점등하는 구조도 있다. 직각으로 몸의 방향을 바꾸지 않아도 이동할 수 있도록 각 방 출입문은 복도에 부채모양으로 설계되어 있다.

고령자에게 특히 의지가 되는 것은 도움이 필요한 경우에 누르는 '호출 버튼'이다. 각 방에 설치되어 있다. 버튼을 누르면 24시간 대응하는 경비회사로 연결되어 콜센터가 모든 요구에 응해준다. 가령, 주민이 몸의 이상을 호소하면 의사와 요양보호사를 바로 수배. '물이 샜다', '컴퓨터가 고장 났다'는 등의 일상적 트러블은 업자를 수배해 준다.

68제곱미터로 집세는 520유로(약 5만 3,000엔). 위층에 있는 일반주택의 반액이다. 공동주택의 20%를 고령자용으로 개축하면 건물보유자는 임대료 수입과 건설투자에서 감세조치를 받을 수 있고, 보조금도 나온다. 그런 구조를 이용해서 비용을 억제하는 데 성공했다.

전 고교 교원으로 65세인 마리쟈느 파레 씨는 2011년 가을부터 랑스에 있는 다른 비바리브 주택에 혼자 살고 있다. 2005년에 교통사고로 척수부상을 당한 이래 왼쪽다리가 마비되어서 지팡이 없이는 안되는 생활이다. 이전에 살던 아파트에서는 욕조에 들어가지 못해 곤란했다.

현재의 집에서는 보조의자와 손잡이가 있어서 혼자서도 입욕할 수 있다. "3층에 사는 젊은 엄마와 아기 키우면서 힘들었던 이야기를 하거나, 84세 이웃을 돕거나. 나에게도 아직 할 수 있는 일이 있으면 자극이 됩니다"하고 활달한 표정으로 말했다.

파레 씨의 월수입은 약 1,800유로의 연금으로 집세는 590유로. 생활비에 약 400유로가 든다. 외출이 필요한 때에는 전날 예약하면 미니버스가 송영해주는 서비스를 이용한다. 매주 시 낭독회에서 여러 친구들과 만나는 것이 즐거움이다. "최근 중국인 친구가 생겼다. 여기에서는 가족 속에서 생활하고 있는 것 같이 느낍니다." 웃는 얼굴에 여유가 보였다.

고령화와 인구 감소 속에서 일본의 주택정책은 어떻게 나아가야 할 것인가.

오츠키 준교수는 "행정기관은 고령자 독거세대들의 실정이나 니즈를 파악해오지 않았다. 우선 조사를 정확하게 한 뒤에, 주민과 함께 독거세대를 지원하는 정책을 생각해야 한다"고 말한다.

요즘은 한 집에 복수의 '세대'가 공동으로 살아가는 '셰어하우스'도 늘고 있다. 단신 젊은이들의 사례도 있는가 하면, 복수의 부부나 부자가 뜰을 공유하고 같은 부지 내에 사는 사례도 있다.

동일본대지진 전까지는 당연하다고 생각해왔던 '1세대=1주택'의 사고방식이 앞으로도 맞는 것인가 아닌가, 지진을 계기로 보고 고치려는 움직임이 퍼지고 있다.

제7장

재해 빈발기에 대한 대비

일본열도는 재해 빈발기에 들었다고 한다.

전후의 경제성장은 많은 일본인의 노력의 선물이기는 하지만, 대규모 재해가 빈발했었다면 국가재건 그 자체가 방해를 받았을 것이다. 이러한 국토의 역사상의 평온기가 언제까지나 계속되지 않을 것이라는 것을 보여준 동일본대지진은 원래 재해가 많은 열도로서 '대비'가 충분한가 어떤가를 국민 전체에게 묻는 계기가 되었다.

'약점'을 '강점'으로 바꾸기 이전의 과제로서 국토의 취약성 최소화가 필요하다는 것은 말할 필요도 없다.

10년간 200조 엔을 투입하겠다고 한 자민당의 '국토강인화 구상'을 위시하여 각 당은 다투어 대규모 재해대책, 방재대책을 내세웠다. 그러나 현재의 재정상황을 생각하면 일견 현실적이지 않은 숫자가 즐비하다. 불필요한 공공사업으로 이권을 탐해온 정치권, 행정부에 대한 반성을 감안하면, 각 당이 보여준 '강인화' 움직임은 공공사업을 이용한 이권구조의 부활을 노리는 것이 아닌가 하는 인상을 유권자에게 주는 면도 있었다. 정책의도가 의심되면 중요한 발상과 조치라 하더라도 불합리하게 거절당하게 되기 쉽다. 그런 의미에서도 재해 빈발기에 어떻게 준비할까, 폭넓게 현실적 논의를 할 필요가 있다.

마지막 장에서는 금후 수십 년 내에 일어날 확률이 높다고 하는 수도직하형 지진에 대한 대비를 포함하여 '재해 빈발기'의 생존방법에 대해 살펴보기로 한다.

극단 기상의 공포

동일본대지진이 일어난 직후인 2011년 3월 중순, 미야기현 미나미산리쿠정(南三陸町) 연안을 방문한 이마무라 후미히코(今村文彦) 도호쿠대학(東北大学) 재해제어연구센터장(쓰나미공학)의 눈에 확 들어온 것은 전문가로서의 예상을 뛰어넘는 피해였다.

쓰나미는 시즈가와지구(志津川地区)의 방조수문을 타고 넘어, 튼튼한 철책 등을 넘어뜨리고 제방도 파괴했다. 이런 정도의 규모는 수백 년에서 천년에 한 번. 이와 같은 재해에까지 대비하지 않으면 안 되었던 것일까.

이마무라 교수는 "현지에서 다양한 대책에 매진해왔던 만큼 유감이다. 이번과 같은 '초저빈도' 재해에 어떻게 마주하고, 어떻게 전해줄 것인가, 진지하게 생각하고 싶다"고 말한다.

진도(M) 9.0이라는 국내 관측사상 최대의 지진은 도호쿠에 커다란 쓰나미 피해를 가져왔던 정관지진(貞観地震, 869년)의 재현이라고 한다. 산업기술총합연구소 초빙연구원 산가와 아키라(寒川旭) 씨(지진고고학)는 "정관지진이 일어난 9세기경의 일본은 지진이 많은 시기였다. 최근의 경향으로 보아 현대도 같은 활동기에 들어간 것이 아닐까"하는 견해를 갖고 있다.

일본은 태평양 플레이트, 북미 플레이트, 필리핀해 플레이트, 유라시아 플레이트의 4개 플레이트가 서로 부딪히는 세계에서도 드문 지진의 소굴이다. 한신대지진(1995년) 이후, 일본은 지진 활동기에 들어가 금세기 중에 또다시 대형지진이 일어날 것이라는 견해는 다른 전문가 간에서도 강해지고 있다.

동일본대지진 이후 정부와 연구자들은 지진 피해 상정을 새롭게 재검토하고, 과거 2,000년 이상에 걸친 지진·쓰나미 흔적조사에 착수했다. 정부 지진조사연구추진본부가 정리한 장기예측에 의하면, 태평양 외해 '난카이(南海)트러프'를 진원으로 하는 M8 이상의 지진이 10년 이내에 발생할 확률은 20%, 30년 이내로는 60~70%가 된다. 동일본대지진의 진원에 가까운 산리쿠(三陸) 외해 북부에서 보소(房総) 외해의 범위에서는, M8 이상의 지진이 10년 이내에 일어날 확률은 9%, 30년 이내로는 30%로, 이 지역에서는 지진 전의 예측보다도 확률이 높아졌다(2011년 시점).

도시화가 진전되고 있는 일본에서는 매립지 액상화(液状化)[144]와 교외 조성지의 붕괴(地滑), 고층건축물의 흔들림(長周期地震動) 등 예상되는 피해도 복잡해지고 있다.

플레이트의 침입(沈込)에 수반되는 활발한 마그마 활동으로 화산 분화도 빈발한다. 2011년 초에는 규슈 남부 신모에다케(新燃岳) 분화[145]도 있었고, 사쿠라지마(桜島)[146]에서도 요즘 폭발적 분화 횟수가 늘고 있다.

이 '재해다발열도'에 국내최다의 우량을 기록하고 기이반도(紀伊半島)에 토사붕괴로 하천을 막아 호수(堰止湖)를 만든 2011년 여름의 태풍 12호 등[147], 최근에는 게릴라 호우와 대형 태풍, 무더위가 눈에 띄게 많아졌다. 전문가는 '극단기상'이라고 부르며 경계하고 있다.

기상청 통계에 의하면 일본에서는 이 100년 동안 큰비(大雨)의 빈도가 늘고 있다. 원인은 해명되지 않았지만 인간활동에 따른 지구규모의 영향을 받았다고 보인다.

기후변동에 관한 정부 간 패널(IPCC)이 2011년 발표한 극단기상에 관한 특별보고서에 의하면, 2046~2065년의 동아시아에서는, 20세기 말에는 20년에 한 번의 빈도였던 고온이 3~5년에 한 번으로까지 늘고, 20년에 한 번이었던 큰비가 10년에 한 번이 될 것이라고 예측되고 있다.

기모토 마사히데(木本昌秀) 도쿄대학 대기해양연구소 부소장은 "기후가 변화하고 있기 때문에 도시계획 그 자체에서 방재태세를 재검토할 필요가 있다. 종래와 같은 생각으로는 대응하기 힘들다"고 말한다.

이러한 지구규모의 영향에 의한 해외 사례가 2011년 여름에 타이를 엄습한 대홍수다. 600명 이상이 희생되고 중부의 아유타야, 파토무타니현에 입지한 총 7개소의 공업단지가 수몰, 약 450사의 일본계 공장이 수몰했다.

타이에서는 매년처럼 국내에서 홍수가 발생하고 있지만 2011년 여름의 대홍수는 규모, 기간 모두 과거 최대급이다. 아유타야 등에서는 2011년 9월부터 침수피해가 현저해져, 피크를 넘어서서도 방콕 주변 등 일부에서 침수상태가 계속되었다.

타이의 치수전문가는 누구나가 다 태풍 등으로 강우량이 예년을 상회, 하천의 배수능력을 넘어서 물이 넘쳐흐른 것이 미증유의 홍수의 주 요인이라고 지적한다.

타이 기상청의 솜차이 씨는 2011년 3월에 몬슨의 영향으로 건기임에도 불구하고 타이 북부에서 우량이 늘어, 통상은 5월경에 시작되는 우기를 앞두고 북부를 중심으로 댐 저수량이 증가한 것을 지적한다. 나아가 6월과 7월에는 두 개의 사이클론이 덮쳐 "금년(2011년)은 비가 내리는 것이 예년보다 매우 빨랐다"고 말한다.

우량도 이상적으로 많아 타이 북부에서는 예년보다 40% 증가한 과거 최고를 기록하고, 중부에서도 20%가 증가하였다.

타이 정부가 치수대책 등을 검토하기 위해 2011년 11월에 설치한 '수자원관리 전략위원회' 위원을 역임하는 프라못트 씨는, "6월부터 8월에 걸쳐 특히 많은 비가 내려, 흘러든 물이 강의 용량을 넘었다. 아유타야 북방에 있는 나콘사완현의 차오프라야강에서는 8월 중순에 수위가 제방을 넘어서 물이 넘쳐흘렀다"고 말한다.

차오프라야강은 아유타야지구에서 1초간 약 1,500만 톤의 수량을 처리하지만, 2011년 9월에 상류로부터 밀려든 수량은 3,500만 톤에 달했다고 한다.

근년에는 1995년에 큰 홍수피해가 발생했으나, 아유타야 북방의 차오프라야강에서 수위가 제방을 넘은 기간은, 당시가 10월 중순의 약 2주간이었는데 대해, 2011년은 9월 상순부터 11월 상순까지의 2개월에 미치고 있다. 이 동안 물은 강에서 평야부로 계속 유입되어, 아유타야에서 방콕 방면을 향해 침수지역이 점점 늘었다.

수도 방콕에서도 북부의 돈무안공항 주변과 차오프라야강 서안지구를 중심으로 침수 피해를 입었다.

방콕에서 수자원관리 컨설턴트 회사를 경영하는 현지 카세사트대학의 전 준교수 츄키얏트 씨는, 1995년의 홍수와 비교해서, 경제발전으로 도시화가 진전되었기 때문에 물이 바다로 빠지는 루트가 막힌 것이 홍수의 장기화로 이어졌다고 지적한다. "1995년 당시는 논이 저수나 배수 루트로서 기능했었는데, 주택화와 상업시설, 빌딩, 공장 등이 건설되어 물이 빠지는 것을 막는 장해물이 늘었다"고 하는 것이다. 이상강우와 도시개발 2점이 홍수의 대규모화와 장기화를 초래한 요인이다. 실제 돈무안지구에서 자택이 침수된 한 주민은 "1995년 홍수 때는 이 지구는 물이 넘어오지 않아 안전했다. 당시와 비교해서 논이 줄고, 주택과 포장도로가 건설되었기 때문에 물이 여기로 넘쳐흘러왔다"고 말했다.

1950년대 이후 도시 발전에 맞추어 홍수, 치수대책이 강구되기는 했다. 그래도 도시계획 상 치수의 관점은 충분하지 않았다는 것이 된다. 프라못트 씨는 금후에도 대규모 홍수가 발생할 가능성은 완전히는 부정할 수 없다고 하면서, 정부가 논 등의 토지를 매수하든지 보상금을 내서 빌리든지 해서 "물을 바다와 강으로 흘려보내기 위한 '길'을 건설할 필요가 있다"고 경종을 울리고 있다. 일본, 특히 '물에 약하다'는 도쿄에서도 방콕의 '교훈'에서 배워야 할 점이 많을 것이다.

인도, 타이, 중국 남부에 걸쳐서는 대규모 삼각주(메가 델타)가 집중해 있다. 델타에는 범람한 물을 수용하는 수용처와 배수하는 배수로로서의 역할이 있는데, 20세기 후반부터 시작된 개발로 야기된 델타 축소가 홍수의 대규모화와 장기화와도 관계되고 있다고 한다. 온난화만으로는 설명할 수 없는 대규모 재해가 세계 차원에서 늘고 있다.

전후, 기적으로 불리는 경제부흥과 발전을 이룩한 일본이 처했던 시대는 일본열도의 역사로 보면 재해가 적은 기간이었다는 지적도 있다. 재해에 취약한 요소를 안고 있는 도쿄와 도카이 지역에 산업과 인구를 모을 수 있었던 것도 그러한 '행운'의 도움을 받았기 때문일지도 모른다.

1,000년 주기에 대한 '대비'

동일본대지진 이후, 일본에서는 종래의 피해 상정을 재검토하는 등 새로운 자연재해에 대한 대비가 시작되었지만, 격렬한 흔들림, 쓰나미, 지반·토사 재해, 인프라 파괴 등 다기에 걸친 피해에 대응하기에는 막대한 비용과 시간이 들어, 어디까지 실현할 수 있을지 알 수 없다. 대재해에 대한 대비를 잘못하면 지금까지 쌓아온 것조차 무용지물이 될 우려도 있다.

그러나 1,000년에 한 번이라는 초저빈도의 재해나 과거의 상식이 통용되지 않는 극단기상에 과연 어디까지 대비해야 좋을 것인가.

동일본대지진에서는 방조제의 높이가 운명을 갈랐다.

이와테현 미야코시(宮古市) 다로(田老)에 있는 높이 약 10미터의 방조제는 쓰나미가 타고 넘었고, 후다이촌(普代村)의 높이 15미터를 넘는 수문과 히로노정(洋野町)의 높이 12미터의 방조제는 쓰나미를 막았다. 1978년에 완성된 다로방조제 건설비는 당시 금액으로 4억 엔 이상, 1984년 완성된 후다이 수문은 35억 엔. 쓰나미로 무너진 가마이시항(釜石港)의 만입구방파제(湾口防波堤)는 1,200억 엔이었다.

방조제를 높게 하면 안전성이 높아진다는 것이 틀리지 않다고 해도 국소적으로는 15미터를 넘는 쓰나미가 밀려올 가능성도 있다. 난카이 트러프에서 상정되는 거대지진(M9)에서는 최대 30미터를 넘는 쓰나미가 밀려올 것으로도 예상되고 있다. 모든 쓰나미에 대응할 수 있는 높이까지 방조제를 높이 쌓아올리면 비용이 따라가지 못한다.

전국지사회장을 역임한 아소 와타루 전 후쿠시마현 지사는 "1,000년에 한 번 일어나는 것을 상정해서 재해대책을 세울 수는 없다. 돈이 얼마만큼 들지 알지 못한다. 결국은 (돈이 드는) 시설보다 피난훈련 등 제도적 대응이 중요한 것이 아닐까"하고 말한다.

극단기상에 대해서도 한계를 지적하는 소리가 있다. 국토교통성의 심의회에서는 "격화하는 재해를 완전히 막기는 어렵다"면서, 하천 범람을 모두 저지한다고 하는 종래의 사고방식으로부터 전환이 필요하다는 논의가 있었다.

이러한 재해에 지금 이상으로 눈을 돌리자고 하는 흐름도 있다.

국내의 대규모 화산은 문명이 경험하지 않은 1만 년에서 수만 년에 한번이라는 초저빈도의 '파국분화(破局噴火)'를 일으킬 가능성이 있으며, 혹시 일어난다면 국가만이 아니라 지구 전체에 위기가 미친다. 일본화산학회 전문가들이 정부 담당자를 포함한 심포지엄 개최와 리스크 평가 등에 나서기 시작했다.

미국에서도 일본으로 말할 것 같으면 '경도(輕度)'라고 해야 할 지진이 행정기관과 전문가의 대응을 크게 바꾸었다. 2011년 8월에 발생한, 동부에서는 19세기말 이래의 규모라고 하는 진도(M) 5.8 지진이 그것이다.

흔들림은 진도 4 정도로 부상자도 거의 없었지만, 이 지역에서 같은 규모의 지진은 1897년 이래로 진귀해서 "일생에 한번 있을까 말까"(미 지진학자)한 사건에 당황해서 어찌할 바를 몰랐던 것이다. 워싱턴 DC의 거리는 건물에서 옥외로 대피한 사람들로 넘쳐흐르고, 공항과 철도도 일시 운행을 멈추었다.[148]

미국에서는 1970년대까지 본격적인 내진기준이 도입되지 않았으며, 특히 동해안에 많은 오래된 건물은 지진에 약하다. 워싱턴대성당은 첨탑 선단이 부서져 지면으로 낙하하고, 관광객에게 인기인 수도의 심벌 워싱턴기념탑도 금이 가 안전성을 점검하기 위해 폐쇄되었다. 미 의회에 가까운 수도의 현관 유니온역도 1907년 건설한 낡은 천정이 일부 벗겨져 수리에 반 년 이상 걸릴 것으로 진단되었다. 특히 심각했던 것은 진원에 가까운 버지니아주의 노스안나(North Anna) 원자력발전소가 자동정지한 것이다. 진동 설정치가 낮았기 때문이다. 미 전문가 사이에서는 "동해안의 느슨한 내진기준이 지진재해 리스크를 높이고 있다"며 위험성을 지적하는 소리가 이어졌다.

한편, 타이 대홍수와 같은 델타지역의 재해를 막기 위해 미국의 환경전문가들은 2013년을 '국제삼각주의 해'로 정하고, 국제회의를 개최하자는 제안도 하고 있다.

동일본대지진에 의한 경제손실은 16.9조 엔(원전사고 제외). 인프라(사회자본) 재건만으로도 2.2조 엔이 걸릴 것이라고 하는 가운데, 만전이라고는 말할 수 없어도 재해에 대한 대비를 보다 강고히 하는 '투자'

를 함으로써, 장래의 재해에 의한 손실을 저감하는 길을 찾는 쪽이 재정면에서도 바람직하다는 의견도 있다.

일본은 모든 자연재해 리스크에 둘러싸여 있다. 35년 전에 도카이 지진의 위험성을 지적한 이시하시 가츠히코(石橋克彦) 고베대학 명예교수는 "도쿄가 발전해온 것은 대도시권의 평지였기 때문으로, 결국 지반이 나쁘다는 것"이라고 지적했다. 재해에 대해 '약한' 지형, 지리적 조건이 경제발전의 '강점'이었다는 셈이다.

그런 뒤에, 이시하시 명예교수는 "앞으로의 시대는 M7급의 내륙지진도 수도권직하지진도 난카이트러프 지진도 일어난다. 더구나, 도시구조는 복잡해지고 취약해지고 있다. 경제효율에 맞추는 것이 아니라, 국토의 자연조건을 인식하고, 거기에 적합한 사회 건설을 추진할 필요가 있다. 재해대국 일본이기 때문에 세계에 발신할 수 있는 것이 있을 것"이라고 설명한다.

'위험한 장소'에 사는 '자유'란

위험한 장소라고 알고 있으면서도 고향에 대한 집착을 버릴 수 없다. 그런 인간의 모습은 어디나 같은 것 같다.

2005년에 대형 허리케인 '카트리나'가 엄습한 미 남부 루이지애나주 뉴올리언스. '쿵'하는 기계음과 함께 45초마다 약 20센티미터의 속도로 집이 위로 솟아오른다. 침수를 막을 고상화(高床化) 공사다. 작업시간은 불과 6시간이라고 한다.

미 남부 루이지애나주 뉴올리언스에서 허리케인 대책으로 지반을 올려 고상화된 주택
(2011년 12월 촬영)

착착 모습을 드러낸 고상식 주거 공사는 매우 간단했다. 바닥 밑에 콘크리트 덩어리를 메우는 등 준비에 1주간. 거주자가 집을 비우는 것은 1일뿐으로, 6시간이면 공사는 종료된다.

"세 번의 침수를 경험했는데, 지금은 쾌적해요."

제방이 무너져 2개월의 피난생활을 보낸 69세의 레니 아카드 씨는 만족스러운 표정으로 말했다. 2011년 고상화에 착수, 집은 재해를 입기 전보다 약 1미터 높아졌다.

루이지애나주 정부는 2006년에 부흥대책 '고향으로 가는 길 계획'[149]을 책정했다. 가옥 재건이나 주 밖으로 이전하는 선택지를 주민에게 주고 보조금을 준 것이다. 그러나 재해를 입은 주민의 88%는 이주를 거부했다.

"여기가 우리 집. 골수까지 뉴올리언스 시민이니까" 하면서 아카드 씨와 66세의 아내 린 씨는 입을 모았다.

재해 후 주민이 주 밖으로 유출되어 뉴올리언스 인구는 반으로 줄었으나, 원래 자택을 갖고 있던 주민은 이주 같은 것 안중에도 없다.

2007년에는 빈곤지구의 노후화한 공영단지 4,500세대분이 재해를 입어 위험한 상태에 놓여 있다고 해서 뉴올리언스 시의회가 철거를 결정하자, '강제이전'으로 받아들인 주민들이 맹렬히 반대하며 경찰과 충돌하는 사태도 발생했다. 주민들은 당국 주도의 이전으로 자기들의 권리가 부당하게 훼손될 것이라고 경계했던 것이다. 빈터에는 그 후 뉴올리언스시가 저가주택을 재건했으나 이전에 대한 거부감은 강하다.

루이지애나주 당국은 재해를 줄이는 '감재(減災)' 대책으로서 제방 강화와 배수펌프 용량을 늘렸다. 그리고 고상식 주거로 개축할 것을 장려, 3만 달러의 보조금을 주었지만 3년간에 보조를 받은 2만 9,000세대 중 고상식 주거를 택하지 않았던 세대나 공사 증거서류를 제출하지 않았던 주민은 총 37%에나 달했다.

"문제는 돈이요. 3만 달러로는 부족했다"고 린 씨는 말한다.

아카드 씨 부부가 고상화를 실현할 수 있었던 것은 연방긴급사태관리청(FEMA)이 2009년, 실비정산을 조건으로 최고 10만 달러의 추가 보조를 해주는 결정을 했기 때문이다. 집 높이는 100년에 한 번의 홍수 가능성을 제시하는 FEMA의 기준으로 결정, 해안선 연변에서는 2미터가 넘는 고상식 주거도 많다.

2009년에 2.8미터의 고상식으로 개조한 68세의 제니스 세라미 씨는 "금년(2011년)에도 홍수가 났지만 피난하지 않았다. 저기에 있었으니까" 하며 머리 위의 '1층'을 손으로 가리켰다. 70세의 남편 아르 씨도 "아래는 차고와 창고로 쓸 수 있으니까, 형편이 좋아요"하며 만족해했다.

루이지애나주 내에서는 15억 달러를 투자한 고상화가 본격화되어, 개축 예상 1만 5,000세대라는 숫자에, 건설회사 '올리언즈 쇼어링'의

크리스챤 칸시엔 사장은 “경제효과는 엄청나고, 종업원이 재해를 입기 전의 50명에서 600명으로 늘었다”고 말한다.

루이지애나주 지역개발국의 크리스티나 스티븐즈 대변인에 따르면 고상화는 주택 감재대책으로는 미 사상 최대규모였다. “고상화로 장래 40억 달러의 손해를 피할 수 있다는 계산”이라고도 말한다.

지역경제를 자극하고 40억 달러나 되는 손해를 피할 수 있게 된다면 감재를 위한 ‘수지’는 플러스라는 셈이다.

태평양을 사이에 둔 일본에서는 주민집회에서 행정기관이 제시한 부흥계획안에 주민이 반발하고 있었다.

2011년 11월 27일, 미야기현 이시노마키시(石巻市) 오가츠지구(雄勝地区). 주민이 반발한 이유는, 원래 거주지역을 재해위험구역으로 지정해서 살 수 없게 하고, 높은 곳으로 이전하는 것을 촉구하는 내용이었기 때문이다.

동일본대지진으로 이 지구의 70%를 넘는 약 1,200세대가 쓰나미로 떠내려가 사망자·행방불명자는 약 260명. 그래도 중심부에서 잡화점을 운영하고 있던 66세의 여성은 “토지를 쌓아올려, 원래 장소에서 장사를 하면서 살고 싶다”고 호소했다. 이시노마키시 담당자는 “고지대 이전은 약 2년에 끝난다. 지반을 쌓아올리는 공사는 10년 이상 걸리는데다 액상화 염려가 있다”고 설명해도 주민은 납득할 수 없었다.

같은 재해지역 가운데서 이전 희망자와 남고 싶다는 사람으로 의견이 엇갈려 행정기관은 대응하기 어렵다. 센다이시에서도 쓰나미 재해지역을 재해위험구역으로 지정했는데, 신축은 할 수 없어도, 부서진 집을 수리해서 사는 것은 막을 수 없다.

그 후, 몇 개의 집락에서 고지대 이전이 결정되어 사업을 시작했지만, ‘위험한 장소’라고 알고 있으면서도 간단히 이주하지는 못하는 것이 인정(人情)이라는 것일 것이다.

1991년에 운젠후겐다케(雲仙普賢岳)의 화쇄류로 많은 희생자를 낸 나가사키현 시마바라시(島原市)에서는 분화 당시, 주민 출입을 금지하는 경계구역을 전국에서 처음으로 주택밀집지에 설정했다. 그 후 지정이 서서히 해제되자 사람들은 고향으로 돌아오기 시작했다.[150)]

그 한 예로, 15세대 61명이 사는 시마바라시 시라타니마치(白谷町, 2011년 11월 현재)는 인접하는 기타가미고바마치(北上木場町) 일부에 지금도 경계구역이 남아 있다.[151)]

행정기관이 인정한 바로는 '안전'한 곳에 돌아온 셈이지만, 어디까지가 안전하고, 어디부터가 위험한가, 인위적으로 그어진 한 선이 절대적일 리가 없다. 규슈의 지방공공단체장 경험자는 "장래의 분화 위험을 생각하면 가능한 한 산기슭에 돌아오게 하고 싶지 않지만, 위험해도 상관없다는 주민의 기분은 어쩔 수 없다"고 말한다.

미국 뉴올리언스의 조처는 이러한 인정과 안전성을 양립시키기 위한 하나의 지혜라고 할 수 있을 것이다. 다만, 동일본대지진 재해지역의 경우, 쓸 수 있는 예산 규모에 비해 도우지 않으면 안 되는 재해자가 많다. 경제성장의 정체가 계속되는 가운데 미국과 같은 수법을 취하기는 어렵다. 분화로 인한 재해 위험을 줄이기 위해서는 화산 가까이에 살지 않는 것이 유효하지만, 그것도 곤란하다.

더욱 문제인 것은 '위험한 장소'라고 알고 있으면서, 그곳을 '위험'이라고 인정하지 않는 '주민 에고'라고도 할 수 있는 태도가 횡행하고 있는 것이다.

운젠후겐다케의 예는 그래도 확실히 악질적인 '주민 에고'가 존재한다고 한다. 복수의 현청에 파견근무를 한 경험이 있는 한 중앙 관료는 "자연재해에 대한 두려움으로 구역지정을 하려고 해도 주민이 반대하고, 지방공공단체도 단행하지 못하는 사례를 몇 번이나 보았다"며 자신의 경험을 털어 놓았다. 벼랑 아래에 있는 주택이나 천정천보다 낮은 장소에 밀집해 있는 주택 등 벼랑 붕괴나 홍수로 위험이 뻔한 장소가, 행정적으로 위험하다고 인정되지 않는 것은 주민이 갖은 수단으로 저항하고, 행정도 '귀찮은 일에 얽히고 싶지 않다'고 하는 무사안일주의로 기울고 말기 때문이라는 설명이다.

모리치 시게루(森地茂) 정책연구대학원대학 특별교수는 "이번 지진의 반성은 해저드맵이 정확하지 않았다는 것. 행정이 '위험'하다고 지정하면 토지 가격이 떨어져 재산권 침해라고 주장하는 것이 영향을 미친 때도 있다. 모든 지역에서 맵이 정확하게 만들어져 있는지 어떤지, 확인할 필요가 있다"고 지적한다.

도쿄 도심에 집중되어 있는 '목조과밀주택가', 이른바 '모쿠미츠(木密)'만 하더라도 똑같다고 말할 수 있다. 가옥의 도괴나 연소를 막기 위한 조치를 시행하는 데는 돈도 노력도 필요하다. '사권절대'를 주장하고, 이러한 대책을 취하는 것을 거부하거나 뒤로 미뤄둠으로써 도시 전체의 위험성, 취약성이 높아진다는 생각이 주민 간에는 부족한 것처럼 보인다.

국토교통성은 2012년 10월 12일, 대규모 지진이 발생한 경우 화재가 번질 위험성이 높고, 피난이 곤란한 '현저하게 위험한 밀집시가지'가 17도부현(都府県)에 총 5,745헥타르(197지구)가 있다고 발표했다. 도도부현별로는 오사카가 2,248헥타르(11지구), 이어서 도쿄 1,683헥타르(113지구) 순이다. 일본 경제 재생의 견인력이 되어야 할 두 대도시가 이런 취약성을 안고 있어서는 '약점'을 '강점'으로 바꾸는 것은 아무래도 추진할 수 없을 것이다. "어디에 살든, 내 맘대로다"라고 하는 주민 목소리의 배경에는 바로 토지에 관해서는 '사권절대'라는 사상을 갖고 살아온 일본 사회의 '전통'이 있다. 가옥이 부서진 경우, 자력 재건이 일본의 '원칙'이기는 하지만 다양한 형태로 세금이 투입되고 있다. 재해로 자택을 잃은 사람을 위해 가설주택을 건설하는 등으로 해서,

이러한 세대의 '자립'까지 행정기관이 관여하는 경우, 1세대 당 공적지출은 1,500만 엔 가까이 들 것이라는 시산도 있다. '사권절대'라는 사상으로 재정이 압박을 당하고, 그 밖의 우선적 정책과 긴급한 과제에 자금을 쓸 수 없게 된다면 국가나 지방공공단체 그 자체가 침몰한다.

아무리 거액의 자금을 투입해도 방재에는 한계가 있다. 그래도 지리상의 위험에 눈을 감고, 재해가 발생하면 결국은 '공조(公助)'에 의존하게 된다는 것을 알고 있으면서 '사권절대'를 주창하며 계속해서 살아갈 것인가.

그렇지 않으면, 생명을 지키기 위해, 그리고 국가와 지방공공단체라고 하는 '배' 전체가 가라앉지 않도록 '공공우선'의 발상을 가질 것인가.

재해의 대규모화와 빈발화가 염려되는 가운데 국민 전체에게 주어진 물음은 무겁다.

리던던시(대체성·보완성)

"오츠치고교(大槌高校)에 500명이 피난해 있는데 물도 식량도 전혀 없다."[152)]

2011년 3월 12일 오전 1시 40분, 이와테현 도노시청에 동일본대지진으로 재해를 입은 가마이시시(釜石市)의 남성이 뛰어들었다. 도노시(遠野市)는 바로 직원을 보냈다.

'민화의 마을'로 유명한 도노시는 산리쿠연안(三陸沿岸)과 내륙을 잇는 부챗살의 중심에 해당하여 방사상으로 국도가 뻗어 있다. 연안의 리쿠젠타카타시(陸前高田市)나 오후나토시(大船渡市), 가마이시시까지

차로 1시간이다. 이 지리적 이점을 살리자고 도노시 혼다 도시아키(本田敏秋) 시장은 2007년에 후방지원거점 구상을 내세우고 쓰나미 재해에 대비해 왔다.

'빗살'작전으로 확보한 구원 루트

지진 발생 14분 후에는 도노 시내 도노운동공원을 자위대와 경찰, 소방, 의료팀의 전진기지로 개방하고, 그 후에는 전국으로부터 온 구원물자를 재해지역에 전달하고, 5만 9,000명이 넘는 재해 자원봉사자를 파견했다. 혼다 시장은 "인구감소 시대에 들어서, 시정촌은 서로 보완하는 것 같은 연계가 중요하다. 도로망이 수행하는 역할은 크다"고 설명한다.

센다이시(仙台市)에 있는 국토교통성 도호쿠지방정비국은 지진 후, 내륙의 국도4호와 연안부를 동서로 연결하는 구원 루트를 개척하는 '빗살' 작전을 전개했다. 대상 루트를 우선 복구한 결과, 4일 후에는 15개 루트에서 긴급차량을 투입할 수 있게 되었다.

이러한 눈으로 일본열도를 보면 도로정비가 눈에 띄게 뒤처진 곳이 도카이·도난카이·난카이의 3연동 지진으로 쓰나미 피해가 상정되는 고치현 등 시코쿠 남부의 연안지역이다. 연안부의 국도가 끊어지면 대체로가 없고 약 20만 명이 고립될 염려가 있다.

고이즈미 정권 이후의 공공사업 삭감의 흐름은 효율만을 우선하여 리던던시(대체성·보완성)라는 발상이 부족했다.

이에다 히토시(家田仁) 도쿄대학 교수(사회기반학)는 "도로정비에는 교통량이 많은 것만이 아니라, 재해 시에 지역을 고립시키지 않는 관점도 빼놓을 수 없다"고 지적한다.

'감재(減災)' 관점에서도 고규격도로[153]는 재평가 받고 있다. 미야기현 센다이동부도로가 쓰나미 피난장소나 방파제 역할을 했기 때문이다. 고가식보다 건설비가 싼 성토식 구조가 도움을 주었다. 쓰나미가 발생했을 때 도쿄~나고야 간 도메이(東名)고속도로의 법면에 피난할 수 있도록 중일본고속도로(나고야시)와 협정을 체결한 시즈오카현 야이즈시(焼津市), 시즈오카시와 같은 움직임이 각지에서 일어나고 있다.

"도호쿠신칸센[154]이 탈선하지 않았을까?"

JR동일본에서 설비부문을 담당하는 야기시타 나오미치(柳下尚道) 상무는 지진 당일, 도쿄 신주쿠역전 본사 빌딩 27층에서 큰 흔들림이 엄습했을 때 최악의 사태가 뇌리를 스쳐갔다.

그 순간에 영업운전 중인 도호쿠신칸센은 27본. '조기지진검지 시스템'에 의해 큰 흔들림 9초 전부터 비상 브레이크가 걸려 탈선을 피했다. 다만, 전주 몇 개가 쓰러지는 상정 외의 피해가 발생하여 열차와 충돌할 염려도 있었다. 야기시타 상무는 "안전신화 같은 것, 어디에도 없다. 노력을 쌓아 올리는 것밖에 방법은 없다"고 강조한다.

각지의 교통망이 '그 때'에 사회의 생명선이 되기 위해서는 리던던시를 높여갈 필요가 있다. 지역에만 맡겨서는 '빗살'과 같은 도로망은 만들 수 없다. 광역권과 국가가 계획적으로 정비하면 많은 생명을 구하는 강인한 도로망이 만들어질지도 모른다.

한정된 재정과 긴급성의 균형을 생각할 때에는 이러한 '부감적(俯瞰的) 시점'을 어떻게 가질 것인가가 열쇠가 된다.

자연에 의한 '감재(減災)'

벨기에와의 국경에서 30킬로미터 정도 떨어진 네덜란드 남부 와스피크. 프랑스가 원류인 무즈강이 나뉘어지며, 베르후세 마스로 이름을 바꾼 강이 흐르는 인구 약 5,000명의 마을이다.

이 베르후세 마스강에서 약 1킬로미터 지점에 흙을 쌓아 신설된 높이 6미터의 고대(古台) 위에서 중기가 흙을 평탄하게 고르는 작업을 계속하고 있다.

공사는 강변에 설치되어 있는 제방을 2.5미터 높이로 깎아내 급격하게 물이 늘어날 때 목초지를 유수지로 활용하는 홍수대책의 일환이다. 약 2만 제곱미터 정도의 광대한 고대는 하천부지에서 대대로 낙농을 영위하는 마르크 브루크만 씨의 자택과 우사가 이전할 곳이다.

2015년 사업이 완료되면 홍수를 막는 성채 역할은 베르후세 마스강에서 3킬로미터 떨어진 구 제방이 맡는다. 목초지를 희생해서 피해 확대를 막는 '감재(減災)'란 발상에 바탕을 두고 있다.

브루크만 씨는 정부 계획에 협력해서 고대로 이전하기로 결의한 낙농가 8명 중의 한 사람이다. 하천 부지에 있는 브루크만 씨의 목초지는 25년에 한 번의 확률로 수몰할 염려가 있는데, "홍수와 이웃하는 생활은 아직 시작한 것이 아니다. 새로운 출발로 생각하고 있다"고 전향적으로 받아들인다.

정부에 하천부지의 자택과 우사를 높은 값에 팔고, 수몰 시의 손실보상도 받을 수 있는 좋은 조건에 매혹된 면도 있다. 새집의 넓이는 1.5배, 소 보유 두수도 30두 늘어나 120두가 된다.

네덜란드에서는 2007년 이후, 와스피크를 포함한 전국 39개소에서 유수지를 만들거나 강바닥을 굴착해서 유량을 늘리거나 하는 '강에

보다 많은 공간을' 이라고 이름 붙인 정부의 치수사업이 2015년 완료를 목표로 추진되고 있다.

네덜란드는 규슈와 같은 규모의 국토 중 약 4분의 1이 해면 아래에 위치하는 저지국가다. 무즈, 라인, 스헤르데 등 서유럽 3대 하천이 흘러드는 삼각주이기도 해서 북해의 고조(高潮)에다 하천 범람이라는 위협에도 노출되어 있다.

총사업비 230억 유로(약 2조 2,500억 엔)를 투입하는 치수사업의 기본방침은 '할 수 있는 한 자연을 살리는 것'. 북해 연안에 40년 이상의 세월을 투자하여 10개 이상의 거대한 콘크리트 방조제와 수문을 연결해서 침수방지를 최우선시해 온 종래의 치수대책과는 사고방식이 180도 바뀌었다.

방침 전환의 최대 요인은 1990년대 이후의 지구온난화 문제 부상에 따른 심각한 위협에 있다.

해면 수위 상승에 따른 고조로 수도 암스텔담과 정치의 중심지 헤이그가 침수하거나 국가 기능이 마비 상태에 빠질 위험성이 지적되었다.

1995년 발생한 집중호우 때는 주요 하천변에 둘러쳐져 있는 제방이 각지에서 무너져, 25만 명이 피난하지 않을 수 없게 되었고, 물을 구조물로 억제하는 대책의 한계도 드러났다. 네덜란드 정부는 전 인구의 4분의 1에 해당하는 400만 명이 하천 홍수로 재해를 입을 가능성이 있다고 추계한다.

하천치수사업 부책임자를 맡고 있는 벤 브룬스 씨는 "제방을 높이는 방법은 비용면에서도 수지가 맞지 않는다. 우리들은 가능한 한 자연을 존중하는 길을 택했다"고 설명한다.

네덜란드 정부가 2009년에 발표한 향후 100년간의 치수대책의 기본방침 '국가 물관리 계획'도 물과의 관계방식에 대해 '싸움'이 아닌 '공존'을 내걸었다. 고조대책의 핵심에는 연간 1,200만 입방미터의 모래를 사용해서 해안선의 사구를 높이거나 폭을 넓히는 수법을 적용했다.

국가 물관리 계획을 실행에 옮기기 위해 정부가 설치한 델타계획위원회의 빔 카이켄 위원장은 "국가 존망에 관계되는 위협에 맞서기 위해서는 대담한 발상의 전환과 오랜 준비가 필요하다"고 강조하고 있다.

일본에서는 2011년 7월 '니가타·후쿠시마 호우'[155)]에서 유수지가 효과를 발휘했다.

2004년 7월에 발생한 호우로 인한 제방 붕괴를 계기로 니가타현의 가리야타가와(刈谷田川. 長岡市, 見附市시 등)에서는 제방 일부를 2, 3미터 낮게 한 월류제(越流堤)가 2011년 3월말에 완성되었다. 호우 시에는 상류부의 논에 일시적으로 강물을 끌어넣어 유수지화하여, 인구가 집중되어 있는 하류부의 수위를 낮춘다.

가리야타가와 유역에서는, 과거의 수해 데이터에서 '100년에 한 번의 홍수=24시간 강우량 360밀리미터'로 하여, 이에 견딜 수 있도록 약 30년 전에 가리야타가와 댐이 축조되었다. 그러나 2004년의 호우[156)]는 24시간에 426밀리미터(총강우량 433밀리미터)가 상류에 쏟아져 6개소에서 제방이 붕괴, 나가오카시 나카노시마(中之島) 지역에서는 자택에 남겨진 고령자 3명이 사망했다.

수해 직후, 지역에서 상류에 새로운 댐을 조성하자는 요망이 있었지만 상류 유역의 지질이 댐을 만드는 데는 약하여, 논을 유수지로 이용하는 안이 선정되었다. 91헥타르의 논이 수용하는 수량은 가리야타가와 댐의 매초 약 170톤을 상회하는 매초 약 200톤, 총 사업비는 43억 엔으로 댐 신설보다 비용도 공기도 절약할 수 있었다.

자연의 맹위를 인공물로 막기만 하는 것이 아니라, 부드럽게 '받아들여 흘려보내는' 발상은 삼림의 적절한 관리를 방재에 연결하자고 하는 노력에서도 볼 수 있다.

나가노현은 2006년 7월 오카야시(岡谷市)에서 토석이 흘러내려 모두 12명이 사망한 것[157]을 교훈으로 '재해에 강한 삼림 조성 지침'[158]을 2008년 1월에 책정했다. 전문가들의 조사로는, 정기적으로 간벌이 이루어진 장소는 붕괴되지 않고, 황폐된 숲에서는 나무뿌리가 가늘어서 사면 붕괴가 이어졌다는 것이 판명되었다. 지침은 '적지적목(適地適木)·적정관리'를 내걸고 현이 간벌과 입지환경에 적합한 수목 식재 등을 중점적으로 하고 있다. 주민이 주최하는 식수행사도 열리는 등 현민에게도 정착되었다고 한다.

효고현에서는 2004년에 꼬리를 문 태풍피해를 계기로 현민이 총참가하여 '재해에 강한 숲 가꾸기'에 매진하자며, 2006년도에 '현민녹세'(개인의 경우, 현민세에 년 800엔을 더 부과)[159]를 창설했다. "수원 확보와 이산화탄소 흡수는 물론 방재면에서도 삼림의 은혜는 전 현민에 미친다"(풍요로운 숲 가꾸기과)며 주민의 이해를 얻을 수 있을 것으로 생각했다. 내각부 여론조사(2007년)에서도, 삼림에 기대하는 역할로서 회답자의 48.5%가 '산사태나 홍수 등 재해의 방지'를 들었다. 효고현에서는 현민녹세를 재원으로 간벌재를 사용한 토양유출방지공사와 삼림정비 등의 사업을 총 약 1만 6,000헥타르(2010년도 말 현재)에서 실시했다.

다만, '자연과의 공생' 만으로는 재해에 강한 국토 조성은 불가능하다.

수해대책에서도 삼림에 과도한 기대는 할 수 없다는 것이 많은 전문가의 의견이다. 삼림기능을 논한 일본학술회의의 2001년 답신에서는 "중소 규모의 홍수를 완화하는 기능은 발휘해도, 대규모 홍수에서는 현저한 효과는 기대할 수 없다"고 했다.

흐름이 급하고, 높은 위치를 흐르는 '천정천'이 많은 일본의 지리적 조건에서는 상류의 사방공사, 댐, 하류의 제방 등의 조합이 계속해서 치수에 유효하다. 무계획적으로 도시가 교외로 확대되는 스프롤화로

'천정천' 연변에 빽빽히 주택이 늘어선 장소도 많다. 유수지와 같은 대책은 논이 많은 지역이라면 몰라도 도시부에서는 곤란하다.

총강우량이 약 410밀리미터에 달했던 2011년 7월의 니가타현 호우에서는 유수지가 매초 약 180톤의 물을 받아들였다. 그래도 하류에는 계획상 안전하다고 했던 초당 1,550톤을 상회하는 1,570톤의 물이 흘렀다. '범람위험수위'에 달하지 않았던 것은 "유수지 외에, 함께 시행했던 하류부에서의 제방 쌓아올리기와 하도 직선화 등의 대책이 효과를 거두었기"(현 하천관리과) 때문이라고 한다.

무시아케 가츠미(虫明功臣) 도교대학 명예교수(수문·수자원공학)는 "제방의 안전에 있어, 하천 수위가 높으면 곤란하다. 수위를 가급적 낮게 하는 것은 하천공학의 상식이다"라고 강조한다. 그런 다음에, "동일본대지진에서 관동의 모래땅 제방은 크게 흔들렸다"고 지적. 댐, 유수지, 제방강화, 하천폭 확충 등 모든 방법을 구사해서 치수에 임해야 할 것이라고 경종을 울린다.

일본 민주당 정권이 2011년 말, 2009년 중의원 선거 매니패스트(정권공약)에서 중지하기로 한 군마현 얀바(八ッ場)댐 건설 속행을 결정한 것도 "즉효성 있는 효과적인 치수 시설이 요망 된다"(당시의 마에다 다케시 국토교통상)는 것이 크게 작용했다.

구마모토현은 2011년 12월, 가와베가와(川辺川)댐 계획지 상류부에서 현영 '이츠키댐'(五木村) 건설을 중지하겠다고 발표하였으나, 지역에서는 게릴라 호우에 대한 불안의 소리가 사라지지 않는다.

댐 건설 등 대형공공사업을 둘러싸고 비판이 강했던 불필요와 비효율은 허용되지 않지만, 한편으로 민주당 매니페스트의 '콘크리트에서 사람으로'라는 발상도 '공공사업=악'이라고 하는 이원론에 빠지지 않는 유연한 대응이 필요하다.

집약에서 분산으로

동일본대지진과 타이 대홍수는 많은 기업에서 심각한 생산의 정체를 초래했다. 극한까지 생산을 효율화하자고 공장 등을 집약해온 일본 산업계의 생각지 못한 나약함을 부각시켰다. 제조업이 국가를 지탱하는 일본에 있어서, 재해에 강한 산업분산의 성패는 국가의 장래를 좌우한다고 해도 과언이 아니다.

산업용 계측기 메이커인 도쿄케이소(東京計裝)(도쿄도 미나토구)는 2011년 여름, 요코하마에 있던 주력 제품 유량계 생산시설을 본사에서 1,500킬로미터 이상 떨어진 오키나와현 우루마시(うるま市)에 일부 이전했다. 지진 후의 계획정전으로 생산계획을 세울 수 없어 "공급책임을 수행하기 위해서는 거점을 분산화할 필요가 있다"(스기 료이치 杉亮一 전무)고 통감하였기 때문이다.

시즈오카현 하마마츠시에 생산거점이 집중되어 있는 자동차 대기업 스즈키는 지진 후, 도카이지진에 대비하여 개발·생산거점의 재배치를 결정했다. 아케보노(曙)브레이크공업은 드럼 브레이크 마찰재 생산의 일부를 후쿠시마현에서 야마가타현으로 옮겼다. 셔츠 생산 대기업 야마키(山喜)는 대지진 후 한 때, 후쿠시마현 공장에서 생산하던 주문생산 상품을 긴급 시에는 나가사키현의 기성제품 공장에서도 제조하는 태세를 취했다.

한편, 많은 기업이 생산의 이전을 생각하는 곳은 아시아 등 해외다. 1달러=80엔을 넘는 엔고가 가리지 않고 기업의 등을 누른다. 그런데, 효율화를 찾아서 거점을 집약하면 재해에 대한 저항력이 약해지는 것은 국내외를 따지지 않는다. 그것이 타이 대홍수에서 현실이 되었다.

타이 대홍수는 2011년 9월 이후 중부의 아유타야에서 피해가 심각해졌으며, 파토무타니현에 걸쳐서 7개의 공업단지가 연이어서 수몰했다. 입주한 일본계 기업 약 450사의 공장이 직접적인 피해를 받았을 뿐만 아니라, 서플라이체인(부품공급망)이 완전히 끊어져 타이 국내와 주변국, 일본, 북미 등의 자동차, 전기 등의 공장 생산도 중단되는 등 타격이 세계적으로 확산되었다.

세계은행 추계로는 홍수 피해총액은 1조 3,600억 바츠(3조 3,590억 엔). 이 중 공장의 생산정지에 따른 손실액은 7,000억 바츠로 피해액의 반분을 넘는다.

광범한 업종, 지역에 영향이 확대된 것은 일본계 기업이 생산활동을 효율화하기 위해 타이에 거점을 집중시켰기 때문이다.

일본기업은 플라자합의 후의 급격한 엔고에 따라 1990년대 이후는 본격적으로 자동차, 전기업계를 중심으로 하청기업과 부품 납입 메이커를 포함한 생산 피라미드를 타이에 구축해 왔다.

아유타야 등의 공업단지는 입주기업의 반수 이상을 일본계 기업이 차지한다.

"아유타야 인근의 각 공장은 자동차에서 가전, 정밀기계까지, 모든 업종에서 2시간 이내에 필요한 부품을 조달할 수 있다"고 할 정도로 다양한 공장이 밀집해 있다.

실제, 수몰된 공업단지는 방콕에서 아유타야 방면으로 뻗은 하나의 간선도로를 따라서 입지해 있어, 가장 떨어져 있는 공업단지 사이라도 교통정체가 없으면 차로 30분 정도의 거리다. 부품 등은 동남아시아 각국과 일본, 중국, 미국 등의 생산거점으로도 수출되고 있으며, 평시에는 강력한 서플라이체인으로서 기능하고 있었다.

수위가 정점 시에 2미터 전후에 달해, 호수로 변해서 완전히 수몰한 각 공업단지에서는 물건 제조의 생명선인 금형을 공장에서 빼내기 위해 많은 일본계 기업은 타이 남부 푸켓섬 등에서 다이버를 고용, 회수에 전력을 다했다.

일본 정부도 2011년 11월 중순, 국제긴급구조대의 배수펌프차 팀을 파견하여 로쟈나, 방카디, 나와나콘에 있는 각 공업단지의 배수작업에 협력했다.

각 공업단지의 물이 거의 빠져 생산활동 복구단계에 들어갔을 때에도 1개월 이상이나 물에 잠겨 있었기 때문에 건물 내에 악취가 나고, 곰팡이가 발생한 공장이 많아 내장부터 다시 재건하지 않으면 안 되었다. 공업단지 내에 전기 공급이 재개되었어도 공장 배선반이 침수해서 교체가 필요해 공장 내에 전기를 보낼 수 없는 경우도 있었다. 침수되었던 생산설비는 청수로 세정하지 않으면 안 되어 청수 확보도 큰 문제가 되었다.

또, 타이에 생산거점을 집약함으로써 일본의 숙련노동력이 공동화하는 실태도 부각되었다. 일본 정부는 타이의 공장 생산이 중단되어 있는 동안 타이인 노동자를 일본 국내 공장에서 일을 시키는 특례를 인정했다. 타이의 일본계 기업들로부터 강한 요청이 있었기 때문이다.

로쟈나 공업단지에 진출해 있는 정밀부품 메이커 사장은 "공장을 정지하고 있는 동안 노동자를 타사에 빼앗길 염려가 있다"고 말하고, 일본에 있는 공장에서 대체 생산한다고 해도 "일본의 거점은 연구개발이 중심이라서 제품인 정밀검사기계 등을 취급하는 기능노동자가 없다. 일본인을 처음부터 기르려고 하면 6개월이 걸린다"고 말했다.

디지털 카메라 등에 사용하는 정밀유리 메이커의 현지법인 사장도 "생산현장이 이곳으로 이전해버려서 거래처와의 관계를 유지하기 위해 타이에서 검사요원 등의 숙련노동자를 30명 이상 일본에 보내, 일본인 작업원을 가르칠 필요가 있다. 그렇게 하면, 일본에 잃어버린 노하우가 다시 축적되어 장래 일본의 고용확보에도 연결된다"고 말한다.

현지의 일본계 기업 구제에 임했던 일본무역진흥기구(JETRO) 방콕

사무소의 스케가와 세이야(助川成也) 주임조사연구원은 "아유타야지구는 세계의 부품공급기지여서 홍수 영향은 세계적으로 확산되었다. 이번 교훈으로서, 일본기업은 생산거점을 배치하는 데 있어서 리스크 분산의 관점이 중요해지게 되었다. 생산과 조달처를 주변국으로 넓히는 등 리스크를 어떻게 관리할 것인가를 신중히 생각하지 않으면 안 된다"고 강조했다.

최근에는 인도네시아 등 주변국에 생산의 분산을 서두르는 일본계 기업도 적지 않다.

다만, 산업분산을 둘러싼 염려도 지적되고 있다. "코스트가 높아지는 등의 비효율을 낳고, 기업의 국제경쟁력을 떨어뜨릴 위험도 내포한다"(일본총합연구소의 히가시 히데키東秀樹 주임연구원)는 것이다. 특히 자본력이 작은 중소기업의 리스크 분산은 어려운 과제다.

노무라총합연구소의 조사에서는, 지진으로 기업의 중요업무가 정체된 이유로서 "업무에 필요한 생산거점을 이용할 수 없었다"가 45%에 달했다. 확실한 것은, 앞으로의 기업입지는 어디에나 자연재해 리스크가 있다는 전제에서, 어떻게 유연하게 대응할 수 있을까 하는 발상이 어느 시대보다도 강하게 요구되고 있다고 하는 것이다.

라이프라인

재해가 발생했을 때 사람들의 생활이나 도시기능 유지에 필요한 것을 라이프라인이라고 한다. 물이나 전기, 가스의 공급이다. 동일본대지진에서는 공급시스템의 차이에 따라 복구에 차가 생겼다.

2011년 3월 11일. 센다이시 미야기노구(宮城野区)에 있는 시 가스국 '미나토(港)공장'을 7미터를 넘는 쓰나미가 덮쳤다. 가스제조시설은 탁류에 휩쓸리고 인접 콤비나트에서도 화재가 발생했다. 직원들은 불꽃과 연기가 덮치는 가운데 가슴까지 물에 젖은 채로 겨우 빠져나갈 수 있었다. 7개 시정촌, 약 36만 호에 가스공급이 중단되었다.

피해를 파악하는 데 4일이 필요했으나, 그 후 8~9일 동안에 일부 병원과 가정 등에 공급을 재개. 2011년 4월 16일에는 이윽고 쓰나미로 집들이 떠내려간 연안부 등을 제외한 약 31만 호에 대한 공급이 가능해 졌다.

약 86만 호의 복구에 약 3개월이 걸린 1995년의 한신대지진과 비교해서 신속함이 눈에 띈다. 폴리에틸렌관 도입 등 전 업계가 추진한 지진대책이 도움이 되었다. 각 호에 대한 공급설비 복구작업에는 전국의 49개 가스사업자 연 약 7만 5,000명이 집결했다. 나아가 일본해(동해)측에서 부설된 연장 약 260킬로미터에 달하는 천연가스 파이프라인의 존재가 컸다.

파이프라인은 사업자를 대상으로 천연가스를 제공하는 '석유자원개발'[160](도쿄 마루노우치)이 니가타현에 있는 기지에서부터 부설해 놓은 것으로, 가스 수요 증가에 대응하기 위해 2002년부터 센다이시 가스국이 이용하고 있었다. 공급량의 약 70%를 감당하고 있던 액화천연가스(LNG)의 가스제조시설이 사용불가능하게 된 가운데, 파이프라인에는 피해가 없어 안정적 공급이 가능했다. 시 가스국 가와마타 나오야(川股直哉) 경영기획과장은 "공급 라인의 복선화 등 네트워크 구축의 중요성을 통감했다"고 회고한다.

전국에서 모인 가스사업자들이 시행하고 있는 도시가스 복구작업
(센다이시에서. 2011년 3월 촬영)

한편, 수도에서는, 미야기현 내 17시정(市町)에 수도용수를 공급하는 현 기업국 '센난·센엔(仙南·仙塩)광역수도'가 지진으로 최상류에 있는 난부야마(南部山) 정수장(白石市) 부근에서 대구경 수도관의 연결부위가 이탈, 하류 지자체에 대한 공급이 정지되었다. 광역수도는 복선화되어 있지 않아 통수 루트 변경을 할 수 없었다. 미야기현 맨 끝에 있는 시치가하마정(七が浜町)은 광역수도에 90% 이상을 의존하고 있다. 시치가하마정 내 수도설비 피해는 경미했지만 여진 영향도 있어서, 쓰나미로 유실된 지역을 제외한 전 세대에 급수를 재개할 수 있었던 것은 2011년 4월 하순이었다.

지방공공단체의 재정이 어려운 가운데, 도도부현 등이 수원을 개발해서 시정촌에 송수하는 광역수도의 중요성이 커지고 있지만, 시치가하마정 담당자는 "네트워크에 의존하니까 재정적으로는 도움이 되지만, 과도하게 의존하는 것의 리스크도 있다는 것을 알게 되었다"고 말한다.

전력은 일반적으로 송전계통 변경이 용이하여 가스나 수도에 비해 복구가 빠르다. 한신대지진에서는 7일 정도로 복구했다. 동일본대지진에서도 발생 8일 후에는 도호쿠전력(東北電力) 계약호수의 94%가 복구되었다. 반면, 도쿄전력 후쿠시마 제1원전사고 등의 여파로 동일본 전체에서 전력 공급에 불안이 생겼다. 통신도 연안부에서는 기지국이 재해를 입은 휴대전화망이 괴멸되었다. 통신 관련 시설은 상용 전원에 의지하는 것이 많아 정전이 기능정지로 이어질 경우도 있다.

아무리 시설을 견고하게 정비해도 큰 자연재해로 파괴되는 것을 완벽하게 막을 수는 없다. 라이프라인 유지와 조기복구를 위해서는 공급원과 공급루트의 다중화가 열쇠다.

쓰나미 관측은 우주와 해양에서

2011년 5월 12일, 우주항공연구개발기구(JAXA)[161]의 지구관측위성 '다이치'[162]가 운용을 종료했다.

동일본대지진 재해지역을 400매 이상 촬영하여 쓰나미 피해와 표류물 분석 등에 한창 사용되고 있던 2011년 4월 22일에 전력 이상으로 기능이 멈췄다. 2006년 1월 발사 후 수명 5년을 넘겼지만 결정적일 때 제 역할을 하지 못하고 쓸쓸한 최후를 맞았다.

정부는 2012년도 예산으로 후계위성 발사를 앞당겼다. 그래도 1년은 걸린다. 당초 계획된 2기 체제의 관측도 뒤로 미뤄졌다. 우주기구의 다키구치 후토시(滝口太) 실장은 "위성은 고해상도로 광역 관측이 가능하다. 항공기 촬영으로는 대체할 수 없다"고 애석해 했다.

정보수집 위성도 재해대응의 역할을 하지만 안전보장 상의 이유로 화상은 공개되지 않고 있다. 이번 지진에서 정부가 어느 정도 활용했는지도 확실하지 않다. 미 항공우주국(NASA)의 위성 중에서 일본이 만든 관측기기를 탑재하고 있는 것이라도 일본측이 자유롭게 운용할 수 있는 것은 아니다.

도쿄전력 후쿠시마 제1원전 사고 후, 상공에서 촬영한 선명한 화상을 최초로 제공한 것은 미국의 민간위성이었다. NASA가 보유하는 관측위성군이 세계 각지를 촬영한 데이터는 신속하게 공표되고, 각지에서 이용되고 있다. 자기나라 위성이 재해로부터 국토와 국민의 생명을 지키는 데 활용되지 못한다고 한다면 운용을 포함한 재검토가 필요할 것이다.

전 일본항공우주공업회 기술부장 사카모토 노리히로(坂本規博) 도쿄재단 연구원은, 기존 위성을 활용하여 보다 빠른 시기에 정확한 쓰나미 정보를 생산하는 '리얼타임 경보시스템'을 제창한다. 외해의 쓰나미 관측기기와 측위기능을 가진 '준천정위성'을 조합하여 지역별로 쓰나미의 높이와 도달시각을 휴대전화와 텔레비전, 라디오 등을 통해 사람들에게 전달한다.

재해를 입어 통신회선이나 안테나를 사용할 수 없게 되었을 때를 위해 통상의 휴대전화로 위성통신이 가능한 '초대형전개 안테나위성'이라는 아이디어도 있다. 평시에는 지상안테나를 통해 통화하지만 재해 시에는 위성통신이 가능하게 한다. 사카모토 연구원은 "우주를 이용하는 체제를 정비하고 있으면 보다 빠르고 정확한 정보로 이번 재해로 인한 사망자를 반으로 줄였을지도 모른다"고 말한다.

동일본대지진에서는 기상청이 쓰나미 경보를 발령할 때, 진도(M)를 실제의 9.0보다 작은 7.9로 추측한 결과, 예측한 쓰나미 높이도 미야기 6미터, 이와테·후쿠시마 3미터로 낮아져서 피난 지연을 초래한 한 요인이 되었다. 기상청의 종래의 계산방법으로는 M8 정도가 한계점이라는 문제가 있었기 때문이다.

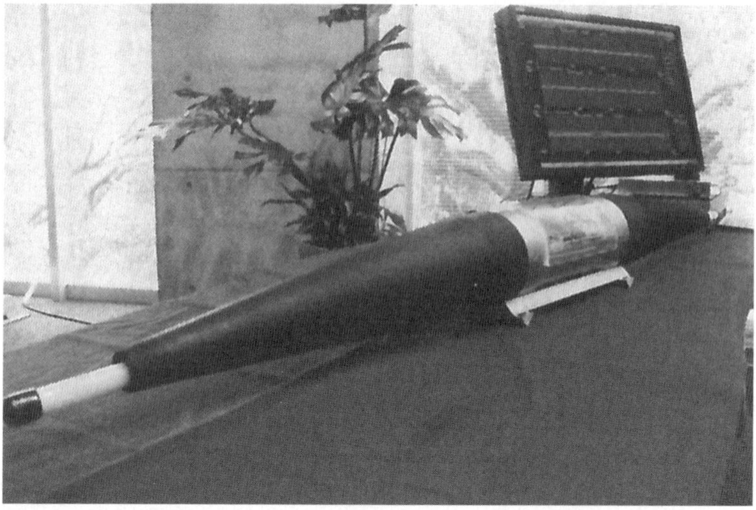

홋카이도 네무로 외해에서 지바 보소 외해 해저에 설치될 케이블식 지진·쓰나미계

정부는 이것을 개선하기 위해 외해에서 발생한 쓰나미를 직접 관측하여 육지측에 도달하는 쓰나미의 높이를 산출해내는 '긴급쓰나미속보'[163] 개발에 나섰다. 초기의 진동에서 각지의 예상진도를 신속하게 산출해내는 긴급지진속보의 쓰나미판이다. 2012년도부터 홋카이도 네무로(根室) 외해에서부터 지바 보소 외해에 걸친 해저 약 150개소에 케이블식 지진·쓰나미계를 설치한다.

M9급도 예상되는 난카이트러프 연변에서는 해상보안청이 지각변동을 측정하기 위한 관측점을 7개소에서 15개소로 늘렸다. 플레이트 경계에 지진의 에너지가 되는 뒤틀림이 얼마만큼 축적되어 있는가를 자세히 알 수 있게 된다. 뒤처진 대규모 화산재해 대책에 대해서도 내각부가 본격적인 검토를 시작했다.

근년 더욱 격심해지고 있는 극단기상(極端氣象)에 대해서도 문부과학성 과학기술전략추진비를 이용한 프로젝트의 일환으로 '기후변동에 따른 극단기상에 강한 도시 창출' 연구[164]가 2014년도까지의 5년 계획으로 시작되었다. 기상위성과 레이더, GPS, 항공기관측 등을 동원해서 수도권에 치밀한 기상관측망을 구축하여 뇌우를 일으키는 적란운(입도운) 발생의 구조를 해명, 극단기상의 감시·예측 시스템을 개발하려고 하는 것이다.

'게릴라 호우'의 이름은 그 격심함에다 예측곤란하고 신출귀몰한다는 것에서 붙여졌다. 국지적으로 발생하는 호우를 감시·예측함으로써 게릴라란 말을 없애버리는 것이 연구의 목표다.

우주에서 해저까지 종합적으로 일본열도를 지키는 감시의 눈이 확대되고 있다.

'사권제한'에서 '공공우선'으로

한신대지진 후 16년 만에 겨우 개통된 야마테간센 (2012년 1월 촬영)

정령지정도시 고베의 도시기능을 마비시킨 1995년의 한신대지진. 예전의 재해지역에 '부흥의 심벌 로드'라 불리는 길이 있다.

고베시 나가타구(長田区)에서 효고현 아시노야(芦屋), 니시노미야(西宮) 두 시를 거쳐 아마가사키시(尼崎市)를 잇는 '야마테간센(山手幹線)'(29.6킬로미터)이다.

남쪽은 바다, 북쪽은 산으로 막혀있는 한신(고베-오사카) 간은 동서를 잇는 도로가 교통의 대동맥이다. 종전 직후에 도시계획이 결정되었으면서도 용지매수에 난항을 겪어, 1995년 당시 아직 6킬로미터가 미개통이었던 길을 '방재간선가로'로 지정하여 정비한 것은, 지진으로 옆으로 길게 쓰러진 한신고속도로가 바로 아래를 지나는 국도 43호를 막아 구원활동을 방해한 쓴 교훈 때문이다.[165]

그러나 연선에서는 "흐지부지된 도로를 지진으로 혼잡한 틈을 타 부활시키려고 한다"는 등 반발이 많았다. 주민의 목소리를 들으면서 연선에 방재창고를 정비하는 등으로 해서 간신히 전부 개통에 이른 것은 2010년이다.

수도 도쿄도 가까운 장래에 직하형 지진이 발생할 가능성이 지적되고 있다. 도쿄도도 대비 필요성은 충분히 인식하고, '도민의 목숨을 지킨다'는 슬로건과 함께 '도시기능 유지'를 목표로 대책을 추진해 왔다. 동일본대지진을 교훈삼아 수립한 '방재대응지침'[166]은 "도쿄는 일본의 두뇌·심장으로, 기능부진에 빠지면 영향은 헤아릴 수 없다"고 강조하고 있다.

그래도 '강한 수도' 건설은 좀체 진전되지 않고 있다.

서민 거주지역이나 간선도로 연변 등에 널리 퍼져 있는 목조주택 밀집지의 화재방지를 위한 중점정비지역[167]에서, 시가지가 불에 타기 어려운 정도를 나타내는 '불연영역률'은 56%(2006년 현재), 재해 시에 피난경로나 긴급차량 통행로가 되는 도시간선도로 정비율도 60% 정도다. 큰 이유의 하나가 야마테간센과 같은 '사권'의 벽이다.

향후에는 1981년에 건축기준법의 내진기준이 강화되기 전에 건립된 아파트의 노후화도 급속히 진행된다. 도쿄도에 따르면 건축 40년 이상인 아파트는 2018년에 24만 5,000호, 2023년에는 42만 8,000호에 달한다.

도쿄도는 2011년, 주요간선도로를 중심으로 '긴급수송도로' 변의 빌딩과 맨션 소유자에게 내진진단을 의무화하는 조례를 제정했으나, 주민들이 반대하면 수선과 재건축을 할 수 없는 염려가 남아 있다. 도쿄도 부지사를 지낸 아오야마 야스시(青山佾) 메이지대학 교수(도시정책, 위기관리)는 "방재의 관점에서는, '나는 여기서 죽고 싶다'고 말하는 것은 어리광이다. 위험 건물은 행정기관이 지정하고, 어느 정도 강제력을 행사하는 것이 필요하다"고 지적한다. '사권절대'에서 '공공우선'으로 발상의 전환이 필요하며, 자발적인 전환을 할 수 없으면 정치권이나 행정기관이 강제력을 갖고 '사권제한'을 하는 것도 어쩔 수 없다는 사고방식이다.

노후화되는 공적 인프라(사회자본)의 경년열화대책도 급무다.

예를 들어 도쿄도내 유수의 터미널인 시부야역(渋谷駅).[168] JR과 복수의 사철, 지하철이 복잡하게 교차하고 백화점도 병설되어 있다. 재해 시 어딘가가 재해를 입으면 다른 시설에도 피해가 미칠 염려가 있다는 지적을 받고 있다. 현재 역 주변 재개발(시부야역 재개발)에 따라 철도 홈 이전 등의 공사가 진행되고 있지만, 이러한 예는 적지 않다. 일부 고속도로와 다리도 같은 과제를 안고 있다.

지진만이 아니다. 저지에서 물을 빼내고, 습지를 간척해서 만든 농지에 공장이나 주택이 들어서게 된 도시는 원래 침수되기 쉽다. 도쿄는 그 전형이다. 스미다가와(隅田川)와 아라카와(荒川)가 흐르는 '동부저지대'는 해면보다 낮은 토지도 많다. 그런데 수해에 대비하는 의식이 낮다고 전문가는 염려해 왔다.

동일본대지진의 예상을 넘은 맹위가 그 의식을 바꾸어 가고 있다. 문제는 해야 할 것은 많은데 정부도 민간도 재원이 한정되어 있는 것이다.

이에다 히토시 도쿄대학 교수는 "종래에 상정한 것 이상의 것도 생각해 이중 삼중으로 점검하고, 재해에 약한 장소가 어디인가 하는 정보를 국민에게 공개하고, 언제까지 무엇이 가능하고, 무엇이 불가능한지를 확실히 알려주는 것도 필요하다"고 호소한다.

도쿄만 북부에서 직하형 지진이 일어났을 때의 피해 상정은 사상자가 약 16만 7,000명, 건물전파는 약 47만 동. 이 재해를 완전히 막을 수는 없다. 그러나 지진이 가져온 사람들의 의식의 변화가 피해를 최소화하는 대비의 추진력이 된다면, 일본은 자연재해에도 꺾이지 않고 성장을 추구해 나가는 것이 가능하게 된다.

대심도 지하의 이용

동일본대지진 당일, 도쿄도 신주쿠역 니시구치(西口)의 초고층빌딩가에 있는 고가쿠인(工学院)대학(28층 건물) 25층에 있던 히사다 요시아키(久田嘉章) 교수(지진공학)는 고층빌딩의 거대지진이라고 하는 '살아있는 교재'를 목격했다.

고층에서는 천정판이 떨어지고, 전도방지장치를 하지 않았던 책장 등이 넘어졌지만, 화재나 장주기진동에 의한 구조적 피해는 특별히 없었다. 많은 학생들은 건물 내에서 한밤을 보냈다. 약 700명의 귀가난민도 수용하여 피난소와 같은 기능을 수행했다.

일본건축학회의 「건축잡지」(2011년 5월호)에서 히사다 씨는 그 경험과 교훈을 소개하고 "수도직하지진에 대한 본격적인 대비가 급무"라고 호소했다.

지진에서는 액상화가 일어난 도쿄만안(東京湾岸)에서도 내진성을 확보한 고층빌딩의 피해는 최소한에 머물렀다.

한편으로 약점도 드러났다. 고가쿠인대학에서는 비상용 엘리베이터가 3주 동안 사용 불가능했다. 고층 아파트 생활에 지장을 주는 사례도 이어져, 엘리베이터 복구에 시간이 걸리면 고층빌딩은 기능부전에 떨어지기 쉽다는 것이 명확해졌다.

도쿄도의 방재대응지침은, 엘리베이터가 자동으로 안전을 확인하고 재작동하는 '리스타트 운전 기능'의 정비와, 철저하게 '1빌딩 1대 복구'를 꾀한다고 하고 있다. 그러나 건축학회 등은 대지진 직후도 안전하게 이용할 수 있는 '슈퍼 내진 엘리베이터'를 업계가 함께 개발, 설치하도록 제창한다.

도심을 잇는 대심도 지하 라이프라인 구상

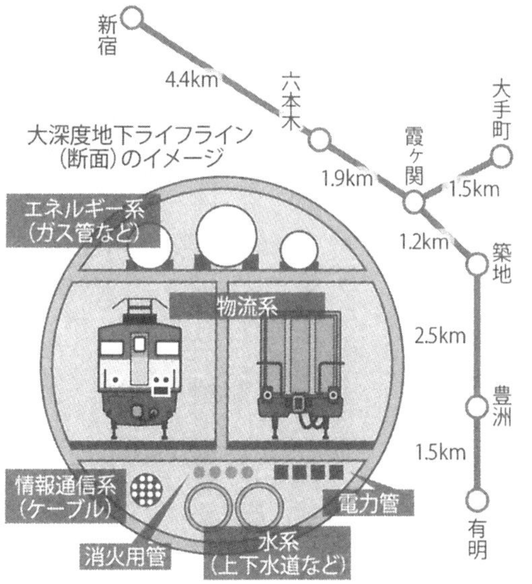

도쿄도의 예상으로는, 수도직하형 지진에서 철도는 663개소가 피해를 받고, 복구에 장시간이 걸리는 큰 피해가 28개소에 달한다. 대지진 당일 대량의 귀가난민을 내어 비판을 받은 JR동일본은 수도권 주요 터미널 약 30역에 3만 명분의 음료수와 모포 등을 비축하기 시작하고, 지하철 도쿄메트로도 대책을 추진하고 있다.

그러나 개별 사업자의 대응에는 한계가 있다.

고가쿠인대학 주변에서는 신주쿠구나 지역과 정보공유를 하지 못했던 점을 반성하여, 히사다 씨는 지역연계와 방재담당자의 '얼굴이 보이는 연결'의 중요성을 지적한다.

정부도 무거운 몸을 일으키려고 하고 있다.

전국의 대규모 역 주변에서 관민 일체로 안전 확보에 매진하는 법 정비를 하는 것은 역을 중심으로 '시가지 그 자체'의 방재력을 강화하는 목표가 있다.

손을 대지 않은 미지의 분야에서의 노력을 요청하는 소리도 있다.

내진성 등에 뛰어나다고 하는 대심도 지하에 라이프라인과 '안전구역'의 정비를 제창해 온 오지마 도시오(尾島俊雄) 와세다대학 명예교수는 이시하라 신타로(石原慎太郎) 전 도쿄도지사와 수상 역임자들에게 "도쿄는 큰 나무. 쓰러지지 않도록 뿌리를 뻗치지 않으면 안 된다"고 호소해 왔다.

2001년 시행된 특별조치법으로 지하 40미터보다 깊은 곳에 공공시설을 만들 수 있게 되었다. 대심도 지하에 컴퓨터를 배치하는 '지오컴퓨터 구상'(구 과학기술청) 등 당시 나온 구상은 방재면의 이점을 강조한 것이 적지 않다. 일본학술회의도 2005년, 지진재해에 대비하여 정부에 도심부를 잇는 대심도 지하 라이프라인 정비를 권고했다.

이용 사례가 고베시의 대용량 송수관 정비사업 등에 머물고 있는 것은 지가 하락으로 대심도를 사용할 필요가 없어졌다는 사정이 크다.

수도방재를 둘러싼 논의에서는, 재보험 대기업 뮌헨재보험이 2003년에 공표한 '세계 대도시 자연재해 리스크 지수'[169]에서 도쿄·요코하마가 워스트 1위가 된 것이 그 후에도 가끔 거론된다.

재해에 대한 염려는 국제경쟁력에도 불리하게 작용한다. 지금까지 축적해온 것에 새로운 발상을 포함시켜, 한 걸음 두 걸음 진전된 대책을 생각하는 자세가 일본의 경쟁력 유지로도 이어진다.

수도 대체기능

도쿄 다치카와에 있는 내각부 재해대책본부 예비시설. 도심(안쪽)에서 약 30킬로미터 거리에 있다. (2011년 12월 촬영)

"도쿄 이케부쿠로의 '선샤인 60'[170]이 도괴하여 다수의 손상자 발생", "지바현 마이하마역(舞浜駅) 인근에서 열차 탈선, 고가에서 낙하".

계속해서 들어오는 피해정보에 정부는 "화재가 임박했다", "DMAT(재해파견의료팀) 행선지 변경"하며 대응에 분주했다.

이것은 일본 정부가 2012년 1월 12일에 도쿄도 다치카와시(立川市)에 있는 '내각부 재해대책본부 예비시설'에서 실시한 종합도상훈련 모습이다. 도쿄만 북부를 진원으로 하는 진도(M) 7.3의 수도직하지진이 발생, 약 1만 5,000명이 사망했다는 설정으로, 각 중앙부처와 도쿄도, 주변 지방공공단체 담당자 약 160명이 참가했다.

예비시설에서 실시한 도상훈련은 10년 만에 두 번째다. 본관(지상 2층, 지하 1층)과 신관(3층 건물)으로 이루어진 동 시설에는 도심의 수상관저, 내각부, 방위성이 사용 불가능하게 되었을 때 수상을 본부장으로 하는 긴급재해대책본부가 설치된다. 대형 모니터를 갖춘 회의실과 기자회견실도 있고 직원의 PC 등도 배치되어 있다.

다만, 도심으로부터의 거리는 약 30킬로미터 밖에 되지 않는다. 동 시설을 시찰한 경험이 있는 마스다 히로야(増田寛也) 전 총무상은 "도쿄가 대타격을 받았을 때의 대체시설을 도쿄 안에 둔다는 것은 국가의 위기관리로서 충분하지 않다"고 지적한다.

각 부처가 상정하고 있는 재해 시의 대체 거점시설	
경찰청	간토지구경찰국(사이타마현 사이타마시) 등
총무성	자치대학교(도쿄도 다치카와시), 정보통신정책연구소(도쿄도 고쿠분지시) 등
소방청	소방대학교(도쿄도 쵸후시)
후생노동성	재해의료센터(다치카와시)
농림수산성	삼반쵸분청사(도쿄도 지요다구)
경제산업성	특허청(지요다구)
국토교통성	국토지리원 관동지방측량부(지요다구), 국토교통대학교(도쿄도 고다이라시)
기상청	기요세청사(도쿄도 기요세시) 등
해상보안청	해상보안시험연구센터(다치카와시), 요코하마 해상방재기지(가나가와현 요코하마시) 등
환경성	치도리가부치 전몰자묘원관리사무소, 황거외원관리사무소(지요다구) 등

동일본대지진 후, 많은 기업이 BCP(업무계속계획)의 재검토나 책정에 나선 것처럼, 국가도 중추기능이 집중하는 도쿄가 재해를 입었을 경우, 얼마나 빠르게 기능회복을 할 수 있을 것인가 하는 '국가의 BCP'가 새롭게 요청되고 있다.

중앙성청은 대규모 재해 등에 대비하여 응급대책과 중요업무를 계속하는 계획을 책정하고 있지만, 본 청사를 사용할 수 없게 된 경우의 대체시설은 대부분이 도쿄도내에 있고, 경제산업성과 같이 같은 도쿄 가스미가세키(霞が関)의 특허청을 대체시설로 하고 있는 사례도 있

다. 관료들로부터도 “가스미가세키(성청)는 재해를 입어도 괜찮다고 하는 불멸신화가 있다”며 위기의식이 박약한 것을 염려하는 소리가 들린다.

국토교통성은 2011년 12월, 국토심의회 정책부회 방재국토건설위원회 등의 지적을 받고, 전문가들로 이루어진 ‘도쿄권의 중추기능 백업에 관한 검토회’를 설치했다. 방재국토건설위원회는 “도쿄권과 동시에 재난피해를 입을 가능성이 낮은 지역과의 분담 관계를 구축하는 것이 중요”하다고 하고, 백업검토회는 비상사태 대응 외에 외교, 방위, 경찰, 금융, 기상관측 등의 기능을 담당할 예상 대체지의 조건 등에 대해 깊은 논의를 했다.

이러한 움직임에 호응하듯이 수도기능 수용처로 손을 든 자치단체가 이어지고 있다.

“일본 제2위 경제권의 중심인 오사카 외에 달리 없다.”

2011년 11월 오사카부 지사선거와 오사카시 시장 선거가 함께 치러진 ‘더블선거’에서, 지사에서 시장으로 전신한 하시모토 도루 씨가 이끄는 지역정당 ‘오사카유신회’는 수도기능의 백업을 오사카가 맡을 것을 매니패스트(공약)에 담았다.

일본해(동해)측의 후쿠오카시는 “역사상, 대쓰나미 기록이 없다”는 것 등을 ‘이점’으로 내걸고 있다.

그 밖에, 군마현은 지역 경제단체와 함께 유치협의회를 설립하고 홋카이도, 기후현도 유식자회 등을 설치하여 이름을 올리고 있다.

도쿄와 동시에 재해를 입지 않고, 교통기반이 다중으로 정비되어 있을 것과, 가까운 장래 발생이 예상되는 도카이·도난카이·난카이의 3연동 지진 피재확률이 낮은 것도 대체지의 조건이다.

한편으로, “언제라도 일어날 수 있다”는 것을 뒤집는 것으로 “언제 일어날지 모르는 사태에 많은 사람과 예산을 나눌 수 없다”는 신중론이 논의를 복잡하게 하고 있다.

"과거, 대재해는 가끔 연동하고 있다. 대체기능을 갖는 장소를 확보하여 수도직하지진에 대비하는 것이 급무"(마스다 씨)라고 하는 위기감을 얼마만큼 공유할 수 있는가가, 비상시의 국가기능 유지라고 하는 유예할 수 없는 과제를 좌우한다.

수도기능 분산론

수도기능의 백업이 아닌, 도쿄 이외에 국가의 중추기능을 분산해야 한다는 논의가 동일본대지진 후 다시 열기를 띠었다.

"다극분산형 국토를 목표로 함과 동시에 3연동, 4연동이라고 하는 지진에 대비하는 다중방어 발상이 중요"(오자키 마사나오 尾崎正直 고치현지사).

"일극집중의 시정이라고 하는 소극적 발상이 아닌, 글로벌라이제이션 속에서 각 지역이 어떻게 발전해갈 것인가 하는 관점이 필요하다"(히로세 가츠사다 広瀬勝貞 오이타현지사).

2011년 12월 20일, 전국지사회가 같은 해 10월에 설치한 '일본 그랜드디자인 구상회의'[171]의 제2회 회의에서 있은 발언이다. 국가 전체의 방재력 강화와 분산형 국토축 형성 등의 관점에서 '새로운 국가의 형태'를 서로 이야기했던 것이다.

수도기능 이전론은 1990년대부터 2000년대 초반에 걸쳐 '일괄이전'론[172]이 전개되어, 1995년의 한신대지진을 계기로 일거에 가속했다. 1999년에는 국회등이전심의회가 '도치기·후쿠시마', '기후·아이치', '미에·기오(畿央)' 세 지역을 이전후보지로 하는 데까지 진행되었다. 그러나 비용문제와 선정에 시간이 걸려 동력을 상실했다.

도쿄권 집중 현상

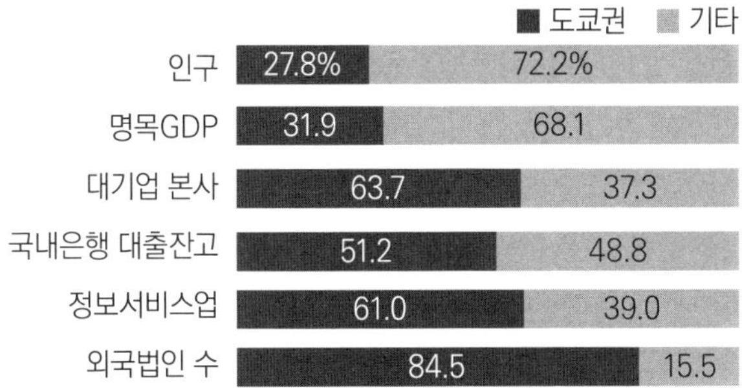

※ 인구, 은행 대출잔고는 2010년, 정보서비스업은 2009년, 그밖의 항목은 2008년 데이터

지금 도쿄, 가나가와, 지바, 사이타마 등 '도쿄권'에는 입법, 사법, 행정 등 국가 중추기관과 총인구의 약 30%, 대기업(자본금 10억 엔 이상) 본사의 60% 이상이 집중되어 있다. 동일본대지진 후 '기능이전론'이 재부상한 것은 도쿄권이 재해를 입었을 때의 막대한 리스크를 생각하면 당연한 것일지도 모른다.

민간기업은 이미 '분산'을 가속시키고 있다.

후쿠오카시에는 도쿄에 있는 기업 등으로부터 개발거점 이전 등에 관한 문의가 40건 이상 있어, 13사가 본사 기능의 일부이전 등을 결정했다. 기타큐슈시의 데이터센터에는 기업의 중요 정보를 기억한 컴퓨터(서버) 이전이 줄을 잇는다. YKK(본사 도쿄)도 구로베사업소(富山県黒部市)에 관리부문 등 본사 기능의 일부를 이전하는 검토에 들어갔다. 2014년도에는 호쿠리쿠신칸센(北陸新幹線)이 도쿄-도야마 간을 약 2시간에 잇는다.[173] 교통기반과 정보통신기술의 발달은 분산의 '뒷바람', 우군이다.

"지방주권의 움직임이 가속화되면 일본에 오랜만에 성장할 기회가 찾아온다"며 방재면 이외의 효용을 확신하고 있는 사람은 건설기계 대기업 고마츠(본사·도쿄)의 사카네 마사히로(坂根正弘) 회장이다. 2011년 5월, 동사 발상지인 이시카와현 고마츠시(小松市)에 '고마츠웨이 총합연구센터'를 개설하고, 사원연수와 전사적 회의 개최 등 본사기능의 일부를 옮겼다. 이를 계기로 2011년 12월까지 약 2만 1,000명이 연수 등으로 고마츠시를 방문하는 실적을 올렸다. 고마츠시는 숙박과 음식 등으로 인구 약 10만 명의 도시에 연간 약 12억 엔의 경제효과가 있을 것으로 추산하고 있다.

그러나 국가의 기능 분산을 둘러싼 움직임은 둔하다.

소극파의 전형적인 설명의 하나는 "천황의 국사행위를 생각하면 국회를 도쿄에서 움직일 수 없다. 국회가 움직이지 않는 이상, 성청도 움직일 수 없다"는 것이다. "적어도 성청은 분산을"이라는 목소리에는 "세제우대 등으로 분산을 유도할 수 있는 기업의 본사기능과 달리, 국가기능의 분산은 비효율"이라고 반론이 돌아온다. "전화와 메일로 끝나는 이야기를 국회의원이 관료를 불러서 설명하게 하는 동안에는 국회와 관청을 떼놓을 수 없다"고 정관 관계의 굴레를 이유로 든다. 높은 허들이 강조되어 기능집중의 '약점'에 대한 위기감이 엷어지는 경향이다.

이에 대해 교토대학 후지이 사토시(藤井聡) 교수(도시사회학)는 "신칸센 정비 등 공공투자에 의한 경제기능 분산을 유도하고, 일본해측(동해측), 홋카이도, 규슈 등으로 행정기능의 일부를 분산하여 수도직하지진의 피해를 줄이고, 분산으로 온존된 기능으로 수도권을 구원할 수 있다"고 말한다. "지금 당장이라도 문화청 등과 같은 성청의 외국(外局) 등을 분산 이전시키는 것은 가능하다"고 구체적인 안도 제시하고 있다.

분산이든 백업이든 구태의연한 발상에 얽매이지 않고 국가의 중추 기능을 유지하기 위해 모든 가능성을 찾는 자세가 요구되고 있다.

강인한 의료체제로 이끄는 의식 개혁

“투석환자는 운반할 수 없어요. 기준 밖이니까.”

이시노마키(石巻) 적십자병원(미야기현)의 이시이 마사루(石井正) 의사는 돌아온 대답에 귀를 의심했다. 동일본대지진 발생 3일 후인 2011년 3월 14일. 입원환자 약 30명을 안전한 내륙부 병원으로 반송하려고 센다이시 DMAT(재해파견의료팀) 본부에 전화로 도움을 요청했을 때의 일이다.

402병상을 갖추고 있는 이 병원에 지진 다음날은 약 780명, 그 다음날에는 약 1,250명의 환자가 운반되어 왔다. 차가운 바닥에 누워 있는 환자 사이를 의사들이 뛰어다닌다. 3,600식 분의 비상식도 바닥을 드러내고 있었다. “환자는 쇠약 일로였다. 빨리 운반하지 않으면”. 이시이 의사는 초조했지만 결국 요청은 거절당했다. DMAT의 대상은 중상자이니까, 라는 이유였다.

1995년 발생한 한신대지진 때 부상자를 신속하게 구하지 못했던 반성에서 생긴 DMAT의 역할은 중상자 구조와 반송이다. 동일본대지진과 같이 쓰나미로 다수의 사망자가 발생하는 한편, 생존자는 비교적 경상으로, 고립된 병원에서 만성환자 반송을 요구하는 사태는 계획 밖이었다.

과거 최대인 약 1,800명이 투입된 DMAT가 현지에서 직면한 과제는 이것만은 아니다. "위독한 환자를 실은 헬리콥터가 목적지에 도착했지만 다른 헬리콥터와 마주쳐서 착륙할 수 없었다.", "도착했더니 환자는 자위대 헬기로 운송된 뒤였다.", "착륙하고 보니 병원이 아니라 시체안치소였다."

DMAT는 동일본대지진에서 의료설비를 갖춘 닥터헬기 16기를 지방공공단체로부터 모아 운용하여 155명의 환자를 운반했다. 그러나 사전에 지휘명령계통을 정해놓지 않았던 것이나, 자위대와 소방 등으로 구성된 연락조정 조직에 참가하지 않았던 것 때문에 혼란이 이어졌다. 후쿠시마시에 설치된 거점의 경우, 발생 후 3일간의 출동 건수 약 40건 중 그 반은 헛출동으로 끝났다. "신속한 반송이야말로 재해의료의 핵. 당연한 것인데, 그 의식이 부족했다"고 DMAT의 일원으로 재해지역에 들어갔던 야마가타현 현립병원의 한 의사는 말한다.

'재해에 강하다'는 것은 '피해와 영향을 최소화 한다'는 것으로 하드, 소프트 양 면에서 충실한 구급의료체제가 불가결하다. 동일본대지진 이전에는 그 대처가 꼭 충분하지는 않았다.

우선, 과제로 들 수 있는 것이 한신대지진 후에 도입된 재해거점병원(전국 약 600)[174)]의 정비다.

도도부현과 복수의 시정촌에 걸친 '2차 의료권'(전국 약 349)에 하나씩 두어야 할 것이 2차 의료권에서 '공백지대'가 남는다. 지정 완료된 병원에서도 필요한 내진화 대응은 60% 정도. 동일본대지진 후 겨우 공백지대 해소와 내진화 등의 움직임이 가속되었다.

소프트적인 면을 보더라도 지진 전에 실시된 후생노동성 조사에서는 재해거점병원의 40% 이상이 연 1회 이상의 반송훈련을 '하지 않고 있다'고 회답. 국가도 도카이지진 등 3지진 이외에서는 반송계획을 수립하고 있지 않았다. 지진을 상정해서 훈련을 해도 반송을 생략하는 의료기관도 많은 것이다. 지진 시 DMAT로서 의사들을 파견한 기후현 종합의료센터에서는 2011년 8월 처음으로 주변 병원과 합동으로 반송훈련을 실시했다.

"현장의 혼란을 보고 처음으로 반송에는 준비와 연계가 필요하다는 것을 알게 되었다"고 재해지역에서 활동한 마쓰하시 노부히사(松橋延寿) 의사는 말한다.

국가도 자치단체와 협력해서 반송계획 책정에 착수, DMAT도 활동요령과 헬리콥터 운항체제를 재검토하기 시작했다. 지진 경험이 사람들의 의식을 바꾼 사례라고 말할 수 있다.

고향을 버릴 수 없는 '가설 마을'

재해에 지지 않는 강인함은 국토형성만이 아니라 사람들의 마음에도 요구된다. 도쿄전력 후쿠시마 제1원전 사고로 '고향'에 돌아갈 수 없게 된 사람들의 행동은 이러한 강인함을 국민이 갖고 있다는 것을 보여주고 있다.

2011년 11월, 적색과 청색이 선명한 축제 옷을 입은 어린이들이 위아래로 손을 놀리며 춤추고 있었다. 고향에서 50킬로미터 떨어진 후쿠시마현 니혼마쓰시(二本松市)에서 열린 나미에정(浪江町. 나미에마치)[175)]의 '도카이이치마츠리' 광경이다.

도카이이치마츠리(十日市祭)는 수확기를 끝낸 농가의 겨울준비가 시작이라고 하며, 메이지시대부터 이어져오고 있다.

"마츠리는 나미에의 역사. 후세에 이어주는 것이 우리들의 사명이다."

마츠리를 주최하는 '마을가꾸기 NPO 신마치 나미에(新町浪江)'의 가

나쿠라 도요타카(神長倉豊隆) 이사장은 행사장 여기저기에서 재회를 기뻐하는 반가운 얼굴들을 보면서 중얼거렸다.

NPO를 만든 것은 2011년 10월의 일이다.

'가설 마을'을 만들기 위해 정민의 목소리를 반영하려고 교류회 등을 열고서는 각지에 피난해 있는 주민들로부터 설문조사를 계속하고 있는 것이다.

'가설 마을'이란 원전사고로 어쩔 수 없이 피난하게 된 지방공공단체가 다른 지방공공단체에 행정기능을 옮기는 구상이다. 주민이 집단이전을 하도록 하고 교육과 의료 등의 서비스를 제공하는 계획도 있다. 후쿠시마현 후타바정(双葉町. 후타바마치)[176]은 '가설 마을', 나미에정은 '정외(町外) 커뮤니티', 도미오카정(富岡町, 도요오카마치)[177]은 '서테라이트' 등으로, 호칭은 각각이지만 지방공공단체의 존속에 거는 마음은 공통이다.

물론 과제는 많다. 예전에 약 2만 1,000명이었던 나미에정 주민은 전국 600시정촌에 흩어져, 3분의 1이 후쿠시마현 밖에 살고 있다. '가설 마을'을 만들어도 주민이 돌아올지 어떨지는 알 수 없다. 실제 이미 1,000명 이상이 피난처에 주민표를 옮겼다.

오랜 피난생활은 주민의 마음에도 변화를 낳고 있다.

나미에정 출신 건설업자로 40세인 도가와 사토시(戸川聡) 씨는 후쿠시마 시내에서 단신으로 살고 있다. 주말마다 가족 3명이 피난해 있는 후쿠시마현 아이즈와카마츠시(会津若松市)까지 한 시간 이상 걸려 차를 모는 생활이다. 아홉 살인 장남은 초등학교 4학년이 된 2012년, 전학 간 학교에서 농구부에 들어갔다. 즐거운 듯이 부(部) 활동 이야기를 하는 장남을 보고 41세인 아내는 "졸업 때까지 여기 있을까"하고 말하게 되었다.

도가와 씨의 고향에 대한 생각은 강하다. 물건을 가지러 자택에 돌아오면 앞마당에서 뻐꾸기 우는 소리가 들린다. 매년, 여름에는 친구와 뜰에서 바베큐를 즐기고, 술집에서는 언제나 아는 사람들에 둘러싸여 있었다.

"산, 공기, 친구. 모두가 고향. 역시 여기밖에 없다고 생각해요"라고 말하는 도가와 씨. "그래도, 가족이 모두 돌아올 수 있을까, 솔직히 이제 모르겠다."

나미에정이 2011년 11월에 실시한 정민 앙케이트에서, '정에 돌아가고 싶다'고 대답한 사람들에게 언제까지 기다릴 수 있는가하고 물었더니, '3년 이내'가 60%를 넘었는 데 비해, '5~10년 이내'는 6%에도 미치지 않았다. 그러나 오염작업이 이루어지지 않은 경우를 상정한 정부의 연간 방사선량 예측에서는 5년 후에도 20% 이상의 정민이 피난을 계속하지 않으면 안 된다고 한다(2012년 현재).

나미에정 만이 아니다. 원전 주변 11시정촌에 있는 피난지시구역에는 원전사고 전 8만 5,988명이 살고 있었으나, 15년 후에도 10%는 귀가할 수 없다고 예측된다(동).

총무성 인구 추계에서는 후쿠시마현의 사고 후의 인구는 전년에 비해 1.93% 줄었다.[178] 그 감소율은 비교 가능한 도도부현별 통계가 있는 1950년 이후 최대다. 이대로는 열도의 한 가운데에 광대한 '공백지대'가 남아 일본 전체의 재생에 마이너스가 되기 쉽다.

예전에 고향 상실 위기에 처했던 촌이 있다. 2000년 9월 발생한 섬의 화산 분화로 전 도민이 어쩔 수 없이 피난하게 되었던 도쿄도 미야케촌(三宅村, 미야케무라)[179]이다.

분화로 약 3,500명의 촌민은 전국에 흩어졌다. 세수는 3분의 1까지 떨어지고, 의료와 보육 등의 행정 서비스는 계속되지 못했다. 촌민들은 촌에 주민표를 남겨두면서도 행정서비스는 피난처인 지방공공단체에 의존하지 않을 수 없었다.

그래도 귀속 의식을 잃어버리지 않았던 것은 "고향을 서로 확인하는 장이 있었기 때문이다"라고 히라노 스케야스(平野祐康) 전 미야케 촌장은 회고한다.

일거리가 없어진 미야케촌 직원은 각지에 흩어진 촌민을 보러 돌아다녔다. 섬에 전해오는 큰북 연주회와 교류회에는 매년 1,000명 이상이 참가했다. 2005년 2월, 4년 반에 걸친 피난지시가 해제되자 섬에는 촌민의 약 70%가 돌아왔다.

미야케촌 출신으로 각지의 재해부흥현장을 보아온 '감재·부흥지원기구' 미야시타 가나(宮下加奈) 전무이사도 "이렇게 많은 일본인이 고향 상실의 공포와 마주하는 날이 오리라고는"하고 원전사고 후의 후쿠시마의 상황을 탄식했다. 그런 후에, "돌아가고 싶어 하는 마음을 계속 갖게 하는 것이 중요하다. '가설 마을'은 '돌아가기 위한 준비를 하는 마을'로서 도움이 될 것"이라고 지적하고 있다.

가나쿠라 이사장을 비롯한 NPO 관계자들은 "돌아가게 되는 것은 손자가 어른이 될 무렵일지도 모른다. 그래도 준비하고 싶다"며 한사람이라도 더 많은 나미에정민이 돌아올 수 있도록 교류활동을 계속할 계획이다.

정치권의 사명

동일본대지진 피해지역에서 한 각료의 발언이 '환상'으로 끝난 일이 있었다.

2012년 5월 23일, 히라노 다츠오(平野達男) 부흥상이 이와테현 미야

코시(宮古市)를 방문했을 때의 일이다. 히라노 씨는 미야코시 연안부 구와가사키(鍬ケ崎) 지구의 집단이전에 대해 "지역 전체적으로 (이전 의향이) 확정된다고 하면 대상으로 할 수 있다"고 기자단에게 잘라 말했다.

구와가사키 지구는 '재해위험구역'의 주민을 이주시키는 국가의 집단이전사업 대상 밖이다. 빠르면 2015년 중에 방조제가 축조되기 때문이지만[180], 대지진으로 쓰나미가 방조제를 넘었던 기억은 생생하다. 야마모토 마사노리(山本正徳) 미야코 시장은 이 발언에 "바라마지 않는 것"이라고 기대를 부풀렸다.

방조제가 건설된다는 이유로 재해위험구역 대상에서 탈락된 이와테현 미야코시 구와가사키 지구 (2012년 4월 촬영)

그런데 국토교통성은 "'희망'으로 정리하면, 다종다양한 희망이 나오기 때문에 물리적으로 어렵다"고 일축했다. 재정지출과 사무처리 확대를 염려한 것이다. 신중해야 할 각료 발언이 '개인적 견해'로 축소되어 지역에 실망이 확산되었다.

지진부흥은 물론 일본경제를 재생하기 위한 성장전략 수립에서도 정치권의 지도력 부족이 방해가 되는 장면이 많다. 중앙성청과 지방 공공단체 간의 조정과 의사소통이 잘 되지 않고, 영역다툼과 책임 전가가 끊이지 않는다.

민주당이 '1정목1번지(一丁目一番地)'라며 최우선 과제로 설정한 지방 분권 하나를 들더라도, 민주당은 정권획득 후 3년 이상, 국가 특별지방행정기관 개혁을 추진할 관련법안 조차 국회에 제출하지 못했다. 이 현상을 생각하면 아무리 노다 요시히코 수상[181]이 '재해지역 주체의 부흥'을 주창한다 하더라도 잘 될 리가 없다.

예전에는 정치권에 국토형성에 대한 구상력과 그것을 추진하는 동력이 갖춰진 시대도 있었다. 다나카 가쿠에이(田中角栄)[182] 수상 당시의 '열도개조'는 그 대표적인 예다.

1972년에 다나카 수상을 저자로 해서 간행된 『일본열도개조론』은 전국을 잇는 고속도로망, 신칸센 정비 추진 등 '국토의 균형 있는 발전'을 목표로 하는 국토형성의 방향성을 부여했다.

다나카 수상 지휘 아래, 재계인과 전문가로 구성된 '일본열도 개조 문제 간담회'를 이끌었던 시모코베 아츠시(下河辺 淳) 전 국토사무차관은 "다나카 내각이 '열도개조'를 주장한 것은 태평양벨트 지대 개발이 우선시된 결과 지역격차가 확산되었다는 자민당의 문제의식이 있었기 때문이다"라고 회고한다.

태평양측을 덮친 동일본대지진 후, 일본 전체의 성장과 재해 시의 백업 필요성이라는 관점에서 일본해측(동해)에 착안한 논의가 왕성해졌다. 그것은 국토의 '균형'이 아닌 '지역 특성의 활용'과 '도시 간 경쟁'에 역점이 두어진 것이지만, 산맥을 끼고 동서로 좁게 형성된 열도에서 태평양측과 일본해측(동해측)을 잇는 축이 결여되어 있는 것이 약점이라는 견해는 '열도개조'와 통하는 부분이 있다.

'열도개조'는 지방에 대한 '분배'로는 성과를 거둔 반면에 토지가격 앙등, 재정악화 등의 부작용을 초래하였고, 효율 우선의 인프라 정비는 전국에 획일적인 시가지 조성을 야기하기도 했다.

다만, 그 시대의 과제에 부응한 국토형성을 정치권이 구상하고, 실현을 위한 지도력을 발휘한다는 의미에서는 지금도 배워야 할 점은 있다.

『일본열도개조론』의 원안의 하나, 자민당의 「도시정책대강」[183] 수립 시 자치성 관료로서 관여했던 다케무라 마사요시(武村正義) 전 관방장관은 "일본 경제는 거대화한 반면, 홋카이도에서 오키나와까지 지역 특색을 잃고 획일화되고 말았다. 지방이 개성을 다투어, 여러 가지 꽃이 피어 있는 일본열도로 다시 한 번 고쳐 만들어야 할 것"이라고 문제를 제기한다.

한편으로, 다케무라 씨는 다나카 수상이 회장을 역임한 자민당 '도시정책조사회'[184]의 정력적인 노력을 지금도 기억하고 있다.

"20개, 30개나 되는 부회(部會)와 위원회를 만들어 거당적으로 논의했다. 학자와 관료도 몇 백 명이나 참가해서 1년 전후의 작업으로 대강을 만들어냈다."

그런 정치의 열기가 지금은 부족하다.

국토의 전체적 정책도, 1962년에 책정이 시작된 전국총합개발계획(전총)[185]이 1998년 수립된 '5전총'을 마지막으로 사라진 후에는 공공사업을 둘러싼 비판, 재정사정, 지방분권론 고양 등의 영향으로 구체적 계획과 비용, 기간까지 포함된 것은 작성되지 않았다.

인구감소, 재정난, 지구환경 보호, 재해 빈발 등 대응해야 할 과제가 늘어나고 있는 가운데, 요구되는 국토의 방향성도 변화하고 있다.

지금처럼 정치의 키잡이가 요구되는 때는 없다.

제8장

이웃나라 한국과 일본, 상생의 길

이 장은 빈번히 발생하는 자연재해와 저출산 고령화로 인한 인구 감소 속에서 일본과 한국이 함께 겪고 있는 경험과 고뇌가 한일 양국의 상생으로 승화되기를 기원하며 지인들의 재능기부로 새로 마련하여 추가한 것입니다. 구상에 흔쾌히 참여해주신 필진 여러분께 감사드립니다.

‘경제재생을 위한 비장한 카드’가 주는 시사점

-손치근
(전 알마티 총영사, 현 공익사단법인 한국치매협회 사무총장)

2011년 동일본대지진이 도화선이 된 후쿠시마 원자력발전소 사고 직후 한국의 신속대응팀장으로서 센다이에 도착, 현장을 직접 목격하고 사고 수습을 도운 자로서 그 심각함은 필설로 다하기 어렵다. 그런데 이 ‘약점’을 ‘강함’으로 바꾸는 발상이 놀랍기만 하다. 특히 방사선의 영향 관련 주민의 건강 데이터를 수집하는 것에 대해 현민 중에 “모르모트 취급을 할 셈인가?”라는 반발도 있었다. 그러나 장기적으로 건강을 지켜봄으로써, 자신에게도 자손에게도 ‘과실’을 건네준다는 것을 이해시키며 호소하는 의식이 존경스러웠다. 참혹한 사고의 경험에서 배운다는 점에서, 세계적으로는 일본의 원전 관계 기술에 대한 기대가 높아지고 있다. 온 세계에서 코호트 스터디즈(동류집단의 연구)가 이루어지며, 의료정보를 네트워크를 통해 공유하고 다년간 축적하여, 고령자 케어 등에 활용한다고 하는 것이다. 여기서 ‘헬스 디플로머시’란 용어가 나온 것에 주목하고자 한다. ‘헬스 디플로머시’란 의료와 보건 등 사람의 생존과 존엄에 관한 분야에서의 지원으로 민생을 안정시키는 노력으로 군사, 경제와 어깨를 겨루는 외교 수단으로 정의하고 있다. 일본 후쿠시마의 교훈을 세계에 활용하자고 하는 말의 저류에는 이 개념이 있다. 후쿠시마 원전사고의 비극이 언제인가 성장을 뒷받침하는 재료가 될 가능성이 낮지 않다는 데서 출발한 것이다. 이러한 노력은 외교상 일본의 입장을 우위에 서게 할 뿐만 아니라 경제에 대한 영향도 크다고 본 것이다.

혹시 한국도 코로나19 방역 등 K-의료의 경험과 노하우를 패키지로 수출할 수 있다면 그것은 유력한 성장 분야가 될 수 있다. 시스템을 파는 것으로, 의약품, 의료기기, 나아가서는 병원 건설 등 의료관계 인프라까지 한국 기업이 나설 수 있게 된다. 실은 저출산 고령화 사회를 맞아 한국치매협회는 5년 전 ADI(Alzheimer's Disease International)에 가입, 국제협력을 개시하였다. 마침 우리가 '치매국가책임제'를 도입하여, 치매관리사업 중장기 계획을 수립, 전국 치매안심센터를 중심으로 추진하자 ADI 회원국으로부터 특별한 관심과 기대가 높아지고 있다. 특히 일본과는 2018년 '21세기 새로운 한일 파트너십 공동선언' 20주년을 계기로 양국관계를 한 단계 더 발전시켜 나갈 필요성에 공감하고, 동 차원에서 고령화 영역에서의 협력을 구체화, 가시화해 나가기 위해 특별한 협력 관계(Twinning)를 구축하였다. 얼어붙은 양국관계 속에서도 치매 어르신을 포함해 상호초청하면서 '한우산 속 걷기 캠페인', '심포지엄', '첨단기술을 활용한 케어 상품 전시회' 등 본격적인 교류를 지속하고 있다. 자발적인 고령화 대책으로서 일본에서 시행되고 있는 '고령자협동조합' 시스템 도입 작업도 진행중이다. 지금도 코로나 시대에 있어서 고령자 요양시설에서의 대처 상황 등 온라인포럼을 통해 의료와 돌봄(介護) 정보를 교환하고 있다.

일본은 초고령 사회로 돌봄 인력이 태부족인 상황이다. 저출산 고령화로 인한 노동인구 감소로 여성을 더욱 활용하고 고령자의 힘을 살리려고 하는 노력이 본격화하고 있다. 그래도 여전히 노동력 부족이 예상되는 가운데 외국인을 받아들이지 않으면 사회를 지탱할 수 없는 시대를 맞이하였다. 인도네시아와 필리핀과의 경제제휴협정에 입각하여 일본 정부는 2008년도(필리핀은 2009년도)부터 개호복지사와 간호사 후보자를 받아들이기 시작했다. 또한 '노인 돌보미' 부족을 해결하기 위해 베트남 간병인도 들여오기로 했다. 일본의료전략 추진본부는 베트남 정부와 협약을 맺고 앞으로 1년간 베트남 간병인 3,000명에게 비자를 발급하고, 2020년까지 1만 명을 수입하기로 했다(니혼게이자이신문 2018.7.25.). 그럼에도 일본의 간병 인력 부족은 쉽게 해소되지 않을 전망이다. 일본 정부는 이미 2015년 간병 인력이 4만 명 부족하다고 판단한 바 있다. 베트남인 1만 명이 들어와 간병 일을 한다고 해도 3만 명 가량 부족하다. '늙어가는 일본'이 가속화돼 2035년에는 간병인이 79만 명 더 필요하다는 추정도 있다. 그러나 일본정부의 대응에 부족함을 느끼는 외국인이 적지 않다고 한다. 특히 '일본어의 벽'에 대한 불만이 강하다. 국가시험에서 난해한 한자에 일본어 발음을 같이 표기하게 된 것은 2010년도부터다. 〈우리들은 노동자를 불러들였다. 그러나 온 것은 바로 인간이었다.〉 이것은 외국인 노동자 문제에서 자주 인용되는 스위스 작가 막스 프릿슈의 말이다. 일본의 활력과 성장의 담당자가 될 가능성을 내포한 외국인을 '인간'으로서 받아들이려고 할 때에 필요한 것은 무엇일까? 그것을 신중하게 생각할 때 일본의 성장에 있어 새로운 문이 열릴 것이다. 2007년 도쿄 근교에서 '한계 집락'이 주목받기 시작했다. 한계 집락이란, 65세 이상의 고령자가 차지하는 비율이 50%를 넘고, 관혼상제 등 사회적 활동이 어려워 공동체의 유지가 한계에 가까워지고 있는 집락을 가리킨다. 2030년 일본은 약 3분의 1이 65세 이상 고령자로, 이 중 20%가 단신이 된다고 추계했다. 그래서 NPO법인이 중개하는 집합주택 '컬렉티브 하우스'가 생긴다. 여기는 욕탕과 화장실, 부엌이 붙은 사적 공간은 있지만, 식당과 세탁 공간은 공유한다. 여기에는 이른바 '이웃 이상 가족 미만', 혈연이 아닌, 자신의 의사로 선택한 느슨한 연결을 찾아서, 단신 고령자에서 육아 중인 젊은 부부까지 다양한 연령대가 모인다. 요즘은 한 집에 복수의 '세대'가 공동으로 살아가는 '셰어하우스'도 늘고 있다. 이처럼 저출산 고령화와 인구감소가 초래하는 사회구조의 변화에 대응한 생활방식의 변혁이 없으면, 정부와 자치단체를 피폐하게 하고 성장의 발목을 잡아당기게 되기 쉽다.

이와 같은 현상들은 저출산 고령화 속도가 일본보다 더 빠른 한국의 경우 곧바로 대비책을 강구해야 할 사안이 아닐까? 한국은 고령사회에서 나타나는 문제가 본격적으로 드러날 때를 2030년으로 본다. 즉 베이비부머(1955~1963년 출생자)가 75세가 되는 시발점이다. 1,700만 명에 이르는 집단이 중년을 지나 고령이 되는 시점 말이다. 2030년이 한국사회에 중요한 변곡점이 되는 이유 역시 거대한 인구집단의 변동은 한국사회에 미칠 영향이 크고, 이 집단의 변화 문제를 어떻게 다루느냐에 따라 한국사회의 지속가능성이 결정되기 때문이다. 그리하여 저성장, 저출산에 이어 고령사회에 대한 대책은 2030년을 기점으로 구상하는 것이 바람직하다.

고령화 속도가 세계 최고를 달리고, 베이비붐 세대가 전체 인구의 1/3이 될 고령화 문제를 보면서 "짐이 되지 않고 힘이 되는 대책은 무엇일까?"를 생각해본다. 저출산 고령화가 현재 추세대로 지속될 경우, 이민 노동력 없이는 한국사회는 '거대한 양로원'이 될 것이라는 진단이 내려진 상태다. 인구절벽을 말한 해리 덴트도 2015년 10월 제16회 세계지식포럼에서 한국도 인구절벽에 직면해 경제 불황을 겪을 가능성이 높다고 하면서, 인구절벽의 해결 방안으로 이민 수용 촉진과 출산·육아 장려책을 제시한 바 있다. 인구절벽은 단기간에 해결할 수 있는 과제가 아니다. 정부는 출산 장려정책을 추진하여 고령화 추세를 완화하기 위하여 노력하겠지만, 그것으로는 역부족일 수밖에 없다. 이것은 단기간에 인구가 늘어나는 사안도 아니다. 장기적인 정부의 복지정책이 뒷받침되어야 한다. 따라서 쓸 수 있는 카드 가운데 가장 이상적인 해법이 이민정책이라는 것이다. 우연치 않게 필자는 15년 전에 '함께하는 다문화네트워크' 법인 설립에 참여, '포천다문화국제학교'를 시작하고, 전국 지부조직 중심으로 다문화교육포럼 등 사회통합을 위해 그 역할을 다해왔다. 하지만 다문화를 배척하는 사회적 인식 때문에 이 역시 적잖은 노력이 필요하다고 본다. 인구절벽의 심각성을 안다면 이민정책을 적극적으로 환영해야 한다. 왜냐하면, 이민정책은 우리 경제를 살리고 인구절벽 리스크를 최소화할 수 있는 최선의 정책 중 하나이기 때문이다.

‘균형발전’은 한일 공통의 과제

-서의동

(경향신문 스포트라이트부장)

한국은 수도권 인구가 2019년을 기점으로 대한민국 전체 인구의 절반을 넘어섰다. 1970년 28.7%이던 수도권 인구 비중은 50년 동안 21.3%포인트 늘어났다. 지역내총생산(GRDP)의 수도권 비중도 52.1%(2020년 현재)였다. 국토 면적의 12.1%에 불과한 수도권이 경제력도 인구도 비수도권을 앞지르면서 한국은 머리만 과도하게 커진 ‘가분수’가 됐다.

수도권 집중은 한국 사회를 두 개로 갈랐다. 남북한의 분단이 ‘제1의 분단’이라면 수도권 대 비수도권의 격차는 ‘두 번째 분단’이라고 해도 지나치지 않을 정도다. 주거, 취업, 교육 등 한국 사회가 당면한 대부분의 문제가 ‘두 번째 분단’과 연관돼 있다. 수도권의 판교와 강남은 하루가 다르게 부풀어 오르지만 지방은 영양실조에 걸려 있다. 농어촌은 ‘소멸’위기, 지방 제조업 도시들은 ‘러스트벨트’화 조짐이 뚜렷하다. 청년들은 수도권으로 몰려들지만, 취업·주거난에 결혼도 출산도 엄두를 못 낸다.

필자는 경향신문 편집국의 기획취재 부서인 스포트라이트부장을 맡아 후배 기자들과 수도권과 비수도권의 격차 실태와 문제점, 대안을 모색하는 기획 특집 ‘절반의 한국’ 기사를 2021년 10월 6일부터 11월 11일까지 10회에 걸쳐 연재했다. 한국보다는 수도권 집중도가 덜한 일본에서 근무했던 경험도 이 기획을 추진하는 데 영향을 미쳤다.

필자는 2011년부터 2014년까지 경향신문 도쿄특파원으로 근무했다. 이 책 역자 김연빈 전 주일 해양수산관과 거의 같은 시기이다. 정식 근무를 시작한 지 닷새 만에 3·11 동일본대지진과 후쿠시마 제1원전 사고가 발생했다. 3년여 임기 동안 지진과 쓰나미, 원전사고로 폐허가 된 도호쿠 지역을 6차례 출장 취재했다. 재해가 없었더라도 인구감소로 쇠락해가던 도호쿠의, 도쿄권과 사뭇 다른 풍광은 10년이 지난 지금도 기억에 남아 있다.

『바다로 열린 나라 국토상생론』은 요미우리신문이 동일본대지진과 후쿠시마 원전사고로 일본이 전후(戰後) 최대 위기이던 2011년 12월부터 8개월에 걸쳐 연재한 기획기사 '열도재생'을 재구성한 것이다. 재해 이전부터 인구감소가 본격화되고, 불균형이 심화되던 것에 대한 문제의식이 대지진과 쓰나미, 원전사고를 맞아 대형 기획물로 현재화된 것이다.

취재팀이 머리말에서 밝힌 대로, 재해 복구와 부흥과정이 '균형 잡힌 일본'이라는 큰 그림 속에서 이뤄져야 한다는 문제의식이 본문 곳곳에 드러나 있다. 경향신문의 '절반의 한국' 기획 취지와 일치한다.

'절반의 한국'은 수도권 대 비수도권 격차의 해법으로 '메가시티(mega-city)' 구상을 소개했다. 수도권의 중력에 휩쓸리지 않을 지역 경제거점을 육성하자는 것이다. 이미 경남도와 부산, 울산을 연결하는 부울경 메가시티 구상이 추진 중이다. 과거 중앙정부 주도로 추진된 광역경제권 전략과 달리 자치단체들에서 '보텀업'으로 추진된다는 점도 주목된다. 부울경을 합치면 인구 800만 명에 지역내 총생산(GRDP)이 280조 원으로 웬만한 국가규모다. 17개 광역자치단체가 '각개약진'하던 방식에서 벗어나 수평적 연대를 꾀하는 '자강(自彊)'의 의미도 작지 않다.

메가시티 구상은 이 책 2장(도시 경쟁력 강화, 광역권 구축)에 소개됐던 '간사이 광역연합'과도 흡사하다. 2010년 12월 2부5현으로 발족한 간사이광역연합도 47개 도도부현 체제의 경계를 넘어 광역자치단체들의 수평적 협력을 통해 발전을 꾀하자는 구상이다. 경제가 글로벌화하면서 주요국들은 국가를 대신할 성장 기폭제를 모색하고 있는데, 그중 하나가 지역 광역경제권 조성이다. 이 책에는 지진피해가 집중된 도호쿠에서 센다이를 중핵도시로 하는 광역권 구상도 실려 있다.

일본은 국토면적이 한국(남한)의 3.7배에 달하는 데다 좁고 긴 열도 지형이어서 지방분권적 거버넌스에 적합하다. 근대 이전의 막번(幕藩)[186]체제도 이런 국토지형과 무관하지 않다. 그런 일본도 최근에는 '도쿄일극주의'라는 말이 나올 정도로 수도권 집중 현상이 점차 심화되고 있다. 대규모 재해를 기점으로 이 흐름에 제동을 걸려는 일본판 '균형 발전' 전략을 한국의 정책 당국도 관심 있게 지켜봐야 할 것이다.

수도권 집중이 미치는 폐해 중 하나는 인구감소를 가속화한다는 점이다. 한국의 2020년 합계출산율은 0.83, 서울은 0.64다. 전국 1.48, 서울 1.28이던 2000년에 비해 거의 절반 수준으로 줄어든 것이다. 경제협력개발기구(OECD) 38개 회원국 중 합계출산율이 0명대인 나라는 대한민국뿐이다. 출생률 감소는 수도권 집중과 동전의 양면이다. 청년들이 일자리를 찾아 수도권으로 몰리면서 수도권의 주거난이 심화됐고, 보금자리를 가질 수 없는 청년들이 출산은 물론 결혼을 포기하면서 세계적으로도 유례 드문 저출산 현상이 연출되고 있는 것이다. 감사원에 따르면 이런 추세로 갈 경우 2070년 인구는 3,700만 명으로 줄어들게 된다.

인구절벽 현상에 제동을 거는 데 정책역량이 집중돼야 하겠지만, 소멸위기에 처한 지방 중소도시에 어떻게 활력을 불어넣어야 할 것인가도 과제 중 하나다. 이 책의 제6장(줄어드는 인구 속에서)에 수록된 도야마시의 '콤팩트시티' 사업은 한국의 기초자치단체들도 눈여겨봐야 할 대목이다. 도야마시는 2009년부터 도심에 노면전차(트램)를 깔고 역을 중심으로 생활권을 구성하는 '양꼬치' 형상의 도시계획을 진행 중이다. 시 외곽에서 도심으로 이사하는 주민들과 도심에 집을 짓는 건설기업에는 보조금을 주고 있다. 인구가 집약되면 상권도 살아나고 지자체로서는 도로나 상하수도 관리 비용을 아낄 수 있다. '절반의 한국'에서도 8회 '아파트와 빈집'에서 도야마의 사례를 다룬 바 있지만, 이 책에는 도야마 외에 아오모리, 독일 프라이부르크시 현장 취재를 통해 보다 상세하게 소개하고 있다.

'균형발전'은 한일 양국 공통의 과제다. 한국보다 앞서 해법에 천착해온 일본의 사례를 종합한 이 책이 정책당국자들은 물론 일반 독자들에게 좋은 참고서가 될 수 있을 것이다.

환경 생태계 보존과 도시농업 활동

-엄성준
(전 보스턴 총영사, 현재 도시농업 활동가)

가깝고도 먼 이웃 나라가 일본이라고 한다. 지리적으로나 역사적으로나 떼어낼 수 없는 오랜 인연을 가진 나라이다. 하지만 지금의 한일 관계는 그 어느 때보다 차디차다.

일본은 한때 세계 2위의 경제대국이었다. 그런데 지금은 새로운 도전에 직면하고 있다. 첫째는 중국의 세계 2위 경제대국으로의 부상이었고 둘째는 후쿠시마 원전사고였다. 이 책의 원본 『일본열도재생론』은 이러한 도전에 대한 위기의식에서 출발한 것이 아닌가 짐작해 본다.

이 책에서 저자들은 일본의 약점을 강점으로 전환하는 방법을 모색하고 일본의 새로운 잠재 역량을 찾아보려고 하였다. 과연 이 책은 그 목적에 얼마나 접근 하였을까. 그리고 2022년을 맞이하는 한국 경제와 사회에게는 어떤 시사점을 줄 수 있을까. 이런 관점에서 이 책을 읽어 볼 것을 권하고자 한다.

필자는 〈제3장 최첨단을 가는 농림수산업〉 부분에서 한국 입장에서 참고 되는 점을 살펴보고자 한다. 일본은 농업, 수산업, 임업에서 새로운 시각, 그리고 새로운 기술을 적용하여 이 산업들을 경쟁력을 잃어가는 사양산업으로부터 새로운 혁신과 부가가치 높은 산업으로 일으켜 세우고자 한다. 한국에 있어서도 식량과 환경 보호에 직결되는 이 산업들이 매우 중요하다. 그리고 한국의 지형 특성상 산이 많아 임업이 중요하고 주식인 쌀 생산을 유지해야 하고 3면이 바다로 열린 해양국가로서 수산물을 식량자원으로 보존하는 것이 절체절명의 과제이다. 이 분야 산업을 육성하기 위해서는 첨단 기술을 적용하여 경쟁력 있는 농림수산물을 생산하는 것도 중요하지만, 지속적인 생산을 가능하게 하는 환경 생태계 보존도 이에 못지않게 중요하다.

한국과 일본은 중국에서 수출하는 값싼 농수산물이 보건위생 기준에 합치하도록 유도하고 중국의 해산물 남획과 해양 오염에도 공동 대응할 필요가 있다. 최근 한국에서는 급속한 도시화로 인하여 농지가 부동산 투기 대상으로 전락한 것을 막기 위한 법제도 정비에 노력하고 있다. 그리고 도시민들에게 농업의 소중함에 대해 관심과 애정을 가질 수 있도록 도시농업 진흥을 위한 법제도 마련에도 나섰다. 이미 영국 등 유럽, 러시아 등에서는 도시민들의 작은 텃밭 가꾸기 활동을 행정적으로 뒷받침하려는 노력을 기울이고 있다. 한국과 일본도 미래 세대들에게 건강한 식량을 공급하면서 깨끗한 자연환경도 제공하는 농업에 참여할 수 있도록 하여 도시농업 활동을 장려하는 데 힘을 합칠 것을 기대한다.

화성시 백미리 사례로 본 어촌 상생 방안

-송영택
(현대해양 발행인)

3면이 바다로 열린 우리나라는 1만5천여㎞에 달하는 해안선을 가지고 있고 이 해안선을 따라 어촌이 자리 잡고 있다.

어촌의 법적 정의[187]는 하천·호수 또는 바다에 인접하여 있거나 어항의 배후에 있는 지역 중 주로 수산업으로 생활하는 읍·면의 전 지역 또는 도시의 동 지역 중 상업, 공업 지역을 제외한 지역을 말한다. 이러한 기준으로 볼 때 어촌은 전국 228개의 시·군·구 중에서 74개, 전국 3,500개 읍·면·동 중에서 482개에 달한다. 면적으로 치면 우리나라 전체 면적의 16.8%인 1만6천9백4㎢에 해당하고, 전국인구 약 5천2백만 명 중 9.6%인 약 5백만 명이 거주하고 있다. 국토의 관점에서 볼 때도 바다와 육지를 잇는 중요한 지점이 어촌인 셈이다.

그러나 실제 지역 소멸의 문제로 볼 때, 연안 어촌은 심각한 문제에 봉착해 있다. 순수 어업에 종사하고 있는 어가인구는 2010년 17만1천 명 선에서 2020년 9만7천 명 수준으로 연평균 6%씩 감소하고 있으며 고령화율은 36.1% 달하고 있다. 한국해양수산개발원이 발표한 자료에 따르면 지역소멸지수는 섬지역이 0.234이고 그 다음이 연안어촌 0.303으로 현 추세로 가면 어촌의 81.2%가 소멸될 것으로 예상된다.

이에 정부도 어촌으로의 인구유입을 위해 귀어귀촌 활성화, 어촌뉴딜300사업 등 여러 가지 어촌 지지 정책들을 내어놓으며 어촌소멸방지를 위하여 안간힘을 쏟고 있다. 구슬이 서 말이라도 꿰어야 보배라고 했다. 아무리 좋은 정책과 예산을 투입하더라도 이를 수용하는 사람들의 자세와 노력에 따라 그 결과는 천지차이가 나는 것이다.

여기에서는 정부 정책을 적절히 활용하여 주민 주도로 어촌을 성공적으로 변모시킨 사례를 소개하며 본 책자의 내용 중 일본 농어촌의 사례와 비교하여 독자들이 참고할 수 있도록 제시하고자 한다.

백미리는 경기도 화성시 서신면에 위치한 인구 320명의 작은 어촌이다. 이중 어촌계원은 120명이다. 수도권에 있다고는 하나 대중교통편이 불편하고 상업시설도 없이 주민들이 농어업에 의존해 생활하는 조그마한 어촌마을이다.

이 마을의 변화의 시작은 2008년 새로 선출된 젊은 어촌계장이 정부의 어촌체험마을 사업을 유치하면서 부터다. 수도권 내에 위치한 이점을 살려 당일 관광객을 대상으로 갯벌체험과 망둥어 낚시로 유명세를 탔다. 고객을 유치하기 위하여 마을 주민들이 많은 노력을 기울였다. 유치원, 초등학교 등 청소년 단체를 대상으로 적극적인 영업활동을 펼쳤고 삼생생명 등 기업 200곳과 자매결연을 맺어 기업 워크숍을 유치하기도 했다. 이후 경기도 농촌관광 시범사업인 주말농장 사업과 한국관광공사의 희망캠핑장 지원사업도 위치하는 등 적극적인 농어촌관광 사업을 적극 확대해 나갔다. 이러한 주민들의 노력으로 매년 10만 명 이상의 관광객들이 이 마을을 다녀간다.

백미리 주민들은 관광사업에만 매달린 것이 아니었다. 해양수산부 정책사업인 자율관리어업공동체 육성에도 적극적으로 참여했다. 그 결과 2015년 자율관리어업 선진공동체로 선정되면서 확보한 자금으로 수산물 가공공장을 지었다. 마을 영어조합법인으로 운영되는 이 공장에서는 HACCP 시설을 갖추고 꽃게장과 새우장 등을 생산하는데, 국내 유수의 유통체인에 납품하고 해외수출도 하며 연간 25억 원의 매출을 올리고 있다. 이 가공공장 운영을 통해 20여 명의 일자리도 만들어 냈다.

백미리는 귀어귀촌인 유치에도 과감했다. 어촌계 진입장벽을 없애 마을 내로 주소지를 옮기고 거주한 지 1년만 지나면 어촌계 가입을 인정해 주었다. 또 지난해에는 해양수산부가 추진하는 수산분야 공익직불제 중 하나인 경영이양직불제[188]를 도입, 14명의 젊은 귀어인을 받아들였다. 그 결과 백미리 전체 어업인 중 30%가 귀어인으로 젊은 어촌이 되었다.

백미리는 어장관리에 대해서도 적극적이었다. 경기도 해양수산자원연구소의 도움으로 남해안에서 하는 새꼬막 양식에 5년 전부터 도전했다. 몇 년간 시행착오를 하다 지난해부터 제대로 된 생산에 들어가 올겨울에는 총 500톤, 30억 원의 매출이 예상되고 있다. 이러한 관광, 어업, 가공 사업들을 종합해 보면 마을 공동수익은 연 25억 원에 달하고 주민 개인 소득은 6~7천만 원에 달하는 것으로 마을에서는 추정하고 있다.

백미리 마을은 여기에 그치지 않고2019년 해양수산부가 추진하는 어촌뉴딜300사업 공모에 선정되어 8대 선도 사업지가 되었다. 국내 최고 어촌체험마을로 자리 잡았지만 단순한 채포위주의 갯벌체험 운영과 시설 노후화로 체험객 증가세가 둔화되어 제2의 성장 모멘텀이 필요했다. 이 사업 유치를 통해 노후 숙박시설을 리모델링하여 조식 제공이 가능한 b&b하우스를 만들었고 혼잡했던 백미항 배후부지를 정비하여 주민공동이용 시설 및 여가복합 공간을 조성하기도 했다. 또 마을 외곽의 유휴부지를 활용해 힐링 마당을 조성하여 자연생

태휴양체험이 가능토록 정비했다. 시설의 현대화뿐만 아니라 새로운 프로그램 운영을 위한 역량강화교육도 내실 있게 진행해 주민들이 농어촌체험지도사 및 바리스타 자격증을 취득하였고 풍물놀이패 결성, 마을경관협정 체결, 주민 SNS교육 등을 통해 주민 주도 사업추진을 위한 기반을 다졌다.

이로써 백미리는 1차 생산, 2차 가공, 3차 관광 서비스를 융합한 소위 어촌의 6차산업화를 완성했다.

이러한 백미리의 성공 요인을 살펴보면 훌륭한 지도자가 있었다는 것이다. 어촌계장을 18년 째 맡고 있는 김호연 씨(58세)는 투명한 마을 사업 운영 체계를 만들었으며 대외적 활동도 적극적으로 펼쳤다. 이러한 훌륭한 지도에 더해 마을 사업에 참여하고 따라주는 주민들도 큰 역할을 하였다. 또 숙달된 운영진과 웬만한 기업 보다 우수한 사업관리시스템도 훌륭하다. 그리고 공무원들의 관심과 지도, 마을에 걸맞은 적절한 정책사업의 유치 등도 큰 몫을 해 내었다.

미래 물의 도시, 인천해저도시로 가자

-임현택

(한국스마트해양학회 회장)

코로나19 종식 후 우리나라 국민이 가장 하고 싶은 것은 국내여행(47%), 지인모임(16.4%), 국외여행(15.6%) 순으로 나타났다(경기관광공사, 2020.4.). 코로나19가 종식되면 세계적으로 관광수요가 폭증할 것으로 예상된다. 더불어 기후변화와 주거문제는 더 이상 미룰 수 없는 국가 아젠다가 되었다. AI와 메타버스로 대표되는 첨단정보통신기술의 변화는 우리에게 새로운 희망과 도전을 안겨주고 있다 .

이러한 새로운 변화에 대응하기 위해 바다와 관광, 우리나라의 강점인 정보통신기술에 초점을 맞춰 이 세상 그 어디에도 없는 해저도시를 인천 내항 공유수면 약 55만 평(약 180만 제곱미터)에 만들어 우리나라를 세계 1위의해양관광국가로 도약시켜야 할 필요가 있다. 사실 우라나라는 섬, 갯벌 등 해양관광자원은 풍부하지만 국내외 관광객을 적극적으로 유치할 수 있는 대표상품이 없다.

인천해저도시는 인천 내항 바다 55만 평에 AI, IoT, VR 등 첨단 정보통신기술을 활용한 20여 개의 스마트 빌딩이 해저 3~4층, 해상 4~5층 규모로 지어지고, 20여 개의 건물들은 해저·해상통로로 연결되어 행정, 주거, 쇼핑, 생산, 교육, 스포츠 등 경제문화 활동이 바다 속과 해상에서 다양하게 이루어지는 도시를 말한다. 해저도시 주민자치센터, 해저도시 관할구청 등을 만들어 세계 유일의 해양자치행정도

시도 만들 수 있다

인천해저도시가 만들어지면 연 3,224만 명의 관광객 유치가 가능하고 이를 통한 경제적 효과는 18조 원, 약 8만 1,000명의 일자리가 창출될 것으로 추정되었다. 더불어 인천공항 년 환승객 1,000만 명(평균체류시간 6시간) 유치도 가능하다. 건설비용은 약 7조 8천억 원이 소요될 것으로 예상된다.

바다 생활과 육지 생활이 공존하는 인천해저도시 조감도(디자인: 이소민 건축가)

인천해저도시 건설로 인천이 베네치아를 능가하는 세계적인 해양관광지가 될 수 있으며, 현재의 기술수준으로도 인천해저도시 건설이 가능하다. 다만, 세계 최초이니 만큼 해양환경보전 및 안전성 확보를 위해 해양, 환경, AI, 로봇, 조선, 소재, 토목, 건축, 기계, 에너지, 의학, 기후, 지질, 바이오, 정보통신 등 최첨단 공학기술이 총동원되어야 한다.

이를 실현하기 위해 먼저 해양수산부, 인천광역시, 인천항만공사가 참여하는 전담추진조직이 필요하고, 정밀한 경제효과를 분석하기 위한 사업타당성 용역이 선행되어야 한다.

새로운 길을 가기 위해서는 정책결정권자의 과감한 발상의 전환, 냉철한 기획력과 강한 집행력, 민간의 창의력, 지역주민과의 협력과 소통이 절대적이라는 역자의 말에 100% 공감하며 기후변화와 주택문제를 해결하기 위한 인천해저도시 건설은 아무리 강조해도 지나치지 않다고 본다. 인천해저도시 건설은 우리나라 블루 뉴딜 1호 사업이 될 것이다. 우리나라가 인천해저도시를 통해 누구도 가보지 않은 미래, 해저도시강국으로 도약했으면 한다.

인천해저도시에서의 생활. 수중레저를 하면서 바다 속에서 바라본 인천해저도시
(디자인: 이소민 건축가)

인천 스마트 해저도시

한국스마트해양학회 (http://kisof.kr)

규슈의 각성과
지방 성장의 엔진, 한반도 남서부 도서지역 개발

-손치근
(전 알마티 총영사, 현 공익사단법인 한국치매협회 사무총장)

세계적인 기업도시의 모델로서 일본 도요타시를 들고 있다. 도요타는 현장주의를 실천하기 위해 본사를 도쿄가 아닌 공장이 위치한 나고야에서 가까운 도요타시에 두고, 도쿠가와 이에야스가 태어난 미카와만(三河湾)의 지역색을 살려 도요타를 세계적인 자동차기업으로 키운 것이다. 충남 아산에 있는 '탕정 디스플레이 시티'로 명명되기 전에 심대평 충남지사는 도요타시와 같은 기업도시로 만들기 위해 삼성시를 고려한 적이 있다. 결국, 탕정이 '한국의 크리스털 밸리'로도 불리게까지 된 것은 그 지역이 산·관·학 제휴의 산물이라고 강조하고 있다. 세계의 두뇌를 모으는 데는 정부의 전략, 대학의 노력에다 대학과 제휴하는 기업, 공장이 가져오는 경제효과라는 것이다. 즉 아산시에 있는 호서대학 교수진은 삼성 OB 등 기업으로부터 모은 인재라는 것이다. 나아가 한국에서는 기업도시 대신 혁신도시로 발전시켜 그 지역의 인구까지 늘어난 것이다. 또한, 유럽 제국은 우수한 인재가 자기 나라에 머물지 않고 미국 대학의 인재공급원이 된 것에 위기감을 느끼고, 대학의 국제경쟁력을 높이기 위해 유럽 내 대학 제도의 통합을 추진하게 되었다. 반면 일본 게놈 연구의 제1인자 등이 미국 등으로 옮긴 이유를 일본 정치가의 무관심을 들었다. 특히 유럽세에 비해 뒤처져 있는 인재획득을 위한 동아시아 지역의 국제협력은 한중일 간의 심각한 균열이 영향을 주고 있음을 우려하고 있다. 문제는 한중일이 협력하는 쪽이 단독으로 움직이는 것보다도 메리트가 많아서, 협력 여부는 동북아지역 전체의 부침과도 관계를 맺고 있다는 것이다.

실은 필자가 2002년 월드컵 직후 나고야 총영사관에 근무 시 한일 FTA 준비를 위한 일본 측의 비관세장벽을 조사하고 있었다. 당시 주변의 도요타 관계자들은 온통 연료전지 연구에 몰두하는 것을 보고, 도요다 쇼이치로 명예회장과 죠 후지오 사장에게 한일 차세대자동차 공동개발을 제의하였다. 그러나 반응은 도요다 명예회장은 공감했으나 죠 사장은 무서울 정도로 추격해 오는 현대차를 지적하면서 냉담했다. 너무도 아쉬운 나머지 『Goodbye Oil! TOYOTA』라는 책을 매경을 통해 출판하게 되었다.

한편, 아시아의 성장을 받아들여 지역이 일체가 되어 움직이고 있는 곳이 있다. 바로 성장하는 중국과 한국에서 가까운 규슈다. 2010년에는 1세대 당 년 3만 5천불의 가처분소득이 있는 인구가 일본과 여타 아시아가 동수였는데, 2020년에는 일본의 3배에 달하는 점에 착안한 것이다. 나가사키, 후쿠오카는 내수에 의존하지 않고 제조업만이 아닌 소매나 음식, 의료, 돌봄 등 서비스 산업의 유망한 시장을 찾은 것이다. 인구감소와 내수축소가 이어지는 가운데 중앙정부의 보조금이나 기업유치 등 구태의연한 발상에서 전환한 것이다. 지금까지는 '짐' 취급을 당해왔던 지방이 그 특색을 살려 국제경쟁력을 높여가면 국가는 물론 동북아지역 전체에 혜택을 가져온다.

이처럼 '약점'이었던 지방이 성장의 엔진으로 비상하게 되는 예를 한국에서도 찾아볼 수 있다. 과거에는 죄인들의 유배지로서 고립되고 소외당했던 한반도 남서부 도서 지역의 개발이다. 한국에는 3천여 개의 섬이 있으며, 관광지로 개발되고 있는 퍼플섬 등 2천여 개가 모여 있는 서남부 도서 지역을 방문하면서 느낀 점은 섬이 국가발전의 동력으로 인식되어 개발계획을 제대로 평가하고 제안한다면 '섬의 세계화'의 가능성이 충분히 있다는 것이었다. 특히 UN 산하 세계관광기구(WTO)가 세계 최우수 관광마을로 선정한 전남 신안군을 예로 들어 본다. 천사의 다리 퍼플교를 지나면 반달 모양의 반월도와 바가지 모양의 박지도를 만날 수 있다. 한 섬 전체가 보라색으로 도배되어 있었다. 그뿐만 아니라, 일 년 내내 도라지 라일락에서 가을에는 아스타꽃까지 보라색을 볼 수 있다고 한다. 원래 신안은 천일염의 성지라고 불렸지만 2014년 발생한 염전 노예 사건으로 신안에 한 번 들어오면 죽을 때까지 탈출할 수 없다는 말까지 오갔던 곳이다. 하지만 이렇게 컬러 관광지로 거듭나면서 고고하며 세련된 이미지의 보라색으로 세계의 이목을 집중시키고 있다.

최근 한국 정부는 해양수산부, 국토교통부, 행정안전부 등으로 섬에 관한 관리정책이 분산되어 있어 개발을 위한 콘트롤 타워가 필요하여 2021년 10월 '한국섬진흥원'을 새로 설립하였다. 물론 섬과 섬을 잇는 교량 공사도 필요하겠지만, 규슈처럼 지역의 특성을 살리려면 아시아 지역에 눈을 떠야 할 것이다. 그러면 어떻게 미래지향적으로 '윈·윈'할 수 있는 한일 간의 상생 협력이 가능할 것인가? 한국사죄피로현상 내지 혐한 분위기의 이면에는 과거 수직적이었던 양국관계가 수평적인 것으로 바뀐 것에 대한 인식의 부적응 상태가 존재한다고 할 수 있다. 우리 한국도 더 이상 국민 정서, 대중의 감정에 휩쓸리는 과거사 외교의 함정에서 벗어나 냉철한 국익의 계산과 철저한 전략적 사고로 대일외교를 정립해야 할 것이다.

농어촌 빈집을 콘도형 공유숙박시설로

-김동현
(전 한국지방재정공제회 이사장, 순천시민)

농어촌의 인구감소로 사람이 살지 않은 빈집들이 늘어나고 있다. 우리 순천만 하더라도 11개 읍면에 705채의 농어촌 빈집들이 있고, 동지역까지 합하면 무려 1천여 채의 빈집들이 있다. 동지역 빈집들은 도시재생과 연계하여 셰어하우스, 창업지원 공간 등으로 활용이 모색되고 있지만 농어촌 빈집들은 사실상 방치되고 있는 실정이다. 정부에서도 농어촌정비법을 통해 농어촌 빈집 정비에 많은 노력을 기울이고 있는데 철거에 방점을 두고 있는 듯하다. 하지만 농어촌의 활력 증진을 생각하면 철거보다는 재활용이 바람직하다.

원도심의 빈집과 달리 유동인구가 적은 농어촌 빈집의 재활용은 한계가 있는데 최근 한 스타트업이 의미 있는 시도를 한 적이 있다. '다자요'라는 공유숙박업체가 농어촌 빈집을 무상으로 리모델링해주는 대가로 10년간 무상 임대받아 민박사업을 하는 모델이 많은 관심을 끌었다. 그러나 농어촌 빈집을 숙박용으로 전환하려면 주택 소유자가 해당 지역에 거주해야 한다는 현행법에 발목이 잡혔다. 다행히 2021년 9월 정부가 규제를 일부 완화했지만 시범사업으로 5개 시·군 50채 물량에 대해서만 제한적으로 허용해 전면적 규제해제와는 거리가 멀다. 스타트업 '다자요'의 공유숙박 실험은 농어촌 빈집이 증가 추세에 있는 우리 순천시에 큰 시사점을 던진다. 다만 주택소유자의 거주라는 현행

법상의 제약이 여전한 상황을 고려해 사업모델을 보완할 필요가 있다. 가장 현실적인 방안은 '다자요'의 공유숙박 모델과 귀농귀촌 사업과 연계해 농어촌 빈집을 콘도형 공유숙박시설로 운영하는 모델이다.

먼저 접근성, 상·하수도 등 생활 인프라, 주변 볼거리 등을 고려해 20채 정도의 빈집을 선정해 귀농귀촌 희망자에게 알선한다. 둘째, 주택 한 채를 콘도의 객실 하나로 간주해 향우 등을 대상으로 1채당 20명씩 총 400명의 회원을 모집한다. 회원권 가격은 1천만 원으로 책정하고, 납입된 40억 원으로 1억 원 한도로 리모델링 비용을 지원한다. 셋째, 귀농귀촌 희망자에게 주택 리모델링 비용을 무상지원해주는 대신 일정 기간 동안 민박 수입금의 일부를 나누어 갖는다. 넷째, 이러한 일들을 수행할 전담기구로 순천시와 민간기업 합작으로 공동출자 법인을 설립한다. 순천시 참여는 사업의 신뢰성 확보를 위한 필수요건이다. 다섯째, 민관합작 법인에서는 홍보와 마켓팅, 예약 및 결제 시스템 구축·운영과 함께 민박 사업주가 원할 경우 숙소관리(House Keeping) 등의 업무를 지원한다.

농어촌 빈집을 활용한 콘도형 공유숙박시설은 20채에서 출발해 점차 물량을 늘려나간다. 사업 지원대상도 귀농귀촌 희망자부터 시작해 순천 시내에 살면서 시골 고향집을 민박시설로 활용하고 싶어 하는 사람, 그리고 민박업을 하고 싶어 하는 낙안읍성이나 순천만 인근 마을까지 확대한다. 고령자가 많고 농사일이 바쁜 농어촌 주민 입장에서 예약과 취소, 숙소관리, 식사 제공 등의 일을 직접 하는 것은 쉽지 않은 일이다. 콘도형 민박업으로 식사를 제공할 필요가 없고, 원할 경우 숙소관리 업무까지 대행해 준다면 사업 참여 희망자가 적지 않을 것이다.

관주도형 발전모델은 이제 구시대의 유물이 되었다. 하지만 우리 순천의 상황은 다르다. 이렇다 할 대기업이나 사회단체, 민간 연구기관 등이 없는 상황에서 민간주도형 발전모델은 우리 순천에 유효하지 않다. 지금 우리 순천의 가장 큰 기업은 순천시청이고, 가장 잘 훈련된 집단도 순천시청 공무원들이다. 민간의 영역인 콘도형 공유숙박 사업에 순천시가 적극적으로 뛰어들어야 할 이유가 바로 여기에 있다. 순천시 공무원들의 창의적 발상을 기대하면서 "역사는 창조적 소수에 의해 발전한다. 반대로 그들이 부패하고 무력해지면 역사는 퇴보한다"고 했던 토인비의 말을 다시금 되새겨 본다.

후쿠시마 원전 사고와 사회적 재난에 대한 인식

-강정환
(전 주일한국대사관 원자력관,
전 원자력안전위원회 월성원자력발전소 지역사무소장)

2011년 3월 11일에 발생했던 동일본대지진과 이로 인해 유발된 거대한 지진해일(쓰나미, 津波) 때문에 일본의 동북 지방을 중심으로 한 태평양 연안 지역에서는 인명과 재산, 환경에 심대한 피해가 있었다. 특히 도쿄전력 후쿠시마 제1원자력발전소의 1, 2, 3, 4호기는 지진해일로 비상용 디젤발전기 등 주요 전원설비가 바닷물에 침수되고 이로 인해 발전소 내외의 모든 교류전원이 상실되는 사고[189]가 발생했다. 전원상실로 원자로심이 냉각불능으로 되어 지진 당시에 운전 중이었던 1, 2, 3호기의 노심이 용융되고 핵연료 피복재(被覆材)와 수증기의 화학반응으로 수소가 발생, 누설된 수소가 원자로건물 내부로 누설·축적되어 1, 3, 4호기의 원자로 건물이 수소폭발로 파괴되고 2호기도 격납용기가 파손되는 등 동일재난으로 인해 다수호기(多數號機)[190]에 사고가 발생하고 심각한 방사성 물질의 외부 누출사고를 일으켜서 전 세계를 놀라게 했다.

다수호기 동시 사고는 그동안 원자력발전소를 운영하는 모든 국가에 새로운 과제를 제시하게 되었다. 1979년의 미국 TMI사고[191]나 1986년의 소련의 체르노빌 사고[192]는 매우 심각한 사고였으나 1개 호기에만 발생한 사고로서 어떤 의미에서는 예상 범위 내에서 발생한 사고로 보는 것이 가능했다. 하지만 4개의 호기에 동시에 사고가 발생한 것은 원전 사고에 대비한 모든 예상을 초월한 영역이었다. 뿐만 아니라 엄청난 쓰나미의 피해와 함께 발생하여 소위 복합재난을 일으킨 것도 방재 대책의 범위를 훨씬 넘어선 것이었다.

동일 원인으로 인한 다수호기의 동시 사고와 쓰나미와 방사능재난이라는 복합재난의 동시 발생은 이러한 사태를 예상하지 못했던 일본 정부와 도쿄전력의 사고 수습을 혼란에 빠뜨렸고 사고의 조기 진압과 사고 확대 방지에 커다란 지장을 초래했다. 사고 후 이에 대한 비판으로 안전신화(安全神話)[193]와 원자력촌(原子力村)[194]에 대한 강력한 비난이 쏟아졌고 원자력발전에 대한 부정적 여론이 비등했다. 안전신화는 안전불감증으로 연결된다는 비난 속에 안전문화를 강조하는 분위기로 전환되었다.

또한 바로 이웃에 인접한 우리나라에도 원래부터 그렇게 인식이 좋지 않았던 원자력에 대해 엄청난 부정적인 반향을 불러왔다. 그리고 우리 국민 개개인에게는 평소에 거의 의식하지 않았던 방사능에 대한 새삼스러운 두려움의 상기와 함께 수많은 원자력 혹은 방사능에 관련된 넘치는 정보를 접할 수 있는 기회이기도 했다.

동일본 대지진 이후에 우리나라에서도 경주, 포항지역에서 비교적 큰 지진이 발생하고 최근 제주에서도 규모 5의 지진이 발생하여 우리나라도 기존의 풍수해에 이어 지진도 결코 안전지대가 아니라는 인식을 가져왔다. 그중 가장 큰 변화는 재난에 대한 인식과 방재에 대한 중요성을 강조하게 된 것이다.

기존의 연례행사 격인 풍수해가 아니라 거대지진과 동시에 발생하는 쓰나미와 같은 심대한 자연 재난과 이로 인해 유발될 수 있는 원전사고와 같은 사회적 재난은 함께 발생(복합재난)할 수 있으며, 사고 규모도 다수시설의 동시 사고를 유발하여 이는 사고피해 범위를 광역화시켜 인명과 재산, 환경에 대한 피해를 가중시킬 수 있다는 것을 깨닫게 된 것이다.

실례로 후쿠시마현의 총 피난민은 34만 2천여 명이었는데 이 중에 후쿠시마 원전 사고로 인한 피난민은 17만 7,500여 명으로 절반이 조금 넘었다. 피해액도 지진과 쓰나미로 인한 피해액이 전국적으로 16.9조 엔과 복구비 2.2조 엔이었으나 원전 사고로 인한 피해액은 22조 엔[195]에 달한다. 즉, 복합재난은 피해지역의 확대와 인적, 경제적 피해의 증가를 가져오는 것이다.

동일본대지진과 쓰나미는 1천 년에 한 번 정도 발생하는 빈도의 재난이라고 말해진다. 매우 드물게 오는 재난이지만 이로 인한 피해는 정말 막대하다. 라이프라인의 손실로 인한 피해지역 주민의 고생[196]은 필설로 형용하기가 어려울 정도이다. 통상의 재난과 달리 피해복구에 많은 시간이 소요되며 이에 따른 생각지도 못한 부작용도 판명[197]되었다. 이에 대한 대책으로 일본 정부와 지자체, 사업자는 원전 인근지역에 피난 약자를 위한 쉘터의 건설과 다수호기 동시사고 및 복합재난에 대비한 설비보강과 제도개선을 추진하고 있고 한국도 참조하여 일부를 도입하고 있다.

방재에는 많은 예산이 소요되지만 투입되는 비용에 비해 생산성은 적기 때문에 예산 우선순위에서 뒤로 밀리기 쉽다. 하지만 후쿠시마 원전 사고에서 보듯이 확률은 작으나 일단 발생하면 그 피해는 상상을 초월한다. 이점을 고려해야 할 필요가 있다.

본서의 '원본'에 해당하는 「열도재생(列島再生)」은 당시의 아사미 다모츠(浅海保) 요미우리신문 도쿄본사 편집국장(현 요미우리신문그룹 본사 부주간)이 발안, 모리 고지(森浩二) 동 편집국 차장(현 텔레비신슈 상무이사)의 진두지휘 아래 기획, 취재, 집필에는 주로, 笹島雅彦, 伊藤俊行, 鳥山忠志, 村尾新一, 尾山宏, 古川肇, 川上修, 大田健吾, 黑見周平, 萩原榮太, 工藤淳, 広瀬英治, 是枝智, 岡田章裕, 西原和紀, 五十棲忠史, 植竹侯一, 瀬川大介, 豐田千秋, 山下福太郎, 香取直武, 庄野和道, 山本照明, 佐藤千尋, 武石将弘, 小林泰明, 秋田穰, 石黑穰, 永田和男, 深沢淳一, 山田哲朗, 吉形祐司, 工藤武人, 三井美奈, 梁田真樹子, 源一秀, 緒方賢一, 横堀裕也, 門間順平, 若江雅子, 中村亜貴, 酒井麻里子, 中川竜一, 有田考行, 佐脇俊之, 管野薫, 岡本裕輔, 谷和幸, 系井裕哉, 小日向邦夫, 大垣裕, 北出明弘, 山田正敏, 佐藤浅伸, 久保庭総一郎, 橋本潤也, 加藤理一郎, 笹沢教一, 滝田恭子, 杉森純, 野依英治, 木村達矢, 伊藤崇, 水谷工, 今津博文, 阿部健, 山崎光祥, 川口敏彦, 指尾喜伸, 曾根文朗, 木下敦子, 松田聡, 佐藤祐理, 松永喜代文, 野田一紀, 山田真也 등 東京, 大阪, 西部三本社의 각 기자가 담당했습니다. 글 중의 직위, 연령 등은 원칙적으로 연재게재 당시의 것입니다.

또, 시라이시 다카시 정책연구대학원대학장, 마키하라 이즈루(牧原出) 도호쿠대학 교수, 후카가와 유키코 와세다대학 교수, 고마무라 고헤이 게이오대학 교수, 가마가타 다로 미츠비시총합연구소 지역경영연구본부장, 아소 와타루 전 후쿠오카현 지사는, 반년에 걸친 정기적인 공부회에 참가해 주시고 다양한 시점을 제시해 주셨습니다. 현직의 관료 여러분들도 별도로 정기적인 공부회에 참가해주셔서 연재에 도움이 되는 논의를 할 수 있었습니다. 여기에 새롭게 사의를 표합니다. 마지막으로 중앙공론신사에서 본서를 담당하고 귀중한 조언을 해주신 다나카 데츠시(田中哲史) 사업전략본부 부장에게 깊이 감사를 드립니다.

2012년 12월 말일

요미우리신문 「열도재생」 취재반 이토 도시유키(伊藤俊行)

2012년판 / 2021년판 국제경쟁력 랭킹(세계경제포럼)				
2012년판			2021년판	
순위	국가	득점	순위	국가
1 (1)	스위스	5.72	1 (3)	스위스
2 (2)	싱가포르	5.67	2 (6)	스웨덴
3 (4)	핀란드	5.55	3 (2)	덴마크
4 (3)	스웨덴	5.53	4 (4)	네덜란드
5 (7)	네덜란드	5.50	5 (1)	싱가포르
6 (6)	독일	5.48	6 (7)	노르웨이
7 (5)	미국	5.47	7 (5)	홍콩
8 (10)	영국	5.45	8 (11)	타이완
9 (11)	홍콩	5.41	9 (9)	UAE
10 (9)	일본	5.40	10 (10)	미국
* 22(22)	한국		* 16 (20)	중국
* 23(19)	중국		* 23 (23)	한국
			* 31 (34)	일본

※ 괄호 안은 전년 순위

특허 국제출원 건수 2011년 / 2020년 국별 랭킹(WIPO)						
2011년				2020년		
순위	국명	출원건수	전년비증감률%	순위	국가	출원건수
1	미국	48,596	8.0	1	중국	68,764
2	일본	38,888	21.0	2	미국	58,730
3	독일	18,568	6.7	3	일본	50,559
4	중국	16,406	33.4	4	한국	20,054
5	한국	10,447	8.0	5	독일	18,538
6	프랑스	7,664	5.8	6	프랑스	7,765
7	영국	4,844	−1.0	7	영국	5,900
8	스위스	3,999	7.3	8	스위스	4,989
9	네덜란드	3,494	−14.0	9	스웨덴	4,347
10	스웨덴	3,466	4.6	10	네덜란드	4,007
11	캐나다	2,923	8.3	11	이탈리아	3,404
12	이탈리아	2,671	0.5	12	캐나다	2,616
13	핀란드	2,080	−2.7	13	이스라엘	1,934
14	오스트리아	1,740	−1.8	14	인도	1,908
15	스페인	1,725	−2.7	15	호주	1,717

실질 GDP 성장률 추이 (일본 내각부)

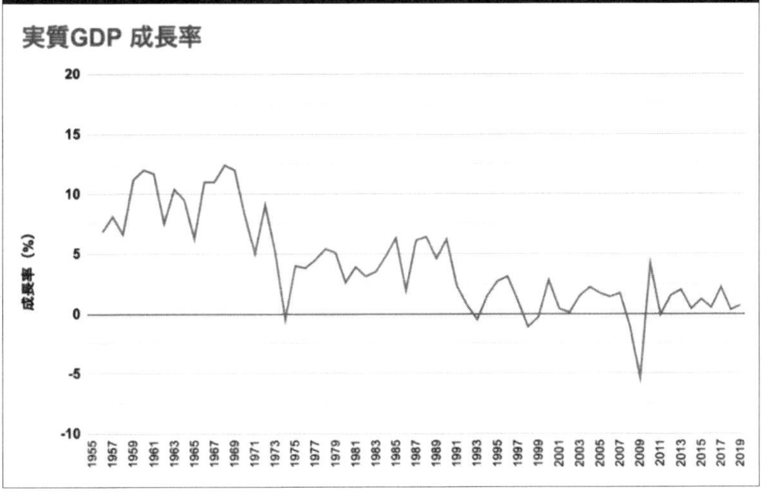

GDP국별 랭킹 (2020년, IMF)

10억 US달러

순위	국명	규모
1	미국	20,894
2	중국	14,867
3	일본	5,045
4	독일	3,843
5	영국	2,710
6	인도	2,660
7	프랑스	2,624
8	이탈리아	1,885
9	캐나다	1,644
10	한국	1,638
11	러시아	1,479
12	브라질	1,445
13	오스트리아	1,359
14	스페인	1,280
15	멕시코	1,073

【2020年】

順位	国名	単位：百万US$
1	米国	20,893,750
2	中国	14,866,740
3	日本	5,045,100
4	ドイツ	3,843,340
5	イギリス	2,709,680
6	インド	2,660,240
7	フランス	2,624,420
8	イタリア	1,884,940
9	カナダ	1,644,040
10	韓国	1,638,260
11	ロシア	1,478,570
12	ブラジル	1,444,720
13	オーストラリア	1,359,370
14	スペイン	1,280,460
15	メキシコ	1,073,920

총인구와 고령화율 추이와 추계(일본 내각부 「고령화사회백서」에서)

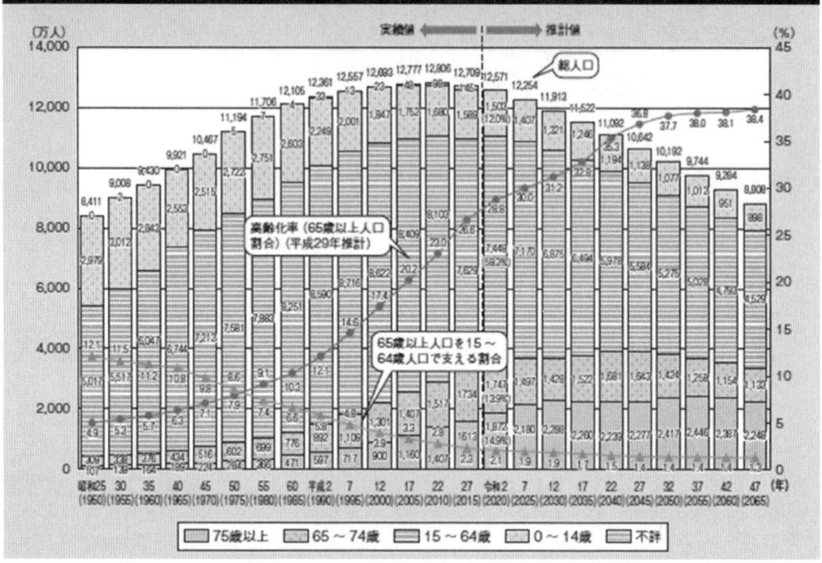

세계의 인구 랭킹 (2021년, 유엔)

단위: 억 명

순위	국명	규모
1	중국	14.44
2	인도	13.93
3	미국	3.33
4	인도네시아	2.76
5	파키스탄	2.25
6	브라질	2.14
7	나이지리아	2.11
8	방글라데시	1.66
9	러시아	1.46
10	멕시코	1.30
11	일본	1.26
12	이디오피아	1.18
13	필리핀	1.11
14	이집트	1.04
15	베트남	0.98
28	한국	0.51

세계인구랭킹 상위 20국(1950-2100)

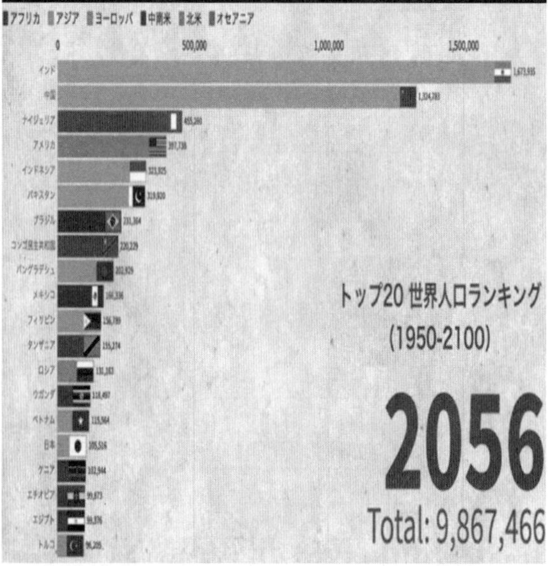

금후 소멸 가능성이 있는 집락 수
(2011년도, 2020년도, 일본 총무성, 일본 국토교통성
「과소지역 등에 있어서의 집락의 상황에 관한 현황파악 조사」)

	10년 이내에 소멸		언젠가 소멸	
	2011년도	2020년도	2011년도	2020년도
홋카이도	20	14(0.4%)	182	219(5.8%)
동북권	55	54(0.4%)	343	385(2.7%)
수도권	18	7(0.3%)	80	90(4.4%)
북륙권	21	23(1.1%)	51	74(3.6%)
중부권	50	36(1.0%)	265	265(7.4%)
근기권	25	29(0.8%)	194	199(5.5%)
중국권	82	60(0.5%)	445	380(3.1%)
사국권	129	162(2.3%)	431	570(8.2%)
구주권	53	69(0.5%)	349	561(3.9%)
오키나와현	1	0(0.0%)	2	1(0.4%)
전국	454	454(0.7%)	2,342	2,744(4.3%)

완전실업률 추이 (일본 총무성 통계국 「노동력조사」(2021.10.29.)에서)

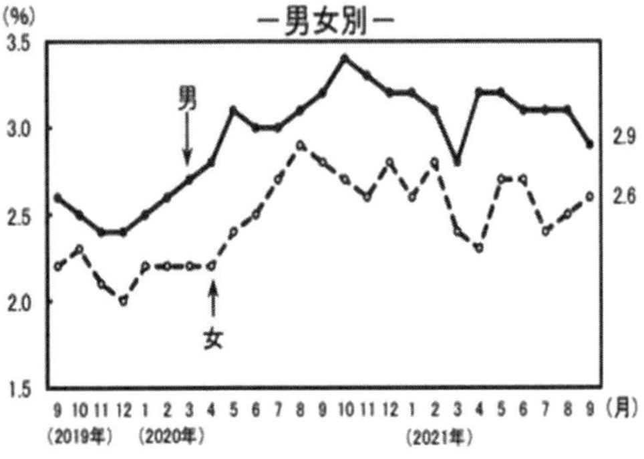

식량 자급률(칼로리 베이스) 추이 (일본 농림수산성 조사)

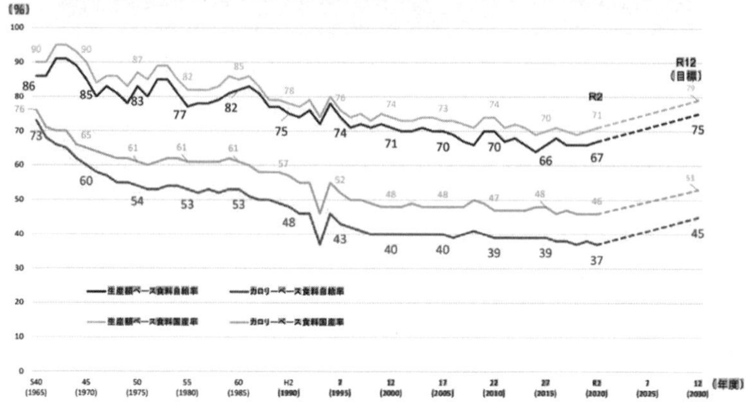

일본의 에너지 자급률 추이 (2010-2018)

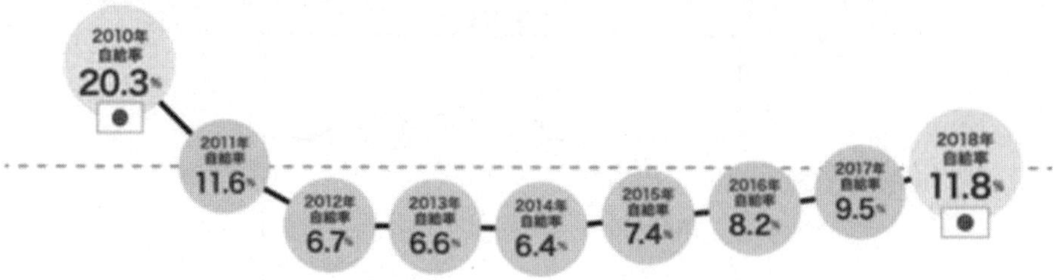

2020-일본이 안고 있는 에너지 문제(전편)
www.enecho.meti.go.jp

제1장 경제재생을 위한 비장의 카드

1) 일본의 행정구역 단위는 광역지방공공단체인 도도부현(都道府県, 도도후켄), 기초지방공공단체인 시정촌(市町村, 시쵸손)으로 이루어져 있다. 시(市, 시)는 우리나라의 시(市), 정(町, 쵸)은 우리나라의 읍(邑), 촌(村, 손)은 면(面)에 비유하면 적당할 것이다. 앞으로 행정구역 명칭은 도도부현, 시정촌으로 호칭한다.

2) '개호(介護)'란 요양(療養) 혹은 간병을 의미하나 아직 우리나라에는 일반화되어 있지 않은 용어이므로 '개호'를 '요양'이라고 표현하기로 한다.

3) 단괴세대(団塊世代)란 일본에서 제1차 베이비붐이 일어난 시기에 태어난 세대를 가리킨다. 제2차 세계대전 직후인 1947년~1949년에 태어나 문화적인 면이나 사상적인 면에서 공통된 전후 세대로, 제1차 베이비붐 세대로도 불린다. 이 용어는 경제기획청 관료였던 사카이야 다이치(堺屋太一, 1935~2019)가 1976년 발표한 미래 예측 소설 『団塊の世代』(단카이노세다이)에서 유래했다.

후생노동성은 백서에서 '団塊の世代'가 아니라 '団塊世代'(단카이세다이, 1947년~1949년 출생)라 하였다. 이 정의에 따르면 2020년에는 이 연령층이 71~74세가 되며, 일본 의료제도 상으로는 전기 고령자(65~74세)~후기 고령자(75세 이상)에 해당하는 세대이다. 3년간 연간 출생자 수가 평균 260만 명을 넘어 총 806만 명에 달한다(후생노동성 통계). 이 단괴세대가 부모가 되어 1971년부터 1974년 무렵에 태어난 세대를 제2차 베이비붐 세대(단카이 주니어)라 부른다. (일본 위키피디아)

4) 2011년 3월 11일 16시 20분, 일본 기상청은 이날 일어난 지진의 공식명칭을 '헤이세이 23년(2011년) 도호쿠 지방 태평양 해역 지진(平成23年 (2011年) 東北地方太平洋沖地震, The 2011 off the Pacific coast of Tohoku Earthquake)'이라 명명했다. 매스 미디어나 기타 조직, 단체에서는 '동일본대지진(東日本大地震)' 등으로 호칭하고 있으며 특히 일본 내에서는 '동일본대진재(東日本大震災)', '도호쿠 간토 대진재(東北関東大震災)' 등으로 임의로 붙여서 사용했다.

2011년 4월 1일 일본 내각은 각의에서 지진으로 일어난 재해(진재)를 '동일본대진재(東日本大震災)'로 부르기로 결정하고, 이 결정을 내각총리대신 간 나오토가 2011년 예산의결안과 함께 발표하였다. 이후 일본 내에서는 지진 자체는 '도호쿠 지방 태평양 해역 지진'을 가리키며, 지진으로 일어난 피해는 '동일본대진재'로 구분하여 사용한다. 하지만 용어의 통일성을 위해 그냥 '동일본대진재'라 칭하는 곳도 있다. (위키백과, 우리 모두의 백과사전)

여기에서는 원전에서는 '동일본대진재'로 표기하고 있으나 '동일본대지진'으로 표기하기로 한다. 마찬가지로 '한신아와지대진재'는 '한신아와지대지진'으로 표기한다.

5) '일본열도개조론'은 다나카 가쿠에이가 자유민주당 총재선거를 한 달 앞둔 1972년 6월 11일에 발표한 '정책강령' 및 이를 저술한 같은 이름의 저서이다. 열도개조론이라고도 한다. 다나카는 이 "공업 재배치와 교통·정보통신의 전국적 네트워크 형성을 지렛대로 삼아 사람과 돈과 물건의 흐름을 거대 도시에서 지방으로 역류시키는 '지방 분산'을 추진하는 것"을 취지로 한 사실상의 정권 공약을 내걸어 그해 7월의 총재 선거에서 승리해 내각총리대신이 되었다. 서적 『일본열도개조론』은 1972년 6월 20일에 일간공업신문사에서 간행되었다. 다나카가 총리 자리를 차지하면서 당시 91만 부를 판매, 연간 4위의 베스트셀러가 되었다. 1968년에 다나카가 자유민주당 도시정책조사회장으로서 발표한 '도시정책대강'을 기반으로 하고 있으며, '도시정책대강'에는 나중에 국토 사무차관이 되는 시모코베 아츠시(下河辺淳)와 자치성 관료였던 다케무라 마사요시(武村正義) 등이 깊이 관여하였다. (일본 위키피디아)

6) 일본 경제산업성은 621억 엔을 들여 후쿠시마현 앞바다에 설치한 부유식 해상풍력발전시설 3기를 채산이 맞지 않는다는 이유로 2021년도에 약 50억 엔을 들여 모두 철거할 것이라고 밝혔다. 3기 중 출력이 가장 큰 7메가와트급 1기는 2020년 5~6월에 이미 철거. 출력 5메가와트와 2메가와트의 2기도 2021년 가을까지 철거되었다. 경제산업성 자원에너지청 담당자는 "운전이나 기상 등의 데이터를 수집하는 목적은 완수할 수 있었다"며 "향후에도 부유식을 추진하는 데 있어서 귀중한 데이터를 얻을 수 있었다"라고 설명했다. 후쿠시마 앞바다 부유식 해상풍력발전설비는 후쿠시마원전 사고 부흥의 상징으로 2013년 11월 이후 나라하마치(楢葉町) 앞바다 약 20㎞ 태평양에 차례로 설치, 마루베니, 히타치제작소, 미츠비시중공업 등으로 구성된 후쿠시마해상풍력컨소시엄이 국가로부터 위탁을 받아 사업을 담당해왔다. (닛케이, 2020.12.17.)

7) 현재 9차 프로그램이 시행되고 있다. EU의 연구·이노베이션 촉진 프로그램 '제9차 이노베이션 프레임워크 프로그램(Horizon Europe)'은 2021년부터 2027년까지 7년간에 걸쳐 실시되며, Horizon Europe의 예산총액은 955억 유로(현행가격, 약 12조 2,200억 엔)이다. Horizon Europe의 기본구조는 '최첨단 연구지원-탁월한 과학', '사회적 과제 해결-글로벌 챌린지·유럽의 산업경쟁력', '시장창출 지원-이노베이티브 유럽'의 3개 핵심사항과 '참가확대와 구주연구권(ERA) 강화'로 이루어진다. 전체예산의 35%를 기후변동대책에 사용한다. 새로운 시도로서 사회과제 해결을 추진할 목표가 설정되었다. '기후변동'. '암', '해양·물', '기후중립·스마트시티', '식량·토양' 5개 목표영역에 대해 각각 2030

년까지 달성해야 할 목표가 설정되어, 이를 실현하기 위한 조치가 시행된다. '참가확대와 구주연구권(ERA) 강화' 부문에 34억 유로(약 4,350억 엔)가 할당되어 있고, 일본에서도 참가가 가능하다. (출전: 일본 국립연구개발법인 과학기술진흥기구(JST) 연구개발전략센터·해외동향유닛, 2020.12.21.)

8) 초LSI기술연구조합이란 민관합동으로 VLSI 제조기술 확립을 위한 로드맵을 책정하여 제조설비의 국산화를 목표로 한 기술연구조합이다. 1976년 설립. 본사 가와사키시. 경쟁사의 기술자들이 공동으로 공통의 기술적 과제에 도전하는 전례는 없으며 이 초LSI공동연구소의 성공에 따라 세계적으로 이런 형식의 연구소 방식이 많이 채택되게 되었다.

9) 주식회사 도쿄대학TLO. TLO는 Technology Licensing Organization(기술이전기관)의 약칭. 유익한 지식을 세상에 확산 보급하는 것을 미션으로 도쿄대학의 연구성과를 특허화해서 민간기업 등에 제공하고 있다. 도쿄대학의 100% 자회사. 1998년 8월 3일 설립. 자본금 2,000만 엔. 2020년 기준 기술이전실적 5,572건, 기술이전수입금 106억 8,200만 엔. https://todaitlo.com/company

10) 규슈광역행정기구 설립 활동은 2012년 12월 이후 중지되었다. 자세한 내용은 [부록 2. 일본의 광역권 구상 및 활동 현황] 참조

제2장 도시 경쟁력 강화, 광역권 구축

11) 이시하라 신타로 지사(石原慎太郎, 1999.4.23.~2012.10.31., 4기) 퇴임 후 현재까지의 도쿄도지사는 이노세 나오키(猪瀬直樹, 2012.12.18.~2013.12.24.), 마스조에 요이치(舛添要一, 2014.2.11.~2016.6.21.), 고이케 유리코(小池百合子, 2016.8.2.~현재, 2기). 이시하라 신타로는 2022년 2월 1일 사망했다. 89세.

12) 세계도시종합력랭킹(Global Power City Index, GPCI) . 일반재단법인 모리기념재단 도시전략연구소가 2008년부터 세계 48개 도시를 대상으로 조사·발표하고 있다. 최근의 랭킹 종합 순위는 6년 연속 1위 런던, 2위 뉴욕, 3위 도쿄, 4위 파리, 5위 싱가포르가 차지했으나 2021년 랭킹에서는 GPCI-2018 이후 약세를 보이던 1위 런던과 2위 뉴욕의 상승세가 멈췄고 3위 도쿄와 4위 파리가 바싹 뒤를 쫓고 있다. 2021년도 한국의 순위는 8위이다. 6위 암스텔담, 7위 베를린, 9위 마드리드, 10위 상하이. https://www.businesswire.com/news/home/20211123005085/ja/

13) 이 구상을 실현하기 위해 필요불가결한 것이 교통 문제이다. 자세한 내용은 [부록 2] 중 '10. 환도쿄만 구상' 참조

14) 도쿄만 아쿠아라인은 가나가와현 가와사키시에서 도쿄만을 횡단해 지바현 기사라즈시에 이르는 고속도로이다. 총연장은 15.1㎞(4차선)이며 해저터널(약 9.5㎞)과 해상교량(약 4.4㎞)으로 구성되어 있다. 해저터널과 교량 접속부에 있는 '우미호타루'는 폭 100m, 전장 650m의 인공섬으로 PA(주차구역)와 5층 규모의 휴게시설이 있다. 해저터널 중간에 있는 직경 195m의 원형 인공섬 '가제노토(風の塔)'가 터널 내 환기를 시켜준다. 사업기간 1987년 7월-1997년 12월, 1997년 12월 18일 개통, 총사업비는 약 1조 4,409억 엔. 터널 최저심도 수면하 60m. 도쿄만 아쿠아 라인의 개통으로, 기사라즈-가와사키 간의 거리가 약 100㎞에서 30㎞, 소요 시간도 약 90분에서 약 30분으로 단축되었다. 지바 보소 지역의 반도성이 완화되어 수도권의 물류 효율 향상이나, 보소 반도의 경제 산업 발전이나 양안 지역의 상호 문화 교류에 기여하고 있다. 도쿄만 아쿠아터널(9,607m)은 해저도로터널로서는 얼마 전까지 세계 최장의 터널이었다. 2021년 현재 최장 기록은 2019년 12월 개통된 노르웨이의 르흐르케 터널(Ryfylke Tunnel)로 약 14.4㎞이다.

한편, 2021년 12월 1일 개통된 보령해저터널(상·하행 2차 분리터널)은 총연장 6.9㎞ 중 순수 해저구간이 5.2㎞이며, 해수면으로부터는 최대 80m 하부(평균수심 25m, 해저면에서 최대 55m)에 위치한다. 국내 최장(세계 6번째)의 해저터널로서 2010년 12월 착공, 총사업비 4,881억 원을 투입하여 4,000여일(약 11년)의 대장정 끝에 국내 시공기술로 완공되었다. 보령해저터널 개통으로 2019년 말 완료된 보령 원산도~태안 안면도간 도로와 연결되어 대천 해수욕장에서 안면도 영목항까지 운행거리 81㎞(95㎞→14㎞), 소요시간 80분(90분→10분)으로 크게 단축되었다.

15) 오사카도 구상에 대해서는 [부록 2] 중 '3. 오사카도 구상' 참조

16) 오우루시는 2013년 1월 1일 Haukipudas, Kiiminki, Oulunsalo, Yli-Ii 등 주변 4개시와 합병했다. 2021년 3월 31일 현재 인구는 208,939명이다. (일본 위키피디아)

17) 정령지정도시는 법정인구가 50만 명 이상이며, 정령(우리나라의 대통령령에 해당)으로 지정된 시를 말한다. [부록 2] 중 '8. 정령지정도시' 참조

18) 중핵시는 정령지정도시와 함께 일본 대도시제도의 하나이며, 현재의 지정요건은 '법정인구가 20만 명 이상'으로 되어 있다. [부록 2] 중 '9. 중핵시' 참조

19) 인공 나노 물질 그래핀(graphene)을 연구한 Manchester 대학 Andre Geim 교수(1968~)와 Konstantin Novoselov 교수(1974~)이다.

20) 맨체스터시 '공항도시구상(Airport City Manchester)' 사업은 맨체스터공항 주변 부지에 업무용 빌딩, 호텔, 산업단지 등을 개발하는 사업으로 2022년 1월 현재 도로, 교량 설치 등 기반사업을 순조롭게 진행하고 있으며, 향후 10~15년 정도 계속될 예정이다. 전체 개발 가치는 약 1조 파운드(1,600조 원)에 달할 것으로 예상된다. Airport City Manchester는 영국 북부의 관문이자 거점 공항인 맨체스터공항 제2터미널 건설과 함께 추진되고 있다. 제1터미널에 대한 리모델링 공사 및 제2터미널 건설이 2024년 완료되

면 전 세계 220개 도시와 연결되어 연간 3천5백만 명이 이용하게 될 것으로 기대되고 있다. (공항주변개발 https://www.airportcity.co.uk)

21) [부록 2] 중 '11. 그레이터 나고야 이니시어티브' 참조

22) 한신항(阪神港)은 오사카항(大阪港)과 고베항(神戸港)을 합하여 부르는 이름이다. 도쿄항(東京港), 요코하마항(横浜港), 가와사키항(川崎港)으로 이루어진 게이힌항(京浜港)과 함께 국제전략항만으로 지정되어 있다.

23) [부록 2] 중 '1. 간사이광역연합' 참조

24) [부록 2] 중 '3. 오사카도 구상' 참조

25) 도쿄도에 이어 전국 2위를 유지해 온 오사카부의 역내 총생산이 2015년도부터 처음으로 아이치현에 추월당해 3위로 전락했다. GDP 산출 기준이 국제기준으로 바뀐 영향이 크다. 오사카부가 발표한 2015년도 부내 총생산은 39조1,069억 엔으로 아이치현의 39조5,593억 엔과 비교하면 약 4,500억 엔 밑돌았다(아사히신문, 2018.3.12. 「도도부현판 GDP, 오사카는 3위로 전락, 아이치에 추월당함」).

2018년도 오사카부 역내총생산(명목)은 40조1,956억 엔으로 전년도(39조9,526억 엔, 3.1% 증)에 비해 0.6%증가, 명목의 전국 점유율(=명목 국내 총생산에서 차지하는 비율)은 7.3%로 전년도와 같은 수준이다. 아이치현(40조9,372억 엔, 전국 점유율 7.5%)에 이어 3위. 전국 명목GDP는 548조3,670억 엔으로 0.1% 증가했다. (内閣府 「2018年度国民経済計算年次推計(2011年基準·2008SNA)」(2021.1.29.)

2020년도 전국 명목GDP는 전년(558.6조 엔)에 비해 3.6% 감소한 538.2조 엔(자료-내각부, 2021.12.)

26) 일본유신회(日本維新の会. 영: Nippon Ishin / 영: Japan Innovation Party)는 일본의 정당. 헌법 개정과 행정·정치 개혁 등을 정책으로 내거는 보수정당이다. 대표는 오사카시장 마쓰이 이치로(松井一郎). 오사카부지사 요시무라 히로후미(吉村洋文)는 당 부대표. 대표가 국회의원이 아닌 국정정당이다. 오사카부의 지역 정당인 오사카유신회(大阪維新の会)를 모체로 한다. 2016년 8월 23일 현재의 당명 '일본유신회'로 개명. 당본부는 오사카부 오사카시에 있다. 헌법개정, '뼈를 깎는 개혁'(의원정수, 의원보수 삭감 등), 행정개혁(공무원 삭감·정부 관계법인의 완전 민영화·낙하산 금지), 작은 행정기구, 지방분권(道州制), 규제완화, 교육비 완전 무상화 정책 등을 내걸고 있다. 반정권 성향이 강한 입헌민주당·일본공산당·사회민주당·레이와신센구미를 중심으로 한 '야당 공투(野党共闘)'와는 거리를 두고 있다.

2021년 10월 31일 실시된 제49회 중의원 의원 총선거에서 공시 전의 11석을 크게 웃도는 41석을 얻었다. 지반인 오사카부에서는 공명당에 후보를 양보한 4개 선거구를 제외한 15개 소선거구에서 모두 승리하고, 오사카 이외의 한신 지역인 효고 6구에서도 소선거구 당선을 완수했다. 비례대표에서도 비례 홋카이도블록을 제외한 전국 10개 블록에서 의석을 확보했다. 선거 후 하시모토 도루 오사카부 지사는 이번 승리는 '오사카도(大阪

都)' 구상이 크게 작용했다고 말했다(일본 위키피디아). 이를 계기로 오사카도 구상이 다시 부활될지도 모른다.

27) 지역정당 오사카유신회(대표 하시모토 도루 오사카 시장)가 2012년 9월 중순을 목표로 결성을 추진한 국정신당의 정책집. 2012년 중에 실시될 것으로 예상되는 중의원 선거에 대비해 후보자 양성 등을 위해 동 회가 설립한 유신정치숙의 텍스트로, 같은 해 8월에 최종안이 확정되었다. 유권자 대상 공약은 이를 바탕으로 새로 마련되었다. 통치기구, 재정·행정, 공무원제도, 교육, 사회보장제도, 경제정책·고용정책·세제, 외교·방위, 헌법 개정 등 8개 분야에서의 개혁을 핵으로 구성돼 있다. 통치기구 개혁에서는 동 회의 기치의 하나인 소비세의 지방세화나 지방교부세 폐지, 도주제(道州制) 도입을 내세우는 한편, 환태평양 파트너십(TPP) 협정 참가와 수상 직선제 도입, 중의원 정수의 반감, 국회의원 세비·정당 교부금의 3할 삭감 등을 포함시켜 독자색도 띠고 있다(일본 위키피디아).

유신팔책이란 용어는 막부 말기의 탈번지사 사카모토 료마(坂本龍馬)가 1867년 신국가체제의 기본방침을 기초했다고 하는 선중팔책(船中八策), 선중팔책과 공통된 내용으로 1867년 11월에 제시한 유신 후 신정부 설립을 위한 정치강령인 '신정부강령팔책(新政府綱領八策)'에서 유래한 것으로 보인다.

28) 아이치현을 폐지하고 '주쿄도(中京都)'를 설치, 나고야시와 일체화를 추진함으로써 권한강화와 행정효율화를 도모하는 구상을 말한다. 자세한 내용은 [부록 2] 중 '4. 주쿄도 구상' 참조

29) 니가타현과 니가타시를 합병해서 니가타주(新潟州)로 하여 행정의 효율화를 도모하는 구상이다. 자세한 내용은 [부록 2] 중 '5. 니가타주 구상' 참조

30) 광역지방공공단체인 도도부현과 기초지방공공단체인 시정촌의 2층제 자치구조를 폐지하고, 광역자치체와 특별자치시를 동격으로 하는 새로운 대도시제도이다. [부록 2] 중 '6. 특별자치시 구상' 참조

31) 일본의 대도시제도에 대해서는 [부록 2] 참조

32) 2021년 3월 시점 미야기현의 지적조사 진척률은 89%이다. 센다이시는 30%. 연안지역의 진척률은 게센누마시 95%, 미나미산리쿠시 98%, 이시노마키시 96%, 오나가와정 100%이다. (국토교통성 지적조사웹사이트 http://www.chiseki.go.jp/situation/status/index.html).

33) 지적조사는 1951년부터 실시되고 있으며, 개시 후 70년이 경과하고 있다. 지적조사 진척 상황(2021년 3월말 현재)은 조사대상면적 287,966㎢, 조사실시면적 149,321㎢, 진척률 52%이다. 우선실시지역 기준으로는 조사대상면적 188,694㎢, 조사실시면적 149,321㎢, 진척률 79%이다. 지대별로 보면 도시지역(DID:인구집중지구) 및 산촌지역)에서 지적조사 진척이 늦어지고 있으며 특히 이들 지대에서 보다 시급한 조사의 실시가 필요하다. 도시지역의 진척률은 26%(우선실시지역 기준으로는 34%)이다. 도쿄도 24%,

오사카부 10%, 교토부 8%, 지바현 17%, 가나가와현 15%. (위 지적조사웹사이트)

34) 수도권의 미나미간토(南関東)에서 금후 30년 내에 발생할 것으로 예상되는 강진을 말한다. [부록 3-일본의 지진] 참조

35) 도카이지진(東海地震)과 도난카이지진(東南海地震), 난카이지진(南海地震)이 동시 발생한다는 가정 하에 상정된 난카이트러프(南海トラフ)에서의 연동형거대지진(連動型巨大地震)을 말한다. 3연동대지진(三連動大地震)이나 3연동대진재(三連動大震災)라고도 불린다.

36) 나하공항의 국제화물취급량은 2018년 120,174만 톤으로 전년대비 약 33.3% 감소한 데 이어 2019년에도 100,020톤으로 2년 연속 감소하였다. 국토교통성 오사카항공국 자료에 의하면 나하공항의 국제화물취급량은 ANA의 사업이 연도 도중에 시작된 2009년도의 5만 1,839톤을 제외하면 2017년도까지 13만9천~19만6천 톤으로 추이해 왔다. 나하공항의 국제선 발착량은 2020년 기준 전국 8위이다.

37) 하네다공항은 국내 50개 공항 및 24개국·지역 51도시와 연결(2021년 여름 기준)되어 있으며, 2019년 시점에서는 여객수가 연간 8,500만 명을 넘는 세계 제5위의 거대공항이다.

38) 이 구상에 대해 정부가 적극적인 자세를 나타내고 있는데 반해 도쿄도는 소극적이다. 2016년 4월 교통정책심의회 답신 제198호로 '국제 경쟁력 강화에 이바지하는 철도 네트워크 프로젝트'로서 '하네다공항 억세스선 신설'과 '게이큐공항선 하네다공항 제1·제2터미널 인입선 신설'이 결정되어, 거점공항으로서의 기능확충을 위해 억세스 편리성 향상을 더욱 꾀하도록 하고 있다.

하네다공항 억세스선은 JR동일본이 기존 네트워크를 활용하여 도심방면에서 하네다공항으로 연결하는 계획이다. 이중 오이부두에 있는 도쿄화물터미널에서 하네다공항신역(가칭) 간의 억세스 신선 구간에 대해 2021년 1월 20일 철도사업법 제3조에 입각한 철도사업으로서 국토교통대신 허가를 받아, 2021년 10월 공사에 착수했다. (일본 위키피디아, 일본 「항만」지 2021년 10월호)

39) 이 노선은 게이세이 전철·게이힌 급행 전철과 상호 직통 운전을 실시한다. 2009년도에 실시한 조사에서는 도쿄역-공항 제2빌딩역이 약 37분, 도쿄역-하네다공항역이 22분, 공항 제2빌딩역-하네다공항역은 약 59분에 연결하도록 하고 있다.

40) 국토교통성과 아이치현 등은 주부(中部)국제공항(아이치현 도코나메시)의 현 활주로 동서에 새로운 활주로 2본을 건설해, 발착 능력을 현행 연간 15만 회에서 1·6배인 25만 회로 끌어올릴 계획이다. 코로나 재해 후의 수요 회복에 대비해 3대 도시권의 국제공항에서 유일하게 활주로가 1본 밖에 없는 주부국제공항의 운용 능력을 강화한다. 일본 주요 공항의 활주로는 하네다 4본, 나리타, 간사이국제, 이타미, 신치토세, 나하가 각각 2본이다(요미우리신문, 2020.12.12.).

41) 스위스 해운사 MSC가 덴마크의 머스크(Maersk)를 밀어내고 컨테이너선 선복량 기준 세계 1위 자리에 올랐다. 2022년 1월 6일, 해운조사업체 알파라이너에 따르면 MSC의 선복량은 428만 4,728TEU로 머스크의 선복량 428만 2,840TEU를 넘어섰다. MSC가 앞으로 인도받을 예정인 선복량이 99만 9,808TEU로 머스크(25만 5,100TEU)를 크게 웃도는 만큼 격차는 더 벌어질 전망이다. 선복량 3위는 프랑스 CMA CGM으로 316만 7,922TEU, 4위는 중국 코스코(COSCO)) 293만 2,779TEU, 5위는 독일 하팍로이드(Hapag-Lloyd), 일본의 ONE은 154만 2,261TEU로 6위, 대만 에버그린(EVERGREEN) 147만 7,644TEU로 7위, 한국의 HMM은 81만 9,790TEU로 8위이다. ONE(Ocean Network Express)은 일본 3대 외항선사(NYK, MOL, K-Line)의 컨테이너선 부분이 통합하여 설립된 법인이다. (연합뉴스, 2022.1.6.)

42) 2021년 4월 1일 현재 일본의 항만은 총 993개이다. 국제전략항만 5, 국제거점항만 18, 중요항만 102, 지방항만 807, 56조항만 61개이다. (「数字で見る港湾2021」, 국토교통성 항만국, 2021.9.30.)

43) 일본은 우리나라와 달리 모든 항만관리권을 지방지방공공단체나 지방지방공공단체가 설립한 단체에 부여하고 있다. 우리나라는 무역항과 일부 연안항은 국가(해양수산부)가 항만관리권을 갖고 있다.

44) 부산항과 가까운 일본 서해안지역 항만인 하마다(浜田港), 사카타(酒田), 사카이미나토(堺港)､마이즈루(舞鶴), 쓰루가(敦賀) 등이 대표적이다. 한편, 고베항(神戸港)과 쓰루가항(敦賀港) 이서(以西) 지역 항만을 연결하는 '국제피더항로'가 2021년 11월 개설되었다. 시험기간은 2022년 2월 28일까지. 수출입 화물을 취급하는 일본 서해안 측 화주의 편리성을 높이고, 한국이나 중국 주요 항만으로 유출되고 있는 화물을 집약하고자 하는 구상이다. 우선 2022년 2월까지 항로를 개설하고 장기적으로는 항로를 정착시켜 고베항의 경쟁력을 강화할 계획이라고 한다. (한신국제항만주식회사 보도자료 2021.10.18.)

45) 원문은 "한국이 영유권을 주장하며 불법 점거를 계속하고 있는 시마네현 다케시마"이다. 독도를 일본 영토 다케시마(竹島)라고 하는 것은 일본의 상투적인 주장으로, 독도는 대한민국의 고유한 영토이며, 독도를 둘러싼 영유권 문제는 존재하지 않는다는 것이 우리 정부의 공식 입장이다. 2012년 8월 10일 이명박 대통령의 독도 방문 이후 2년여 동안 한국의 장관급 이상 인사가 일본 수도권을 방문하지 못했다. 2014년 8월 25일 요코하마에서 열린 '한중일 교통물류장관회의'에 당시 이주영 해양수산부장관이 참석한 것을 계기로 한일 관계가 차츰 회복되기 시작했다고 할 수 있다. 역자는 당시 주일한국대사관 1등서기관(해양수산관)으로서 이주영 장관의 한중일 교통물류장관회의 참석 전 과정을 지원했다.

46) 오키나와 도시모노레일의 2020년도(2020.4.~2021.3.)의 연간 승객수는 전년도 대비 44.6%(882만 816명) 감소한 1,093만 5,990명이었다. 1일 평균 승객수도 46.1%(2만 5,722명) 감소한 3만44명으로 2003년 8월 개업 이래 최저를 기록했다. 신형 코로나 바

이러스 감염 확대의 영향으로, 오키나와를 방문하는 해외 관광객이 전무한 것 등이 원인이다. 오키나와 도시모노레일 이용객은 개통 이후 매년 증가세를 유지, 2018년도에는 1,905만 명, 2019년에는 1,975만 명으로 최고를 기록했다. (일본 위키피디아)

47) '오키나와 도시모노레일선'은 오키나와현 나하시(那覇市) 나하공항역과 우라소에시(浦添市)의 데다코우라니시역(てだこ浦西駅)을 잇는다. 애칭은 '유이레일'로, 2021년 현재 '오키나와에 현존하는 유일한 철도 노선'이다. 2003년 8월 처음 개통(12.9㎞, 15역)된 후 슈리역에서 데다코우라니시역까지의 구간(4.1㎞, 4역)이 2019년 10월 1일 추가로 개통되었다. 전 구간 약 17.0㎞를 1인 운전 2량 편성 차량이 약 40분에 걸쳐 달린다. 전 열차가 각 역에 정차한다. 노선의 조망이 좋고 모노레일 자체가 관광시설이 되어 인기를 끈다는 점은 도쿄 모노레일 하네다 공항선과 동일하다. 후루시마역(古島駅)에서 약 57%의 오르막이 계속 된다. 가장 급한 경사는 기보역(儀保駅)- 슈리역(首里駅) 간의 60%다. 데다코우라니시역의 데다코(てだこ)는 오키나와 방언으로 '태양의 아들'이라는 뜻이다. 역명 결정 전에는 우라니시역(浦西驛)이라는 가칭이 붙었다. 오키나와현에서는 최동단의 역이다.

48) 주오신칸센은 도쿄·나고야 간을 약 40분, 도쿄·오사카 간을 약 1시간에 연결해, 전 노선이 개업하게 되면 3대 도시가 1시간 권내가 되어, 인구 7천만 명의 거대한 도시권이 형성되게 된다. 이렇게 함으로써 일본의 국토 구조가 크게 변혁되어 국제 경쟁력의 향상을 도모할 수 있게 되는 동시에, 그 성장력이 전국에 파급되어, 일본 경제 전체를 발전시키는 것이다. 전선 개업 시기에 대해서는 2016년에 독립행정법인 철도건설·운수시설정비지원기구법 개정을 통해 재정 투융자(3조 엔)를 활용함으로써 당초 2045년이었던 오사카까지의 전선 개업을 최대 8년간 앞당길 수 있게 되었다. 현재 국토교통대신이 인가한 '주오신칸센 시나가와·나고야역 간 공사 실시계획(그 1) 및 (그 2)'에 따라 JR東海가 시나가와·나고야 간의 조기 개업을 위해 공사를 진행시키고 있는 중이다.

신오사카역에 대해서는 '경제 재정 운영과 개혁 기본방침 2019'(2019년 6월 21일 각의 결정)에 "리니어 주오신칸센, 호쿠리쿠신칸센 등과의 환승 편리성 관점에서 결절 기능 강화와 용량 제약 해소를 도모하기 위해 민간 프로젝트 조성 등 사업 계획을 검토하여 신칸센 네트워크의 내실화를 꾀한다"는 내용이 포함되어 있으며, 2019년도부터 필요한 조사를 실시, 이 조치의 구체화를 진행하고 있는 중이다(일본 「국토교통백서 2021」).

49) 도쿄권의 환상도로 정비율은 82%이다(2018년 6월 2일 현재). 기타 해외 주요 도시의 환상도로 정비율은 런던 100%(2007년, 188㎞), 파리 85%(2009년 현재, 계획 313㎞, 공용 267㎞), 베를린 97%(2007년 현재, 계획 223㎞, 공용 217㎞), 베이징 100%(2009년, 433㎞), 서울 100%(2007년, 168㎞)이다. (국토교통성 간토지방정비국)

50) 수도고속도로의 니혼바시(日本橋) 구간 지하화 사업은, 고속도심 순환선의 간다바시(神田橋) JCT~에도바시(江戸橋) JCT 간(약 1.8㎞)를 갱신하는 사업이며, 주변 시가조성과 일체로 니혼바시 강변의 고속도로를 지하화하고 고가교를 철거하는 사업이다. 니혼바시가와 상공을 지나는 수도고속도로는 도쿄 도심부의 정체 해소를 위해 도쿄올림픽 개최를 앞두고 1963년 개통됐다. 현재 이 구간은 하루에 약 10만 대의 자동차가 주행하

고 있으며, 구조물의 손상이 심해 갱신이 필요하다. 지하화 사업은 2020년 3월에 국토교통성이 사업 허가, 2020년 4월에 도쿄도가 사업 인가를 했다. 현재 '지하화를 향해'의 'PHASE 01'=제1기가 진행 중이며 지하매설물 이설과 출입구 철거공사를 실시한다. 완성까지의 일정은 2035년에 터널이 개통되고, 2040년까지 현 고가교가 철거되어 '니혼바시 가와에 푸른 하늘을'을 회복할 예정이다. (역주-「月刊建設」(20-12, p.69)

제3장 최첨단을 가는 농림수산업

51) 2020년도 일본의 목재 자급률은 41.8%로, 전년과 비교하여 4.0포인트 상승하였다. 목재자급률은 2011년도부터 10년 연속 상승하고 있다. (일본 임야청 보도자료, 2021.9.30.)

52) 'ひむか維森の会'의 일본어 발음은 '히무카 이신노카이'로 당시 하시모토 도루 오사카 시장이 조직한 정치조직 '오사카 이신노카이(維新の会)'와 같다.

53) '천연수의 숲'은 2017년에는 19개소 약 9,000헥타르에 달하였고, 2020년에는 1,2000헥타르를 목표로 하였다. '천연수의 숲' 활동으로 수원함양·환경교육·기술계승뿐만 아니라, 산토리와 상품 브랜드가치 향상으로도 이어지고 있다. (위키피디아)

54) 오사카부립대학 식물공장연구센터(PFC)는 일본에서 인공광형(人工光型) 식물공장에 특화한 최첨단 연구개발거점 중 하나이다. PFC는 2011년 3월에 연구동으로 건설된 C20동, C21동과 2014년 9월에 신세대 식물공장으로 건설된 C22동, 2019년 10월에 실증형 연구시설로 정비된 미나미하나다 라보 등 4개 시설로 구성되어 있다. 미나미하나다(南花田) 라보는 다품종·대량생산형 식물공장으로 오사카부립대학과 제휴하여 온디맨드형 메가 플랜트의 모델 시설로서 AI와 ICT 기술을 활용한 완전 자동화 기술의 개발과 다품종화를 위한 품종 탐색과 기능성 식물의 생산 등 재배기술 개발을 진행하고 있다. 개설 10년이 경과하여 3단계를 맞이한 PFC는 SDGs 사회 실현을 위해 '재배환경 제어형 식물공장을 기축으로 하여 도시형 시설 원예의 고도화에 의한 식량·환경문제 해결에 공헌할 것'을 비전으로 내걸고 있다. (위키피디아, 植物工場研究センターPFC) (http://www.plant-factory.osakafu-u.ac.jp/center/)

오이타현에서는 해초를 다 먹어치워 환경문제가 되고 있는 성게를 육상에서 양식하는 움직임이 나타났다. 오이타 우니팜(国東市)의 구리바야시 마사히데(栗林正秀) 사장은 4월에 양식 공장을 건설해, 포획한 성게를 수조에서 사육. 좋아하는 다시마 줄기로 살을 찌워 1년 내내 안정된 품질의 성게를 식당 등에 출하할 수 있게 했다. (닛케이 , 2021.12.22. https://www.nikkei.com/article/DGXZQOJC17BU10X11C21A2000000/)

55) 모터에 의한 지원이나 인공근육 등에 의한 하중 분산효과로 중량물을 들어 올리거나 내릴 때 허리나 팔에 가해지는 부하를 경감시켜준다. 또 팔을 지원하거나 컨테이너 들어올리기에 특화한 제품도 있다. 도입 시의 장점은 ①들어올리기 작업 시 부하 경감(20kg 컨테이너 들어 올릴 시 10~30%의 힘 보조), ②부하 경감에 따라 작업시간 단축, ③경노화(노동력 감경)로 고령자나 여성의 취업 지원 등이다. 가격대는 대략 팔(腕)은 2.5만 엔~150만 엔, 허리(腰)는 6만 엔~ 12만 엔. 주요 제조사는 (주)ATOUN, ㈜구보타, CYBERDYNE(주), 파워어시스트인터내셔널(주) 등 7개사. (농림수산성 자료, https://www.maff.go.jp/j/kanbo/smart/forum/R2smaforum/mattingu/assist.html)

56) 켈프(kelp)는 다시마목 다시마과에 속하는 대형 갈조류의 총칭으로 원래는 미국 태평양 연안에 생육하는 대형 갈조류를 지칭하였으나 넓은 의미로는 해조류를 통칭하는 말로 쓰인다. 특히 마크로키스티스속은 자이언트 켈프(giant kelp)라고 하는데, 잎이 50미터에 달한다. 과거에는 이를 태워 그 재에서 유리공업이나 비누 제조에 사용되는 나트륨의 원료를 얻었다. (두산백과)

57) 2019년도 일본의 어업생산액은 1조 4,676억 엔이다(농림수산성, 2021.3.26.) 일본의 어항은 2021년 4월 1일 현재 2,785개(제1종 2,047, 제2종 525, 제3종 101, 특정 제3종 13, 제4종 99)이다. 일본의 해안선 길이는 3만 5천㎞이며 12㎞ 간격으로 어항이 존재한다. (일본 수산청 자료)

58) 어항은 각 지역의 수산업 형태에 맞추어 유통거점어항(산지시장 통폐합을 전망하고 앞으로도 수산물 유통의 거점이 될 어항), 생산거점어항(대규모 양식 기능과 피난 기능을 가지는 등 수산물 생산 활동의 핵심 거점이 되는 어항), 일반어항(연안어업이나 양식업 등의 생산 활동을 지탱하는 기반으로서의 어항)에 따라 기능을 분담한다. 일반어항은 소규모 어항이 대부분을 차지하는 제1종 및 제2종으로 일본 연안어업, 양식업의 상당수를 생산한다. (일본 수산청 자료)

59) TAC(총허용어획량) 관리방법 중 하나인 어획할당(IQ) 방식은 미리 개개 어업인의 어획 가능한 수량이 명확해짐에 따라 공평성이 담보되어, ①불필요한 경쟁이나 해상에서의 트러블 회피, ②효율적 조업이나 경영 안정 등 다면적인 효과가 있을 것으로 예상된다. IQ 도입 사례로는 대게 어업에서 어업법의 규정에 기반하여 2007년 어기부터 IQ를 도입. 채포 규제(암컷의 채포 금지, 갑각 9cm 이하 수컷의 채포 금지), 어구 규제(그물코 제한 등) 등과 조합해서 관리함으로써 자원 상태가 개선되고 연간 안정적인 어획을 실현했다. (일본 어협, https://www.jfa.maff.go.jp/j/council/seisaku/kanri/attach/pdf/190605-18.pdf)

60) 니가타현 사도시 아카도마리지구(佐渡市 赤泊地区) 새우통발 IQ어업 시범사업, 시범사업은 2011년부터 2016년까지. 최근 5년간의 최대 어획량과 최소치를 제외한 3년 평균의 98%를 어획 상한인 어획가능량(TAC)으로 설정. 4개 경영체(13년부터 3개 경영체)의 어획 실적을 고려해 IQ를 배분했다. 사업 기간 중, 니가타현 새우통발어업협회 회장을 맡

은 나카가와 사다오씨(78)는 "IQ를 시작하고 나서 무리해 출어하지 않게 되었다. 그래도 수입은 점점 올라가고 경영은 흑자화, 승선원은 사회보험이나 공제연금에 가입할 수 있게 됐다"며 생활환경의 변화를 실감했다.

IQ로 어획 상한이 정해진 것이 '담보'가 되어, 아카도마리 지구에서는 규제 개혁이 차례차례로 실시. 금어기간이던 7월 1일~8월 31일의 조업이 풀린 것이 대표적이다. 관습적으로 금어기인 이 시기는 관광 성수기여서 수요가 많을 것으로 예상됐다. 니가타현 수산과에 의하면, 하계 조업을 해금한 2012년 이후 7, 8월기의 단가는 점점 높아져, 2015년에는 평균 단가가 2,379엔(1킬로그램당)으로 두 달 이외의 달 평균 단가의 약 1.5배. 담당자는 "IQ가 설정되면 어획 금액을 최대화하기 위해서 가격이 비싼 시기에 대형 새우를 어획하게 된다. 그 성과가 나왔다"고 분석했다. 경비 삭감에도 착수. 도입 전까지 선박 단위로 상한이 정해져 있던 통발 수를 경영체 단위로 변경해, 2척 분의 통발을 1척에 집약. 전체 통발 수를 줄이지 않고 6척이던 배를 절반으로 줄이는 데 성공했다. "수십만 엔에서 수백만 엔이 소요되었던 어선보험이나 정비비 등의 경비를 삭감할 수 있었다"라고, 나카가와 전 회장의 동생이자 어선 '제5 호시마루(星丸)'의 나카가와 겐지 선장(74)은 감선의 성과를 말했다.

아카도마리 지구의 IQ 도입은 '자원 관리형 어업의 성공 사례'(나카가와 전 회장). 단지 나카가와 전 회장은 "IQ가 성공한 것은 고기잡이에 종사하는 배가 원래 적었던 것, 어장이 한정되어 경합 상대가 없었던 것이 크다"라고 지적한다. (아나타노 시즈오카신문. 2020.6.21. https://www.at-s.com/news/article/special/sakura_ebi/016/778225.html)

61) 시이바촌은 미야자키현 북서부에 있다. 시이바촌의 2021년 3월 1일 현재 인구는 2,483명(남 1,256, 여 1,227), 세대수는 1,083이다. 촌 전체가 규슈산지 중앙부의 표고 1,000에서 1,700m급의 산으로 둘러싸여 있다. 지적조사 진척률은 2014년도말 시점에서 49%이다. (일본 위키피디아 등)

62) 아야정의 2015년도 인구는 7,345명이었다. 2021년 3월 1일 현재의 인구는 6,867명(남 3,239, 여 3,628), 세대수는 2,914세대이다. 2012년 7월 12일 일본 국내에서 32년 만에 5번째의 유네스코 에코파크로 등록되었다. (일본 위키피디아 등)

63) 후쿠에지마는 나가사키현 서방의 고토열도를 구성하는 섬의 하나로 행정구역은 나가사키현 고토시(五島市)에 속한다. 섬 면적은 326.43㎢로 고토열도 최대, 일본 국내에서는 11번째이다. 2016년 7월 31일 현재 인구 38,481명이다. (일본 위키피디아 등)

64) 2020년 전국의 경지면적(7월 15일 현재)은 437만 2,000ha로 황폐농지 재생 등으로 증가했지만, 경지의 황폐, 택지로의 전용 등에 의한 감소로 인해 전년에 비해 2만 5,000ha(0.6%) 감소했다. 논의 경지면적은 237만9,000ha로 전년보다 1만4,000ha(0.6%) 감소했다. 밭의 경지면적은 199만3,000ha로 전년보다 1만 1,000ha(0.5%) 감소했다. (일본 농림수산성, 2020.10.30. https://www.maff.go.jp/j/tokei/kekka_gaiyou/sakumotu/menseki/r2/kouti/index.html)

65) 고자키마치는 지바현 북부에 위치하고 있으며 현청 소재지인 지바시에서 약 40킬로미터 거리이다. 도쿄도의 도심에서 60~70킬로미터권내. 도시고용권은 나리타도시권에 포함되고 있으며, 나리타시로의 통근률은 28.1%(2010년 국세조사). 2021년 11월 1일 현재 인구는 5,715명

제4장 잠자는 자원과 잠재력

66) 유엔대륙붕한계위원회(UN Commission on the Limits of the Continental Shelf(CLCS). 일명 위원회)는 해양법에 대한 유엔 협정 이행을 촉진하기 위하여 설립한 유엔 산하 특별기구이다. 위원회는 유엔이 제정한 해양법에서 영해 기선으로부터 200해리가 넘는 지역까지 뻗어 있는 대륙붕의 경계를 획정하는 사안에 대하여 회원국들이 유엔대륙붕한계협정(일명 협정)을 잘 이행하도록 촉진하기 위하여 설립되었다. 유엔대륙붕한계협정에 따르면 연안국(coastal State)은 200해리를 넘어 뻗어가는 대륙붕의 경계선을 설정하고자 할 때는 위원회의 권고를 근거로 해야 한다. 위원회는 경계선 설정과 관련하여 마주하거나 인접한 국가들 사이에서 문제가 발생하여 권고하거나 행동할 때 편협하지 않게 해야 한다. (해양학백과)

67) 유엔대륙붕한계위원회는 2012년 4월 27일, 일본 국토면적의 약 80퍼센트에 상당하는 약 31만㎢의 대륙붕을 일본에 추가로 인정했다. 일본은 이것이 오키노토리시마가 유엔으로부터 섬으로 인정된 것이라고 주장한다. 일본의 주장을 한국과 중국은 부인하는 입장이다.

68) 지구심부탐사선 '지큐'는 인류 역사상 최초로 맨틀과 거대지진 발생 지역에 대한 대심도 굴착을 목표로 하고 있는, 세계 최초의 라이저(Lizer) 굴착이 가능한 과학조사선이다. 국제심해과학굴착계획(IODP)의 주력선으로 지구 탐사를 실시하고 있다. 국제심해과학굴착계획(IODP)은 2013년 10월부터 시작된 다자간 과학연구 협력 프로젝트이다. IODP에서는 일본(지구심부탐사선 '지큐'), 미국(JOIDES Resolution호), 유럽(특정임무굴착선)이 각각 제공하는 굴착선을 이용하여 전 세계의 해저를 굴착하고 지질시료(코어)의 회수·분석이나 공내(孔內) 관측장치 설치에 의한 데이터 해석 등의 연구를 수행함으로써 지구나 생명의 수수께끼 해명에 도전하고 있다. '지큐'는 '지구(地球)'를 말하며 공모로 선정되었다.

'지큐'의 주요 제원. 2005년 7월 29일 건조. 전장 210m, 형폭 38.0m, 선저로부터의 높이 130m, 깊이 16.2m, 만재흘수 9.2m, 총톤수 56,752t, 항속거리 약 14,800해리(약 27,410㎞, 지구 반주 이상), 최대승선인원 200명, 최대속력 12kt(약 22㎞), 발전용량 35,000kW(1,000세대 사용분), 헬기이착륙장(30인승 대형 헬기 이착륙 가능), 최대굴착수심 2,500m이다.

69) 레어아스(rare earth, 희토류)를 풍부하게 함유한 진흙이 태평양 심해저에 대량으로 분포하고 있는 것을 밝혀낸 일본 연구진의 연구 성과가 2011년 7월 3일자(영국시간) 영국의 Nature Geoscience 인터넷판에 게재되어 세계에 충격을 주었다. 신규 희토류 자원 발견이 전 세계적으로 크게 보도된 배경에는 희토류가 에너지절약 산업 등 최첨단 산업뿐만 아니라 군사산업 등 안전보장에 관련된 산업분야에 있어서도 필수적이라는 점, 이러한 매우 중요한 자원이 중국 한 나라에 의해 거의 독점적으로 산출되고 있다는 점 등 주로 2가지 사정이 존재하고 있다. (가토 야스히로 「태평양 레어아스니 광상의 발견과 개발 가능성」(『일본원자력학회지』 Vol.55, No.2(2013))

70) 도쿄대학 가토 야스히로 교수 연구팀은 대학·업계 등과 공동으로 미나미토리시마 주변 해역 레어아스니(泥)의 자원분포 가시화와 이에 입각한 자원량을 파악, 세계 수요의 수백 년분에 상당하는 막대한 레어아스 자원이 존재하는 것을 명확히 밝혔다. 나아가 레어아스 농집광물을 선택적으로 회수하는 기술의 확립에 성공했다. (도쿄대학·해양연구개발기구 등 8개 기관 공동 발표자료 「미나미토리시마 레어아스니(泥)의 자원분포 가시화와 고효율적 선광수법 확립에 성공」(2018.4.10.))

71) 「일본 메탄하이드레이트 개발계획」의 지금까지의 성과(2001~2018년도)

2001년 7월 경제산업성이 「일본 메탄하이드레이트 개발계획」을 수립해 1단계(2001~2008년도), 2단계(2009~2015년도), 3단계(2016~2018년도)에 걸쳐 연구개발이 개시되었다. 동부 난카이트러프를 모델 해역으로 해서 여러가지 조사를 진행, 사층형(砂層型) 메탄하이드레이트 농집대를 발견하고, 동부 난카이트러프의 메탄하이드레이트 원시자원량을 산출했다. 2001년도와 2007년도에는 캐나다에서 2회의 육상산출 시험을 실시하고, 1회째 시험에서는 세계에서 처음으로 메탄하이드레이트층에서 메탄가스를 5일간 연속 생산했다(온수순환법). 또한 2회째 시험에서는 세계에서 처음으로 '감압법'을 이용해 6일간 연속 메탄가스의 생산을 확인했다. (일본 『해양백서 2021』)

72) 2013년, 아이치현~미에현 앞바다(제2渥美海丘)에서 감압법을 이용한 세계 최초의 해양 산출 시험을 실시해, 6일간의 메탄가스 생산을 확인했다. 그러나 이 시험에서는 메탄가스와 물의 분리가 충분히 이루어지지 않아 생산 정내(井内)의 압력을 제어하기 어려웠고, 6일째에 출사(出砂) 대책이 제대로 작동하지 않는 과제가 남게 되었다.

2017년, 제1회 시험과 같은 해역에서 감압법을 이용한 제2회 해양산출 시험을 실시하여 2갱정(坑井)에서 총 36일간의 가스 생산을 실현하였다. 제1회 해양 산출 시험에서 발생한 출사대책 등의 기술과제에 대한 대응책은 대체로 검증할 수 있었지만, 상정했던 것처럼 생산량이 안정되게 증가하지 않는 등 새로운 과제가 발생했다.

현재 4단계(2019~2022년도) 사업이 진행되고 있는데, 사업목표는 '차기 단계 해양 산출 시험으로 나아가기 위한 생산 기술과 자원량 평가 등의 환경 정비'로, 계획 기간 중에 차기 해양산출 시험 실시 후보 지점을 추출한다. (https://www.mh21japan.gr.jp/results.html)

73) 2011년 12월 3일(일), 하카타만 앞바다 약 650미터 해상에 풍렌즈풍차 2기, 태양광

발전 패널 등을 설치한 폭 18미터의 부유체가 설치되어 부유형 복합해상발전의 실증실험이 시작되었다. 규슈대학은 환경성 위탁사업인 지구온난화 대책 기술개발 사업 '풍렌즈를 핵으로 하는 혁신 적중형·소형 풍차 시스템 도입에 관한 기술개발'(연구대표자: 규슈대학 응용역학연구소 오야 유지大屋裕二 교수)을 위탁받아 그 연구 프로젝트의 일환으로 풍력발전 해상 설치를 위해 '하카타만에서의 부유식 해상풍력발전 실증실험'을 전개하게 되었다. 11월 30일 부체 진수 후, 풍렌즈 풍차, 태양광 패널과 제어 장치 등의 설치를 끝낸 직경 18미터, 무게 약 140톤의 육각형 부체는 12월 4일 오전 9시 예인선에 이끌려 히가시구의 아일랜드시티를 출발해 계류장소인 하카타만 앞바다 약 650미터 지점으로 향했다. 연구 대표자이며 풍력발전을 담당하는 오야 교수, 해상부체를 담당하는 대학원 종합이공학연구원의 교즈카 유사쿠(経塚雄策) 교수가 지켜보는 가운데, 앵커에 의한 계류 작업은 순조롭게 진행. 오후에는 직경 3.4미터, 출력 3킬로와트의 풍렌즈 풍차 2기를 설치, 규슈대학 발 세계 최초의 부유형 복합해상발전 실증실험이 스타트했다.

74) 시미즈건설은 2021년 8월, 네덜란드의 Heerema Marine Contractors 사와 해상풍력 건설분야에서의 협력 체제 구축에 관한 각서를 체결했다. 일본에서는 2019년 4월 시행된 「해양재생가능에너지 발전설비 정비와 관련한 해역 이용촉진에 관한 법률」(재생에너지해역이용법)에 따라 촉진구역 지정이나 공모에 의한 사업자 선정이 시작되는 등 해상풍력발전 도입을 위한 움직임이 가속화되고 있다. 정부의 「해상풍력산업 비전(제1차)」에서는 해상풍력 발전능력을 2030년까지 10GW, 2040년간까지 30~45GW로 증강하는 목표를 내걸고 있어 향후 해상풍력 건설 시장의 급속한 확대가 전망된다.

시미즈건설은 이러한 상황 하에서, 일본 해상풍력 건설시장에서 톱 셰어를 획득할 수 있도록 약 500억 엔을 투자해 세계 최대급 탑재 능력·크레인 능력을 갖춘 자항식 SEP선(자기승강식 작업대선)의 건조를 진행하고 있다. (시미즈건설 홈페이지, https://www.shimz.co.jp/company/about/news-release/2021/2021036.html)

75) 地熱理想鄕(Geothermopia)은 지열(Geothermal)을 매체로 하여 인간과 자연이 공존하는 이상향(Utopia)을 의미한다. (정광섭·유승호-〈Solar Energy〉 1996)

76) EGS(지열정함양 시스템)는 영어 'Enhanced Geothermal Systems'의 약칭으로, 함양지열시스템, 지열증산시스템 등으로 번역되는 지열발전기술의 하나이다.

종래의 지열 발전에서는 지하의 열수나 증기의 저장공간(저류층)을 찾고, 여기에 갱정을 굴착해서 자연스럽게 분출하는 증기로 발전한다. 그러나 장소에 따라서는 시간이 경과함에 따라 저장층 내의 열수나 증기 양이 부족해 증기 생산량, 발전량이 저하되는 경우가 있다. 이를 개선하기 위해서 천연 지열저류층에 인위적으로 물을 주입하거나 저류층 주변의 암반에 인공적으로 균열을 진전시켜 저류층을 확대함으로써 저류층 내의 열수량을 증가시켜 증기 생산량을 안정, 증가시키는 기술이 EGS이다. 또, 온도가 높은 암반에 수압파쇄 등에 의해 인공적으로 저류층을 조성해, 거기에 주입해 증기나 열수를 회수하는 고온암체발전(Hot Dry Rock, HDR) 또한 EGS에 포함되는 기술 중 하나라고 할 수 있다.

현재, 일본 국내외에서 기술개발, 실증시험이 행해지고 있으며, 일본 국내에서는 후쿠시마현에 있는 야나기즈 서산 지열발전소에서, JOGMEC(독립행정법인 석유천연가스·금속광물자원기구)에 의한 EGS의 실증 시험이 진행되고 있다. (일본, 일반사단법인 전력토목기술협회 EPCEA, https://www.jepoc.or.jp/tecinfo/library.php?_w=Library&_x=detail&library_id=403)

77) 노무라증권 그룹은 증권회사로서 간여하지 않았던 분야, 농림수산업을 축으로 한 '아그리비즈니스'가 장래 가능성이 크다고 판단, 2010년 농업에 참여. 2011년에 지바현과 홋카이도에 농업생산법인을 설립했다. (회사 홈페이지)

78) 종합해양정책본부는 2007년 성립된 해양기본법에 입각하여 수상을 본부장으로 하여 해양에 관한 시책을 집중적이고 종합적으로 추진하는 기관으로서 내각에 설치된다. 2017년 4월에 사무국이 내각관방에서 내각부로 이관되었다. 수상인 본부장과 부본부장(내각관방장관, 해양정책담당장관) 및 본부원(그 밖의 국무위원)으로 구성되며 국토교통성, 농림수산성, 경제산업성 등 각 성에 걸쳐 있는 해양에 관한 업무를 종합적으로 조정하는 해양정책의 '사령탑' 역할을 수행한다. (일본 위키피디아)

79) 해상풍력발전에 대한 자세한 내용은 [부록 7-해상풍력발전 현황] 참조

80) 오키나와 해구(Okinawa Trough)는 난세이 제도의 서쪽에 위치한 동중국해에서 가장 깊은 해역이다. 규슈 서쪽에서 타이완 북쪽까지 길이 약 1,000㎞, 폭 약 100㎞의 해곡으로 가장 깊은 곳은 약 2,200m이다. 일본에서는 오키나와 트러프(沖縄トラフ)라고 한다. (위키백과사전)

81) 센카쿠 열도(尖閣列島) 또는 댜오위다오 및 부속 도서는 동중국해 남서부에 위치한 다섯 개의 무인도와 세 개의 암초로 구성된 군도로, 타이완과 류큐제도 사이에 있다. 중화인민공화국과 중화민국, 일본이 영유권을 주장하고 있으며, 현재 일본이 실효지배하고 있다.

일본에서는 이 군도를 센카쿠제도(尖閣諸島) 또는 센카쿠열도(尖閣列島)라고 지칭하며, 중화인민공화국에서는 댜오위다오(釣魚島) 및 부속 도서라고 부르며, 중화민국에서는 댜오위타이 열서(釣魚臺列嶼) 또는 댜오위타이 군도(釣魚臺群島)라고 부른다. 영어권에서는 1884년 영국 해군이 명명한 피너클제도(Pinnacle Islands →뾰족한 섬들)라고 부르는데, 센카쿠(尖閣 →첨각)라는 명칭은 여기서 유래하였다. (위키백과사전)

82) 중국 과학조사선 '탐색1호(探索1号)'는 2021년 12월 5일 유인잠수정 '분투자(奮鬪者)'호와 함께 마리아나 해구에 대한 과학조사 임무를 마치고 하이난성 산야시(三亜市, Sanya)로 돌아왔다. 분투자호는 이번 과학조사 항행기간 중 총 23회 잠수했으며 이 중 6회는 1만m를 넘어, 마리아나 해구의 '챌린저 해연' 최심해역에서 과학조사 작업을 벌여 귀중한 해연의 물과 침적물, 암석, 생물의 시료를 채취했다. 여성 과학자 5명을 포함한 17명의 과학자가 '분투자'호 잠수에 처음 참가했다. '분투자'호는 지금까지 1만m급 잠수를 21차례 완료했으며, 과학자 27명이 이 유인잠수정을 통해 바다 최심부에 도달했다. 중국의 1만m 심해 잠수작업 횟수와 잠수인원은 모두 세계 최고이다. ((c)CGTN Japanese/

AFPBB News, 2021.12.26.)

83) 중국이 건조한 독자적 지적재산권을 가진 최초의 심해굴착선이 2014년 11월 8일 '華彬 OPUS TIGER 1호'로 정식 명명됐다. (Science Portal asia Pacific, 2014.11.17.-11.21)

84) 얼마 전 중국 湖南과학기술대학(HNUST)이 독자적으로 개발한 '마나티Ⅱ호' 해저대공심보압(海底大孔深保压) 코어 채취 굴착 시스템은 수심 2,000m가 넘는 남중국해에서 231m 굴착에 성공하여 심해 해저굴착깊이 세계기록을 갱신하고, 중국이 이 분야에서 세계 최고 수준에 도달한 것을 과시하였다. 200m 이하 굴착은 중국이 이론상 모든 해양자원의 탐사 능력을 갖추고 있다는 것을 의미한다. 그동안 세계 해저굴착기의 최대 굴착심도 설계능력은 200m로 실제 보압코어 채취작업은 최고심 135m에 불과했지만 마나티호는 이 기록을 대폭 갱신했다. ((c)People's Daily, 2021.6.7.)

일본 정치가와 관료들의 과학지식에 대한 인식 부족 현상에 대해서는 『검증 국가전략 없는 일본』(요미우리신문 정치부 저, 김연빈·박형구 역, 한국해양전략연구소 간, 2007)에서 신랄하게 비판하고 있다.

85) 『교원을 위한 방재교육 교재 [풍수해편]』(『教員のための防災教育ブックレット』[風水害編], 国立大学法人 宮城教育大学·国土交通省東北地方整備局, 2020.3.) 등 참조(일본 국토교통성, https://www.mlit.go.jp/river/bousai/education/pdf/bousai-handbook.pdf)

86) 전미지리학협회 전용 웹사이트 https://vimeo.com/showcase/1922395

87) 침략전쟁을 부인하는 일본국 헌법 제9조제2항이나 1950년 제정된 일본 「항만법」에서 항만관리권이 중앙 정부가 아닌 지방에 부여된 것도 그런 정책 중의 하나이다. 연합군사령부(GHQ)는 일본이 다시는 대해군력을 갖지 못하도록 하기 위해 그 기반이 되는 항만의 건설 및 운영에 관한 권한을 중앙정부가 아닌 지방에 부여하였다.

88) 원문은 "일본 고유의 영토여야 할 시마네현 다케시마"로 표현하였다. 독도 영유권 문제를 일본 정부는 통상 이렇게 주장한다. 앞 역주 45항목 참조.

89) 일본이 주장하고 우려하는 것처럼 우리 국민들도 우리나라를 둘러싼 주변 해양에 대한 리테라시를 증진시켜야 하는 것은 말할 필요도 없다.

90) 공식 명칭은 인도 공과대학교(Indian Institute of Technology). 인도 독립 직후, 과학 발전을 위해 설립된 인도의 최고 명문 국립 공과대학. 인도 독립운동에 중요한 역할을 맡았던 자와할랄 네루 수상이 설립을 주도했다. 인도 공과대학교 카라그푸르(IIT Kharagpur)가 1951년 처음으로 설립되었고, 이를 비롯한 7개의 기존 캠퍼스에서 시작됐다. 지금은 카라그푸르, 뭄바이, 첸나이, 델리, 하이데라바드 등 23개 캠퍼스가 있다. 재학생 수와 학부 신입생의 수는 캠퍼스마다 다르다. 인도의 최고 명문 대학이며 인도의 내로라 하는 수재들이 모인 대학이다. 전 세계적으로 유명한 사업가, 기업가, 교수, 과학자와 엔지니어들을 배출했으며 인도를 정보기술(IT) 강국으로 이끄는 데에 가장 중요한 역할을 했다. 미국 실리콘밸리에서 일하는 대다수의 인도계 IT 인재들이 인도 공과대학교 시스템에서 배출되었다. (나무위키)

91) 리츠메이칸 아시아태평양대학에는 그동안 159개 국·지역의 학생이 입학하였으며, 2021년 5월 1일 현재 94개 국·지역의 학생이 재학 중이다. 전체 5,665명의 학생 중 외국인 학생은 2,613명(46,2%), 내국인 학생은 3,052명(53.8%)이다. (https://www.apu.ac.jp)

92) 대학입시센터시험은 1990년도부터 2020년도까지 독립행정법인 대학입시센터(DNC)에 의해 매년 1월 실시되었다. 2020년도 시험을 마지막으로 폐지되고 이를 대신하여 2021년도부터 대학입학공통 테스트가 실시되고 있다. 처음 실시된 2021학년도 대학입학공통테스트의 지원자 수는 535,245명으로 전년의 557,699명에 비해 22,454명 감소했다.

93) 글로벌 인재육성 추진회의는 2012년 12월 민주당 정권의 종식으로 활동도 종료되었다.

94) 바이오폴리스 6단계가 바이오테크놀로지 스타트업의 수요를 충족시키기 위해 2020년부터 2022년 중반까지 건설될 예정이다. 바이오폴리스의 확장은 그러한 스타트업들을 더 잘 지원하기 위한 이니셔티브의 일부이다. 바이오폴리스 6단계는 연구활동을 위해 35,000㎡(2,000㎡의 실험실 공간 포함)를 추가하고 사무실과 소매 공간을 위해 6,000㎡를 더 추가할 예정이다. (일본 위키피디아)

95) 난양공과대학(Nanyang Technological University. NTU)은 1991년 설립된 비교적 새로운 싱가포르의 국공립대학이다. 싱가포르 서부에 있는 메인 캠퍼스 외에 동부에 NOVENA Campus가 있다. College of Engineering, College of Business, College of Science와 더불어 College of Humanities, Arts and Social Sciences, 그리고 기타 비즈니스 스쿨도 있다. 특히 이공계 분야에 강점을 갖고 있다. 중국어명은 남양이공대학(南洋理工大學)이다. (도쿄대학 해외유학정보)

96) 나카무라 유스케는 1952년생. 2012년 4월 시카고대학 의학부 내과·외과 교수, 개별화의료센터 부센터장(~2018년 6월)을 거쳐, 2018년 4월부터 내각부 전략적 이노베이션창조프로그램(SIP) 프로그램 디렉터(~2023년 3월).

97) 이토 요시아키는 1939년생. 2002년부터 현재까지 싱가포르 체재(Cancer Science Institute, Singapore, Senior Principal Investigator, Professor) (교토대학 홈페이지. https://www.infront.kyoto-u.ac.jp/ex_ivr/archive/interview/y-itoh.html)

98) Okinawa Institute of Science and Technology Graduate University(OIST). 과학분야의 5년 일관제 박사과정을 둔 학제적인 대학원대학. OIST는 국내외의 뛰어난 연구자를 모집하여 질 높은 연구를 수행하며, 세계 수준의 연구거점 형성을 추진하고, 오키나와에서의 기술이전 및 이노베이션을 촉진하는 지적 클러스터의 핵이 되는 것을 통해, 세계 과학기술에 기여하기 위해 일본 정부 주도로 창설되었다. 오키나와과학기술대학원대학 학원법(學園法)에 입각한 학교법인 오키나와과학기술대학원대학 학원(學園, 사립)이 운영하며, 예산의 거의 전액을 정부 보조금에 의존하고 있다. 2019년도 예산액 213억 엔(정부 보조금 196억 엔).

2011년 11월 1일 설립. 학장은 Peter Gruss(2대). 연구분야는 물리학, 화학, 신경과학, 해양과학, 환경·생태학, 수학·계산과학, 분자·세포·발생생물학, 공학·응용과학 등 8개 분야. 연구 유닛 82(2021년 1월 현재).

2021년 9월 현재, 박사과정 학생 248명(외국인 81%, 여성 42%. 47개국·지역, 일본 47명, 한국 1명). 교원수 82명(외국인 62%, 여성 17%), 교원을 포함한 전체 교직원 1,024명(외국인 41%, 여성 51%). 최근 입학자 수(2012년 34명, 2017년 37명, 2018년 34명, 2019년 52명, 2020년 62명, 2021년 60명).

2019년, 질 높은 논문 수로 세계의 연구기관 랭킹을 정하는 Nature Index의 정규화 랭킹에서 세계 9위의 평가를 받았다(같은 랭킹에서 도쿄대학은 40위). (OIST 홈페이지 등. https://www.oist.jp/ja/facts-figures)

99) Jonathan Dorfan. 1947년 남아프리카연방 출생. 스탠포드대학에서 30년 이상 각종 프로젝트에 종사. 1999년부터 2007년까지 스탠포드선형가속기센터(SLAC) 소장으로 근무하면서, 당시 소립자물리학에 특화된 연구시설을 소립자물리학 외에 광양자과학, 소립자우주물리학 등 복수분야에서도 탁월한 연구목적에 활용할 수 있는 연구시설로 변모시키는 등 수많은 공적을 거두었다. 2011년 OIST 초대학장에 취임, 장기간에 걸친 세계적 연구시설의 소장과 관리자로서의 메니지먼트 경험과 많은 국제공동프로젝트를 주도해 온 리더로서의 수완을 발휘했다. OIST 기반정비기구 초대 이사장인 시드니 브랜너 박사가 제창한 비전을 실현하여, 세계 최고 수준의 교원·학생과 최신의 연구기기를 갖춘, 오늘날 OIST의 학제적 연구환경을 정비했다. 2016년 12월 OIST 학장 퇴임. 2016년 소립자물리학실험분야에서 W.K.H. 파노프스키상을 수상하였다. 2017년 일본에서 가장 명예로운 훈장의 하나인 旭日重光賞을 일본정부로부터 수여받았다. (일본 위키피디아)

100) Sydney Brenner. 1927-2019. 남아프리카연방 출생의 생물학자. 선충을 이용한 아포토시스(apoptosis) 연구로 Howard Robert Horvitz, John Edward Sulston과 함께 2002년에 노벨생리학·의학상을 수상하였다. (일본 위키피디아)

101) OIST는 설립 후 2019년 6월말에도 재무성으로부터 외부자금이 적은 것, 교원 1인당 비용이 높다는 지적을 받았다. 재무성 조사에 의하면 OIST의 교원 1인당 소요되는 국가의 운영보조금은 약 2억7,000만 엔. 도쿄공업대학의 교원 1인당 운영보조금은 약 2,200만 엔. OIST의 윤택한 자금을 뒷받침하는 오키나와과학기술대학원대학 학원법은 시행 후 10년에 해당하는 2021년에 재검토를 받는다. OIST가 세계 톱 수준의 연구기관으로서 앞으로도 성장을 계속할 수 있을 것인가? 지금, 큰 기로에 서 있다. (「Business Insider」(2019.10.17.). https://www.businessinsider.jp/post-200762)

102) 볼로냐 프로세스에는 2014년 3월 5일 현재 47개국이 참가하고 있으며, 49개국이 조인했다. (일본 위키피디아)

103) 에라스무스 문두스(Erasmus Mundus)는 유럽연합(EU)이 세계 각국을 대상으로 하는 유학 장려 제도이다. 라틴어로 '세계'를 나타내는 mundus의 이름대로, EU 내를 대상으로 하는 같은 제도 「에라스무스 계획」을 세계로 확대한 것이다. 2003년 12월 5일에 창설되어 2004년 1월 20일, 2개의 유럽 석사(European Master) 코스로 개시. 2003년 3월 채택한 리스본 전략에 근거하여, 고품질 교육에 입각한 지식 경제(knowledge-based economy)와 경쟁을 실시한다. (일본 위키피디아)

104) 2012년 8월 10일 있었던 이명박 대통령의 독도 방문을 말한다. 원전에서는 '독도 방문'을 '시마네현 다케시마 상륙'이라고 표현하였다.

105) 호서대학교 AI융합대학 전자융합공학부(2021학년도 기준 전자및디스플레이학부)에 전자공학트랙과 디스플레이공학트랙이 있다. 2022학년도 모집인원은 전자융합공학부 전체적으로 140명이다.

전자융합공학부는 급변하는 21세기에 새로운 핵심기술인 전자·정보·반도체·디스플레이기술 등을 교육하며 전자·디스플레이 산업을 주도하는 기술 인력을 양성하고 있다. 주로 전자·디스플레이 분야의 H/W 응용 전문기술 인력을 양성하며, 문제해결능력 및 협업능력을 가진 현장 지향형 인재로서 성장하도록 교육을 실시한다.

이 중 디스플레이공학트랙(DISPLAY ENGINEERING)은 혁신적인 교육체제, 풍부한 실무경력의 교수진, 비교 우위의 실험·실습환경을 구축하여 전문지식과 실무능력을 갖춘 창의적이고 도전적인 인재를 양성하고 있다. 교과목은 LCD, OLED, 3D 디스플레이 등의 다양한 디스플레이와 관련된 생산 공정, 장비, 부품·소재 등 최신의 기술을 학습할 수 있는 교과목으로 구성되어 있다. 삼성전자, 삼성디스플레이, LG디스플레이, 현대디스플레이 등에서 다년간 현장 실무 경험을 갖춘 전문 교수진과 100여종의 실험·실습장비 및 160평에 달하는 클린룸과 실습공간을 이용한 디스플레이 종합 Fab을 통해 실무중심의 교육을 실시하고 있으며, 각종 장학금, 현장 연계 교육프로그램 제공, 동아리활동 지원, 해외 전공연수 등을 통해 종합적인 전문지식과 실무능력을 갖춘 인재를 양성하고 있다. (호서대학교 홈페이지 http://www.hoseo.ac.kr/Home/Major.mbz?action=MAPP_2005191591)

106) 대한민국의 교육과 과학기술 분야를 관장했던 중앙행정기관. 2008년 정부조직 개편으로 기존의 교육인적자원부와 과학기술부를 통합해 출범되었고, 2013년 3월 정부조직 개편으로 교육부로 개편 후 해산되었다. (두산백과)

107) 2019년에 타 시도에서 천안·아산지역으로 895명이 이주했다. 2019년에 천안·아산 두 시의 전출입자는 전입이 전출에 비해 4,800명 많았다. (행정안전부 「2021 도시통계」, 2021.12.)

108) 천인계획(千人計劃, 영: Thousand Talents Plan; TTP) 또는 해외 고위급 인재 유치계획은 중화인민공화국 국무원이 과학연구, 기술혁신, 기업가 정신에 있어서 뛰어난 국제적 전문가를 인정하고 채용하기 위해 2008년 책정한 계획, 제도.

109) 상하이재경대학(SUFE, Shanghai University of Finance and Economics)은 중국 상하이에 있는 국립대학으로 211공정에 올라 있는 국가중점대학이다. 1917년 창립. 이름 그대로 주로 경제, 금융, 상과에 강하며, 특히 회계학에서는 중국 최정상을 자랑하며, 회계학부를 독립된 학부로 두고 있는 중국 유수의 대학이다. 2021년 현재 교수는 1,491명, 학생총수는 약 14,500명(학부 8,066, 대학원 6,509. 박사 과정 1,335, 국제학생 501)이다. (일본 위키피디아, SUFE 홈페이지 https://english.sufe.edu.cn/2949/list.htm)

110) 케이(京, 영어명 K computer)는 고베시에 있는 이화학연구소계산과학연구기구(理化学研究所計算科学研究機構)에 설치, 운용된 슈퍼컴퓨터의 명칭(애칭)이다. 원래는 '차세대 슈퍼컴퓨터' '범용京速계산기' '京速' 등으로 불렸다. 문부과학성의 차세대 슈퍼컴퓨터 계획의 일환으로 이화학연구소와 후지츠(富士通)가 공동개발했다. '京'은 부동소수점수(FLOPS) 연산을 1초당 1京회 실행하는 처리능력(10 peta FLOPS)에 연유한다. 총개발비 1,120억 엔을 투입, 2012년 6월에 완성, 같은 해 9월에 공용가동을 개시.

TOP500에서 2011년 6월과 2011년 11월에 1위에 올랐으나, 완성 직전인 2012년 6월에는 2위에, 같은 해 11월에는 3위로 후퇴. 그 해 1위를 한 미국의 타이탄(Titan)은 개발비가 9,700만US$(약 76.5억 엔)로 17.59 peta FLOPS. 2013년 6월에 4위, 2015년 7월에 4위에 올랐다. 또 2011년, 2012년, 2013년, 2014년에 HPC챌린지상 클라스1, 2013년에 일본 최초로 HPC챌린지상 클라스2를 수상. 2011년, 2012년에 Gordon Bell Prizes 수상. 2014년, 2015년 7월, 11월, 2016년 7월, 11월, 2017년 6월, 11월, 2018년 6월, 11월, 2019년 6월에 Graph500(탐사성능 기준 벤처마크에 기반한 고성능계산 컴퓨너 랭킹)에서 9기 연속 1위(통산 10기)를 획득했다. (일본 위키피디아)

111) 야마나카 신야(山中伸弥, Yamanaka Shinya, 1962.9~, 오사카부 출신). 일본의 의사, 의학자. 학위는 의학박사(오사카시립대학 대학원, 1993년). 교토대학 iPS세포연구

소 소장·교수(연구소장직은 2022년 3월 사직 예정). 캘리포니아대학 샌프란시스코 캠퍼스 그래드스톤연구소 상석연구원. 일본학사원(The Japan Academy) 회원. '성숙세포가 초기화되어 다능성을 갖게 되는 것의 발견'으로 2012년도 노벨생리학·의학상을 영국 생물학자 존 거든(Sir John Bertrand Gurdon)과 공동으로 수상했다.

112) 재생의료 실현화 하이웨이 구상은 재생의료의 조기 실현화를 위해 문부과학성, 후생노동성, 경제산업성이 연속적으로 지원을 실시할 수 있는 구조를 구축하고, 장기간(10~15년간) 연구개발을 지원·중개하는 것을 목표로 한다. (https://www8.cao.go.jp/cstp/tyousakai/hyouka/haihu106/siryo3-3e.pdf)

113) Urs Frey. 스위스연방공대(ETH Zurich)에서 박사 취득(전자공학) 후, IBM연구소에서 반도체 연구에 종사. 후에 일본 이화학연구소에서 CMOS를 기반으로 한 바이오 일렉트로닉스, 시스템 생물학에 있어서의 바이오센서의 활용 등을 연구 테마로 한 연구팀의 유닛 리더로서 활약. 15년 동안 프로젝트 및 팀 관리에서 폭 넓은 경험을 쌓았다. 현재 MaxWell Biosystems의 CEO. (역주-https://www.mxwbio.com/amo-team/urs-frey/)

114) '케이(京)'는 2019년 8월 16일에 계산자원의 공용(共用)을 종료하고, 8월 30일에 사용정지(shutdown)되었다. 그 후 성능이 100배 정도 향상된 새로운 '차세대 슈퍼컴퓨터' 후가쿠(富岳, Fugaku)로 대체되어, 2021년 3월에 운용이 개시되었다.

후가쿠(富岳)는 京의 후계 슈퍼컴퓨터로 2014년에 개발 개시, 2020년부터 시험운용, 2021년에 본격 가동했다. 처리속도 400+P FLOPS. 개발비용 1,300억 엔(정부 1,100억 엔, 민간 200억 엔). TOP500 1위(2020년 6월, 2020년 11월, 2021년 6월, 2021년 11월). 웹사이트 www.r-ccs.riken.jp/jp/fugaku (일본 위키피디아)

115) JF일본어 네트워크(사쿠라 네트워크)는 2021년 12월 현재 한국·중국 등 전 세계 357개 기관·단체와 멤버 관계를 구축하고 있다. (https://www.jpf.go.jp/j/project/japanese/education/network/)

116) Max Frisch(1911-1991). 스위스의 소설가, 극작가, 건축가. Friedrich Durrenmatt(1921-1990)와 함께 전후 스위스를 대표하는 작가의 한 사람이다. (일본 위키피디아)

117) 개정 도시계획법의 특징(도시기능의 적정입지 확보). 인구감소, 초고령 사회를 맞이하는 가운데 도시기능의 무질서한 확산에 제동을 걸고 도시기능이 간략하게 집적된 도시구조를 실현하기 위해 대규모 집객시설에 대해 상업지역 등을 제외하고 일단 입지를 제한한 후, 입지를 하려는 경우에는 주민 등이 참여하는 공정하고 투명한 도시계획 절차를 거쳐 지역의 판단에 따라 적정한 입지를 확보하게 되었다. 또한 이제까지 개발허가가 불필요했던 병원, 학교 등 공공 공익시설 입지에 대해서는 개발허가를 필요로 하도록 되었다. 2019년 7월 31일 현재 입지적정화 계획 작성 상황은, 542개 도시가 구체적으로 대처하고 있으며, 이 중 339개 도시가 계획을 작성·공표했다. (일본 국토교통성, https://www.mlit.go.jp/common/001367501.pdf)

한편, 도시재생특별지구는 100지구(2020.6.30. 현재), 도시재생 안전확보계획 수는 133개 계획이 인정(2020.3.31. 현재)을 받았다. (국토교통성, 「近年のまちづくりを巡る社会情勢」, 2020.10.6.)

118) 콘. competition의 일본식 약어. 경기회. 특히 건축물의 설계나 디자인 등을 복수의 전문가가 경쟁하는 것. (일본 국어사전 *広辞苑*)

119) '미야(宮)콘'은 2011년 초반에 2,000명이 함께 참가하는 규모로 성장. 그 후 '미야콘' 형식의 이벤트가 '마치(街)콘'이란 이름으로 전국의 도시로 확산되었다. 2013년에는 '미야콘'이 중심이 되어 전국의 '마치콘' 이벤트의 모럴 유지를 위해 '일본마치콘협회'가 설립되었다. (https://ja.wikipedia.org/wiki//宮コン)

120) 산카쵸상점가는 전장 398m. 직선으로 이어진 욘카쵸 상점가의 길이를 합하면 960m로 직선 아케이드가로서는 일본제일이다.

제6장 줄어드는 인구 속에서

121) 일본 고령자 인구는 2021년 9월 15일 현재 3,640만 명으로 총인구에서 차지하는 비율은 29.1%로 사상 최고를 기록했다. 세계적으로 비교해도 일본이 가장 높다. 자세한 것은 [역자후기 5] 참조

122) 참고적으로 2019년 4월 1일 현재 *過疏法*(과소지역자립촉진특조치법)에 의해 지정된 과소지역 시정촌은 814개, 과소지역 집락수는 63,237개, 집락인구는 10,357,584명, 1집락 당 인구는 약 164명. 전 집락 중 주민의 반수 이상이 65세 이상인 집락의 비율은 32.2%, 75세 이상인 집락의 비율은 5.8%이다. (「과속지역 등에 있어서의 집락 상황에 관한 현황파악 조사보고서」. 일본 총무성 지역력창조그룹 과소대책실, 2020.3.)

123) 2019년도 기준으로 버스정류소 600미터, 철도역 1킬로미터 권 밖의 '공공교통기관 공백지역'은 전국에서 거주가능면적 전체의 약 25%를 차지하는 3만 122평방킬로미터이다. 이 구역에 사는 인구는 531만 명이다. (자료, https://text.odekake.co.jp/20200525-3/)

124) 히노에마타촌은 면적 390.46㎢. 2021년 11월 1일 현재 추계인구는 513명, (https://ja.wikipedia.org/wiki/檜枝岐村)

125) 2021년3월31일 현재 일본 전국의 급유소(SS) 수는 29,005개소로 2020년3월31일에 비해 632개소 감소했다. 2021년3월31일 현재 급유소(SS) 과소지는 343시정촌이다. (경제산업성 자원에너지청)

126) 도야마단지는 도야마하이츠(戸山ハイツ)를 말한다. 전쟁 전 군용지였으나 전후 주택문제 해소를 위해 도시계획공원으로 계획된 246,922.5제곱미터 중 4할에 해당하는 109,520제곱미터에 목조 단층건물 1,052호가 건립되었다. 1948년 입주 신청 개시, 도쿄도내 집합주택의 선구적 존재였다. 1960년대 이후 방재·내화성의 관점에서 중고층 주택으로 재건축할 필요성이 인식되기 시작하여 1970년 33동 3,354호의 대규모 고층아파트군으로 계획변경, 1968년부터 1976년에 걸쳐 순차적으로 아파트화되었다.

어느 도영주택(都営住宅)이나 같지만, 도야마하이츠도 거주자의 고령화율·단신세대율이 높다. 2014년 기준, 거주자의 약 반수가 50년 가까이 단지에 살고 있으며, 재건축 전의 단층주택 시대부터 살던 거주자도 약 1할이다. 고령자가 있는 세대는 약 6할이며, 고령자 단신·부부만의 세대를 합하면 전체의 약 4할에 이른다. 도야마하이츠 자체도 건축 후 50년 정도 경과하여 건물 자체의 노후화가 지적되고 있다(이상 「アーバンハウジング 2014」). (https://ja.wikipedia.org/wiki/戸山ハイツ)

127) 야마가타현에서 2020년 12월부터 2021년 3월 사이에 제설작업 중 발생한 인적 피해를 수반하는 사고는 191건이었다. 과거 5년 동안 사상자는 534명이었으며, 이 중 사망자는 45명(8.4%), 중상자는 292명(54.6%)으로 매년 많은 사람들이 지붕에서 눈을 쓸어내리거나 제설작업 중 사고로 사상자가 발생하고 있다. 특히 사상자 중 67%, 사망자 중 88%가 65세 이상으로 고령자가 큰 비율을 차지한다. (야마가타현, 홈페이지, https://www.pref.yamagata.jp/020072/bosai)

128) 빈집 현황. 2020년도 기준 일본의 총세대수는 49,973천 세대, 주택총수(A)는 57,586천 호, 공가(B)는 7,568천 호로 공가율(B/A)은 13.1%이다. 2030년에는 각각 54,001천 세대, 62,407천 호, 8,489천 호로 공가율은 13.6%로 증가할 전망이다. (일본 「국토교통백서 2021」)

129) 빈집조례. 빈집 소유자에게 적정한 유지관리를 의무화하는 동시에 지방공공단체가 빈터 소유자에게 필요한 조치를 권고할 수 있는 것 등을 규정하고 있다.

사이타마현 도코로자와시(所沢市)가 2010년 7월 전국에서 처음으로 빈집 조례를 제정해 2010년 10월 1일 시행되었다. 광역지방공공단체로서는 와카야마현이 2011년 7월에 처음 제정하여 2012년 1월 1일 시행하였다. 2012년 1월에 조례를 시행한 아키타현 다이센시(大仙市)에서는 가옥이 붕괴될 우려가 있어 강풍 시 위험하다고 해서 소유자에게 권고, 조치명령이 내려졌고 이후 행정대집행에 의해 가옥 해체가 이루어졌다.

2012년 시점에서 전국 16개 도도부현의 31개 지방공공단체에서, 2014년 4월 1일 시점에서는 야마나시현을 제외한 46개 도도부현의 355 지방공공단체로 확대되었다. (일본 위키피디아)

130) 오토요정은 2000년 시점에서 일본의 시정촌에서 유일하게 65세 이상 비율이 50%를 넘는 '한계 자치체'였다. 2019년 현재 오토요정의 고령화율은 고치현내 시정촌에서 가장 높은 58·4%. 전체 85개 집락 중 74개 집락이 65세 이상의 고령자가 반수 이상을 차지하는 한계집락이다. 2022년 1월 1일 현재 총인구(추계)는 3,141명. (일본 위키피

디아, 고치신문 2019.6.21. https://www.kochinews.co.jp/article/detail/286853)

131) LRV(Light Rail Vehicle)는 도야마시가 시행한 시내전차 순환선화사업의 일환으로 도입되었으며 차량 소유는 도야마시. 2009년 12월 23일의 순환선(도야마도심선) 개업과 동시에 영업 운전을 개시했으며, 애칭은 일반 공모 결과 'CENTRAM'으로 결정되었다. (일본 위키피디아)

132) 오키노시마정은 시마네반도 북쪽 해상에 위치하는 정(町)의 하나이며, 오키제도의 주 섬인 도고(島後)를 관할한다. 소위 일본이 일본 영토라고 주장하는 독도(일본명 다케시마)도 포함한다. (https://ja.wikipedia.org/wiki/隠岐の島町)

133) 오키노시마정의 2021년 10월 1일 현재 총인구(추계인구)는 13,288명으로 2012년 5월에 비해 약 10년 동안 2,130여 명 이상이 줄었다. (https://ja.wikipedia.org/wiki/ 隠岐の島町)

134) 2017년도 오키노시마를 찾은 관광객은 약 11만 명이다. 관광객 수 추이는 2010년이 17만 명으로 가장 많았고, 2013년 10만 명까지 감소경향을 보였다. (第1次隠岐の島町総合振興計画の検証【資料編】(2019.7.)

135) 2021년 9월 1일 현재 총인구(추계인구)는 22,679명. 히로시마현 내 정(町) 중에서는 세 번째로 인구가 많다. 히로시마현뿐 아니라 주고쿠(中国)지방에서 철도역이 없는 시정촌에서는 가장 인구가 많다. 인구는 전전에는 7,000명 대, 전후 잠시 9,000명대의 추이를 보였으나, 쇼와40년대(1965년~1974년)에 구마노단지가 건설되면서 인구가 급증, 1975년에 20,000명, 1983년에 25,000명을 돌파했다. 그 후 25,000명 전후의 추이를 보였으나, 현재는 감소 경향을 보이고 있다. (https://ja.wikipedia.org/wiki/熊野町)

136) 다랭이논 오너 제도란 도시 주민이 직접 경작에 관여하게 하면서 계단식 다랭이논을 보전해 나가려는 방법이다. 1992년 고치현 유스하라정(檮原町)에서 16팀의 오너를 모집한 것이 시작으로, 다양한 이유로 휴지·중단한 지구도 있지만, 홋카이도와 도호쿠지방을 제외한 일본 전국 32개 부현 약 80개 지구에서 이루어지고 있다. 가장 많은 곳은 니가타현과 효고현으로, 각 10지구 전후가 제도에 참여하고 있다. 모집하는 오너 수는 30팀 전후가 많고, 그중에는 100팀 이상의 오너를 받고 있는 지구도 있다. 기본적인 구조는 아래와 같다. ①지역 농가 그룹과 행정이 연계하여 다랭이논 오너를 모집한다. ②지역의 비농가나 지역 외의 도시주민 등(개인·가족·그룹)이 응모하고, 회비(평균 3만 엔 정도)를 내고 일정구획의 논(평균 1아르=100㎡)을 배정받는다. ③오너는 지역 농가의 지도를 받으며 모내기, 풀베기, 벼베기 등의 작업을 한다. ④그 구획에서 수확된 쌀은 오너 소유가 된다('현미 30킬로그램 보증' 등의 방법도 있다). 다랭이논 오너 제도는 5개의 유형으로 분류할 수 있는데, 현재 가장 많은 것은 '농업 체험·교류형'으로 약 60%, 이어서 '작업 참가·교류형'이 약 25%를 차지한다. 그밖에 농업체험·쌀확보형, 취농·교류형, 보전·지원형이 있다. 棚田NAVI|全国棚田 (千枚田) 홈페이지, https://tanada-navi.com/tanada/tanada-owner/)

137) 다카토리정의 2021년 11월 1일 현재 총인구(추계인구)는 6,491명이다. (https://ja.wikipedia.org/wiki/高取町)

138) 히나인형은 종이나 흙으로 만든 옷을 입힌 인형. 남녀 한 쌍으로 되어 있다.

139) '제16회 정가(町家)의 히나 순회전(雛めぐり)'이 2022년 3월 1일부터 31일까지 개최될 예정이다. 다카토리정 가도변의 정가, 상점가 등에 히나인형을 전시한다. (https://sightseeing2.takatori.info/hinameguri/)

140) 동아일보도 가미카츠정의 '잎사귀 비즈니스'를 소개하고 있다. (동아일보, '대도시는 폭발, 지방은 소멸…당신의 고향이 사라진다' [서영아의 100세 카페], 2021.11.21.)

141) 가미카츠정의 2021년 10월 1일 현재 총인구(추계인구)는 1,361명이며 인구밀도는 12.4명/㎢이다. 시코쿠(四国)의 정(町) 중 가장 인구가 적다.

근년 쓰레기제로운동과 제3섹타 기업 '이로도리'의 '잎사귀 비즈니스', 가타기하라(樫原)의 다랭이논, 메아리포인트 등이 TV에 소개되었다. 특히 2003년 9월 소개된 '제로 웨이스트 선언'(쓰레기 제로 운동)과 '이로도리'에 대해서는 일본 전국으로부터 취재하러 올 정도가 되었다. 또 주민참가형 바이오매스 이·활용에도 힘쓰고 있다. 그밖에 I/U턴이 증가한 것, 폐교 이용, 주민참가형 마을조성 '1Q(잇큐)운동회'도 각광을 받고 있다. 현재는 많은 대학과 기업, 지방공공단체가 조사·연구를 위해 가미카츠정을 방문하게 되어, 2014년도에는 연간 2,213명이 시찰로 방문했다. 다랭이논 오너제도와 도쿠시마대학과 함께 기획한 다랭이논 라이트업, 빈집을 개수한 시설 증가 등으로 도쿠시마나 京阪神(교토·오사카·고베)지역으로부터 수시로 올 수 있는 시골로 주목받고 있다. (https://ja.wikipedia.org/wiki/上勝町)

142) 일본 총무성이 발행한 2020년 주민기본대장 인구이동보고(2021.1.19.)에 의하면 도도부현 간 이동자 수는 246만3,992명으로 전년에 비해 4.1% 감소했다.

①도도부현별 전입초과는 8도부현. 전출초과는 39도부현. ○전입초과인 곳은 도쿄도, 가나가와현, 사이타마현, 지바현, 오사카부, 후쿠오카현, 오키나와현 및 시가현 등 8개 도도부현, ○전출초과인 곳은 아이치현, 효고현, 후쿠시마현, 나가사키현 등 39도부현. 전출 초과자 수가 가장 확대되고 있는 곳은 아이치현(5,365명)

②도쿄권은 25년 연속 전입 초과. 나고야권 및 오사카권은 모두 8년 연속 전출 초과.
○도쿄권은 9만8,005명의 전입초과(전년 대비 4만7,571명 축소)로 25년 연속 전입초과
○나고야권은 1만2,275명의 전출초과(전년에 비해 760명 확대)로 8년 연속 전출 초과
○오사카권은 1,118명의 전출초과(전년 대비 2,739명 축소)로 8년 연속 전출 초과

143) 나가야는 에도시대 서민의 일반적인 주거 형태. 일자형 긴 건물에 여러 세대가 함께 거주하여 거주자 간의 의사소통이 원활하였다. 현대의 복도형 아파트의 1층 구조와 비슷하다.

144) 액상화현상(液状化現象)은 지진 시에 지하수위가 높은 모래 지반이 진동으로 액체 상태가 되는 현상. 단순히 액상화(liquefaction)라고도 한다. 이 현상으로 비중이 큰 구조물이 파묻혀 넘어지거나 지중의 비중이 작은 구조물(하수도관 등)이 떠오르기도 한다. 이 현상은 일본 국내에서는 1964년 니가타지진 때에 철근 콘크리트제 건물이 통째로(망가지거나 부러지지 않고) 가라앉거나 넘어짐으로써 주목을 받았지만, 이 당시에는 '유사현상(流砂現象)'이라고 불렸다(일본 위키피디아). 1995년 1월 17일 발생한 한신아와지대지진에서 액상화 현상이 심각하였다. 역자는 당시 지진 1개월 후에 방문한 고베항 지진현장에서 이 현상을 확인하였다. 2017년 11월 15일 발생한 포항지진(진도 5.8) 때도 액상화 흔적이 발견되었다.

145) 신모에다케(新燃岳)는 규슈 남부 기리시마산(霧島山) 중앙부에 위치하고 있으며 유사 이래 분화를 반복하고 있는 표고 1,421 m의 활화산이다. 2011년 1월 19일 약 반년 만에 분화한 후 1월 26일 용암을 분출하는 준프리니식 분화(Plinian eruption)가 발생했다. 1월 27일경부터 용암 출현도 확인되어 약 300년 만에 마그마 분화가 되었다. 2018년 3월에도 용암을 분출하는 폭발이 있었다. 4월 5일 발생한 분화에서는 분연이 화구에서 8,000m 높이까지 올라갔다. (일본 위키피디아)

146) 사쿠라지마는 규슈 남부 가고시마현 가고시마만에 있는 동서 약 12㎞, 남북 약 10㎞, 둘레 약 55㎞, 면적 약 77㎢의 화산. 이전에는 섬이었지만 1914년의 분화로 가고시마시 대안의 오스미반도와 이어졌다. 2006년 6월 4일 소규모 분화 후 폭발 빈도가 높아지고 있다. 특히 2009년 이후 경향이 두드러져 2009년 548회, 2010년 896회, 2011년 996회, 2012년 885회로 지금까지 관측된 기록의 상위 4위 까지를 차지했다. 또 2012년 1월에는 월 172회의 폭발 기록을 남겼다. 2020년 6월 4일 오전 2시 59분 산정화구에서 일어난 분화에서는 1955년 10월 관측 개시 이후 최고 고도인 분화구에서 7,850~9,570m의 분연이 관측되었다. (일본 위키피디아)

147) 2011년 태풍 제12호는 8월 말부터 9월 초에 걸쳐 넓은 범위에 걸쳐 폭우를 초래, 기이반도를 중심으로 각지에서 대규모 토사 재해, 하천 등이 발생하여 막대한 인적·물적 손해가 발생하였다. 전국에서 사망자 78명, 실종자 16명으로 와카야마, 나라, 미에 3현에 인적피해의 90%가 집중되었다. 이 재해의 특징으로는 첫째, 토사 재해, 하천 범람이 다수 발생하고 가옥이 붕괴토사에 휘말리고 또 하천 범람으로 인해 유실되는 등 많은 고귀한 인명이 상실된 점, 또 대규모 붕괴에 따른 하도(河道) 폐색이 17개소에서 발생했다는 점을 들 수 있다. 두 번째 특징으로는 그 후의 강우로 하도 폐색으로 인한 언지호(堰止湖)의 월류·결괴가 우려되어 주민 대피와 안전 감시 등 주변 지역에 대한 영향이 장기화되는 사태가 발생했다는 점이다. 세 번째 특징으로서 나라, 와카야마, 미에 3현에서의 붕괴 토사량은 약 1억㎥에 달하해 토사량면에서도 최대급의 토사재해였다. 태풍 12호로 인한 강우는 장시간에 걸친 기록적인 폭우가 내렸다. 기이반도 오다이가하라(大台ケ原)

에서는 비가 내리기 시작한 8월 30일 17시부터의 총강수량이 1,800㎜를 넘었다. (일본 토목학회 2011년 태풍 제12호 토사재해조사보고서, https://committees.jsce.or.jp/report/system/files/h23taifoon12.pdf)

148) 이런 상황은 우리나라도 거의 마찬가지다. 2016년 9월 12일 경북 경주에서 발생한 경주지진(진도 5.8)은 1978년 대한민국 지진 관측 이래 역대 가장 강력한 지진이다. 이 지진의 여파로 부산 도시철도 1~4호선이 5분간 정지되고, 울산화력발전소의 LNG 복합화력발전소 4호기가 가동을 중지했으며, 월성원자력발전소도 1~4호기에 수동으로 가동 중지 조치가 취해졌다. 카카오톡이 일시적으로 불통되기도 했다.

149) 미국 루이지애나 주정부가 추진한 '고향 가는 길 계획(The Road Home Program)'은 허리케인 카트리나 및 리타 피해를 입은 13만 명의 루이지애나 주민을 돕기 위해 총 90억 달러를 투입하여 재건하는 사업이었다. 주정부는 동 사업을 성공적으로 완료하고 2018년 3월 1일부로 종료하였다.

150) 운젠다케(雲仙岳)는 나가사키현 시마바라 반도 중앙부에 우뚝 솟은 화산이다. 현대에도 화산활동이 계속되고 있으며 1991년 5월부터 1996년 5월까지 9,432회의 화쇄류가 관측되었다. 특히 1991년 6월 발생한 대규모 화쇄류에서는 43명, 1993년 6월 화쇄류에서도 1명이 사망해 위령 활동이 이루어지고 있다. 피해가옥은 251동, 경제 피해는 약 2,300억 엔에 달했다. (일본 위키피디아)

151) 시라타니마치의 2021년 12월 1일 현재 인구는 46명(남녀 각 23명), 14세대이다. 2015년에는 70명, 23세대였다. (시마바라시 자료 https://www.city.shimabara.lg.jp/page49.html)

152) 이와테현립의 공립고등학교. 1919년 개교. 2011년 동일본대지진으로 오츠치시가는 괴멸적 피해를 입었지만 높은 지대(高台)에 있던 이 학교의 교사는 쓰나미 피해를 입지 않아, 같은 해 8월까지 주민피난소가 되었다. (일본 위키피디아 https://ja.wikipedia.org/wiki/岩手県立大槌高等学校)

153) 고규격간선도로란 고속자동차 국도를 중심으로 일반 국도의 자동차 전용도로와 혼슈시코쿠 연락도로를 더한 전국적인 자동차 교통망을 형성하는 자동차 전용도로이며, 자동차가 고속으로 안전하게 주행할 수 있는 구조로 되어 있는 도로이다. 2019년 기준 11,998㎞. (일본 위키피디아, 「국토교통백서 2021」)

154) 도호쿠신칸센(東北新幹線)은 도쿄역에서 신아오모리역(新青森駅)을 잇는 동일본여객철도(JR동일본)의 고속철도노선(신칸센) 및 그 열차이다. 수도권과 도호쿠 지방을 잇는 교통의 동맥이며 야마가타신칸센(山形新幹線)이나 아키타신칸센(秋田新幹線), 홋카이도신칸센(北海道新幹線)과 상호직통운전이 실시되고 있다. (일본 위키피디아)

155) 2011년 7월 니가타·후쿠시마 호우는 2011년 7월 26일부터 7월 30일에 걸쳐 니가

타현 주에쓰(中越) 지방, 가에쓰(下越) 지방, 후쿠시마현 아이즈(会津) 지방의 3지역에서 발생한 집중호우이다. 니가타 현에서는 하천의 제방이 무너지는 등 큰 홍수 피해를 가져왔다. 니가타 현 가에쓰 지방 서부와 주에쓰 지방 북부에 일본해에서 발달한 비구름이 속속 몰려오면서 1시간에 100mm 안팎의 맹렬한 비가 거의 같은 장소에서 계속됐다. 또한, 이 전날에는 한반도에서도 호우 피해가 발생하였다. 니가타현·후쿠시마현은 정부에 격심재해 지정을 요청했다. 인적피해는 사망 4명, 부상자 7명. 건물 등의 피해는 전파 17동, 반파 2동, 일부 손괴 19동, 침수 7,882동. (일본 위키피디아)

156) 2004년 7월 니가타·후쿠시마 호우는 2004년 7월 13일을 중심으로 니가타현과 후쿠시마현에서 일어난 호우 재해(수해)이다. 7·13 수해로도 불린다. 이 재해가 발생한 5일 후인 7월 18일에는 후쿠이현에서도 홍수(2004년 7월 후쿠이 호우)가 발생했다. 이 해, 전국에서 풍수해가 잇따라 고령자가 희생된 것을 계기로 내각부에서 피난준비 정보의 가이드 라인이 만들어졌다. 인적 피해는 사망 16명, 부상자 4명.

157) 2021년 8월 15일 나가노현 오카야시 가와기시히가시(川岸東)에서 토석류가 발생해 3명이 사망했다. 오카야시에 의하면 이 현장은 '토사재해특별경계구역'으로 지정되어 있는 장소로, 뒷산이 무너져 토석류가 발생하고 사망한 3명은 주택 2층에 있다가 휘말렸다고 한다. 이 지역에서는 15년 전인 2006년에도 토석류가 발생해 주민 1명이 사망(시 전체 13명 사망)한 바 있다. 당시 복구활동에 종사했던 한 남성은 "시청 등에서 재해 위험성이 있는 장소에 대해 확실히 대책을 세워주었으면 한다"고 말했다. (NHK, 2021.8.15. 19:08)

158) 삼림은 현토(県土) 보전, 수원 함양, 자연환경 보전, 지구 온난화 방지, 목재등 임산물의 공급, 보건 휴양등의 다면적인 기능을 가지고 있다. 「재해에 강한 삼림 조성 지침」에서 대상으로 하는 '재해에 강한 삼림'이란 이 기능 중 '토사재해 방지기능(붕괴방지기능·재해완충기능 등)이 높은 삼림'을 말한다. (나가노현 「재해에 강한 삼림 조성 지침」)

159) 당초 과세기간은 2020년도(2021년 3월 31일)까지였으나 2021년 2월 1일 2025년도(2026년 3월 31일)까지 5년간 연장되었다. 자세한 내용은 '[부록 8-풍부한 녹지 조성을 위한 현민녹세]' 참조

160) 석유자원개발주식회사(석유자원개발, Japan Petroleum Exploration Co., Ltd., 약칭 JAPEX)는 일본내외의 석유, 천연가스 자원의 권익을 갖고, 개발·생산·수송·판매까지를 일관해서 실시하는 대기업 석유개발회사이다. 홋카이도, 아키타현, 야마가타현, 니가타현의 유전, 가스전에서 채굴을 한다.

관영기업에서 민간기업으로 전신. 연구부문에서는, GTL연료(천연가스 유래 제품으로 환경부하가 적은 깨끗한 경유 대체연료), 메탄하이드레이트, 오일샌드 연구개발도 하고 있는 외에, 파이프라인 수송에 관해서는 일본 굴지의 기술력을 가지고 있어 사할린 외해 천연가스 파이프라인 계획에도 참가하고 있다. 최근에는 해외 진출을 표방해 이라크의 가라프 유전, 캐나다에서 셰일 가스의 권익 등을 획득하고 있다. (일본 위키피디아)

161) 국립연구개발법인 우주항공연구개발기구(Japan Aerospace Exploration Agency, 약칭: JAXA)는 일본의 항공우주개발 정책을 담당하는 국립연구개발법인. 본부는 도쿄도 쵸후시(調布市)에 있다.

내각부·총무성·문부과학성·경제산업성이 공동으로 소관하며, 국립연구개발법인격의 조직으로는 최대 규모이다. 2021년도 본예산 1,571억 엔(2020년도 2,143억 엔(본예산 1,571+보정예산 573억 엔), 인원수 2,229명(2020년 1월 1일 시점). 2003년 10월 1일 자로 일본의 항공우주 3기관, 문부과학성 우주과학연구소(ISAS)·독립 행정법인 항공우주기술연구소(NAL)·특수법인 우주개발사업단(NASDA)이 통합되어 발족했다.

162) 육역관측기술위성 다이치(ALOS, Advanced Land Observing Satellite, 에이로스)는 지도제작, 지역관측, 재해상황 파악, 자원조사 등에 공헌하기 위해 우주항공연구개발기구(JAXA)가 개발한 지구관측위성이다. 2006년 1월 24일에 H-IIA 로켓 8호기로 발사되었다. 기능정지일은 2011년 4월 22일, 운영 종료일은 2011년 5월 12일. 운용 종료까지 650만 장면을 촬영했으며 니가타현 주에츠앞바다 지진, 중국 쓰촨 대지진 등 재해피해 관측, 브라질 열대우림의 불법 벌채와 일본 내 불법 투기 감시, 국토지리원이 작성하는 지도에의 적용 등 다양한 성과를 올렸다. 후계기는 다이치 2호(2014년 5월 24일 H-II A로켓 24호기로 발사) 및 대지3호(2022년 3월까지 발사예정)이다. (일본 위키피디아)

163) 일본 기상청은 지진이 발생했을 때에는 지진의 규모나 위치를 즉시 추정하고, 이를 바탕으로 연안에서 예상되는 쓰나미의 높이를 구해, 지진이 발생한 후 약 3분(일본 근해에서 발생하고, 긴급지진속보기술에 의해 정도 높은 진원위치나 진도가 신속히 요구되는 지진에 대해서는 약 2분)을 목표로 대형쓰나미 경보, 쓰나미 경보 또는 쓰나미 주의보를 쓰나미 예보구 단위로 발표한다.

이 때 예상되는 쓰나미의 높이는 일반적으로 5단계의 수치로 발표한다. 다만, 지진의 규모(M)가 8을 넘는 거대 지진에 대해서는, 정도(精度) 높은 지진의 규모를 곧바로 구할 수 없기 때문에, 그 해역에서의 최대 해일 상정 등을 기초로 해일 경보·주의보를 발표한다. 이 경우 처음에 발표하는 대형쓰나미 경보와 쓰나미 경보에서는 예상되는 쓰나미의 높이를 '거대' 또는 '높다'는 말로 발표하여 비상사태임을 전달한다.

이와 같이 예상되는 쓰나미의 높이를 '거대' 등의 말로 발표했을 경우에는, 그 후 지진 규모를 정도 높게 구한 시점에서 쓰나미 경보·주의보를 갱신하고, 예상되는 해일의 높이도 수치로 발표한다. (일본 기상청, https://www.data.jma.go.jp/svd/eqev/data/joho/tsunamiinfo.html)

164) 극단기상은 게릴라성 호우·슈퍼 태풍·토네이도·폭탄 저기압 등 재해를 일으킬 가능성이 있는 격렬한 기상 현상의 총칭.

「기후변동에 따른 극단기상에 강한 도시 창출 연구」(실시기관 : 독립행정법인 방재과학기술연구소, 실시기간 : 2010~2014년도). 기후변화에 의해 증가가 염려되는 극단기상에 강한 도시 창출을 위해 이학·공학·사회학의 연구자로 구성된 연구팀에 의해 수도권에 조밀 기상 관측망을 구축해 극단기상의 발생 프로세스, 메카니즘을 해명하고(과제 1 「조밀 기상 관측에 의한 극단기상의 메카니즘 해명」), 현상을 조기에 검지해 엔드 유저에게 전달하는 「극단기상 조기검지·예측 시스템」을 개발(과제2 「극단기상 감시·예측 시스템 개발」), 관계부처와 지방공공단체·민간기업·주민과의 연계 하에 사회실험을 실시(과제3 「극단기상에 강한 도시창출 사회 실험」). 개발한 시스템은 다른 도시역에도 적용할 수 있도록 하는 동시에 사회실험에서 제기되는 제 문제를 논의하고, 관계부처와 지방공공단체에 제언으로서 정리함으로써 사회 변혁을 꾀한다. (일본 위키피디아)

165) 유사한 사례로 [부록 5] - '입체도로제도와 토라노몬 힐즈' 참고

166) '도쿄도 방재대응지침'은 도가 2011년 9월에 정리한 '동일본 대지진 도쿄도의 대응과 교훈'을 비롯해 과학적 식견을 가진 전문가와 구·시정촌의 의견 등을 바탕으로 2011년 11월 25일 책정한 것으로, 향후 도쿄의 방재대책 방향성과 구체적인 대응을 나타내고 있다. (도쿄도, 2011.11.25.)

167) 불연화특구 제도·특정정비 노선의 대처

도쿄도에서는 동일본대지진의 발생을 계기로 목조주택 밀집지역의 개선을 한층 가속화하기 위해 '목밀지역 불연화 10년 프로젝트'를 2012년에 개시하고, 특히 막대한 피해가 예상되는 정비지역을 대상으로 특별한 지원으로 불연화를 추진하는 불연화특구제도의 활용과 연소차단대를 형성하는 주요 도시계획도로인 특정정비노선 정비를 일체적으로 추진해왔다. 10년간의 중점적·집중적인 대응으로 실시해 온 불연화특구제도의 활용과 특정정비노선의 정비는 대응을 5년간 연장하고 계속해서 정비지역의 방재성 향상을 강력하게 추진하다. 불연화특구는 2025년까지 모든 중점정비지역의 불연영역률 70%를 목표로 하면서, 각 중점정비지역의 불연영역률을 2016년도에 비해 10포인트 이상 향상. 특정정비노선은 2025년까지 특정정비노선을 전 노선 정비한다.

불연영역률은 공지율과 불연화율 두 가지 지표로 구성된다. 일정 이상 넓이의 공지와 도로가 많고 내화 건축물 등이나 준내화 건축물 등 불타기 어려운 건축물의 비율이 증가하면 시가지가 연소되기 어려워진다는 것을 나타내고 있다. 불연영역률과 시가지의 연소성상과의 관계는 다음과 같다. 불연영역률이 30% 정도인 시가지에서는 연소로 인한 소실률이 80%를 넘는다. 한편, 불연영역률이 40% 이상의 수준에 이르면 시가지의 소실률은 급격히 저하해, 20~25% 정도에 머무르게 된다. 불연영역률이 40% 이상 수준에 이르면 시가지의 연소가 완만해져 시가지 대화재로 확대 억제, 대피 시간 확보 및 소화활동 등의 효과적인 전개가 도모되어 재해 시의 기초적 안전성이 확보될 것으로 생각된다. 또, 불연영역률이 60%이상에 달하면, 연소에 의한 소실률은 0%에 가까워져, 연소가 억제될 것으로 생각되며, 70%를 넘으면 연소에 의한 소실률은 거의 제로가 된다. (도쿄도, https://www.toshiseibi.metro.tokyo.lg.jp/bosai/pdf/bosai4_172.pdf)

168) 시부야역은 도쿄 3대 부도심의 일각인 시부야에 위치한 터미널역으로 JR동일본·게이오전철·도큐전철·도쿄지하철(도쿄메트로)이 개설된 역이다. 이용자 수는 약 330만 명으로 신쥬쿠역에 이어 세계 제2위를 자랑한다. 1973년 시부야 파르코 개업을 계기로 역 주변은 '젊은이의 거리'로서의 지위를 확립, 현재 도쿄 굴지의 번화가로 발전하고 있다. 전쟁 전부터 도큐(東急)가 개발해 온 역사를 갖고 있어 도큐그룹 최대의 거점이 되었다.

각 노선의 역 및 주변 지역은 도큐그룹 주도로 대규모 재개발이 진행 중이다. 시부야역 주변 개발프로젝트의 컨셉은 '엔터테인먼트시티 SHIBUYA'를 실현해, 시부야를 '일본에서 가장 방문하고 싶은 거리'로 만드는 것. 여기서 특징적인 것은 'Greater SHIBUYA(광역시부야권) 구상'이다. Greater SHIBUYA 구상은 시부야역에서 반경 2.5킬로 권내를 Greater SHIBUYA의 범위로 하여, '점'이 아닌 '면'으로서 도시조성을 추진함으로써 시부야의 매력 향상을 도모해 보다 회유성이 높은 거리로 만든다는 것이다. 2018년 9월에는 높이 약 180m의 대규모 복합시설 '시부야 스트림'이 개업하고, 2019년 11월에는 시부야 권역에서 가장 높은 약 230 m, 지상 47층의 대규모 복합시설 '시부야 스크램블 스퀘어 제I기(東棟)」가 개업했다. 2027년도까지 시부야에서 진행되는 주요 재개발 프로젝트는 아래 9개.

①시부야 스크램블 스퀘어. 2019년 11월 동동 개업 완료, 2027년도 중앙동과 서동 개업 예정

②시부야 후쿠라스 2019년 11월 개업 완료

③시부야역 사쿠라오카구치지구 2023년도 준공예정

④시부야 2정목17지구 2024년도 준공·개업 예정

⑤시부야 솔라스타 2019년 3월 준공

⑥시부야 스트림 2018년 9월 개업 완료

⑦시부야 브릿지 2018년 9월 개업 완료

⑧시부야 캐스트 2017년 4월 개업 완료

⑨시부야 히카리에 2012년 4월 개업 완료

169) 세계 대도시 자연재해 리스크 지수 1위 도쿄·요코하마(710.0), 2위 샌프란시스코(167.0), 3위 로스앤젤레스(100.0), 4위 오사카·고베·교토(92.0), 5위 뉴요크(42.0), 6위 홍콩(41.0), 7위 런던(30.0), 8위 파리(25.0). 베이징과 서울은 공동 10위(15.0)였다. (내각부 방재정보페이지. 図8 世界大都市の自然災害リスク指数: 防災情報のページ - 内閣府(bousai.go.jp)

170) 선샤인 60(Sunshine 60)은 도쿄도 도시마구 히가시이케부쿠로(東池袋)에 있는 선샤인시티의 핵심을 담당하는 초고층 빌딩이다. 지상고 239.7m로 완공 당시에는 아시아에서 가장 높았다. 주식회사 선샤인시티가 소유·관리하고 있다. 지상 60층, 지하 4층, 탑옥 3층, 부지면적 54,687m², 건축면적 585,872m², 바닥연면적 190,595m².

171) 일본 그랜드디자인 구상회의 제1회 회의(2011.10.19.) 의제는 '동일본대지진의 교훈과 금후의 국토 형성', 제2회 회의(2011.12.20.) 의제는 '일극집중의 시정과 다극형 국토 형성에 대하여'였다. 설치기간은 2013년 7월까지였다. (일본 위키피디아)

172) 수도기능 이전이란 정부의 입법기관·행정기관·사법기관(및 청사)을 다른 도시로 이전하는 것을 말한다. 전면적인 수도 이전(천도)과는 달리 수도 기능의 일부를 이전하는 경우(일본에서의 국회 등의 이전 논의 등)도 포함한다. 일본에서는 '도쿄 23구 이외의 장소'로 정부기관 일부를 이전하는 것을 가리키며, 국회 등의 이전이라고도 한다. 예전에는

1923년 9월 1일 발생한 간토대지진으로 도쿄시(당시)가 심대한 피해를 받은 후에, 오사카 천도가 보도된 배경도 있어, 9월 12일 다이쇼 천황이 조서에서 「(도쿄가 심대한 피해를 받았지만) 수도로서의 지위를 잃지 않는다」라고 명확하게 천도(또는 전도)를 부정했다.

제2차 세계대전 후, 일본의 수도기능 이전은 도쿄도 구부(区部)에 입지하는 정부 기능(입법기능·행정기능·사법기능)을 도쿄에서 60km 권외로 이전하는 사업을 말한다. 1960년 이소무라 에이치(磯村英一) 등이 후지산으로 이전하는 신도건설 구상을 제안하고, 그 후에 건설대신이었던 고노 이치로(河野一郎)가 하마나 호반(三遠南信의 일각)으로의 수도기능 이전을 검토했지만, 고노의 급사와 함께 도기능 이전은 무산되었다. 그 후, 버블 경기 시에 도쿄의 땅값이 폭등한 것 등의 이유도 있어, 수도기능 이전론이 재부상했다. 무라타 게지로(村田敬次郎), 사카이야 다이치(堺屋太一), 야와타 가즈오(八幡和郎) 등 정관민의 폭넓은 논객에서 지방자치체 수장과 의회에 이르기까지 수도기능 이전을 추진하는 움직임이 일어나 1990년 중참 양원에서 '국회 등의 이전에 관한 결의'를 의결하고 '수도기능 이전을 검토한다'는 기본방침을 확인했다.

법적으로는 1992년에 「국회 등의 이전에 관한 법률」이 성립해 이 법률에 근거해 후보지 선정 등의 준비 작업에 들어가게 된다. 1995년의 지하철 사린 사건과 한신대지진도 재해나 테러에 의한 도시 기능 마비의 위험성을 강하게 인식시켜, 수도 기능의 분산·이전론이 고조되는 데 일조했다. 1999년 12월에는 국회 등 이전 심의회가 후보지로서 3지역을 선정했다. 세 후보지에 의한 유치전은 당초 열기를 띠었지만 아이러니컬하게도 전후로 중앙에서의 이전론은 잠잠해져 간다. (일본 위키피디아)

173) 호쿠리쿠신칸센은 조신에츠(上信越)·호쿠리쿠 지방을 경유해 도쿄도와 오사카시를 연결하는 계획의 고속철도노선(신칸센)이며, 정비 신칸센 5노선 중 하나이다. 2015년 3월 14일 시점에서 다카사키역-가나자와역 간이 개통되었다.

174) 재해거점병원이란 1996년 당시 후생성의 발령으로 지정된 '재해 시 초기 구급의료체제의 내실화를 도모하기 위한 의료기관'으로 다음과 같은 기능을 갖춘 병원이다.

① 24시간 언제든지 재해에 긴급 대응할 수 있으며, 피해지역 내 상병자(傷病者)의 수용·반출이 가능한 체제를 갖춘다.

② 실제로 중증상병자의 수용·반송을 헬리콥터 등을 사용해 실시할 수 있다.

③ 소방기관(긴급소방원조대)과 연계한 의료구호반의 파견체제가 있다.

④ 헬리콥터에 동승하는 의사를 파견할 수 있고 이를 지원하는 충분한 의료설비 및 의료체제, 정보수집시스템과 헬기장, 긴급차량, 자기완결형으로 의료팀을 파견할 수 있는 기자재를 갖추고 있다.

2021년 4월 1일 현재 759개 병원(기간재해거점병원 64개, 지역재해거점병원 695개 병원)이 지정되어 있다. 기간재해거점병원은 원칙적으로 각 도도부현에 1개소를 설치하고, 지역재해거점병원은 원칙적으로 2차 의료권에 1개소를 설치한다.

독립행정법인 국립병원기구 재해의료센터에서는 매년 재해거점병원을 대상으로 한 재해의료 종사자 연수회를 개최해, 일본 재해의료의 중심적 역할의 일단을 담당하고 있다. (독립행정법인 국립병원기구 재해의료센터https://saigai.hosp.

go.jp/disaster/saigaikyoten.html, 후생노동성 https://www.mhlw.go.jp/content/10800000/000773371.pdf)

175) 나미에정(나미에마치)는 후쿠시마현 후타바군(双葉郡)에 속하는 정. 정내 동부의 우케도(請戸)어항은 후쿠시마현의 최동단에 해당한다.

2011년 3월 11일, 동일본 대지진으로 큰 재해를 입었다. 진동과 쓰나미 피해뿐 아니라, 지진재해로 발생한 후쿠시마 제1원자력발전소 사고의 영향을 받아. 같은 달 15일 이후, 임시 사무소가 같은 현내의 니혼마쓰시(二本松市)에 설치되어 많은 주민이 이동·피난했다. 피난민과 피난처는 그 밖에도 산재해 있다. 2019년 3월 31일에 일부 전역 대피 지시는 해제되었지만 2020년 2월까지는 '귀환곤란지역'이 정내 대부분을 차지하면서 정내 거주 인구는 사고 전보다 대폭 감소해, 현재 시점에서 약 1,100여 명이 거주하고 있다. 2022년 1월 1일 현재 총인구(추계) 1,329명. (일본 위키피디아)

176) 후타바정(후타바마치)은 후쿠시마현 후타바군에 속하는 정. 후쿠시마 제1원전 5호기와 6호기가 입지하고 있다. 후쿠시마 제1원전 사고의 영향으로 2020년 3월 현재도 북동부와 후타바역 주변의 각각 일부를 제외한 거의 전역이 '귀환곤란구역'(제염·복구공사 관계자 이외의 일반 주민의 자유로운 왕래가 종일 제한된다.)에 지정되어 있다. 한편 도쿄전력 후쿠시마부흥본사 등이 입주해있는 후타바정산업교류센터(에프빅)는 동일본대지진·원자력재해전승관이 정비되어 부흥의 거점이 되어 있기도 하다.

2020년 실시된 주민의향조사에서는 응답자의 62.1%가 후타바정에 돌아가지 않기로 결정했다고 응답. 이유 중 가장 많은 것이 피난처에서 자택을 구입·건축해서 장래에도 계속 거주할 예정이기 때문. 이에 비해 돌아가고 싶다고 생각한다는 응답은 10.8%에 불과했다. 이는 많은 주민이 피난처에서 새로운 생활환경을 만들고 있지만, 주민표를 옮기지 않고 주민세 감면 등의 지원을 받고 있기 때문이다. 2021년 12월 31일 현재 인구는 5,641명. 2,187가구.

177) 도미오카정(도미오카마치)은 후쿠시마현 후타바군에 속하는 정. 2011년 3월 발생한 후쿠시마 제1원전 사고의 영향으로 같은 해 3월 17일 이후, 임시 정(町)사무소를 고리야마시(郡山市)에 있는 빅팔레트후쿠시마(후쿠시마현 산업교류관) 내에 설치했다. 같은 해 12월 19일 이후, 고리야마시 오쓰키정 니시노미야에 도미오카정사무소 고리야마사무소를 개설해 정사무소 기능을 이전했다. 2017년 4월 1일부터 북동부의 귀환곤란구역을 제외하고 피난지시구역에서 해제되었으며, 이에 앞서 같은 해 3월 6일부터 본 청사에서 정사무소 업무의 일부를 재개했다. 2022년 1월 1일 현재 총인구(추계인구) 1,695명. (일본 위키피디아)

178) 2021년 11월 1일 현재 후쿠시마현 추계인구는 1,811,825명, 743,993세대이다. 3·11 동일본대지진 발생 전인 2010년 인구는 2,020,064명, 720,794세대로 2021년 11월 현재, 인구는 10.3%, 세대수는 3.1% 감소했다. (「후쿠시마현 추계인구」, 2023.11.1. 현재)

179) 미야케촌(미야케무라)은 이즈제도(伊豆諸島)를 구성하며, '도쿄도 미야케무라(東京都三宅村)'가 정식표기이다. 소관하는 도쿄도의 일선행정기관은 미야케지청. 이즈제도 북부에 위치하는 미야케지마(三宅島)와 무인도 오노하라지마(大野原島)를 촌역으로 한다. 2000년에 오야마(雄山)가 분화해, 촌민 전체가 피난한 것으로 유명하다. (일본 위키피디아)

180) 미야코시 구와가사키 방조제. 2011년 7월 8일부 해안관계부처 통지에 입각하여 아래와 같은 절차로 계획제방고를 설정했다. ①과거에 발생한 쓰나미 중에서 설계대상 쓰나미를 선정, ②밀려올라가는 것을 고려한 쓰나미 수위를 산출, 설계 쓰나미의 수위를 산정. ③여유고 1.0m를 더한 높이를 신계획제방고로 설정. 길이 1,620m, 높이 T.P.+10.4m. 현재 공사 중.

181) 노다 요시히코(1957~). 지바현 출신. 민주당 정권의 일본 수상(2011.9.2.~2012.12.26.). 마쓰시타 정경숙(松下政経塾, 1기) 출신 최초의 수상이며 자민당적을 가진 적이 없는 두 번째 수상. 2011년 3월 11일 발생한 동일본대지진 후 간 나오토 수상(2010.6.8.~2011.9.2.)의 후임으로 지진재해 부흥에 힘썼으나 총선에서 패배. 후임 수상은 자민당의 아베 신조(2012.12.26.~2020.9.16.)

182) 다나카 가쿠에이(1918~1993). 니가타현 출신. 일본의 실업가·정치가·건축사, 일본 수상 역임(1972.7.7.~1974.12.9.), 중의원의원(16선), 우정·대장·통상산업대신 역임. 1972년 9월 베이징에서 타이완과의 국교를 단절하고, 중국과 수교하기 위한 일·중 공동 성명에 조인하였다. 저서 『日本列島改造論』(日刊工業新聞社, 1972년6월). 『일본열도개조론』에는 일본열도를 고속도로·신칸센·혼슈시코쿠 연락교 등의 고속교통망으로 연결해 지방의 공업화를 촉진하고, 과소·과밀 문제와 공해문제를 동시에 해결한다는 등 다나카의 지론이 이탈리아나 미국의 예를 들어 전개되고 있다. (일본 위키피디아)

183) 일본열도개조론은 도시정책대강을 기반으로 한다. 둘은 개인적 비전과 정당의 정책 대강령이라는 차이는 있지만, 모두 다나카 전 총리의 강력한 지도력 아래 작성되었고, 내용면에서도 겹치는 부분이 많다. 단순화라고 하는 시점에서 양자를 읽고 비교해 보면, 예를 들어 당시 큰 문제가 되어 있던 토지대책에 대한 기술은 아래와 같이 되어 있다. 도시정책대강에서는 토지 대책을 중요한 핵심 중 하나로 규정하고, "토지 이용에 대해서는 사권보다 공공의 복지를 우선시한다."(p.26), "지가 상승에 따른 이익은 토지 소유자만이 독점하지 않고 그 일부를 사회에 환원해 사회적 불공평을 해소한다."(p.29) 등, 당시로서는 상당히 심도 있는 방침을 제시하고 있다. 이에 반해 일본열도개조론에서는 토지 대책은 목차의 세목조차 없으며 매우 경미하게 다루어지고 있다. 일본열도개조론의 단순화의 전형을 볼 수 있다. 토지 대책의 경시는 과잉 유동성 하에서의 토지 투기와 지가 급등을 초래하는 한 요인이 되었던 것이다. 또, 일본열도개조론에는 어디서 사업을 실시하려고 하는지, 그 후보지가 구체적인 지명으로 빈출한다. 확실히 구체적 지명을 많이 명기하는 것은 비전으로서의 성숙도나 높은 실효성을 연상시키는 긍정적인 면을 가지고 있는 반면, 토지 매점 등의 큰 마이너스를 초래할 우려도 있다. 도시정책대강에도 상당히 심도

있는 기술이 있지만 전체적으로는 이념이나 큰 방향성을 중심으로 다각적이고 절도 있게 기술되어 있다. 일본열도개조론은 그것이 차기 총리 유력 후보자의 비전임을 감안할 때, 그래서 좋았다고만은 할 수 없다. 橋本武(財団法人日本開発構想研究所 研究主幹), 「역대 총리의 국토비전을 읽는다(1) - 日本列島改造論(1972년)」(2008.2.29.) - www.ued.or.jp › media › 20080229-KAIZOKAIZO

184) 도시정책조사회. 현재는 주택토지·도시정책조사회. 정책 조사연구와 입안을 담당하고 심의결정을 하는 자민당 정무조사회 내 32개 조사회(2021년 12월 현재) 중의 하나. 자민당이 채택하는 정책, 국회에 제출하는 법안은 정무조사회의 심사를 거쳐야 한다. 정무조사회 정조심의회에서 결정된 정책은 신속하게 총무회에 보고되고, 총무회 결정을 거치면 당론으로 확정되어 구속력을 갖게 된다. (일본 위키피디아)

185) 전국총합개발계획. 현재는 제2차 국토형성계획(2016~2025)이 수립되어 추진되고 있다. 자세한 내용은 [부록 4-전국총합개발계획의 역사] 참고.

제8장 이웃나라 한국과 일본, 상생의 길

186) 막번체제란 근세 일본 사회체제의 기본방향을 막부(쇼군)와 번(大名, 다이묘)이라는 봉건적 주종관계를 기점으로 파악한 역사학상의 개념이다. 전전(戦前) 단계에는 좁게 정치체제 자체를 가리켰으나, 전후 역사학의 진전에 따라 근세 일본 사회체제 전체의 특색을 나타내는 개념으로 사용되게 되었다. 막번제라고도 한다. (일본 위키피디아)

187) 수산업어촌발전기본법 제3조제6호. (필자주)

188) 만 65세 이상 만 75세 미만이면서 직전 10년 이상 계속해 어업을 영위한 어업인이 만 55세 이하 후계 어업인에게 어촌계원 자격을 이양하는 수산분야 공익직불제. (필자주)

189) SBO(Station Black Out): 전체교류전원 상실사고를 의미한다. 원자력발전소의 냉각능력을 유지하기 위한 각종 펌프 등의 운전이 불가능하여 중대 사고로 이어질 가능성이 매우 크다. (필자주)

190) 동일 원인으로 다수의 시설에서 동시에 사고가 발생한다는 뜻. 원전에는 1대로도 충분한 용량을 갖는 비상 디젤발전기를 원자로 1기마다 2대 이상씩 갖고 있어서 1대의 비상디젤발전기의 고장에 대비하고 있으나 쓰나미라는 동일한 원인으로 인해서 각 원자로의 비상디젤발전기가 모두 운전 불능으로 되었다. 이는 안전을 위해 확보한 리던던시(다중성)와 다양성을 일거에 무력화 시켜서 방재에 대한 개념변화를 가져왔다. (필자주)

191) TMI(Three Mile Island)사고: 1979년 3월 미국 펜실베니아주 헤리스버그시 인근 TMI 원자력발전소에서 발생한 사고. (필자주)

192) 체르노빌 사고: 1986년 4월 구 소련(현 우크라이나)의 체르노빌 원자력발전소에서 발생한 사고. (필자주)

193) 원자력안전신화: 철저한 사전대비와 사전 안전규제로 원자력발전소에서 중대사고(노심 용융사고)는 절대로 발생하지 않는다는 일종의 신념, 확신. (필자주)

194) 원자력촌: 원자력 관련 정부 부처, 원전 소재 지자체, 원자력 전문가, 원자력사업자, 원전소재 지역주민으로 구성된 일종의 보이지 않는 카르텔, 매우 배타적으로 작동하며 한국의 원자력 마피아와 비슷한 개념. (필자주)

195) 22조 엔: 비해배상액 8조 엔, 제염비용 8조 엔, 폐로비용 6조 엔, 향후 추가될 가능성이 있음. (필자주)

196) 당시에 센다이시에 유학 중이었던 필자는 이를 실감했다. (필자주)

197) 후쿠시마 원전 사고로 인한 피난이 장기화 되자 도박, 알콜 중독, 이혼, 자살 등의 부작용이 다수 나타났다. 사고 직후에는 중환자 등이 피난 중에 치료 곤란으로 사망하는 일이 발생하였고 피난 생활이 장기화되자 도박, 알콜 중독으로 인한 가정파탄과 이혼, 비관 자살들이 증가한 것이다. 이러한 피해자 중 사망자를 관련사라고 하는데 약 3,700여 명으로 집계되어 이에 대한 대책의 필요성을 절감케 했다. (필자주)

역자 부록

■ 부록 1

일본의 지방자치제도 현황

1. 광역지방공공단체: 도도부현(都道府県, 도도후켄)

o 47도도후켄(47都道府県 -1都1道2府43県)

- 1都(도)東京都(도쿄도), 1道(도)北海道(홋카이도), 2府(후) 大阪府(오사카후)·京都府(교토후)
- 43県(켄): 1都1道2府를 제외한 43개 광역지방공공단체

o 도도부현 명칭(지방별)

- 北海道·東北地方(홋카이도·도호쿠)
  北海道(홋카이도), 青森(아오모리), 秋田(아키타), 岩手(이와테), 山形(야마가타), 宮城(미야기), 福島(후쿠시마)
- 甲信越地方(고신에츠)
  新潟(니가타), 富山(도야마), 石川(이시카와), 長野(나가노), 岐阜(기후), 福井(후쿠이), 愛知(아이치), 静岡(시즈오카), 山梨(야마나시)
- 関東地方(간토)
  栃木(도치기), 群馬(군마), 茨城(이바라키), 埼玉(사이타마), 千葉(지바), 東京(도쿄), 神奈川(가나가와)
- 中部·近畿地方(주부·긴키)
  滋賀(시가), 三重(미에), 京都(교토), 奈良(나라), 兵庫(효고), 大阪(오사카), 和歌山(와카야마)
- 中国地方(주고쿠)
  鳥取(돗토리), 岡山(오카야마), 島根(시마네), 広島(히로시마), 山口(야마구치)
- 四国地方(시코쿠)
  香川(가가와), 徳島(도쿠시마), 愛媛(에히메), 高知(고치)

- 九州·沖縄地方(규슈·오키나와)
  福岡(후쿠오카), 大分(오이타), 宮崎(미야자키), 熊本(구마모토), 佐賀(사가), 長崎(나가사키), 鹿児島(가고시마), 沖縄(오키나와)

2. 보통지방공공단체: 구시정촌(区市町村, 구시쵸손)

1) 정령지정도시(政令指定都市)

o 지방자치법에 의거 정령(政令)으로 지정된 인구 50만 명 이상의 도시. 2021년말 현재 20개

o 정령지정도시 일람

札幌市(삿포로시), 名古屋市(나고야시), 仙台市(센다이시), 京都市(교토시), 新潟市(니가타시), 大阪市(오사카시), さいたま市(사이타마시), 堺市(사카이시), 千葉市(지바시), 神戸市(고베시), 横浜市(요코하마시, 岡山市(오카야마시), 川崎市(가와사키시), 広島市(히로시마시), 相模原市(사가미하라시), 北九州市(기타큐슈시), 静岡市(시즈오카시), 福岡市(후쿠오카시), 浜松市(하마마츠시), 熊本市(구마모토시)

※ 정령지정도시 현황은 '[부록 2]의 8' 참조

2) 중핵시(中核市)

o 지방자치법에 의거 정령으로 지정된 도시. 현재의 지정요건은 '법정인구가 20만 명 이상'. 2021년 4월 1일 현재 62개

3) 구시정촌(区市町村)

o 시정촌(市町村)은 일본의 기초적 지방공공단체인 '市(시. 시)', '町(정. 쵸 혹은 마치)', '村(촌. 손 또는 무라)의 총칭. 광역지방공공단체(포괄단체)인 도도부현과 함께 지방자치법에서 보통지방공공단체로 정해져 있음.

- 시정촌은 특별 지방공공단체인 도쿄도 구부(東京都区部, 특별구)와 함께 일반적으로 '시구정촌' 또는 '시정촌구'라고 하는데, 도쿄도는 특별

구(도쿄도 23구)가 중심부이므로 공적으로는 '구시정촌'이라고 함.

o 2018년 10월 1일 현재의 시정촌 및 특별구 수는 다음 표와 같음. '헤이세이(平成) 대합병' 전인 1999년 3월 31일 시점과 비교하면 반 가까이 감소. (일본 위키피디아)

기초지자체 수

기초자치체			2018년 10월 1일	(1999년 3월 31일)
		시(市)	792	(670)
		정(町)	743	(1,994)
		촌(村)	183	(568)
	시정촌 계		1,718	(3,232)
	특별구(特別区)		23	(23)
총 계			1,741	(3,255)

광역지방공공단체 명칭과 위치

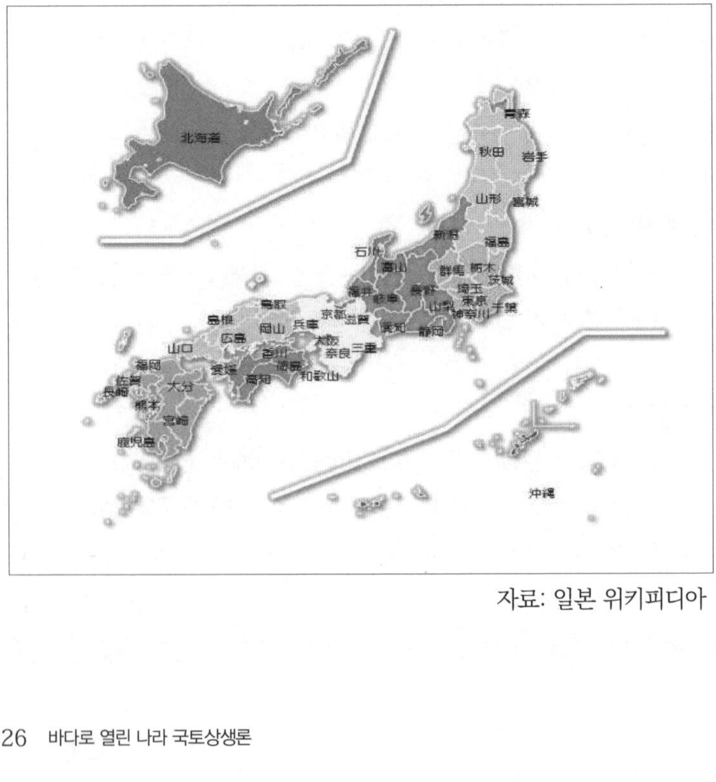

자료: 일본 위키피디아

일본의 광역권 구상 및 활동 현황

1. 간사이광역연합(関西広域連合, Union of Kansai Governments)

o 간사이광역연합은 일본의 행정기구 중 하나. 구급의료 제휴나 방재 등 부현역(府県域)을 초월한 행정과제를 추진하고, 경제산업국·운수국·정비국 등 국가의 일선기관인 특별지방행정기관(手先機関)의 수용처로서 지방분권을 추진할 목적으로 간사이(関西) 8부현(府県)이 지방자치법 규정에 근거해 설립한 특별지방공공단체(광역연합)임. 2012년 8월 이후 역내 4개 정령지정도시도 참가하고 있음.

- 복수 도도부현으로 이루어진 광역연합으로는 전국 최초임.
- 설립 당초의 사무는 광역방재, 광역관광·문화진흥, 광역산업진흥 등 7개 분야의 사업으로 시작되었지만, 항만의 일체적 관리, 국도·하천의 일체적 계획·정비·관리등의 분야로도 확대가 예상됨.

o 개요

구성단체	8부현: 滋賀県, 京都府, 大阪府, 兵庫県, 奈良県, 和歌山県, 鳥取県, 徳島県 4정령시: 京都市, 大阪市, 堺市, 神戸市 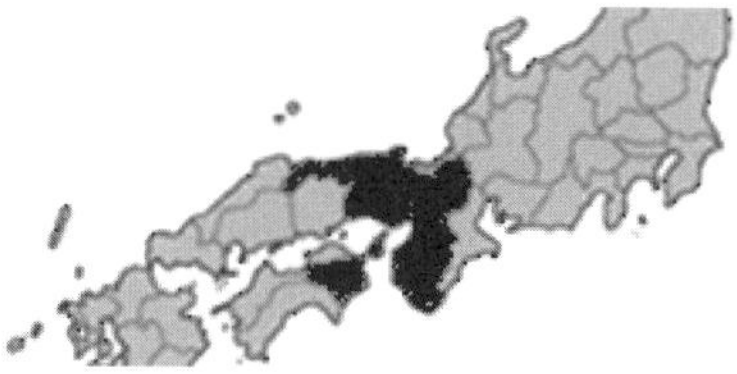
설립일	2010년 12월 1일

면 적	34,745㎢
인 구	2,181만 명(2019년)
GDP(명목)	91조2,153억 엔(2018년)
대 표	광역연합장: 와카야마현 지사, 부광역연합장: 교토부 지사
본부사무소	오사카시
관장 사무	7개 분야 · 광역방재·광역관광·문화진흥·광역산업진흥·광역의료·광역환경보전 · 자격시험·면허등·광역직원 연수

o 재정

- 주요 재원은 구성단체의 부담금. 광역연합에는 과세권이 부여되지 않으므로 '광역연합세'와 같은 독자적인 지방세는 없음.

〈2021년도 당초예산〉

· 일반회계 세입 -24억2,000만5천 엔

* 그 중 국고지출금 -7억7,238만9천 엔(주로 닥터헬기 운항보조금)

· 일반회계 세출 -24억2,000만5천 엔

〈2019년도 결산(실질수지)〉

· 일반회계 세입 -24억7,516만4천 엔

· 일반회계 세출 -24억5,94만7천 엔

2. 규슈광역행정기구(九州広域行政機構[가칭])

o 2010년 6월, 일본 정부는 '지역주권전략대강'을 각의결정하고, 그 속에서 '국가 특별지방행정기관의 원칙적 폐지'를 명기. 이런 정부 방침에 따라 지리적 일체성을 갖고 있고 이전부터 현 간 '정책연합'이란 조치로 깊이 연계해 온 규슈지방지사회에서는 폐지되는 국가 특별지방행정기관

의 수용처(광역적 실시체제)를 검토해 왔음. 그 결과 2010년 10월, 국가특별지방행정기관의 사무·권한·조직·인원·재원 등에 대해 '일괄' 이양을 받기 위한 조직으로서 '규슈광역행정기구(가칭)'를 설립하기로 하였음. 그러나 2012년 12월 자민당·공명당 연립정권 발족 후 설립을 위한 노력이 중지됨.

o 규슈광역행정기구(가칭)의 포인트

① 국가의 블록단위 특별지방행정기관(7성 11기관)을 '일괄' 이양

② 블록단위 특별지방행정기관의 이양을 받기 위한 새로운 조직을 설치하는 제도 창설

③ 광역행정기구(가칭)에는 지역주민의 의사를 반영하기 위한 구조(거버넌스)를 확보

④ 국가에 의한 재원조치는 구체적 절차를 법률로 규정

3. 오사카도 구상(大阪都構想)

o 오사카도 구상은 오사카부에서 검토했던 통치기구 개혁 구상. 오사카부와 오사카시(또는 오사카시를 포함한 주변 시정촌)의 통치기구(행정제도)를 현재 도쿄도가 채용하고 있는 '도구제도(都区制度)'로 변경한다는 구상

- 특히, ①오사카시를 폐지하고, ②복수의 '특별구(特別区)로 분할하는 동시에, ③지금까지 오사카시가 갖고 있던 재원·행정권 중 광역적 역할을 수행하기 위한 사업에 충당하는 것을 오사카부에 양도하고, ④남은 재원·행정권을 복수의 '특별구'에 분할한다는 내용이 기재된 '특별구설치협정서'에 따른 통치기구(행정제도) 개혁을 오사카도구상이라고 부르는 것이 일반적임.

- 다만, 오사카시의 특별구 설치가 주민투표로 가결된 경우, 인접하는 주변 시도 의회의 승인만으로 특별구로 이행할 수 있기 때문에, 이들 주변 시의 특별구 설치를 포함하여 오사카도 구상이라고 부르는 경우도 있으며, 2013년경까지는 오사부내뿐만 아니라 고베시까지를 특별

구에 이행하는 구상을 오사카도 구상이라고 부르던 사례도 있었음.

o 또, 동 구상의 결과 생기는 광역보통지방공공단체의 명칭은 현재의 법제도 하에서는 '오사카도(大阪都)'로 되는 것이 아니고 오사카부(大阪府) 그대로임. '오사카부와 오사카시를 통합한다'는 점에서 '오사카부·오사카시 합병' 또는 '부시(府市)통합'이라고도 함.

o 오사카유신회가 구상한 오사카도 구상에 대해 2015년 5월 17일과 2020년 11월 1일, 두 번에 걸친 주민투표가 실시되었으나 모두 반대다수로 부결되었기 때문에 사실상 폐지되었음.

o 오사카도 구상이 주민투표로 부결되자 차선책으로서 오사카유신회 주도로 2021년 3월 오사카부와 오사카시 의회에서 각각 '광역행정일원화조례'가 가결되어 성립되고, 4월 1일 시행되었음.

- 광역행정일원화조례(広域行政一元化条例)는 도부현(道府県)인 오사카부와 정령지정도시인 오사카시에 있어서, 오사카시가 권한을 갖는 도시계획 등의 사무를 오사카부에 위탁하는 광역행정의 일원화를 목적으로 함.

o 도쿄도를 본 따 오사카시 24구, 사카이시 7구, 주변 9시를 대략 20개의 특별구로 재편하여, 각 시와 오사카부의 이중행정 슬림화를 목표로 한 것임.

4. 주쿄도 구상(中京都構想)

o 주쿄도 구상이란 아이치현을 폐지하고 '주쿄도(中京都)'를 설치, 나고야시와 일체화를 추진함으로써 권한강화와 행정효율화를 도모하는 구상을 말함.

o 2010년 12월 6일 중의원의원 오무라 히데아키가 다음해에 실시되는 아이치현 지사선거 출마 표명 회견 시 처음으로 제창하였으며, 그의 맹우인 나고야시장 가와무라 다카시도 이에 찬동함.

o 주쿄도 구상은 오사카시장 하시모토 도루 및 오사카유신회에 의해 제창된 '오사카도 구상'과 연동한 구상이라 할 수 있음. 실제로 2010년

12월 20일, 오무라·가와무라 두 사람이 오사카유신회 전체회의에 출석해서 협력·제휴를 확인했음.

- 하시모토 도루 오사카부 지사는 여기에서 "우리들은 헤이세이(平成)의 삿쵸동맹(薩長同盟). 도쿄도, 주쿄도, 오사카도 3도로 일본을 이끄는 엔진이 되자"고 말함.

5. 니가타주 구상(新潟州構想)

o 니가타주 구상은 니가타현과 니가타시를 합병해서 니가타주(新潟州)로 하여 행정의 효율화를 도모하는 구상. 2011년 1월 25일 이즈미다 히로히코(泉田裕彦) 니가타지사와 시노다 아키라(篠田昭) 니가타시장의 공동 회견으로 발표됨. 니가타주 외에 니가타도(新潟都)라는 명칭도 상정하고 있음.

o 현재 니가타현에 해당하는 지역 전체의 행정을 주정부가 시행하고, 니가타시는 폐지하는 대신에 특별구를 설치함. 주와 특별구의 관계는 도쿄도와 특별구의 관계를 참고로 하고 있음.

- 현 니가타시는 구 도쿄시에 상당하는 현재의 도쿄도 특별구부(도쿄 23구)를 본 따 니가타 특별구부(니가타 8구) 또는 니가타도 특별구부(니가타 8구)로 하고, 시정촌과 같은 지방자치체로서의 기능을 갖게 됨.

o 또 현 내 타 시정촌 간의 합병을 더욱 추진하여 인구 30만 명 규모의 기초자치체를 형성함. 특별구, 기초자치체 모두 현재 이상으로 현으로부터 권한 이양을 받을 것으로 상정하고 있지만, 그 규모는 현재 도쿄도 특별구부에 속하는 23개 각 구가 갖는 것 이상의 수준을 검토하고 있어, 지방자치를 더욱 추진하는 것으로 여겨지고 있음.

6. 특별자치시(特別自治市) 구상

o 특별자치시(가칭)는 2010년 5월에 사가미하라 시내 호텔에서 개최된 지정도시 시장회에서 정령지정도시제도를 대신한 새로운 제도로 국가에

제안하기로 합의한 대도시제도.

- 대도시가 지역특성과 실정에 맞추어, 광역자치체나 주변자치체와 다양한 제휴를 하면서 창의궁리와 책임에 입각한 자립적 도시경영을 시행하기 위해, 광역공공단체인 도도부현(都道府県)과 기초공공단체인 시정촌(市町村)의 2층제 자치구조를 폐지하고, 광역공공단체와 특별자치시를 동격으로 하는 새로운 대도시제도임.

o 정령지정도시가 독립하고, 시역의 현세(県税)를 모두 시세(市税)로 이관하고, 현재는 현이 맡고 있는 업무도 이관할 것을 제언하고 있음.

- 한편 도부현(道府県) 측은 도부현세(道府県税)로 시행되고 있는 부의 재분배를 폐지하고, 정령도시 외의 행정서비스 저하를 의미한다고 하여 반대하고 있어 2021년 현재 실현되지 않고 있음.

7. 특별시 운동(特別市運動) (제265조특별시)

o 특별시란 대도시시역에서의 대도시와 부현(府県)의 이중행정, 대도시에 대한 국가와 부현의 이중감독의 폐해를 제거하기 위해 오사카·나고야·교토·고베·요코하마 5대도시를 특별시로서 독립시키는 제도.

- 이 5대도시는 도쿄를 포함한 6대도시로서, 메이지시대부터 운동을 해온 긴 역사를 갖고 있음(도쿄시는 도쿄부와 합체하여 1943년 도쿄도제 시행으로 도쿄도가 됨).

o 1947년 제정된 지방자치법에는, '특별시(特別市)' 규정(제265조특별시)이 포함되어, 특별시는 도도부현 및 시에 속하는 사무를 처리하고, 도도부현의 구역 외로 인정되며, 시내에 설치되는 행정구의 구장(区長)은 공선으로 하고 유권자의 해직청구 대상이 되기도 하는 등, 일정한 주민자치가 기능하는 제도였음. 특별시(제265조특별시)에 대해, 5대도시가 추진파, 관계부현이 반대파로 나뉘어 격렬하게 대립하였기 때문에, 정부는 1956년에 지방자치법을 개정하여 제265조특별시 조항을 삭제한 후, 대신하는 제도로서 행정구분의 계층성을 남겨둔 채 사무 재배분을 하는 '지정도시(指定都市)' 제도(이른바 정령지정도시제도)를 도입함.

8. 정령지정도시(政令指定都市)

- o 정령지정도시는 일본의 지방공공단체의 하나. 법정인구가 50만 명 이상이며, 정령(우리나라의 대통령령에 해당)으로 지정된 시를 말함. 지방자치법에서 도도부현은 시정촌을 포괄하는 광역지방공공단체로 하고, (지방자치법 제2조)제2항의 사무에서 광역에 걸친 것을 처리하지만, 정령지정도시는 일반 시정촌이나 중핵시와 비교하여 도도부현의 권한의 많은 부분을 이양 받고 있음.
- o 2021년 12월 현재 전국에 20개 도시가 정령지정도시로 지정되어 있으며 정령지정도시 현황은 다음과 같음.

정령지정도시(20개)

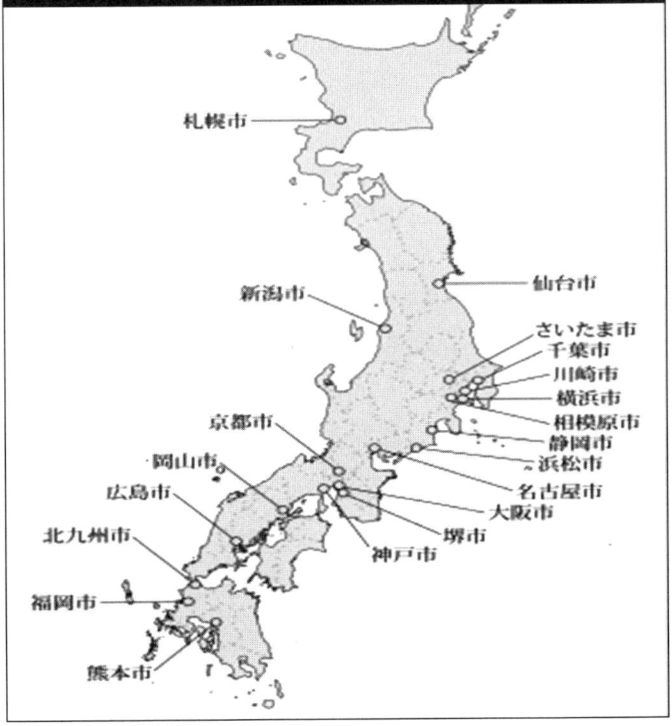

정령지정도시 면적·인구·시내총생산								
市	道府県	面積(km²)	人口			市内総生産(兆円)		1人当たり市民所得(万円)
			総人口	集積度	統計日	名目	実質	
札幌市	北海道	1,121.12	1,960,871	37.8 %	2021年11月30日	6.4896	6.7081	262.3
仙台市	宮城県	788.09	1,096,993	47.9 %	2021年12月1日	4.8904	5.1725	363.1
さいたま市	埼玉県	217.49	1,333,195	18.2 %	2021年12月1日	4.0464	4.2427	314.3
千葉市	千葉県	272.08	977,657	15.6 %	2021年12月1日	3.4722	3.5948	306.5
横浜市		437.38	3,773,982	40.9 %	2021年12月1日	12.3399	13.1773	303.2
川崎市	神奈川県	144.35	1,539,352	16.7 %	2021年12月1日	5.1386	5.5059	305.6
相模原市		328.84	725,854	7.9 %	2021年12月1日			
新潟市	新潟県	726.10	783,422	36 %	2021年12月1日	3.1300	3.2423	285.0
静岡市	静岡県	1,388.78	687,748	19.1 %	2021年12月1日			
浜松市		1,511.17	786,286	21.8 %	2021年12月1日			
名古屋市	愛知県	326.45	2,325,281	31 %	2021年12月1日	12.3193	12.9126	338.6
京都市	京都府	827.90	1,451,958	56.7 %	2021年12月1日	6.0740	6.3991	331.0
大阪市	大阪府	222.30	2,748,839	31.2 %	2021年12月1日	18.7361	19.4263	
堺市		149.99	820,458	9.3 %	2021年12月1日			
神戸市	兵庫県	552.80	1,515,907	27.9 %	2021年12月1日	6.1044	6.5167	298.1
岡山市	岡山県	789.91	721,541	38.5 %	2021年12月1日	2.6545	2.7784	273.9
広島市	広島県	905.13	1,195,755	43.1 %	2021年11月1日	4.9773	5.1735	312.1
北九州市	福岡県	487.71	939,622	18.2 %	2021年12月1日	3.3659	3.5061	270.2
福岡市		340.96	1,620,736	31.6 %	2021年12月1日	6.4619	6.6874	312.0
熊本市	熊本県	389.53	738,164	42.8 %	2021年12月1日			

9. 중핵시(中核市)

- o 중핵시(中核市)는 일본 지방공공단체 중 지방자치법 제252조의22제1항에서 정하는 정령에 의한 지정을 받은 시. 정령지정도시와 함께 일본 대도시제도의 하나이며, 현재의 지정요건은 '법정인구가 20만 명 이상'으로 되어 있음. 소속된 도도부현 의회와 그 시 자체 시의회 의결을 거쳐 총무대신에게 지정을 신청함.
- o 2021년 4월 1일 현재 전국에 62개시가 중핵시로 지정되어 있음.

10. 환도쿄만 구상(環東京湾構想)

o 『환도쿄만 구상-새로운 성장과 인간 본래의 생활방식을 위해』(山崎養世/竹村真一, 아사히신문출판, 2009.9.)를 통해 제시되었음.

o 이 '환도쿄만 구상'의 핵심 중의 하나가 보소(房総)반도에 이상도시를 만들자는 제안임. 이 구상을 실현하기 위해 필요불가결한 것이 교통 문제로, 이를 위한 단계적 조치는 다음과 같음.

첫째, 하네다공항의 국제화,

둘째, 도쿄만 아쿠아라인의 실질적 무료화,

셋째, 고속도로 무료화. 고속도로가 무료화 되면 일반도로 이용이 줄어들어 현재 계획 중인 일반도로의 1/4이 불필요하게 됨. 그 금액은 연간 5,000억 엔. 불필요한 도로예산을 줄이는 지름길은 고속도로 무료화라는 것.

넷째, 제2 아쿠아라인 건설과 도쿄만안을 순환하는 환상철도노선 부설

다섯째, 환도쿄만지역을 신시대교통시스템의 모델 타운화

o 환도쿄만구상은 수도권에 '태양경제도시'를 만들자는 제안이기도 함. 태양경제란 태양의 에너지를 사용하여 인류사회를 존속시키는 새로운 경제의 형태를 말함.

11. 그레이터 나고야 이니시어티브(GNI, 大名古屋税経済圏)

o 그레이터 나고야 이니시어티브(Greater Nagoya Initiative, 대나고야경제권)란, 역내 산업경제를 보다 세계에 개방하여 전 세계에서 뛰어난 기업·기술·인재·정보를 유치하는 것을 목적으로 '그레이터 나고야'라는 통일 브랜드 아래, 행정·산업계·대학·연구기관 등 관민이 일체가 되어 실시하는 프로모션 활동, 기업유치활동. 약칭 GNI

o 개요

일본 최초의 모델 프로젝트로서 실시되고 있으며, 해외 사례로는 '그레이터 워싱턴 이니시어티브', '그레이터 런던 이니시어티브' 등이 있음.

경제산업성 중부경제산업국장이었던 호소카와 마사히코(細川昌彦)가 '그레이터 나고야 이니시어티브' 구상을 제언한 것에서 시작되었음.

o 범위

도쿄, 오사카와 나란히 3대도시권의 중추도시인 나고야를 중심으로 반경 80㎞에서 100㎞를 상정. 거의 주쿄공업지대와 겹침. 자동차, 항공우주, 철도차량, 공작기계, 전자기계 등 다기에 걸친 산업집적이 일본 국내에서도 가장 높은 지역으로, 교통 인프라도 국제공항인 주부국제공항, 슈퍼중추항만 나고야항, 중일본 교통의 요충인 나고야역, 아시아하이웨이 1호선 도메이(東名)고속도로·메이신(名神)고속도로와 대동맥 이세만안자동차도 등 고도로 정비되어 있고, 일본 무역흑자의 대부분을 창출하는 지역이기도 함.

o 추진

경제산업성 중부경제산업국 국장 호소카와 마사히코를 중심으로 2004년 7월에 스타트. 역내의 산업계, 행정기관 등으로 구성되는 그레이터 나고야 이니시어티브 센터(GNIC)가 추진 모체. 그 밖에 중부경제산업국 그레이터 나고야 이니시어티브(GNI)실 등.

연계기관, 3현, 22시, 10상공회의소, 1경제단체연합회.

주된 자금지원 등은 경제산업성과 일본무역진흥기구(JETRO)가 연계해서 시행.

취지에 찬동하는 해외기업과의 제휴에 관심이 있는 조직(상사, 제조업, 연구기관 등)으로 조직된 GNI 파트너즈 클럽의 멤버는 360개 조직에 달함.

일본의 지진

1. 지진 재해

가까운 미래에 발생할 절박성이 지적되고 있는 대규모 지진에는 난카이(南海)트러프 지진, 일본해구·지시마해구(千島海溝) 주변 해구형 지진, 수도직하지진, 중부권·근기권(中部圏·近畿圏)직하 지진이 있음. 그 중에서도 간토(関東)에서 규슈(九州)에 이르는 넓은 범위에서 강한 진동과 높은 해일이 발생할 것으로 예상되는 난카이트러프 지진과 수도 중추 기능에 미치는 영향이 염려되는 수도직하지진은 향후 30년 이내에 발생할 확률이 70%로 예상되고 있음.

1) 예상되는 대규모지진

※ 발생예측확률은 지진조사추진본부에 의함.

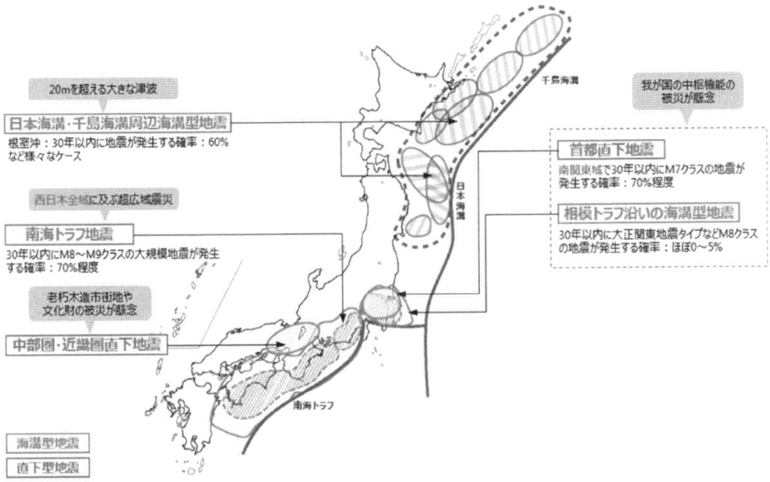

2) 난카이트러프 거대지진·수도직하 지진 피해 상정

난카이트러프 거대지진·수도직하지진에 대해서는 지진대책검토 워킹그룹(중앙방재회의 '방재대책추진검토 회의'에 설치)이 산출한 피해 상정에 의하면 어느 지진이나 동일본대지진을 넘는 심대한 피해가 예상되고 있음.

o 난카이트러프 지진 피해 상정구역

【난카이트러프지진 방재대책추진지역을 포함하는 도부현(都府県)】

茨城, 千葉､東京, 神奈川, 山梨, 長野, 岐阜, 静岡, 愛知, 三重, 滋賀, 京都, 大阪, 兵庫, 奈良, 和歌山, 岡山, 広島, 山口, 徳島, 香川, 愛媛, 高知, 福岡, 熊本, 大分, 宮崎, 鹿児島, 沖縄

o 수도직하지진 피해상정구역

【수도직하지진 긴급대책구역을 포함하는 도현(都県)】

茨城, 栃木, 群馬, 埼玉, 千葉, 東京, 神奈川, 山梨, 長野, 静岡

3) 난카이트러프 거대지진, 수도직하지진 예상 피해 현황

	사망자·행방불명자 수	주택전파호수
난카이트러프 거대지진	약 32.3만 명※1	약 238.6만 동※2 동일본대지진의 약 20배)
수도직하지진	약 2.3만 명※2	약 61만 동※2 동일본대지진의 약 5배)
(참고) 동일본대지진	22,118명※3	12만1,768동※3

※난카이트러프 거대지진은 2013년 3월 시점, 수도직하지진은 2013년 12월 시점

※1상정조건은 '겨울 · 심야, 풍속 8m/초'

※2상정조건은 '겨울 · 저녁, 풍속 8m/초'

※32017년 3월 1일 현재

4) 30년 이내에 대지진이 발생할 확률(2021년 1월 1일 시점)

진원역		
지시마해구		
	지진 규모	확률
	M8.8이상	7~40
동(네무로 외해)		
	M7.8~8.5	80정도
일본해구		
	M9정도	거의 0
동(아오모리·이와테 외해)		
	M7.9정도	8~30
난카이트러프		
	M8~9급	70~80

[출처: 내각부 지진방재정보 페이지]

2. 일본의 지진 현황

1) 과거 발생한 대지진

(1) 간토(関東)대지진

1923년 9월 1일 M7.9로 추정되는 간토대지진이 발생. 이 지진은 근대화한 수도권을 덮친 유일한 거대지진이며, 미나미간토(南関東)에서 도카이(東海)지역에 이르는 광범위한 지역에 피해가 발생. 사망자는 105,385명, 전파전소가옥 수는 293,387동에 달하였으며 전기, 수도, 도로, 철도 등 라이프라인에도 막대한 피해가 발생하였음.

(2) 한신·아와지(阪神·淡路)대지진

1995년 1월 17일, 아와지시마 북부를 진원으로 하는 M7.3의 지진이 발생, 고베시 일부지역에서 진도7이 기록되었음. 이 지진에 의한 재해가 한신·아와지 대진재로 불림. 이 재해에 의한 인적 피해는 사망자·행방불명자를 합하여 6,437명, 부상자 43,792명에 달하며, 주택피해는 전파

104,906동, 반파 144,274동이라는 극히 막대한 피해가 발생하였음.

(3) 동일본(東日本)대지진

2011년 3월 11일, 전후 일본 최대의 자연재해인 동일본대진재를 가져온 거대지진이 발생. 산리쿠 외해(三陸沖)를 진원으로 하는 이 지진의 규모는 일본 관측사상 최대인 M 9.0이었음. 전 세계적으로도 1960년 칠레 지진과 2004년 인도네시아 수마트라섬 외해 지진 등에 이은 1900년 이래 네 번째의 거대지진. 이 지진으로 미야기현 북부에서 최대진도 7이 관측되고, 최대조위 9.3m 이상(후쿠시마현 소마검조소)의 대규모 쓰나미도 기록되었음.

인적피해는 사망 19,747명, 행방불명자 2,556명, 주택피해는 건물 전파·반파·일부손괴를 합쳐 1,154,893동이라는 미증유의 막대한 피해를 가져왔음. 스톡(사회자본·주택·민간기업설비)에 대한 직접적 피해액은 약 16.9조 엔으로 추측되어 한신·아와지대진재(약 9.6조 엔)의 1.7배 이상이었음.

(4) 과거 주된 지진 피해와 교훈

	간토대지진(진재)	한신·아와지대지진(진재)	동일본대지진(진재)
발생일	1923년 9월 1일	1995년 1월 17일	2011년 3월 11일
피해 특징	쓰나미와 토사재해를 발생했지만 특히 화재 피해가 컸음.	건축물 도괴, 나가타구(長田区)를 중심으로 대규모 화재 발생	대쓰나미로 연안부에서 막대한 피해가 발생, 다수의 지구가 괴멸
사망·행방불명자	105,385명	6,437명	22,303명
건물전파	293,387동	104,906동	122,005동
피해 후의 변화·교훈	· 목조건축물의 철·콘크리트화 · 구획정리와 간선도로 정비 확대 · 세계 최초의 내진기준 규정 · 정내회(町内会) 결성 · 방재의 날(9월 1일) 제정	· 주택·공공건축물의 내진보강 · 지진예측에서 사전방재로 전환 · GIS 정비 본격화 · 재해 볼란티어 정착 (볼란티어 원년) · 지진보험 보급	· 쓰나미방재지역 조성 촉진 · 귀가 곤란자 대책 강화 · 도로 네트워크 강화 · 방재의식 고양 · 피난소 생활환경 정비

(자료) 국토교통성 [국토교통백서 2021]

2) 향후 발생 예상 지진

(1) 수도직하형 지진

일본 정부 지진조사위원회는 2011년 1월, 2011년 1월 1일 기준으로 미나미간토(南関東)에서 M7급 지진이 금후 30년간에 발생할 확률을 70%로 예측하고 있음.

중앙방재회의가 2013년에 공표한 수도직하지진의 피해상정에서 도심 남부에서 M7.3의 지진을 가정한 최대 상정에서는 미나미간토 1도3현에 진도 6약 이상의 진동이 내습하여, 주택 17만5천 동이 도괴, 7만2천 명의 구조가 필요하게 됨. 동시다발 화재로 소방력이 부족하고, 더욱이 무너진 건물로 교통이 정체하고, 소화활동이 방해를 받아 소실건물은 41만 동. 2만3천 명의 희생자가 발생함. 800만 명의 귀가 곤란자가 발생하는 외에 단수, 정전으로 피난자는 720만 명으로 늘어나게 됨. 경제피해는 약 95조 엔. 정치경제는 혼란스럽고 영향이 전국에 미치는 것을 피할 수 없다고 상정하고 있음.

(2) 東海·東南海·南海地震 3연동형 지진

東海·東南海·南海地震은 상정 도카이지진(東海地震)과 도난카이지진(東南海地震), 난카이지진(南海地震)이 동시 발생한다는 가정 하에 상정된 난카이트러프에서의 연동형 거대지진(連動型巨大地震)을 말함. 3연동대지진(三連動大地震)이나 3연동 대진재(三連動大震災)라고도 불림.

2003년 중앙방재회의에서는 3연동형이 아침 5시에 발생한 경우의 피해예상을 했음. 건물전파 약 51만3,000동에서 56만8,600동, 사망자는 약 2만2,000명에서 2만8,000명에 달하고, 경제적 피해는 약 53~81조 엔으로 추산함. 시즈오카현, 아이치현 등에서 최대진도 7이 관측될 것으로 예측되었고, 이바라키현에서 가고시마현까지, 넓은 범위에서 쓰나미가 관측되고, 아이치현, 시즈오카현에는 평균 4~5m, 시코쿠태평양연안(四国太平洋沿岸)에서는 평균 10~12m, 최대 20m 가까운 파도가 예상되었음.

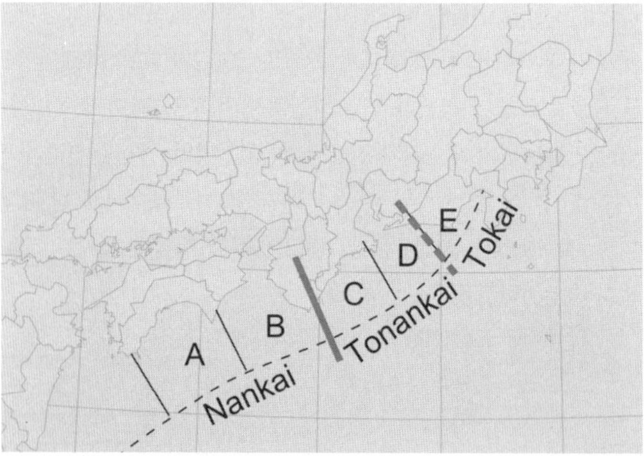

(3) 일본해구·지시마해구 주변의 거대지진

- o 태평양 이와테현 외해에서 홋카이도 외해에 걸쳐 일본해구·지시마해구 주변에서 일어나는 진도(M) 9 규모의 거대지진
- o 연안부를 진도 6강~7의 진동이 덮치고, 30미터 가까운 해일이 밀려옴.
  - 일본해구 모델 사망자는 19만9,000명, 경제적 피해는 31조 엔에 이를 것으로 추산함.
  - 지시마해구 모델 사망자는 약 10만 명에 달함.

3) 최근 지진 동향

(1) 구마모토지진(2016.4.14.)

- 진도 7, 사망 273명, 부상 2,809명, 피해총액 최대 9.2조 엔

(2) 통가 해저화산 폭발로 일본에 쓰나미 경보, 23만 명 대피(2022.1.16.)

(3) 일본 오이타 남동쪽 규모 6.4 지진 발생(2022.1.22.)

- 4개현 13명 중경상

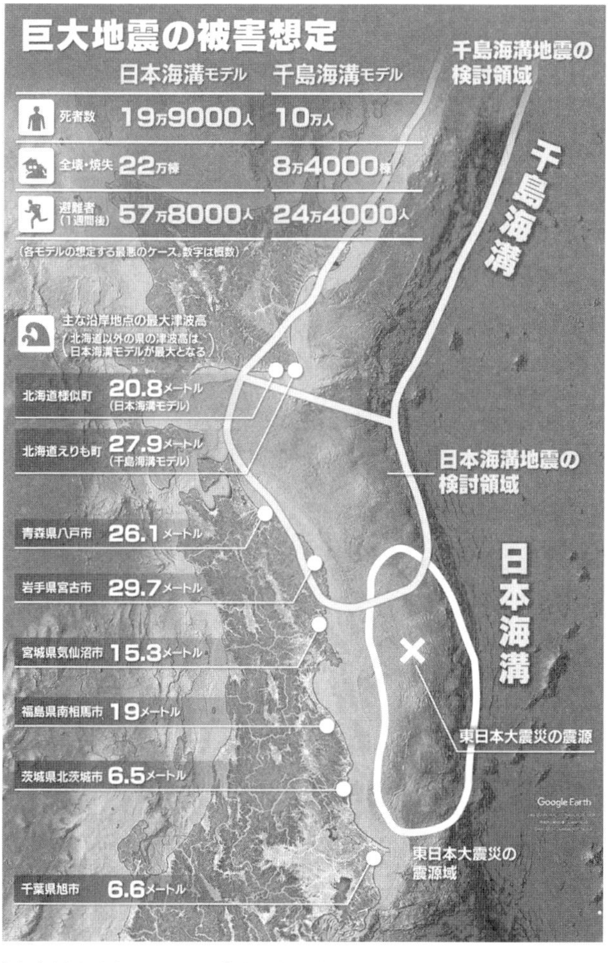

(자료) 일본 내각부 보도자료, 「일본해구·지시마해구주변 거대지진의 피해상정에 대하여」, 2021.12.21.

전국총합개발계획의 역사

전국총합(総合)개발계획(전국종합개발계획)은 일본 국토의 이용, 개발 및 보전에 관한 종합적이고 기본적인 계획이며 주택, 도시, 도로, 기타 교통기반 사회자본 정비의 기본방향 등을 장기적으로 설정하는 것임. 「국토총합(総合)개발법」에 따라 내각총리대신이 관계 행정기관의 장의 의견을 들어 국토심의회의 조사심의를 거쳐 책정됨. 단순히 '전국총합개발계획'(약칭: 全総)이라 부르는 경우, 제1차 계획을 가리키기도 함. 이 경우 '1전총'이라고도 약칭함.

신공업지대 형성에 중점을 둔 거점개발방식을 채택한 1962년의 '전총(1전총)', 신칸센 교통네트워크나 대규모 산업개발 프로젝트로 특색 지을 수 있는 1969년의 '신전총', 생활환경 정비에 중점을 둔 정주권 구상이 핵심인 1977년의 '3전총', 다극분산형 국토형성과 지역 간 교류네트워크를 목표로 하는 1987년의 '4전총', 6개의 해협횡단도로사업과 자기부상열차 조기실현을 담은 1998년의 '5전총' 등 5차에 걸쳐 책정되었음. 이 개발계획들은 모두 경제성장의 결과 생기는 지역 간 격차, 과소와 과밀의 진전, 도쿄 일극집중을 시정하고, 경제성장의 과실을 성장에 있어서 상대적으로 불리한 지역에 균점(均霑) 하는 것을 지향하는 것으로, 이러한 지역을 기반으로 하는 자민당이 전부터 계속 중시해 온 정책임. 이렇게 전국총합개발계획은 시대의 요청에 따라 그 목적이나 계획 항목이 바뀌어 왔으며, 그 역사는 국가의 지역정책 변천의 역사이기도 함.

이후, 양적 확대를 도모하는 개발을 기조로 한 종래의 국토계획에서 전환하여 인구 감소 시대가 진전되는 가운데, 2005년 국토총합개발법이 「국토형성(形成)계획법」으로 발본적으로 개정됨에 따라, 국토의 질적 향상을 꾀하기 위해 지금까지의 전국총합개발계획 대신 2009년에 새로운 국토형성계획(6전총)을 책정하게 되었음.

이어서 2015년 8월 14일 국토형성계획(전국계획) 변경에 대한 각의 결정이 이루어졌음. 이 계획(제2차 국토형성계획)은 2014년 7월 책정한 '국토 그랜드 디자인 2050' 등을 바탕으로 급격한 인구 감소, 거대 재해의 임박 등 국토와 관련된 상황의 큰 변화에 대응한, 2015년부터 대략 10년간(계획기간 2015~2025, 일본의 운명을 결정하는 10년)의 국토형성 방향성을 정하는 것임. 이 계획에서는 국토의 기본 구상으로서 각 지역이 개성을 살리고, 서로 다른 개성을 가진 각 지역이 연계하여 이노베이션 창출을 촉진하는 '대류촉진형(對流促進型) 국토'의 형성을 도모하기로 하고, 이를 실현하기 위한 국토 구조로 '콤팩트+네트워크'의 형성을 추진하기로 하였음 '대류'란 다양한 개성을 가진 다양한 지역이 서로 연계·제휴해서 생기는 사람, 물건, 돈, 정보의 쌍방향의 활발한 움직임을 말함.

[참고] 일본 위키피디아, 브리태니카 국제대백과사전, 국토교통성

■ 부록 5

입체도로제도와 토라노몬 힐즈

(도쿄 도시계획사업 환상 제2호선 신바시·토라노몬 지구 제2종 시가지재개발사업)

1. 계획 개요

최근 일본의 입체도로 사례로 주목받고 있는 토라노몬 힐즈는 '도쿄 도시계획사업 환상 제2호선 신바시·토라노몬 지구 제2종 시가지재개발사업(약칭 신바시·토라노몬 재개발사업)' 중 'Ⅲ가구(토라노몬街区)' 사업을 총칭해서 부르는 이름. 신바시·토라노몬 재개발사업은 도쿄도가 시행하는 도시재개발사업으로 Ⅰ가구(신바시가구), Ⅱ가구(청년관가구), Ⅲ가구(토라노몬가구)로 구성되어 있으며, 핵심사업은 지하 터널 위에 고층빌딩을 건설하는 Ⅲ가구 사업임. 신바시·토라노몬 재개발사업의 시행면적은 약 8.0ha(연장 약 1,350m. 터널부분은 790m), 주택건설 381호, 시행기간은 2002년도~2015년. 사업을 위한 용지취득은 약 5.0ha이고, 시행자는 도쿄도 도시정비국(건축물 및 주변가로 정비, 환상 제2호선 지상부 정비)과 도쿄도 건설국(환상 제2호선 터널부 정비)임.

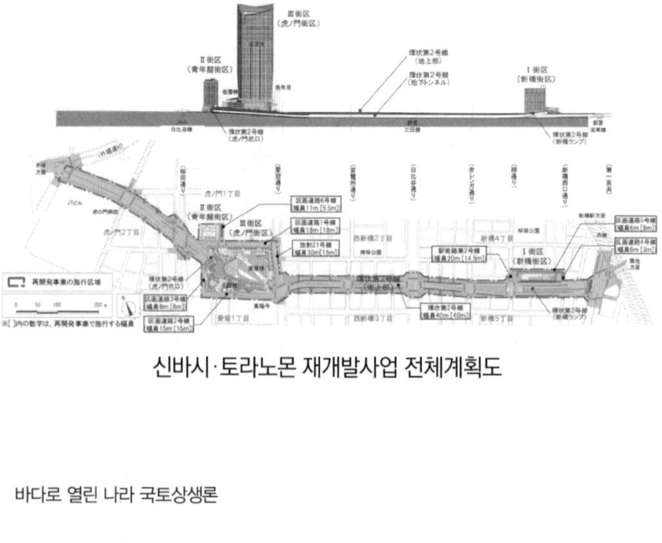

신바시·토라노몬 재개발사업 전체계획도

신바시·토라노몬 재개발사업 시행위치도

재개발사업과 도로사업 완성 이미지

2. 시행경위

o 1946년 환상 제2호선 도시계획 결정(연장 약 9.2㎞, 폭원 100m)

o 1950년 환상 제2호선의 폭원을 40m로 변경

o 1989년 입체도로제도 창설

※환상 제2호선, 1993년 신바시에서 아리아케까지 4.7㎞ 연장(총연장 약 14㎞)

o 1996년 '환상 2호선(신바시~토라노몬)지구 가로조성협의회' 설치

o 1998년 도시계획 결정, 환상 제2호선 도시계획 변경(평면가로에서 지하터널로)

o 2002년 시가지재개발사업 사업계획 결정

o 2003년 환상 제2호선(가이간도리~사쿠라다도리 간, 약 1.5㎞) 사업인가

o 2007년 Ⅱ가구(청년관가구) 완료 공고(4월)

o 2011년 Ⅰ가구(신바시가구) 완료 공고(4월)

o 2013년 환상 제2호선(신바시~토라노몬) 지상부 도로 애칭명 공모, '신토라도리'로 결정

o 2014년 Ⅲ가구(토라노몬가구) 완료 공고(5월)

o 2019년 '신토라도리', 국가전략특구(국가전략도로점용사업) 인정

3. 적용된 관련제도

1) 입체도로제도

토지이용의 합리화를 도모하기 위한 제도의 하나로, 도로의 구역을 입체적으로 정하고, 도로시설로 필요한 공간 이외의 공간 이용을 자유롭게 함으로써 도로 상하에 건축물의 건설을 가능할 수 있도록 한 제도임. 이렇게 함으로써 민유지 내에서도 도로 정비가 가능하게 됨. 환상 2호선 지구에서는 Ⅲ가구(토라노몬가구)에 이 제도를 적용, 환상 2호선 본선의 지하터널 상하부에 건물을 겹쳐 지어 부지의 유효활용을 도모하였음.

2) 특정건축자제도

시설건축물의 건축과 보류면적의 처분을 시행자를 대신하여 타자('특정건축자'라 함)에게 대신 시키는 것을 가능하도록 한 특례제도임. 특정건축자가 민간인 경우 공모로 결정함. 이 제도에 따라 민간사업자의 자금력과 노하우 등을 적극적으로 활용할 수 있게 되어, 보다 매력적이고 처분성이 높은 건물을 건축하고 사업을 원활하게 추진할 수 있음.

4. 재개발사업

1) Ⅰ가구(신바시가구)

특정건축자 니시마츠빌딩서비스가 2011년 준공, 4월에 인도를 마쳤음. 건물명칭은 입거권리자 앙케이트조사를 바탕으로 하여 '신바시프라자빌딩'으로 결정했음. 지하1층~3층(일부)은 점포, 3층(일부)~13층은 주택, 14층~16층은 사무소로 구성되어 있음.

2) Ⅱ가구(청년관가구)

특정건축자 마루베니가 2007년 3월 준공, 4월에 인도를 마쳤음. 건물명칭은 '그랑스이토 토라노몬'임. 21층의 면진구조로 4층~20층은 전체

122호의 주택, 저층부인 1~3층은 미나토구가 설치한 토라노몬건강복지관·토라노몬고령자주택서비스센터 '도라토피아'가 입주했음.

3) Ⅲ가구(토라노몬가구)

지상 52층의 초고층빌딩으로 점포, 컨퍼런스, 사무소, 주택, 호텔 등으로 구성되는 복합시설건축물임. 특정건축자 모리빌딩이 2011년 4월 착공, 2014년 5월에 준공, 인도되었음. Ⅲ가구 전체의 명칭은 '토라노몬 힐즈'로 결정, 2013년 3월 공포되었음.

1946년에 최초의 정비계획이 결정된 도쿄도시계획도로 간선가로 환상 제2호선은 용지 매수 난항으로 착공하지 못했지만, 1989년 입체도로제도가 창설되고, 1998년에 도로를 지하화 하는 것으로 지역 주민의 합의를 얻어내 사업이 활기를 찾기 시작했음.

도쿄도가 2002년에 입체도로제도를 활용하여 도도(都道) 위에 빌딩을 건설하는 구상을 발표하고, 부동산개발회사 모리빌딩이 참가를 결정함에 따라 사업화가 진전되게 되었음.

이 모리빌딩의 참가는 공공사업에 민간이 계획 작성 단계부터 참가하는 '사업협력자방식'의 제1호가 되었음.

이렇게 사업계획 책정 단계부터 참가함으로써 4동의 빌딩을 건설하려고 했던 도쿄도 등에 의한 초기의 구상이, 당시의 모리빌딩 사장 모리 미노루(森稔)가 1동으로 집약할 것을 주장함에 따라, 초고층 빌딩 1동을 건설하는 계획으로 바뀌는 등 모리빌딩 측의 의향이 계획에 강하게 반영되는 형태가 되었음. (위키피디아)

5. 도로사업

이 사업계획의 최초의 목적이며 사업의 핵심인 환상 제2호선 토라노몬-신바시 간 1.35㎞는 2014년 3월 29일에 개통했음. 이 구간은 지하에 편도 2차선의 본선, 지상에 편도 1차선의 차도와 한쪽 폭 13m의 보도·자전거

도로가 정비되었음. 또한 지상 가로의 애칭은 '신토라도리(新虎通り)'로 명명되었음. 이 도로 때문에 본 시설 부지 내에는 높이 약 50m의 환기탑이 설치되게 되었음.

신토라도리는「도쿄의 세련된 가로 조성 추진조례」에 입각한 가로재생지구로 지정되었으며, 도쿄의 새로운 심볼 스트리트가 될 것으로 기대됨. 2019년 4월 17일에는 신토라도리가 국가전략특구(국가전략도로점용사업)로 인정됨. 도로법의 특례를 활용해 광고탑·간판 등의 설치, 식사시설·구매시설의 설치, 각종 이벤트 개최에 의한 활기 창출 등을 도모하게 됨.

제2환상선과 신토라도리

신토라도리(新虎通り)

6. 모리타워 등 4개 건축물

토라노몬 힐즈의 핵심인 모리타워는 구간 서쪽 끝에 건립되었음. 1층을 도로가 관통하는 구조로 되어 있는 지상 52층·지하 5층 건물로 높이 247m의 초고층 빌딩임. 공식적으로는 도쿄도내에서는 도쿄 미드타운 타워(248m)에 이어 2번째로 높은 건물임.

토라노몬 힐즈 모리타워는 잔디광장이 있는 정원과 가든 하우스를 함께 갖추고 있음. 점포는 1층에서 4층 부분과 가든하우스에 있으며, 4층과 5층은 '국제회의장', 6층에서 35층은 '사무실', 37층에서 46층은 '주거'(172호), 47층부터 52층은 '호텔 언더즈 도쿄'로 구성, 개업했음.

* 부지면적 17,069㎡, 건축면적 9,391㎡, 연면적(용적면적) 244,360㎡(196,215㎡), 용적률 1,150%

토라노몬 힐즈 모리타워 부지는 제3자 인증으로서 JHEP 인증제도 최고등급(AAA)을 받고 있음.

모리빌딩은 인접 3개 지구의 시가지재개발 사업에도 참가하고 있는데 2021년 현재의 구상으로는, '비즈니스 타워'(2020년 1월 준공, 지상 36층), '레지덴셜 타워'(2022년 1월 준공, 지상 54층, 주택 550호), '스테이션 타워'(2023 년 7월 준공예정, 지상 49층)가 완성될 때에는 모리타워와 함께 4동의 초고층빌딩이 들어서게 됨. 모리빌딩에서는 이 에리어를 ToMoTo (TOMORROW'S TOKYO)라고 칭하고 있음.

비즈니스타워(2020년 1월 준공)

레지덴셜타워(2022년 1월 준공)

스테이션타워(2023년 7월 준공예정)

2020년 6월 6일에는 지하철 히비야선 토라노몬 힐즈역이 개업, 모리타워 및 비즈니스타워와 직결되었음.

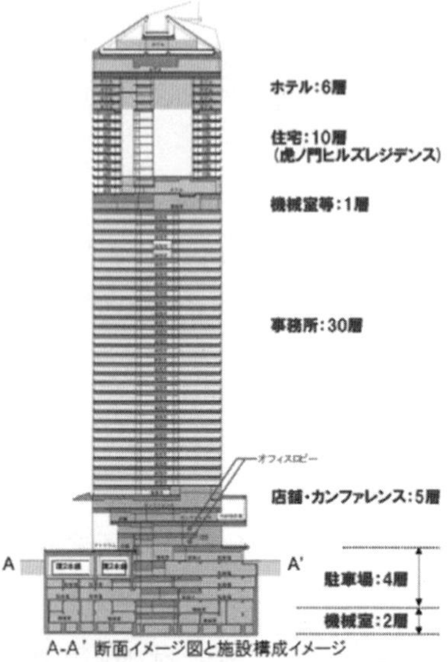

모리타워 시설구성 이미지

토라노몬힐즈(모리타워) 전경

토라노몬힐즈 전경

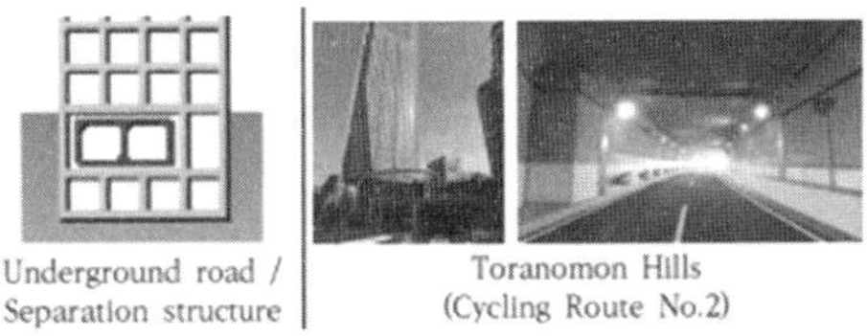

입체도로 형태(토라노몬 힐즈)

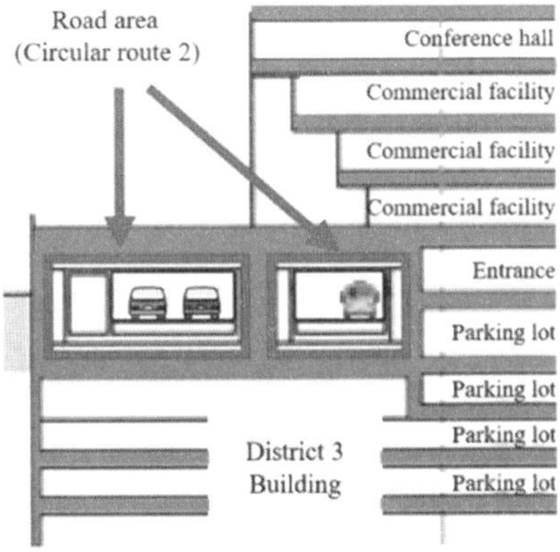

입체도로 모형도(토라노몬 힐즈)

7. 환상2호선과 츠키지토라노몬 터널

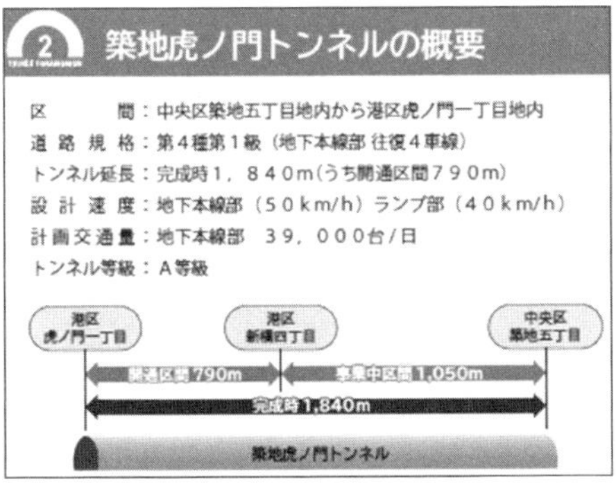

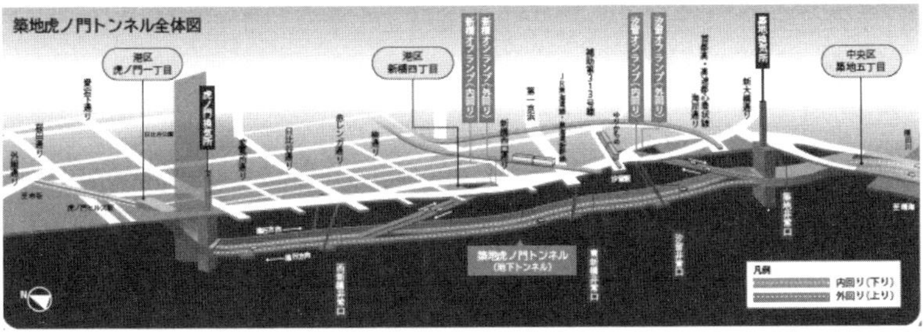

o 환상2호선, 1993년 신바시에서 아리아케까지 4.7㎞ 연장(총연장 약 14㎞)

o 츠키지토라노몬 터널: 츠키지에서 토라노몬까지의 1.84㎞ 구간(터널)
- 구간: 주오구 츠키지 5정목 지내에서 미나토구 토라노몬 1정목 지내
- 도로규격: 제4종 제1급(지하본선부 왕복 4차선)
- 터널 연장: 완성 시 1,840m(이 중 개통구간 790m)
- 공사기간: 2018~2022(2022년까지 환상2호선 전선 개통 예정)

[자료출처]

일본 위키피디아 https://ja.wikipedia.org/wiki/虎ノ門ヒルズ

도쿄도, 「환상 제2호선 신바시·토라노몬 지구」(제2시가지정비사무소·제1건설사무소, 2015.4.)

도쿄도, 「제25회 도쿄권 국가전략특별구역회의」(2019.04.11.)

도쿄도,팜플렛「도교도시계획도로 환상제2호선」(2020)

백승관, 「입체도로를 활용한 도심 정비방안에 관한 연구-일본 신바시, 토라노몬 재개발사업을 중심으로」(『한국산학기술학회논문지』 제19권 제11호, 2018)

백승관, 「도로 공간의 입체적 개발을 위한 일본 입체도로제도에 관한 분석」(『한국산학기술학회논문지』 제21권 제11호, 2020)

국토교통부 보도자료, 「도로의 변신! 입체도로시대 도래…도로 상·하부 활용」(2017.2.15.)

한국일보 강지원 기자, [도시재생, 일본에서 배운다] 세금 한 푼 안 쓰고 세운 새 구청, 도쿄 랜드마크로 부활(2019.5.21.)

조선BIZ 이현승 기자, 日오사카 게이트타워처럼…고속도로 관통하는 건물 국내도 가능해진다

국회의원 김회재 보도자료, 「김회재 의원, 도심공간 효율적 개발을 위한 도로공간 입체개발 제정법 발의」, 2021.3.31.

도쿄 도시마구 신청사 '도시마 에코뮤제타운'

1. 요지

노후화된 구청사를 이전·개축함에 있어서 시가지 재개발사업에 따라 민간의 상업·업무시설, 분양 아파트와의 복합화를 도모하였음.

계획지구에는 갱신 전에는 통폐합으로 폐교된 초등학교와 아동관 철거지(모두 구유지) 및 노후 목조주택이 임립한 민유지가 존재하고 있었음. 교통이 편리한 입지를 살려 이들 토지를 공동화하여 가구(街区) 일체로 제1종 시가지재개발사업에 따라 도시기능을 갱신. 권리변환 및 구청사 등 토지를 민간에 임대하고 받은 차지료(借地料)의 일부를 청사 취득에 충당함으로써, 구유재산을 최대한 유효하게 활용하면서, 일반재원에 의존하지 않고 청사 시설을 갱신하였음.

신청사는 종합창구에 의한 각종 절차의 일원화 등 시민서비스의 편리성을 높이는 동시에 방재거점, 녹화공간 창출 등을 배려하여 정비되었음. 또한 각 층의 회랑부분을 이용한 뮤지엄 기능을 설치하는 등 행정서서비스 기능에 머물지 않는 부도심의 신거점이 되고 있음.

2. 도시마구 개요(2016년 기준)

구역면적	13.01㎢	도시인구	252,110명	인구밀도	19,378명/㎢
연령 3구분별 인구비율		연소인구: 8.9%생산연령인구: 69.6%노년인구: 21.5%			
과거 5년간 생산연령 인구증가율			+7.7%	지방세수액	298.60억 엔
지자체 특징		이케부쿠로역 주변의 상업핵을 중심으로 하는 부도심. 2015년 3월 '국제 아트컬쳐도시 구상'을 책정, 시가지 전체를 초장애인친화형 예술문화활동·교류무대로서 세계에 발신하는 조치를 추진			

3. 시설개요

<table>
<tr><td>시설명칭</td><td>도시마 에코뮤제타운</td><td>소재지</td><td colspan="3">도쿄도 도시마구 미나미이케부쿠로(南池袋)</td></tr>
<tr><td>최근접역</td><td colspan="5">東池袋駅 (東京メトロ有楽町線) 승차인원/일17,753명/일</td></tr>
<tr><td>부지면적</td><td>8,324㎡</td><td colspan="2">갱신 전의 토지 이용</td><td colspan="2">미이용 공유지 + 민유지</td></tr>
<tr><td>준공년도</td><td>2015년</td><td>연면적</td><td>94,681㎡</td><td>구조</td><td>SRC, RC, 일부 S</td></tr>
<tr><td>층수</td><td>49F, B3</td><td>용도</td><td colspan="3">공공(청사), 상업, 업무, 주택, 주차장 등</td></tr>
<tr><td>사업수법</td><td colspan="2">제1종 시가지개발사업(전원동의형)</td><td colspan="2">사업비</td><td>429.8억엔</td></tr>
</table>

4. 시설구성

1~2층은 상업·업무시설, 신청사는 1층 일부와 3~9층에 배치, 10층은 옥상정원 및 중간 면진층, 11~49층은 분양 아파트(총호수 432호)로 되어 있음. 관리구분은 각 시설의 전용부분과 공용부분으로 명확하게 나누어져 있고, 설비기구에 대해서도 청사와 주택은 분리. 청사와 상업·업무시설은 분리가 가능한 급배수, 공조, 수변전설비 등에 대해 별도 계통으로 분리하고 있음.

5. 갱신사업 경과

- o 2004년 가로재생지구 지정
- o 2006년 신청사정비방침 초안 책정
- o 2008년 신청사정비방침 책정(9월)
- o 2009년 도시계획 결정(7월), 신청사정비기본계획 책정(11월)
- o 2010년 시가지재개발조합 설립인가(1월), 사업계획 인가(8월), 신청사정비추진계획 책정(11월)
- o 2011년 권리변경계획 인가(4월)
- o 2012년 시설건축물 신축공사 착공(2월)
- o 2015년 신축공사 준공(3월), 신청사 개설(5월)

6. 갱신수법

도시마구에서는 청사 등 건설기금 적립이 없었지만, 시가지재개발사업 제도를 활용함으로써 필요한 재원 전액을 충당하였음.

청사면적으로 필요한 약 25,500㎡ 중 해당 시행구역에서 구유지 85억 엔 상당분인 약 10,700㎡를 권리변환. 나머지 약 14,800㎡ 등을 보류면적 등으로 취득함에 있어서, 구청사 부지(3,637㎡) 및 인접한 공회당 부지(3,049㎡)를 민간에 정기임대(임대기간 76년). 일괄선금지대 191억 엔 중 일부로 취득경비를 충당하였음.

7. 구 구청사 이적지 활용과 '하레자 이케부쿠로'

구청사 이적지에는 2020년 7월 'Hareza 이케부쿠로'가 개장했음. '東京建物 Brillia HALL'과 '도시마구민센터', '나카이케부쿠로(中池袋) 공원' 등이 위치하는 주변 지역 일대의 총칭으로, 비일상을 체험할 수 있는 '하레'의 장과 극장, 많은 사람이 모이는 장소를 의미하는 '座'를 조합해 'Hareza(하레자)'라고 명명.

'하레자 이케부쿠로'는 뮤지컬과 전통예능을 공연하는 홀, 애니메, 서브컬쳐 등을 즐길 수 있는 공간 등 개성 있는 8개의 극장을 갖춘 신복합상업시설임.

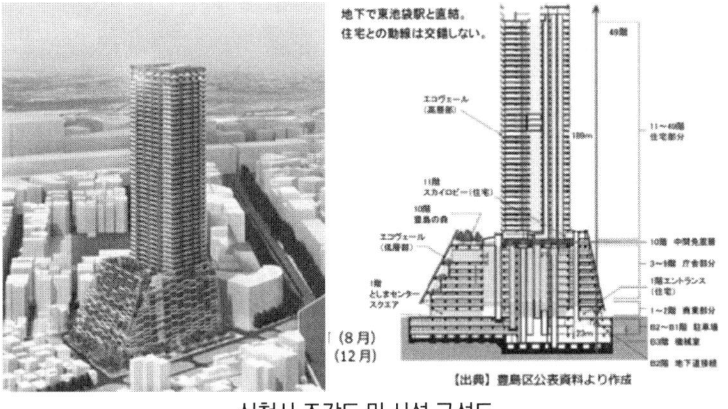

신청사 조감도 및 시설 구성도

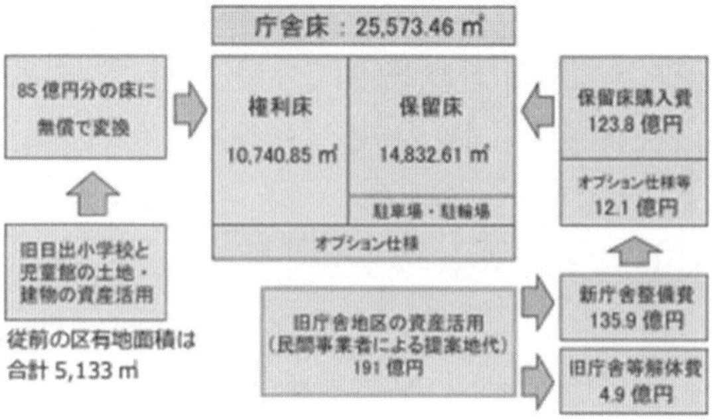

【出典】「市街地再開発 Vol.543」より作成、一部加筆

청사 취득 흐름표 (한글번역본은 391쪽 참조)

도시마구 신청사와 구청사 이적지에 들어선
'하레자 이케부쿠로'

8. PRE(공적부동산) 활용사례-민관 연계에 의한 PRE(공적부동산)를 활용한 구청 신청사 재건축(도쿄도 도시마구)

지은 지 50년이 넘는 도쿄도 도시마구청 본청사는 노후화에 따른 안전·방재면의 불안 등으로 인해 이전부터 재건축이 과제였음. 그러나 구 재정이 매우 어려운 상황이어서 청사를 새로 짓는 것은 곤란한 상황이었음.

그래서 도시마구는 제1종 시가지 재개발사업으로 신청사를 정비하기로 하고, 재개발 건물 안에 '권리면적 취득'과 '보류면적 구입'에 의해 구청사(区庁舎) 부분의 면적을 확보하는 동시에 구 본청사 부지와 분청사·공회당 부지를 정기차지권을 통해 민간사업자에게 임대하고, 그 지대(임대료)로 보류면적 구입비용을 염출하기로 했음. 도시마구청 신청사는 구의 재정부담이 전혀 없이 재건축이 실현되어 2015년 5월 7일에 개청했음.

공공시설에 대해서는 구청 신청사(건물 1층 일부 및 3~9층)와 주차장·주륜장을 정비하고, 민간시설에 대해서는 건물 1~2층에 상업시설 등을 포함한 복합시설을 정비하고, 11~49층에는 분양 아파트가 정비되었음.

이와 같이 공공시설, 상업시설, 집합주택 등을 일체적으로 개발·정비함으로써 주거환경이 개선되게 되고, 또한 그 지역 전체의 매력 향상에도 공헌하게 됨.

도심부를 중심으로 이러한 민관연계를 활용하는 사례가 증가하고 있으며, 지방공공단체 등에서 소유한 PRE(공적부동산)를 궁리해 활용함으로써 어려운 재정상황을 개선할 수 있게 되는 등 앞으로도 PRE의 활용이 기대되고 있음. (국토교통성 「2016 국토교통백서」)

PRE(공적부동산) 활용사례: 시가지재개발사업에 의한 신청사 정비(도쿄도 도시마구)

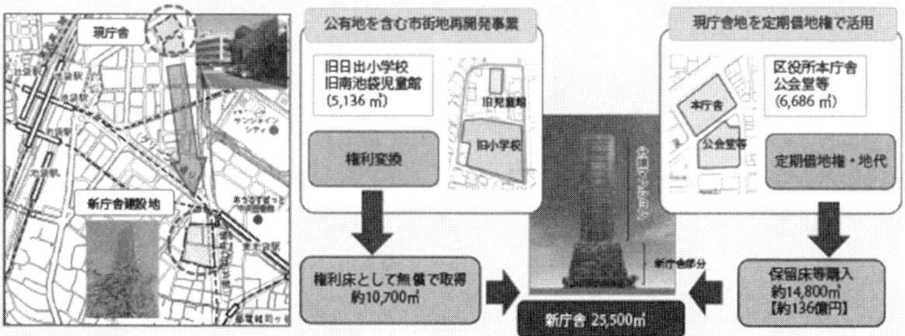

資料) 豊島区

[자료출처]

「공공시설 갱신, 통폐합 등에 관한 선진 사례-사례 2: 도시마구 신청사(도시마 에코뮤제타운)」(행재정개혁추진회의 설명자료, 2016)

국토교통성 「2016 국토교통백서」(2016)

도시마구청 홈페이지(https://www.city.toshima.lg.jp/toshimanow/new/hareza.html)

해상풍력발전 현황

1. 일본 해양풍력발전 개요

세계 풍력회의(GWEC)가 발행하는 2020년 상반기 『Global Offshore Wind Report』에 의하면, 세계 최대 규모의 해상풍력발전 시장을 자랑하는 영국과 독일이 각각 10.7GW, 7.7GW의 누적설비용량을 도입하고 있는데 비해 일본 국내에서는 85MW(0.085GW)에 머물고 있다.

한편으로 일본 국내의 법 정비는 최근 수년간 급속히 진전, 해상풍력을 둘러싼 환경은 크게 개선되었다. 2019년 4월 1일에는 「해양재생가능에너지 발전설비 정비와 관련한 해역 이용촉진에 관한 법률(재생에너지해역이용법)」이 시행되었다. 이로써 국내의 해역 점유에 관한 통일된 규정과 선행이용자와의 조정의 틀이 정비되었다. 나아가 「해상풍력 산업경쟁력 강화를 위한 관민협의회」가 2020년 12월 발표한 『해상풍력산업 비전(제1차)』에서는 2030년까지 10GW, 2040년까지 35~45GW의 해상풍력발전을 도입하고, 착상식 풍력발전의 발전코스트를 구미 수준으로 인하하는 등 야심적 목표가 제시되었다.

경제산업성에서는 2020년 10월부터 에너지 기본계획 재검토를 위한 논의가 개시되었다. 2050년 탄소중립 실현을 위해서는 에너지믹스(장기에너지 수요 전망)의 발본적 재검토가 불가결하며, 해상풍력발전이 일본의 재생가능에너지 전환의 기수 역을 할 것으로 기대된다. 도입지역에서는 발전사업에 의한 해양환경과 어업에 미치는 영향을 충분히 배려하고, 지역활성화를 위한 공헌도 중요시된다. 이들 지역에서 전개되는 사업이 지역 커뮤니티에 수용되는 모델케이스가 되어, 해상풍력발전의 지역적 수용성과 시민 평가

를 국민 전체적으로 높여가는 것이 요청된다. (일본 『海洋白書 2021』 p.57)

2. 세계 해상풍력발전 현황

지구온난화 방지 요청으로 세계적으로 재생가능 에너지의 도입이 확대되고 있다. 그 중에서도 대규모화가 용이하고 경제적인 풍력 발전은 2020년 말 시점에서 세계 누계 도입량이 약 732GW*로, 세계 연간 전력 수요의 8%(EU에서는 15%)를 공급할 만큼 보급이 진척되고 있다. 게다가 최근에는 유럽을 중심으로 바람이 강한 해상에 거대한 풍차를 건설하는 해상풍력발전의 보급이 진전되고 있다.

세계 해상풍력발전 도입량은 2020년 말에는 누계로 약 35GW(유럽은 25.0GW, 대형 원자력 발전소 기준으로 약 35기에 상당), 신규는 약 6GW/년(유럽이 2.9GW/년)에 이르고 있다. 풍력발전 전체에서 차지하는 해상풍력발전 비율은 누계로 약 5%, 신규로는 약 10%이다. 2020년에는 유럽에서만 263억 유로(3.3조 엔)가 투자됐다. 특히 유럽에서는 2010년 이후 매년 50~263억 유로(0.6~3.3조엔)가 투입되어 왔다.

장래 예상으로는 국제에너지기구(IEA)가 2040년까지 562GW(2019년의 약 20배)가 도입될 것으로 보고 있다. 해양신재생에너지연합(OREAC)은 2050년까지 1,400GW가 될 것이라고 더 큰 예측을 내놓았다. EU는 2030년까지 60GW, 2050년까지 300GW를 도입할 전략을 발표했다.

구주 이외에서는 미국과 대만에서 복수의 해상풍력발전소가 운전을 시작했다. 앞으로는 아시아의 풍력발전 시장이 급성장해서 2030년에는 세계 점유율의 41%가 아시아가 될 것이라고도 예측되고 있어, 구미의 풍력발전 사업자와 풍차 메이커, 해운·건설회사 등이 일본을 포함한 아시아 진출을 본격화하고 있다. 아시아 각국에서도 해상풍력산업의 유치경쟁이 시작되

* 약 7.32억kW(1GW=천MW=백만kW, 1GW는 대략 원자력발전 1기분의 출력에 상당). 단, 해상풍력발전의 설비이용률은 30% 정도이다(실제 발전량은 풍속 등의 조건에 따라 다르다).

고 있다.

해상풍력발전에서는 '규모의 경제'에 의한 코스트 다운이 추구되고 있어 풍차의 대형화와 풍력 발전소(윈드 팜)의 대규모화가 진행되고 있다. 해상풍력발전(착상식)에서는 해상에 풍차를 설치할 때 특수한 잭업선(Jack Up Vessel) 등 건설 전용선을 사용한다. 이 전용선의 하루 임대비가 약 1천만 엔으로 고가이기 때문에 풍차를 대형화하여 설치수(건설공수)를 줄이면 크게 건설비를 절감할 수 있다. 이 때문에 해상풍차의 대형화가 제한 없이 진행되고 있어 신규 설치되는 해상 풍차의 평균 사이즈는 2020년에는 8.2MW까지 대형화(5년에 2배의 페이스)하고 있다. 풍차 메이커 각 사는 경쟁적으로 초대형 풍차를 개발·상용화하고 있다. 2020년 시점에서 세계 최대의 해상풍차는 GE Renewable Energy 사의 'Haliade X'로 정격 출력 13MW, 로터 직경 220m, 최고부 높이 250m 이상이다.

해상풍력발전소의 규모도 점점 대형화되어 2020년에는 평균 820MW에 이르고 있다. 2020년 시점에서 세계 최대 해상풍력발전소는 영국의 'Hornsea 1'의 약 1.2GW이며, 더 나아가 북해에서는 출력 3.6GW의 'Dogger Bank A, B, C'가 건설 중이다. 이와 같이 벌써 복수의 1GW(100만kW)를 넘는 규모의 해상풍력발전소 건설이 시작되었다. 이러한 대규모화와 기술 진보에 의해 유럽에서는 해상풍력발전의 코스트가 급격하게 저하하여, 입찰 낙찰액이 화력발전 수준으로 염가인 경우도 나오고 있다.

게다가 아직 실증 단계이지만 부유식 해상풍력발전도 각국에서 개발이 진행되고 있다. 아직 상용화하는 데는 경제성이 나쁘지만, 향후의 기술 혁신으로 코스트 저감에 성공하면 2025~30년경에는 상용화할 수 있을 것으로 기대되고 있다. (일본『海洋白書 2021』p.79-81)

3. 일본 해상풍력발전 현황

일본 정부는 2020년에 해상풍력발전 육성을 향해서 큰 방향을 설정했다. 스가 요시히데 총리는 2020년 10월 26일 소신표명 연설에서 '2050년 탄소중립'을 선언했다. 이에 따라 경제산업성이 작성한 「그린성장전략」 중에서 해상풍력발전이 중요분야로 자리를 잡았다. 해상풍력발전 도입 확대와 관련 산업의 경쟁력 강화를 관민 일체로 진행시키기 위해서 국토교통성·경제산업성과 국내 관련 기업 십 수개사의 사장급이 동석하는 「해상풍력의 산업경쟁력 강화를 위한 관민 협의회」가 열렸다.(제1회는 2020년 7월 17일, 제2회는 같은 해 12월 15일. 아카바네 가즈요시 국토교통대신과 가지야마 히로시 경제산업대신도 출석). 제2회의 협의회에서는 정부로부터 「해양풍력산업비전」이 발표되어 2030년까지 누계로 10GW(직접비로 약 5조 엔 상당), 2040년까지 누계 30~45GW라는 야심 찬 도입 목표가 제시되었다. 이것은 세계에서도 EU와 중국에 다음 가는 큰 목표이다. 이러한 목표 달성을 위해 개발거점이 되는 항만의 정비나 규제완화 등 과제 해결을 위한 검토가 진행되고 있다.

한편, 일본 국내의 해상풍력 개발에서는, 우선 2020년 3월부터 항만지역인 아키타항(55MW)·노시로항(88MW, 모두 착상식)에서 건설공사가 시작되고 있다(2022년에 준공 예정). 일반해역(영해 내에서 항만구역 이외의 해역)에서는 2019년 4월 시행된 「해양재생에너지 발전설비 정비 관련 해역 이용 촉진에 관한 법률(재생에너지 해역이용법)」에 따라 매년 약 1GW(약 350MW×3~4건/년)의 페이스로 촉진구역 지정과 사업자 선정이 추진되고 있다, 2020년 6월의 나가사키현 고토 앞바다(부체식)를 효시로 사업자 입찰이 시작되었다. 이어 같은 해 11월에는 지바현 쵸시 앞바다와 아키타 앞바다 총 3건(모두 착상식)에서도 입찰이 개시되었다. 이들 사업에서는 2021년 내에 사업자가 선정되어 건설에 착수될 전망이다. 지역 동의가 이루어진 개발 안건의 정보를 도도부현이 정부에 제공하고 그 중에서 촉진구역이 선정되는 구조로 되어 있어, 2021년 1월 시점에서는 사업자 선정을 시작한 4건(총 약 1.5GW)의 뒤를 이어 4건이 '유망한 구역', 6건이 '일정한 준비단계가 진행되고 있는 기타구역'으로 선정되었다. 국내에서 환경영향평가 절차 중인 해상풍력 개발 사업의 합계는 2021년 1월 시점에서 중복을 제외하고도 14GW 이상으로, 2030년의 도입 목표를 웃돌고 있다.(일본 『海洋白書 2021』 p.81-82)

해상풍력발전 각국 정부 목표

地域／国	目標	
EU	60GW 300GW	(2030年) (2050年)
ドイツ	40GW	(2040年)
アメリカ	22GW	(2030年)
中国	5 GW	(2020年)
台湾	5.5GW 15.5GW	(2025年) (2035年)
韓国	12GW	(2030年)

(出所) IEA Offshore Wind Outlook 2019、各国政府公表情報を元にエネ庁追記

IEA에 의한 각국 정부목표를 감안한 해상풍력발전 도입 예측(2040년)

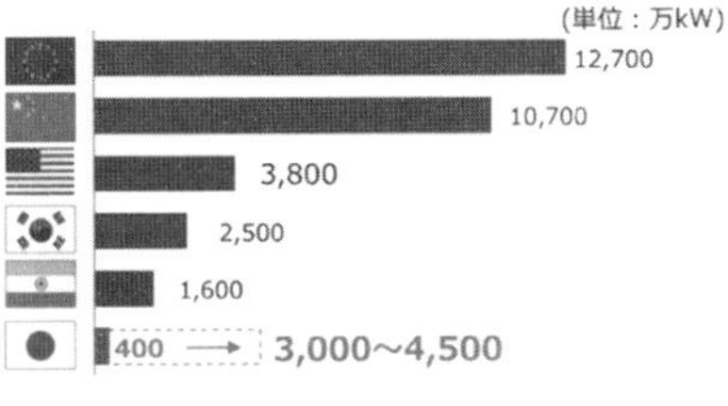

(出所) IEA Offshore Wind Outlook 2019(公表政策シナリオ)

일본 해상풍력발전 지역별 도입 이미지

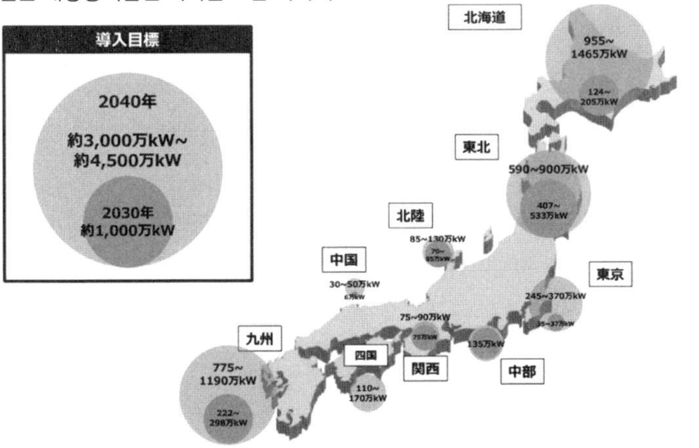

※ 2030년에 대해서는 환경영향평가 절차 중(2020년 10월말 시점·일부 환경영향평가 절차가 완료된 계획 포함)인 사업 안건을 기초로 작성.

※ 2040년에 대해서는 NEDO「착상식 해상풍력발전 개발 지원사업(해상풍력발전 발전 비용에 관한 검토) 보고서」의 LCOE(균등화, 발전원가)와 전문가 검토, 사업자의 환경영향평가 상황 등을 고려하여 협의회에서 작성. 이 지도 작성에서는 부유식의 잠재력은 고려하지 않음.

4. 한국과 일본의 해상풍력발전 개발 관련 최근 동향

1) 일본

(1) 홋카이도 외해에 일본 국내 최대급 풍력발전소 건설 추진 (홋카이도신문, 2022.1.1.)

o 노르웨이의 에너지 개발 대기업 '에퀴노르(EQNR)'가 시리베시(後志), 히야마관내(檜山管内) 외해 등 4개 해역에 총출력 400만 킬로와트의'부유식' 해상풍력발전소 건설을 계획 중

(2) 해상풍력발전 기지항만 2040년까지 추가로 약 15항 필요(일본 일간공업신문, 2021.12.15.)

o 국토교통성은 해상풍력발전 시설의 원활한 건설을 위해서 필요한 기지항만 수를 시산, 2030년까지 새롭게 4~5항, 40년까지 추가로 10항의 공용 개시가 필요하게 된다고 발표. 현재 아키타, 노시로, 가시마, 기타큐슈 4개항 기 지정

(3) 일본, 2조 엔 들여 '신재생에너지 송전망' 부설(한국경제, 2022.1.3.)

o 일본 정부가 해상풍력발전 등으로 생산한 신재생에너지를 대도시로 원활하게 보내기 위해 2조 엔(약 21조원) 이상을 들여 송전망을 새로 깜. 니혼게이자이신문은 일본 정부가 오는 6월 확정할 '그린 에너지 전략'에서 공식화한다고 3일 보도.

(4) 착상식 풍력발전사업 환경영향평가 합리화 착수(일본 해사신문, 2022.2.5.)

o 환경성은 착상식 풍력발전의 환경영향평가 합리화에 착수. 환경 어세스먼트 준비서에 필요한 생태계 등의 정보수집을 4월부터 1년간 실시. 기존 대비 어세스먼트 기간을 1~2년 단축함.

(5) 후쿠시마현 해상풍력발전시설 철거(닛케이, 2020.12.17.)

o 일본 경제산업성은 621억 엔을 들여 후쿠시마현 앞바다에 설치한 부유식 해상풍력발전시설 3기를 채산이 맞지 않는다는 이유로 2021년도에 약 50억 엔을 들여 모두 철거할 것이라고 밝힘. 3기 중 출력이 가장 큰 7메가와트급 1기는 2020년 5~6월에 이미 철거. 경제산업성 자원에너지청 담당자는 "운전이나 기상 등의 데이터를 수

집하는 목적은 완수했다"며 "향후에도 부유식을 추진하는 데 있어서 귀중한 데이터를 얻을 수 있었다"라고 설명.

(6) 시미즈건설, 네덜란드사와 해상풍력 협력 각서 체결(시미즈건설 홈페이지)

o 시미즈건설은 2021년 8월, 네덜란드의 Heerema Marine Contractors 사와 해상풍력 건설분야에서의 협력 체제 구축에 관한 각서를 체결. 시미즈건설은 약 500억 엔을 투자해 세계 최대급 탑재 능력·크레인 능력을 갖춘 자항식 SEP선(자기승강식 작업대선)의 건조를 진행하고 있음.

(7) 아키타 해상풍력발전 수주 동향

o 일본 정부가 진행하는 해상풍력발건 공모·입찰은 선행 3개 해역에서 미츠비시상사의 기업연합이 모두 수주. 다음 관심은 준비가 진행되고 있는 다른 18개 해역으로 옮겨짐. 실질적인 제2전은 ENEOS홀딩스(HD)나 도쿄전력홀딩스 등이 참가할 가능성이 있음. 미츠비시상사의 승리요인이 '가격 파괴'였기 때문에 타 진영은 전략의 재검토를 강요당하고 있음(닛케이, 2022.1.24.).

2) 한국

(1) 울산 앞바다에 2GW 규모 부유식 해상풍력 발전사업 허가 (전자신문, 2022.1.1.)

o 전기위원회가 총 2GW가 넘는 부유식 해상풍력 발전사업을 허가한 것으로 확인됨. 사업규모는 총 13조 원이며 2025년 이후 대규모 부유식 해상풍력 발전사업이 추진될 전망.

(2) 제주 한경 앞바다에 232m 국내 최대 해상풍력 건설(제주의소리, 2022.1.3.)

o 전국 첫 해상풍력발전 단지인 탐라해상풍력발전이 기존 30MW급 발전 규모를 3배 이상인 102MW로 늘릴 계획으로, 총사업비 4,000억 원을 추가로 투입해 2023년 7월 착공을 목표로 하고 있음.

(3) 강원도, 12조원 규모 '해상풍력 발전단지' 조성 박차(강원도민일보,

2022.01.11.)

o 동해안이 국내 친환경 해상풍력 전초기지로 부상할 전망. 오는 2040년까지 총사업비 12조 원을 투입, 강릉시·동해시·삼척시·고성군·양양군 등 동해안 5개 지역에 부유식 해상풍력 단지를 조성, 용량 2GW(기가와트)급 규모의 에너지원을 구축할 계획.

(4) 신재생에너지 전력망 보강에 2030년까지 총 78조원을 투자(에너지경제신문, 2021.12.29.)

o 정부가 신재생에너지 확대에 따른 안정적인 전력계통 운영을 위한 전력망 보강에 2030년까지 총 78조원을 투자할 방침.

(5) 기타 동향(매경, 2022.1.4.)

o 한국전력이 전남 신안해상풍력발전 사업에 대해 사업성이 떨어진다는 취지의 내부 보고서를 작성한 것으로 확인됨. 신안해상풍력은 총 사업비 48조 원을 들여 원전 8기와 맞먹는 8.2GW 규모의 세계 최대 해상풍력단지를 조성하는 사업.

(6) 2020년말 기준 해상풍력발전 현황

o 추진 중 76개소(17,570MW=11.570GW)

o 가동 중 6개소(132.5MW=0.1325GW)

풍부한 녹지 조성을 위한 효고현 현민녹세

1. 현민녹세란

효고현에서는 풍부한 '녹지(綠)'를 다음 세대에 계승하기 위해 현민 공통의 재산인 '녹지'의 보전·재생을 사회 전체적으로 지지하고, 현민이 총참가하여 대처하는 구조로서 2006년도부터 '현민녹세'(현민세 균등할 초과 과세)를 도입해, 삼림의 방재면에서의 기능 강화를 도모하는 재해에 강한 숲가꾸기, 도시 환경의 개선, 방재성 향상 등을 목적으로 한 도시녹화를 추진하고 있음.

2006년 처음 도입. 최근의 재해 심대화, 빈발화에 따라 재해 위험이 여전히 높고 도시 중심부의 녹지 부족이나 양의 지역적인 편재가 있는 상황 등을 감안하여 지금까지의 성과를 활용한 재해에 강한 숲 조성과 시가지 녹화를 앞으로도 계획적으로 추진할 필요가 있다는 점에서 현민녹세 과세기간이 2025년도까지 5년간 연장됨.

2. 도입 경위

- o 효고현 세제연구회
- o 녹지(綠) 보전을 위한 세 검토위원회: 「효고현 녹지 보전을 위한 세에 대한 검토」 최종보고서(2004년 12월)
- o 효고현 과세안 등 공표(2005년 1월 2일)
- o 효고현 과세안 등(수정안) 공표(2005년 2월 16일)

3. 현민녹세의 구조

<table>
<tr><td>과세 기간</td><td>법인: 초과세율은 표준세율 균등할액의 10% 상당액
<table><tr><td>자본금
등의금액</td><td>1천만엔 이하</td><td>1천만엔 초과
1억엔 이하</td><td>1억엔 초과
10억엔 이하</td><td>10억엔 초과
50억엔 이하</td><td>50억엔 초과</td></tr><tr><td>초과세율</td><td>2,000엔</td><td>5,000엔</td><td>13,000엔</td><td>54,000엔</td><td>80,000엔</td></tr></table></td></tr>
<tr><td>세수 규모</td><td>5년간(과세기간을 경과하는 시점에서 사업의 성과나 사회정세에 따라 재검토한다.)
개인: 2021년도분~2025년도분
법인: 2021년 4월 1일~2026 년 3월 31일 사이에 개시하는 사업연도분
5년간 약 120억 엔 (개인 약 100억 엔, 법인 약 20억 엔)</td></tr>
<tr><td>납부 방법</td><td>개인: 개인 주민세(현민세)와 함께 납부하여야 함.
- 급여 소득자: 급여에서 공제
- 그 이외의 사업소득자 등: 시정촌에서 송부되는 납세통지서에 의해 납부
법인: 법인 현민세 신고시 표준세율 현민세 균등할액과 함께 납부하여야 함.</td></tr>
<tr><td>세수 용도의
명확화</td><td>현민 녹색기금으로 현민녹세와 다른 재원을 구분해서 관리하고, 용도에 대해서도 현민녹세조례로 삼림 및 도시의 녹지 보전·창생을 위한 사업에 한정함.</td></tr>
</table>

4. 재해에 강한 숲 조성 실적

	제1기 (2006~2012)	제2기 (2011~2017)	제3기 (2016~2019)	제4기 (2021~현재)
사면대책(실적)	12,130ha	6,144ha	4,035ha	-
계류대책(실적)	155개소 320ha	178개소 421ha	68개소176ha	-

5. 사업의 효과

o 환경개선, 경관향상 효과 등의 공익적 효과

o 환경학습, 교육환경 향상, 커뮤니티 형성, 지역핵(核) 창출효과 등의 파급적 효과

o 수치화한 사업효과(삼림의 공익적 기능 향상 효과를 수치화) [제3기분]

- 토사유출 방지 효과: 토사유출이 5년간 25미터풀 약 97杯分(약 35,000㎥) 방지
- 수자원 저류(貯留) 효과: 빗물 저장량이 5년간 도쿄돔 약 9개분(1,082만㎥) 향상
- 홍수 완화 효과: 호우시의 피크 강우량(100년 확률)에서 하천으로의 최대 유출량을 25미터풀 약 1,000杯分(363,600㎥/시간) 감축

6. 현민녹세 연장(제4기)

지금까지 재해에 강한 숲만들기와 도시녹화 추진을 위해 현민의 협력을 얻어 현민녹세를 활용한 대응을 추진해 왔음.

그러나 2018년 7월 호우 등 재해의 심대화, 빈발화로 인해 재해 위험은 여전히 높고, 시가 중심부의 녹지 비율 부족이나 녹지량의 지역적인 편재가 있음. 이러한 상황을 근거로 해 지금까지의 성과를 살린 재해에 강한 숲만들기와 도시의 환경개선이나 방재성의 향상을 목적으로 한 도시 녹화를 향후에도 계획적으로 진행시켜 나갈 필요가 있음.

이를 위해 2020년 12월 현의회에서 현민녹세조례를 개정하여 현민녹세 과세기간을 2021년부터 5년간 연장했음.

[출처] 고베시 현민녹세
(https://web.pref.hyogo.lg.jp/kk22/pa04_000000001.html)

■ 부록 9

저출산 고령화 관련 최근 주요 언론 기사

〈저출산 고령화 관련〉

o 2021년 8월13일 감사원이 공개한 '인구구조 변화 대응 실태' 감사 보고서를 보면, 국내 인구는 2017년 5,136만 명에서 2117년 1,510만 명으로 줄어든다. 달리 말해 2017년생이 100살이 되면 국내 인구가 현재의 30% 수준으로 급감한다는 뜻이다. 국내 인구는 2047년엔 4,771만 명, 2067년엔 3,689만 명이 될 것으로 보인다. 인구 감소는 고령화를 동반한다. 65살 이상 고령층 인구 비중은 2017년 13.8%(707만 명)에서 2117년 52.7%(796만 명)로 크게 늘 것으로 추산됐다. 2047년엔 39.4%(1,879만 명), 2067년엔 49.5%(1,827만 명)로 증가한다. (한겨레21, 2021.8.29.)

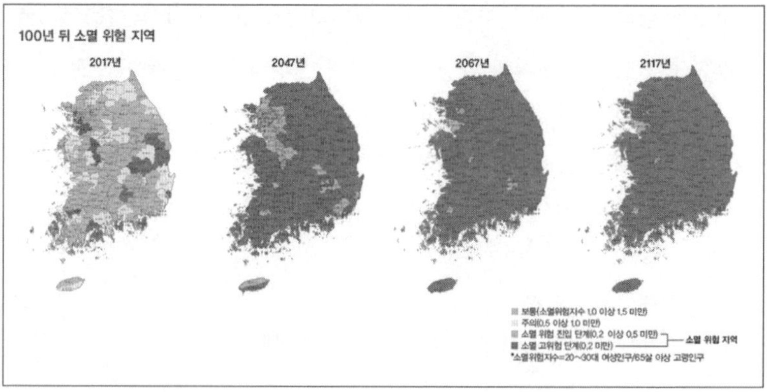

o 한국의 총인구(국내 거주 외국인 포함)가 올해 처음으로 감소한 것으로 추산됐다. 인구가 정점을 찍고 감소하는 '인구 절벽' 시기가 당초 예상보

다 8년 앞당겨졌다. 신종 코로나바이러스 감염증(코로나19) 여파로 혼인과 출산이 줄고 외국인 유입이 감소했기 때문으로 분석된다. (2021.10.9. 동아일보)

- o 2021년 우리나라의 65세 이상 고령인구는 8,537천 명으로 전체 인구(51,822천 명)의 16.5%이며, 향후에도 계속 증가하여 2025년에는 20.3%에 이르러 우리나라가 초고령 사회로 진입할 것으로 전망된다. 2060년에는 43.9%가 될 것으로 예상된다.
- o 한국의 고령화 속도는 일본의 2배로, 2045년에는 OECD 중 가장 늙은 나라로 변모할 것이다.
- o 현재 우리나라 저출산·고령화 속도와 강도는 사회경제 시스템의 존립 가능성을 위협할 정도로 심각한 수준이다. 저출산 대책과 고령사회 정책의 차이를 고려해 분리·접근해야 하며 이에 대한 인식 공유와 공동 해결을 위한 사회적 협약이 필요하다.
- o 2020년은 데드크로스(사망자 수가 출생아 수보다 많은 현상)가 나타난 기록적인 해이다. 주거와 일자리 불안을 없애고 국가가 보육을 책임져 미래 세대의 희망을 되살리는 것이 우리의 역할이다.
- o 당면한 과제 중에서 가장 심각한 상황이 출산율이다. 다음 대통령은 처음부터 이 문제를 제대로 다루지 못하면 우리가 경제적으로도 굉장히 어려운 시기에 도달한다. 이대로라면 일본 경제의 '잃어버린 30년'을 답습할 것이다.
- o 지난해 전국 시군구 10곳 중 4곳은 이미 '초고령 사회'에 진입한 것으로 나타났다. 해당 지역의 65세 이상 인구가 전체의 20% 이상이라는 의미다. 이런 추세라면 우리나라 전체가 2025년 초고령 사회가 된다. 우리나라가 고령사회에서 초고령 사회로 넘어가는 데 걸리는 기간은 7년으로 다른 경제협력개발기구(OECD) 국가들과 비교하면 압도적으로 짧다. 12월 26일 국가통계포털 '2020년 주민등록 연앙인구'를 보면 지난해 전국 261개 시군구(행정시·자치구가 아닌 구 34개와 세종시 포함) 중 초고령 사회에 진입한 곳은 109개로 전체의 41.8%에 달했다. (조선BIZ, 2021.12.26.)

- o 올 들어 10월까지 출생아 수보다 사망자 수가 3만 명 이상 많은 인구 '자연감소'가 일어났다. 통계청이 12월 29일 발표한 '10월 인구동향'에 따르면, 올 들어 10월까지 사망자 수는 25만7,466명으로 같은 기간 태어난 아이 수(22만4,216명)보다 3만3,250명 많았다. 인구는 1983년부터 2019년까지 자연증가하다가 작년 들어 처음으로 자연감소로 돌아섰다. (조선일보, 2021.12.29.)
- o 100세 시대를 바라보는 지금, 우리 사회는 58년 개띠를 또 한 번 주목하고 있다. 박재병 케어닥 대표는 "58년 개띠가 75세가 되는 2033년, 대한민국은 큰 혼란이 예상된다"면서 "노인 인구는 늘어나고, 오래 살고, 여기에 아픈 노인들까지 동시에 늘어나 사회보장 관련 비용이 3배속으로 늘어날 것이기 때문"이라고 말했다. 박 대표는 "우리 사회가 부담해야 하는 전체 비용이 늘어나는 것이기 때문에 세금만 올려선 답이 없다"고 덧붙였다. (조선일보, 2022.1.3.)
- o 부산, '노인과 바다'만 남았다. 통계청에 따르면 부산은 지난해 12월 기준 전체 인구 335만380명 가운데 65세 이상 고령 인구 비중이 20.4%(68만1,885명)로 이미 초고령 사회에 진입했다. 지방 광역시 가운데 초고령 사회에 진입한 곳은 부산이 처음이다. 고령 인구 비율이 7%를 넘으면 고령화 사회, 14%를 넘으면 고령사회, 20% 이상이면 초고령 사회로 분류된다. (매일경제, 2022.2.10.)
- o 급속한 고령화와 노인빈곤 문제, 국민연금 고갈 우려 등을 고려할 때 한국이 하루빨리 연금제도 개혁에 나서야 한다는 주장이 나왔다. 전국경제인연합회 산하 한국경제연구원(한경연)은 13일 경제협력개발기구(OECD)와 통계청의 데이터를 분석한 결과 2020년 기준 한국의 노인빈곤율이 40.4%로 집계돼 조사대상 OECD 37개국 중 1위였다고 밝혔다. 이는 주요 5개국(G5) 평균인 14.4%의 약 3배에 달하는 수치다. 한국의 고령화 속도도 심각하다. 한국의 65세 이상 고령인구 비중은 올해 기준 17.3%로 G5보다 낮은 수준이지만, 2025년에는 20.3%로 미국(18.9%)을 제치고 초고령 사회에 진입할 것으로 예상됐다. 2045년에는 37.0%로 세계 1위인 일본(36.8%)을 추월할 것으로 전망됐다. (중앙일보,

2022.1.13.)

- o 일본은 2005년에 처음 인구가 줄었다. 지난해 처음 감소한 한국보다 16년 빨랐다. (동아일보, 2022.1.13.)
- o 국민의힘 윤석열 대선 후보는 11일 "아이를 갖기를 원하는 국민을 지원하기 위해 전 국민 대상으로 '부모급여'를 도입, 아이가 태어나면 1년간 매월 100만원의 정액 급여를 받게 하겠다"고 밝혔다. 전국민 부모급여와 함께 아동·가족·인구 등 사회 문제를 종합적으로 다룰 부처 신설을 추진하겠다고 공약했다. 부동산 대책과 관련해선 "무주택자들의 주거를 위한 담대한 변화를 시작하겠다"며 "세제 개선과 주택 건설에 관한 규제 완화를 통해 시장에 충분한 물량 공급이 이뤄지도록 해서 집값을 안정적으로 관리하겠다"고 말했다. 또 "주거 취약계층을 위해서 임대주택을 민간과 공공주도로 충분히 공급해서 주거복지를 실현하겠다"며 "청년 원가 주택 30만 호와 역세권 첫 집 주택 20만 호를 차질 없이 건설하겠다"고 공약했다. (연합뉴스, 2022.1.11.)

〈지방소멸, 지역균형발전〉

- o 수도권 인구가 처음으로 50%를 넘어섰다.
- o 행정안전부가 인구감소지역 89곳을 지정했다.
- o 2개 이상의 지방자치단체가 특정 목적을 위해 공동으로 특별지자체를 구성할 수 있게 된다.
- o 정부가 매년 1월29일을 '국가균형발전의 날'로 지정하고 이를 기념하는 행사를 개최하기로 했다. 국가균형발전 정책에 드라이브를 걸어 수도권 집중과 국가 불균형 발전의 흐름을 바꿔 '수도권 공화국'이라는 오명에서 벗어나겠다는 것이다.(이데일리 2021.11.29.)
- o 급격한 인구감소로 적잖은 지방자치단체가 사라질 위기를 맞고 있다. 특히 농산어촌이 중심인 지자체들은 저출산과 젊은층의 도시 유출 등으로 인구가 급감함에 따라 존폐 기로에 놓여 있다. 우리보다 훨씬 이전부터 인구감소가 진행된 이웃 일본에서는 전체 지자체의 절반가량이 오는 2040년 소멸할 것이란 충격적인 보고서가 나오기도 했다. (연합뉴

스 [지방소멸보고서] (2017.7.11.))

- o 지금으로부터 30년 뒤면 전국 자치단체 가운데 절반 가까이가 사라질 위기에 놓였다는 우울한 전망이 나오고 있다. KBS [시사기획 창]은 장기간에 걸친 현장 취재와 빅데이터 분석 등으로 우리나라 지방 소멸의 실태를 심층 진단했다. 2021년 4월 2일부터 4일까지 3일에 걸쳐 연재했다. 국토 11.8%에 인구 50%가 산다. 1980년대, 수도권은 전체 인구의 28%에 불과했다. 하지만 2000년에 46.3%, 2010년에는 49.2%로 올랐으며, 2019년에 비수도권 인구를 추월해 50%를 넘겼다. 50.2%. 수도권 인구 집중이 부른 초저출산, 2020년 우리나라 합계출산율은 아이 한 명도 낳지 않는 0.84명, 심지어 사망자 수가 출생아 수보다 어 많아 '데드크로스'도 처음 발생했다. (KBS 2021.4.2.~4.4.)
- o 창간기획 '절반의 한국'을 통해 가속화하는 수도권 팽창과 소멸 위기감이 커지는 비수도권의 실태를 다각도로 짚었다. 한국 사회의 '주요 모순'은 이제 남북 분단이 아니라 수도권과 비수도권 간의 '두 번째 분단'이라고 할 만한 상태가 됐다. 이 흐름을 끊지 않으면 지방소멸이 현실화되고 궁극적으로는 대한민국도 위기를 맞을 것이라는 경고음은 지나치지 않다. 서울과 경기, 인천 등 수도권 인구가 2019년(2592만5799명)을 기점으로 대한민국 전체 인구(5184만9861명)의 절반을 넘어섰다. 지역내총생산(GRDP)의 수도권 비중도 52.1%(2020년 현재)였다. 경제협력개발기구(OECD) 국가들(영국 12.5%, 일본 28%)에 비해 수도권 집중도가 압도적이다. 국가균형발전 정책이 시작된 지 20년째, '수도권 일극주의'는 오히려 공고화되고 있다. (경향신문, 2021.10.6.)
- o [한겨레21]은 2021년 8월 말부터 4개월간 '지방소멸' 위기를 심층취재했다. 전남 고흥군, 부산 동구, 경남 거창군, 전남 영암군, 대전광역시에서 도시마다 길게는 10일간 취재했다. 인구절벽 위기인 농어촌 마을, 이주노동자들의 불안정 노동으로 기능을 유지하는 쇠퇴한 산업도시, 초등학교 폐교 위기를 겪는 산촌마을, 신도시가 그늘을 드리운 대도시의 원도심 사람들을 만났다. 〈한겨레21〉은 인구감소지역 89곳 주민 19~64살 남녀 600명을 설문조사했다. 인구감소지역 89곳 주민에

대한 설문조사는 정부와 언론을 통틀어 이번이 처음이다. (한겨레21, 2021.12.26.)

- o 특히 이번 대선에서의 주요 어젠다 중 하나는 지역균형발전이다.
- o 문재인 대통령이 11월 24일 오후 '합천댐 수상태양광 발전개시 기념식'에 참석해 지방소멸을 막고 균형발전을 위해 최선을 다하겠다고 밝혔다. (2021.11.25.)
- o 이재명 더불어민주당 대선 후보와 윤석열 국민의힘 대선 후보가 27일 지방분권과 지역 균형발전의 필요성을 강조하며 모처럼 한자리에서 한 목소리를 냈다. 두 후보는 차기 정부에서 지방분권과 지역 균형발전을 적극 추진하기로 했다. 이 후보는 축사에서 "균형발전이 이젠 배려의 문제가 아니라 국가 생존을 위한 핵심 전략이 됐다. 이를 위해선 자치와 분권이 중요 요소"라며 "지방분권을 강화해 다극체제 균형발전을 이뤄내야 한다"고 말했다. 윤 후보는 "기존 정책으론 심화된 지역 불균형을 막기 어렵다. 국가 차원에서 지역 접근성 제고, 재정권한 강화, 지역 특성화 산업 경쟁력 확보 등을 통해 실현 및 지속이 가능한 정책을 실행해야 한다"고 강조했다. (강원일보, 2021.12.28.)
- o 지방자치법 전부개정안이 오는 1월 13일부터 전면 시행, 자치분권 2.0 시대를 맞는다. 지방자치법 전부개정안 시행에 따른 가장 큰 변화는 지방자치단체 및 지방의회 독립성 강화 및 주민참여 확대 등과 함께 인구 50만·100만 이상 대도시에 행정수요를 고려해 '특례시' 명칭이 부여되는 것이다. 이에 따라 인구 100만 이상 대도시인 수원·고양·용인·창원은 13일부터 특례시가 된다. (강원일보, 2022.1.10.)
- o 더불어민주당 이재명 대선 후보는 1월 11일 산업·국토·과학기술·교육 등 이른바 '4대 대전환'을 통해 세계 5강의 경제 대국을 이룩하겠다는 목표를 제시했다. 국토 대전환에 대해선 "국가균형발전은 배려가 아니라 피할 수 없는 생존 전략"이라며 "대한민국을 '5극 3특' 체제로 만들어서 초광역 메가시티로 발전시키겠다"고 말했다. 이 후보는 과거 5개 '메가시티' 및 특별자치도 설립을 국토 균형 발전 정책으로 언급한 바 있다. 그는 "직업, 문화, 교육 여건 때문에 더 이상 수도권으로 이주하는 일이

없게 해야 지역 발전은 물론, 국민경제 전체의 성장도 가능해진다"면서 고속철도 중심 국가 교통체계 재편과 광주-대구 달빛내륙철도 조기 추진, 수도권과 부산 등 대도시 도심 철도 구간 지하화, 주요 고속도로 지하화 등을 약속했다. (연합뉴스, 2022.1.11.)

- o 문재인 대통령은 28일 '동남권 4개 철도건설사업' 개통식을 계기로 울산 태화강역을 방문했다. 문 대통령은 이날부터 정식 운행되는 '울산 태화강에서 부산 일광' 구간의 광역전철을 시승하고 관계자들을 격려했다. 신혜현 청와대 부대변인은 이날 행사에 대해 "'초광역협력 동남권 메가시티'의 기반이 되는 동남권 간선철도망 개통 현장을 방문해 그 성과를 격려하고자 한 것"이라며 "또 열차 개통으로 출퇴근 시간 단축 등 일상생활이 크게 개선될 지역주민들과 함께 그 성과를 나누기 위해 마련된 것"이라고 밝혔다. 앞서 문 대통령은 지난 10월14일 세종시 정부세종컨벤션센터에서 '균형발전 성과와 초광역협력 지원전략 보고' 행사를 연 바 있다. 초광역협력이란 교통 및 기후변화와 같은 초광역적 행정수요를 단일 행정구역을 넘어 대응함으로써 각 지역 경쟁력을 제고하는 전략이다. 당시 문 대통령은 "초광역협력은 지역이 주도하고 정부가 지원하는 전략"이라며 부산·울산·경남의 동남권 메가시티 전략을 대표 사례로 들었었다. (뉴스1, 2021.12.28.)
- o 해양수산부에 따르면 어가인구는 2017년 12만 1,734명에서 계속 줄어 2020년 19.5% 감소한 9만 7,954명으로 10만 명선이 붕괴되었다. 제주의 어가인구 또한 2015년부터 2019까지 9천여 명이었던 것에 반해 2020년 6,833명으로 눈에 띄게 감소한 것이 사실이다. 게다가 설상가상으로 고령화율이 증가하고 있어 어촌 소멸이란 말이 단순 우려가 아닌 현실화 되고 있다는 것을 알 수 있다. (김미자, 현대해양, 2022.2.9.)

〈일본의 인구 감소와 지위 격하〉

- o 2018년 9월말 현재 일본의 빈집은 846만 채로 전체 주택 수의 13.6%에 이른다. 빈집을 종류별로 보면 임대용주택이 431만 채(50.9%), 매각용주택 29만 채(3.5%), 별장과 같은 2차적 주택 38만 채(4.5%), 임대용

도 매각용도 아닌, 방치되어 있는 기타 주택이 347만 채(41.1%)이다. 이 중에서 가장 큰 문제가 되는 건 방치되어 있는 빈집이다. 물론, 임대가 안 되고 팔리지도 않아 비어있는 임대용 빈집이나 매각용 빈집도 문제이지만, 이런 주택들은 소유주가 나름대로 유지관리 할 가능성이 높다. 그러나 그 외 빈집은 제대로 관리가 되지 않고 방치되어 있기 때문에 언젠가 범죄나 화재발생 등과 같이 주거환경에 영향을 미치는 '문제적 빈집'으로 바뀔 위험성이 크다. 그런 빈집이 347만 채나 된다는 것이다. 그런데도 주택공급은 계속 늘고 있다. 일본 노무라종합연구소는 2033년이 되면 일본의 주택 3채 중 1채가 빈집이 되는 주택과잉사회가 될 거라는 예측자료를 내놓기도 했다. (디지털타임즈, 2019.6.23.)

- o 일본에서 16~64세 생산인구 비중이 2차 세계대전 직후 수준까지 떨어졌다. 저출산·고령화로 인한 생산인구 감소가 30년째 정체 상태인 일본 경제의 또 다른 고민거리가 됐다는 지적이다. 일본 총무성은 2020년 국세조사 결과 생산연령인구가 7,509만 명으로 5년 전 조사 때보다 227만 명 줄었다고 12월 1일 발표했다. 전체 인구에서 생산인구가 차지하는 비중은 59.5%로 1950년 이후 70년 만에 60% 선이 무너졌다. 2차대전 직후인 1945년 58.1% 이후 가장 낮은 수준이다. 1945년 일본의 생산인구 비중이 역대 최저 수준을 기록한 원인이 전쟁이었다면 2020년은 저출산·고령화였다.
- o “주요 선진 7개국(G7)의 아시아 대표 국가를 일본에서 한국으로 바꿔야 한다고 주장하며 일본보다 한국이 더 우월하다는 것을 보여주는 각종 지표를 근거로 제시했을 때 일본은 과연 뭐라고 답할 것인가.” 대장성(현 재무성) 관료 출신의 원로 경제학자 노구치 유키오(野口悠紀雄·81) 국립 히토쓰바시대 명예교수는 지난 12월 12일 일본 최대 출판사인 고단샤 발간 경제지 겐다이(現代)비즈니스에 ‘일본은 20년 후 경제규모에서 한국에 추월당한다: 유감스러운 그 이유는?’이라는 제목의 칼럼을 기고했다.
- o 30년 가까이 경기 침체를 겪고 있는 일본이 1970년대부터 유지해온 선진국 지위를 잃을 수도 있다는 전망이 일본 내부에서 나와 주목된다. 일본의 저명한 경제학자인 노구치 유키오(81) 히토쓰바시대 명예교수

는 최근 격주간 경제전문지 다이아몬드 온라인판에 기고한 글을 통해 일본이 반세기 동안 유지해온 선진국 지위에서 탈락할 가능성을 경고했다. (연합뉴스, 2022.1.12.)

o 한국의 1인당 국내총생산(GDP·명목 기준)이 2027년 일본을 역전할 것이라는 전망이 일본 경제연구소에서 나왔다. 니혼게이자이신문 계열 경제연구소인 일본경제연구센터는 16일 발표한 '아시아경제 중기 예측' 보고서를 통해 일본의 1인당 GDP가 2027년 한국에, 2028년 대만에 따라잡힐 것이라고 전망했다. 1986년 일본의 1인당 GDP는 한국의 6.2배, 대만의 4.4배였다. 지난해에도 일본의 1인당 GDP는 3만9890달러(약 4737만원)로 한국을 25%, 대만을 42% 웃돌았다. 하지만 2027년 약 4만5000달러 지점에서 한국이 일본을 처음 앞서나가는 것으로 나타났다. 2035년 한국의 1인당 GDP는 6만 달러를 넘어서는 반면 일본은 5만 달러를 턱걸이할 것으로 전망됐다. 일본의 1인당 GDP는 이미 2007년 싱가포르, 2014년 홍콩에 따라잡혔다. 한국과 비교해서도 평균연봉은 2015년, 1인당 구매력은 2018년 처음 역전을 허용했다. 한국, 2027년에 일본 따라잡는다. (한경, 2021.12.16.)

〈외국의 사례〉

o 독일이 '인구 절벽' 현상을 맞이해 고령화로 인한 노동력 고갈, 경제성장 둔화, 연금제도 위기 등 문제와 맞닥뜨릴 것이라는 미국 월스트리트저널(WSJ) 보도가 나왔다. 12월 22일(현지 시각) WSJ 보도에 따르면, 경제학자들은 독일 노동인구가 2023년 정점에 이른 뒤 2020년대 말까지 최대 500만 명이 줄어들 것으로 예상하고 있다. 경제학자들은 베이비붐 세대의 은퇴 연령 도달을 주원인으로 꼽았으며, 코로나 대유행이 그 흐름을 가속했다고 분석했다. (조선일보, 2021.12.24.)

통계로 본 한국과 일본

1. 세계 통계 속의 한국과 일본

삼림의 면적 (2019)	육지총면적 9,745천ha, 삼림 6,287천ha, 육지 점유율 64.5%	육지총면적 36,456천ha, 삼림 24,935천ha, 육지 점유율 68.5%
인구 구성	2020년 51,269 (65세 이상 15.8, 중위연령 43.7) 2050년 46,830 (65세 이상 38.1, 중위연령 56.5)	2020년 125,325 (65세 이상 28.9, 중위연령 48.7) 2050년 101,923 (65세 이상 37.7, 중위연령 54.7)
인구 추이 (2020)	51.3백만 명	125.3백만 명
인구·면적 (2019)	51,225천 명, 100,339㎢, 512명/㎢	126,167천 명, 377,975㎢, 338명/㎢
주요도시인구 (2020)	서울시 9.705천 명 부산시 3,400천 명 인천시 2,939천 명 대구시 2,450천 명	도쿄도(특별구부) 9.273천 명 요코하마시 3,725천 명 오사카시2,691천 명 나고야시 2,296천 명
평균수명·건강수명(2016)	평균수명 남녀평균 83 (남 80, 여 86) 건강수명 남녀평균 73 (남 71, 여 75)	평균수명 남녀평균 84 (남 81, 여 87) 건강수명 남녀평균 75 (남 73, 여 77)
인구동태(2019)	출생수 326,822 사망수 298,820 자연증감률 0.5%	출생수 865,239 사망수 1,381,093 자연증감률 4.2%
출생률 추이 (1,000명당)	2020~2025 6.8 2030~2035 6.7	2020~2025 7.0 2030~2035 7.1

농용지면적 (2018)	육지면적 9,752ha 경지 1,374ha, 영년작물지 222ha	육지면적 36,450ha 경지 4,142ha, 영년작물지 278ha
농수산물자급률(2018)	곡류 24.7 어패류 73.0	곡류 29.4 어패류 54.2
목재생산량 (2019)		30,349천㎥
수산물생산량 (2018년)	합계 3,623,637톤, 양식 2,278,850톤	합계 4,239.779톤, 양식 1,032,654톤
전력생산량 (2017년)	발전량(100만kWh) 566,881 발전능력(천kW)122,950	발전량(100만kWh) 1,068,322 발전능력(천kW)336,927
연구자수·국내 연구비	연구자수(2018) 408,370명 국내연구비(2018) 98,451.3백만$	연구자수(2018) 678,134명 국내연구비(2018) 171,293.1백만$
운수(2017)	도로연장 101.869㎞ 자동차보유대수(2017) 22,442천 대 상선선복량 2,916척 10,380천 총톤	도로연장 351,562㎞ 자동차보유대수 77,658천 대 상선선복량 5,278척 26,507천 총톤
관광(2018)	도착여행객수 15,347천 명 여행수입 19,856백만$ 여행지출 34,769백만$	도착여행객수 31,192천 명 여행수입 45,276백만$ 여행지출 28,096백만$
수출입총액 (2019)	수출 542,209백만$ 수입503,324백만$	수출 705,671백만$ 수입 721,078백만$
환율(2019)	1,165.36원(1$당 연평균치)	109.010엔(1$당 연평균치)
월평균임금	3,192$(2019, 전 산업)	2,773$(2018, 전 산업)
노동재해건수	855명(2019, 사망)	845명((2019, 사망)
노동쟁의	141건(2019)	27건(2019)
교통사고(2017)	사고건수 216,335건 사상자수 322,829명 사망자수 4,185명	사고건수 472,165건 사상자수 576,419명 사망자수 4,431명
GHG배출량 (2018)	694.1(CO_2환산100만 톤)	1,238.3(CO_2환산100만 톤)
일반폐기물 배출량(2018)	총량 19,627천 톤 1인당 385㎏ 리사이클률 59.2%	총량 42,894천 톤 1인당 336㎏ 리사이클률 19.8%

[출전] 『세계의 통계』(일본 총무성통계국, 2021년 3월)

2. 통계로 본 한국, 일본, 중국

항목			한국	일본	중국	비고
국민총소득(당해년가격)			1,665.3	5,252.4	14,246.1	2019년 (10억 달러)
1인당 국민소득(당해년가격)			32,204	41,403	9,936	2019년(달러)
국내총생산(당해년가격)			1,651.0	5,064.9	14,279.9	2019년 (10억 달러)
경제성장률			2.2	0.3	5.9	2019년(%)
국제수지(경상수지)			59,676	176,811	-	2019년 (백만 달러)
무역의존도	수출		32.84	13.93	17.50	2019년(%)
	수입		30.49	14.24	14.55	
외환보유액			408,816	1,322,443	3,222,900	2019년 (백만 달러)
장래인구 추이	2020년		51,781	126,476	1,439,324	(천 명)
	2025년		51,905	123,976	1,457,908	
	2030년		51,927	120,758	1,464,340	
	2035년		51,630	117,166	1,461,083	
	2040년		50,855	113,356	1,449,031	
부양비 및 노령화지수	인구	0~14세	12.2	12.4	17.7	2019년(%)
		15~64세	72.1	59.2	70.3	
		65세 이상	15.7	28.4	12.0	
	총부양비		38.6	69.0	42.2	
	노령화지수		129.0	228.1	67.6	
소비자 물가지수			104.9	105.5	-	2019년(%)
국외여행객 현황			28,696	18,954	149,720	2018년(천 명)
인터넷 이용자 수	인터넷 이용률		96.2	92.7	64.6	2019년 (%, 천 명)
	초고속인터넷 가입자 수		21,906	42,502	449,279	
국가경쟁력 순위			23	34	20	2020년 (순위)
국가 무역액	수출		542,233	705,671	2,499,481	2019년 (백만 달러)
	수입		503,343	721,078	2,078,409	

[출전] 대한민국 통계청 「국제통계연감」(재인용: 해양수산부 「해양수산 주요통계」, 2021.11.)

도심을 통과하는 고속도로와 철도, 지하화 가능한가?

1. 입체도로제도, 도입하되 신중히 하자 -토라노몬 힐즈 재개발 사례

토라노몬 힐즈는 반세기 이상 잠자고 있던 도쿄 도심의 도시계획도로(환상 제2호선 신바시·토라노몬 지구)를 지하화(츠키지·토라노몬 터널 1,840m 중 해당부분 790m)하고, 입체도로제도를 이용하여 터널 위아래로 초고층 복합시설건축물(지상 52층·지하 5층, 높이 247m, 부지면적 17,069㎡, 건축면적 9,391㎡, 연면적 244,360㎡)을 건설한 사업입니다. 이 사업은 정책결정권자의 과감한 발상의 전환, 냉철한 기획력과 강한 집행력, 민간의 창의력, 지역주민과의 협력과 소통이 복합된 것으로 의식개혁과 규제개선의 정수라 할 수 있다고 모두에서 소개했습니다.

국내에서도 입체도로제도를 도입하려는 계획이 있었습니다. 국토교통부는 2017년 2월 16일 황교안 대통령 권한대행 주재로 개최한 신산업 규제혁신 관계 장관회의에서 '도로 공간의 입체적 활용을 통한 미래형 도시건설 활성화' 계획을 발표했습니다. 이 계획에서 국토교통부는 "도로의 상공 및 지하 공간 개발을 본격화 한다"는 방침 아래 "도로 공간을 활용한 창의적 도시 디자인, 도시공간의 효율적 활용이 가능해지고, 도로 상부와 하부에는 다양한 건축물도 들어설 전망"이라고 밝혔습니다. 또, "그동안 도로 공간은 사실상 공공에게만 개발이 허용되고 민간의 개발은 제한되어 공공의 영역으로만 여겨져 왔으나, 앞으로는 도로 상공과 하부 공간에 민간이 문화·상업 시설 등 다양한 개발이 가능하도록 도로에 관한 규제를 일괄적으로 개선한다"고 밝혔습니다(국토교통부 보도자료, 「도로의 변신! 입체도로시대 도래…도로 상·하부 활용」, 2017.2.15.). 그러나 이 계획은 이후 아무런 진척 없이 추진이 중단되었습니다. "막상 검토해보니 도로와 건물이 섞이는 구조의 안전성을 담보할 수 없고, 구분소유권 설정 등 법적 정리가 매우 복잡해 도입이 불가능한 것으로 파악됐다는 것이 국토부 관계자들의 설명"이고, "이 때문에 20대 국회에서 입체도로제도를 도입하는 내용을 골자로 하는 법안이 제출되었으나 제대로 논의도 되지 못하고 폐기됐다"고 언론은 보도하고 있습니다(연합뉴스 윤종석 기자, 「'도로 위 아파트' 공약은 넘치는데…캐비닛서 잠자는 입체도로」, 2021. 1. 28.).

토라노몬 힐즈는 "구조의 안전성을 담보할 수 없고, 구분소유권 설정 등 법적 정리가 매우 복잡해 도입이 불가능한 것으로 파악됐다"는 언론의 보도와는 달리 입체도로제도가 충분히 실행가능한 제도라는 것을 잘 보여주고 있습니다. 이미 국내에는 여야 대선 후보들까지 나서서 입체도로제도 도입을 전제로 하는 수많은 공약을 제시하고 있습니다. 도심을 지나는 고속도로나 철도를 지하화하고 그 위에 공원이나 택지를 조성하자고 하는 구상입니다.

이런 시대적 요구에 부응하여 국회 박성중 의원과 김회재 의원은 한정된 국토공간의 효율적 활용과 창의적 도시공간 조성을 위해 도로공간과 그 주변지역을 입체적으로 개발할 수 있도록 하는 '도로공간의 입체개발에 관한 법률 제정안'을 2020년 7월 30일(의안번호 제2540호)과 2021년 3월 31일(동 제9226호) 각각 대표발의했습니다. 법률 제정안에는 "도로공간 활용과 창의적인 도시공간 조성을 위해 △국토교통부장관과 시·도지사가 도로공간과 그 주변지역을 통합적으로 개발하는 입체개발사업을 추진할 수 있도록 하고, △개발이익의 환수와 도시재생사업에의 재투자를 위하여 사업시행자에게 입체개발부과금을 부과·징수할 수 있도록 하며, △건축제한의 완화나 광역교통 개선대책 수립에 대한 특례 적용 등"의 내용이 담겨 있습니다(국회의원 김회재 보도자료, 「김회재 의원, 도심공간 효율적 개발을 위한 도로공간 입체개발 제정법 발의」, 2021.3.31.).

이에 국회 국토교통위원회 교통법안심사소위원회는 2021년 12월 22일 국회에서 '『도로공간의 입체개발에 관한 법률안』 제정을 위한 공청회'를 개최하고 제도도입을 위한 검토에 본격 착수했습니다. 진술인 이정형 교수(중앙대학교 건축학부), 이범현 교수(성결대학교 도시디자인정보공학과), 김동근 처장(한국토지주택공사)은 진술을 통해 법안 도입이 "매우 시의 적절하며 꼭 필요한 법(이정형)"이며 "시의 적절한 입법이라는 데에는 이견이 없고 미래도시의 경쟁력을 위해 필요한 정책"이라고 판단된다고 밝혔습니다. 다만, "도로구역만을 대상으로 한 입체적 이용은 제4차 산업혁명 시대에 대비한 창의적 이용이 어려운 한계"가 있고, "'도로공간 입체개발'의 국가적 공공성 확보를 위해서는 장기 국가마스터플랜을 마련하고 미국 사례와 유사한 국가종합정책을 마련할 필요성(이범현)"이 있으며, "(도로 등) 개별시설별 입체개발 법률보다는 도시공간의 일반적 개발법인 현행 도시개발법으로 통합하여 모든 필요한 기반시설의 입체개발이 가능하도록 제도화 하거나, 다양한 기반시설의 입체적 개발이 가능하도록 기반시설 입체개발을 위한 통합 특별법을 별도 제정하는 방안이 현재의 국토 및 도시개발 제도체계와 더 부합될 것(김동근)"이라는 진술이 있었습니다(동 공청회 자료집). 이제 입체도로제도 도입을 위한 법률안이 발의되고 국회의 심의가 시작되었으니, 내재된 여러 과제들을 검토하여 우선 도로분야에서부터 조속히 제도가 도입되기를 바랍니다.

토라노몬 힐즈 개발사업은 이러한 국내의 정책 구상 실현을 위해 좋은 선례와 자극이 될 것입니다. 다만 입체도로제도를 실현하기 위해서는 정밀한 기술력이 필요하다는 것을 경험을 통해 조언하고 싶습니다. 제가 2014년 가을 국토교통부 출장단과 함께 토라노몬 힐즈 현장을 방문하고 사업현황을 청취했을 때 도쿄도 관계자가 했던 말이 기억납니다. "터널 위에 초고층 건물을 짓는 것은 극도로 정교한 기술력이 필요했다. 터널 벽면을 따라 고도로 정밀한 측량을 하고 치밀하게 기초파일 공사를 했다." 세계 최고의 토목공사 시공력을 자랑하는 우리나라로서는 크게 어려운 기술적 과제도 아니고, 터널 구조물에 큰 압박을 주지 않는 공원을 조성하거나 경량의 저층 건물을 짓는 것이라면 그렇게 고도의 기술력이 필요하지 않을지도 모르겠습니다. 그러나 여기에 고층의 대규모 아파트 단지를 조성하는 것은 기술적 난제 외에 경제성 여부, 경관문제, 안전문제 등 여러모로 고려해야 할 사항들이 많을 것입니다. 여야 공직선거 후보들의 표심을 향한 도심 철도·고속도로 지하화 공약(公約)이 공약(空約)이나 공약(恐約)이 되지 않기를 바랍니다. 입체도로제도를 활용하면 제 주변에서는 성남 탄천종합운동장 야구장을 돔구장으로 만들어 전천후 다기능 시설로 전환하고, 인근의 사립 병원 시설도 공간을 확충하여 보다 나은 의료 서비스를 제공할 수 있지 않을까 하는 생각을 해봅니다.

토라노몬 힐즈와 입체도로제도에 대해서는 [부록 5 -입체도로제도와 토라노몬 힐즈]에 자세히 정리해 두었습니다. 특히 백승관 교수(청주대학교 휴먼환경디자인학부)의 두 편의 논문과 한국일보 강지원 기자의 기사(2019.5.21.)가 좋은 참고가 될 것입니다.

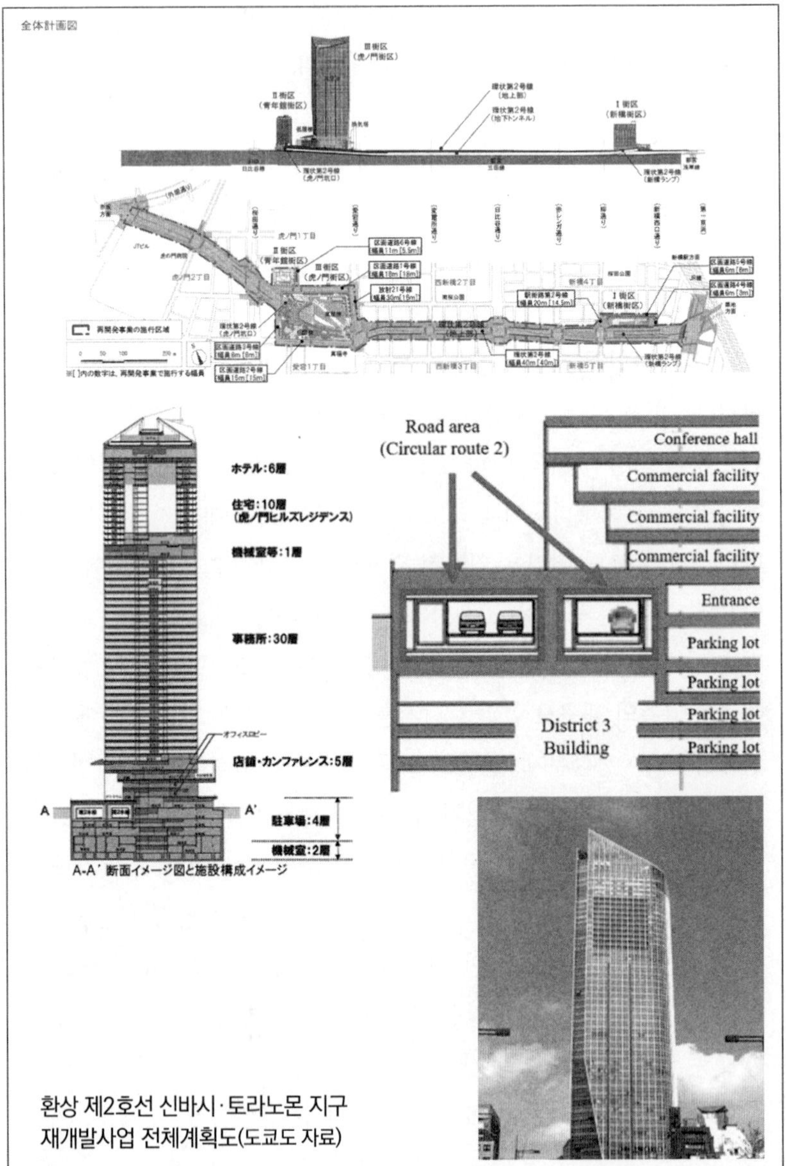

환상 제2호선 신바시·토라노몬 지구 재개발사업 전체계획도(도쿄도 자료)

2. 공적부동산 활용을 극대화하자 -도시마 에코뮤제타운 건립 사례

도쿄 도시마구(豊島区) 신청사 '도시마 에코뮤제타운'은 공공청사와 민간주택이 함께 입주하는 복합건축물로 예산 한 푼 들이지 않고 대형 청사를 건설한 사례로 각광을 받고 있습니다. 이 역시 의식개혁과 규제개선의 정수라고 할 수 있어, 일본 내각부 행재정개혁추진회의와 국토교통백서, 공적부동산(PRE) 활용사례집 등에서 우수사례로 소개하고 있습니다. 이미 국내에서도 이 사업을 벤치마킹하여 청사를 건축하면서 공공주택을 확보하려고 하는 사업들이 속속 도입되고 있습니다.

지은 지 50년이 넘는 도쿄도 도시마구청 본청사는 노후화에 따라 재건축이 시급한 과제였으나 구 재정이 매우 어려워서 청사를 새로 짓기가 곤란한 상황이었습니다. 그래서 도시마구는 청사 신축사업이 아닌 재개발사업으로 신청사를 정비하기로 하고, 구 본청사 부지를 민간사업자에게 장기 임대하고, 선금으로 받은 임대료를 신청사 건설에 충당, 구의 재정부담이 전혀 없이 신청사 '도시마 에코뮤제타운'을 2015년 5월 7일에 개청했습니다. 일본 최초의 '아파트 일체형 관공서'인 '도시마 에코뮤제타운'의 1~10층까지는 구청 공간이고, 11~49층은 432세대가 거주하는 민간 분양 아파트입니다.

국내에서는 구로구 오류1동 주민센터가 이런 방식으로 건축되어 2020년 12월 준공되었습니다. 지하 1~4층은 주차장, 지상 1층은 근린생활시설, 지상 2~5층은 주민센터, 지상 6~18층은 저소득 청년층을 위한 행복주택 180가구가 조성되었습니다. 서초구도 2026년 개청을 목표로 청사와 복합문화시설, 공공주거시설(아파텔) 등이 동거하는 청사 개발을 추진하고 있습니다. 다만 아직은 공공주택 공급에 국한된 느낌이 있는데 민영주택으로까지 확대할 필요가 있습니다.

최근 공적부동산을 활용한 공공주택 공급계획이 한층 활발해지고 있습니다. 정부는 철도역사 복합개발을 통해 초역세권에 양질의 공공주택을 공급할 계획입니다. 철도역사 공공주택 복합개발은 철도사업자가 철도역을 건물형으로 건설하면서 하부층은 철도출입구, 상부층은 주택으로 복합개발하고, 서울주택공사(SH)·경기주택공사(GH) 등 공공이 주택을 매입하여 청년을 위한 매입임대, 장기전세 주택 등으로 공급하는 방식입니다. 신안산선 영등포역, GTX-C 창동역 등 8곳의 신규 철도역사를 복합개발하여 약 1천 호의 공공주택을 공급하게 됩니다(국토교통부 보도자료, '청년 공공주택 품은 철도역사 짓는다', 2021.12.8.).

이와 같은 맥락에서 공적부동산인 파출소·지구대 부지의 활용을 극대화할 필요가 있습니다. 전국에는 수많은 경찰 파출소·지구대가 있는데 이들 청사는 거의 대부분 2층 정도의 저층으로 부지 활용도가 크게 떨어지고 있습니다. 우선 국가의 장기계획으로 파출소·지구대를 단독으로 고층화하거나, 인근의 행정복지센터, 우체국 등과 함께 공동청사화 하는 방안이 있습니다. 여기에 '도시마 에코뮤제타운'처럼 민간의 능력을 활용하여 공공주택이나 민간주택과 결합된 '아파트 일체형 청사'로 개발하면 공적부동산의 효율적 이용과 함께 주택공급 정책에도 크게 기여하게 될 것입니다.

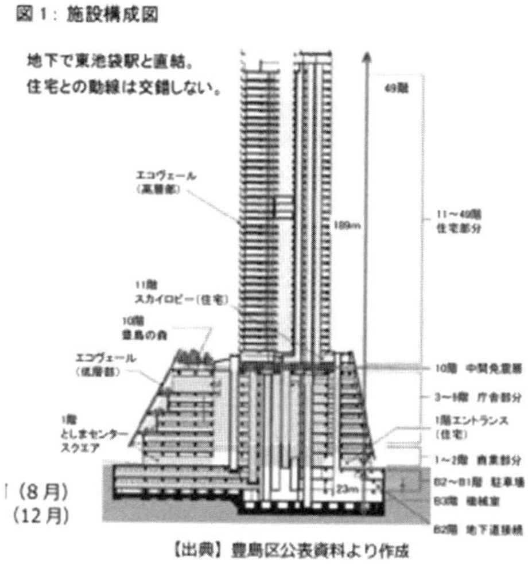

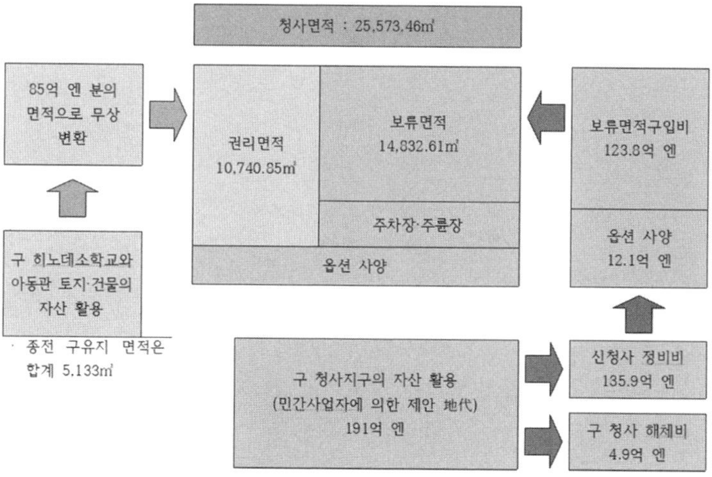

<청사면적 취득의 흐름>

도시마구 신청사 이미지(국토교통성 「공적부동산(PRE) 활용사례집」)

3. 규제완화로 수도권에 당장 3만 호 공급이 가능하다 –아파트 관리동 고층 복합개발

아파트 가격 급등, 주거 부족 등 부동산 문제가 심각합니다. 이를 해소하기 위해서는 아파트 공급을 늘려야 하지만 수도권에는 아파트를 지을 택지가 부족합니다. 그래서 도심의 고속도로와 철도를 지하화하고 그 위에 주택을 짓자는 주장도 제기되고 있습니다. 김포공항과 성남공항을 이전하고 이적지에 아파트를 짓는 것까지 검토되고 있습니다.

주택 공급을 확대하기 위해서는 도심의 재건축·재개발 규제를 완화하는 방안을 들 수 있습니다. 재개발 재건축에 있어서 층수 규제나 용적률 규제를 완화해서 기존 택지 안에서 추가 공급이 가능하게 하고, 추가 공급되는 부분의 일부를 공공이 환수해서 공공주택으로 활용해서라도 공급량을 늘리자는 것입니다. 대선 후보들의 주장입니다.

여기에 한 가지 덧붙이고 싶은 중요한 것이 있습니다. 바로 아파트 단지 관리동을 복합건물로 재건축하는 것입니다. 대부분의 아파트 단지에는 저층 관리동이 따로 있는데, 이 건물에는 아파트 관리사무소와 경로당 등 주민 공유시설이 입주하고 있습니다. 단지 내 아파트 건물들이 보통 15층~25층인데 비해 관리동은 2층 정도의 저층으로 부지 활용도가 매우 낮습니다. 아마 아파트 단지 전체의 용적률, 관리동 자체의 층수제한 등의 규제 때문일 것입니다. 이런 규제를 완화하면 아파트 1개 단지 당 최소 20호~60호의 아파트 공급이 가능합니다. 재건축 건물의 1~5층은 경로당, 관리사무소, 주민 공동시설 등으로 사용하고 6층 이상은 민간에게 분양합니다. 그렇게 되면 수도권에서만 약 32천 호(서울 10천, 인천 3천, 경기 19천. 15층, 1개층 4호 기준),

전국적으로는 약 10만 호(20층 기준)의 주택 공급이 가능하게 됩니다. 사유지인 상가시설과 함께 개발할 수 있으면 효과는 배증됩니다.

아파트 관리동 재건축을 통한 주택 추가 공급가능량

구분	전체 단지수	적용률 10%				적용률 20%			
		단지수	10층 (20호)	15층 (40호)	20층 (60호)	단지수	10층 (20호)	15층 (40호)	20층 (60호)
전국	17,489	1,749	34,978	69,956	104,934	3,498	69,956	139,912	209,868
수도권	7,976	798	15,952	31,904	47,856	1,595	31,904	63,808	95,712
서울시	2,495	250	4,990	9,980	14,970	499	9,980	19,960	29,940
인천시	864	86	1,728	3,456	5,184	173	3,456	6,912	10,368
경기도	4,617	462	9,234	18,468	27,702	923	18,468	36,936	55,404

* 공동주택현황(2021년 9월 현재)

참고로 필자가 거주하고 있는 아파트 단지는 17개동 1,185호이며 리모델링조합이 구성되어 있습니다. 최근 조합이 작성한 리모델링 기본계획에는 평형을 확장하면서 3개동 160호를 신축하여 1,345호로 한다고 되어 있습니다. 그런데 이 계획에는 현재의 관리사무소(주민복지관)는 그대로 저층으로 남아있습니다. 이것을 주위의 계획에 맞추어 15층으로 재건축하면 40호의 주택을 추가로 공급할 수 있게 됩니다. 단지 내 2개의 상가건물은 별도 시설이기 때문에 기본계획에 포함되어 있지 않은데, 이 상가건물까지 함께 재개발되면 추가로 2동 80호의 공급이 가능할 것으로 보입니다.

4. 지역과 지역의 상생, 육지와 바다의 상생 - 수도권매립지 문제 해결방안 (항만구역 안이나 무인도에 폐기물 매립장 조성)

수도권매립지 사용기간이 2025년 종료될 예정입니다. 이를 둘러싸고 서울시, 인천시, 경기도의 고민이 깊어지고 있습니다. 광역 지방정부 간의 갈등, 도시와 농촌과의 갈등의 골도 깊어지고 있습니다. 농촌에 쏟아지는 도시폐기물 문제도 심각합니다. 이런 가운데 인천시는 2021년 이미 독자적으로 옹진군 영흥도에 자체 매립지 '인천 에코랜드'를 건설하기로 하였습니다.

폐기물 처분장을 내륙부에 건설하는 것은 한계가 있습니다. 그렇다면 폐기물매립장을 어쩔 수 없이 연안지역에 조성하지 않을 수 없게 됩니다. 이것이 장래 우리가 감당해야 할 현실입니다. 그렇다면 연안을 관리하는 해양수산부와 지방정부가 선제적으로 폐기물 최종처분장(폐기물매립장)을 항만구역 안이나 무인도에 조성하고 폐기물 매립호안을 항만시설로 규정하는 근거를 마련할 필요가 있습니다. 매립호안 건설은 항만건설 업무를 관장하는 해양수산부가 담당하고 실제적인 매립은 폐기물 업무를 관장하는 환경부와 지방정부가 담당하도록 하여 폐기물 처리에 중앙정부와 지방정부, 지방정부와 지방정부가 상생협력하는 틀을 마련하는 것입니다.

일본은 1973년 항만법 개정을 통해 폐기물 최종처분장이 되는 폐기물매립호안을 항만시설로 추가하고 폐기물매립호안 건설업무를 항만관리자(PA)의 업무대상으로 규정했습니다. 폐기물매립호안은 정부 보조사업으로 국토교통성이 조성비용의 1/3(항만법 제43조제1항제5호)을 지원하고 있습니다. 오랜 통계이지만 2005년 3월말 기준으로 전국 81개 항만과 1개 만(오사카만)에서 105개 지구, 총면적 약 5,000㏊의 폐기물 최종처분장이 정비되었으며, 일본 국민들의 높아진 환경의식에 따라 기능과 구조도 비약적으로 고도화되었습니다. 대표적인 폐기물 최종처분장 조성사업으로 오사카만 피닉스를 들 수 있습니다.

5. 충격! 20년 후 우리나라는 세계에서 가장 늙은 나라가 된다

일본 총무성은 2021년 9월 19일, 경로의 날(9월 20일)에 맞춰 연례적으로 '통계로 본 일본의 고령자'를 발표했습니다. 일본 고령자 인구는 2021년 9월 15일 현재 3,640만 명이었으며, 총인구에서 차지하는 비율도 29.1%로 사상 최고를 기록했습니다. 고령자 비율은 1950년 이후 꾸준히 상승해 2차 베이비붐 세대(1971년-1974년생)가 65세 이상이 되는 2040년에는 35.3%가 될 것으로 전망했습니다. 세계적으로 비교해서 65세 이상의 비율은 29.1%로 일본이 가장 높았습니다. 취업자 수도 역대 최다인 906만 명을 기록했습니다.

대한민국 통계청도 2021년 9월 29일 '노인의 날'(10.2)을 앞두고 역시 연례적인 '고령자 통계'를 발표했습니다. 2021년 우리나라의 65세 이상 고령인구는 853만 7천 명으로 전체 인구의 16.5%이며, 향후에도 계속 증가하여 2025년에는 20.3%에 이르러 우리나라가 초고령사회로 진입할 것으로 전망하였습니다. 2060년에는 43.9%가 될 것으로 예상됩니다. 2020년 65세 이상 고령자의 고용률은 34.1%이고 고령 취업자는 277만 4천 명입니다.

이를 알기 쉽게 비교 정리하면 아래 표와 같습니다.

	총인구	고령자인구	취업자	고령자인구 비율 전망(%)			
	(만 명)	(만 명, %)	(만 명, %)	2025년	2040년	2060년	2065년*
일본	12,522	3,640(29.1)	906(25.1)	30.0	35.3	-	38.4
한국	5,182	854(16.5)	277(34.1)	20.3	33.9	43.9	42.1

* World Population Prospects : https://esa.un.org/unpd/wpp

한편으로 한국의 고령화 속도는 일본의 2배이고, 2045년에는 OECD 중 가장 늙은 나라가 될 전망이라는 OECD 보고도 있습니다. 최근 10년 간, 한국의 65세 이상 고령인구는 연평균 4.2% 증가해 고령화 속도가 일본(2.1%)보다 2배 빠른 것으로 나타났습니다. 2020년 OECD 38개국 중 28위에 불과했던 한국의 고령인구 비중(15.7%)은 2024년에는 19.2%로 OECD 평균(18.8%)을 상회하고, 2045년에는 37.0%로 일본(36.8%)을 넘어 OECD에서 가장 고령인구 비중이 높은 나라가 될 전망입니다(한국경제연구원(KERI) 보도자료 「한·일 고령층 연금수령실태 조사-늙어가는 한국, 노후대책은 부실, 연금으로 생활비 절반도 빠듯-」, 2021.11.15.)

〈 최근 10년 간 고령인구 증가율 〉

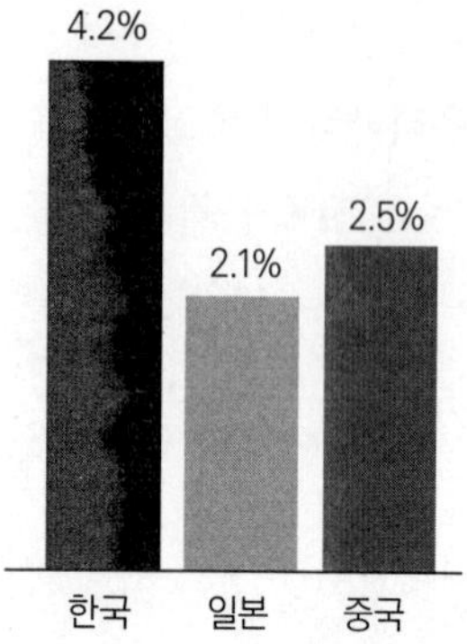

* 자료: OECD
* 주: 2010~2020년 65세 이상 인구 연평균 증가율

〈 고령인구 비중 전망 〉

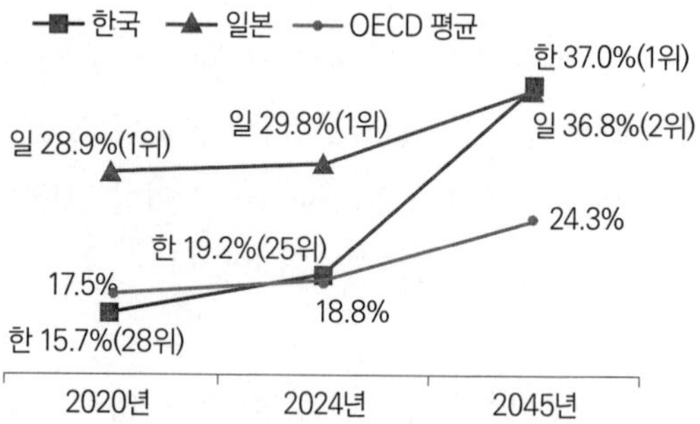

* 자료: OECD
* 주: ( )는 OECD 38개국 중 순위

"한국이 2027년, 1인당 국민소득에서 일본을 제칠 수 있지만, 그 전에 타이완에 추월당할 수도 있다."(KBS, 2021.12.30.) 일본경제신문

계열 경제연구소인 일본경제연구센터는 12월 16일 발표한 '아시아경제 중기 예측' 보고서를 통해 일본의 1인당 GDP가 2027년 한국에, 2028년 대만에 따라잡힐 것이라고 전망했습니다(한경, 2021.12.16.).

요즘 인구 감소와 고령화에 관한 통계나 기사가 부쩍 눈에 띕니다. 압권은 20년 후에는 우리나라가 세계 최고령 국가가 된다는 것입니다. 충격적입니다. 이에 대응한 정부와 지방정부의 대응 등에 관한 것도 마찬가지입니다. 『바다로 열린 나라 국토상생론』 출간 전에는 크게 관심을 갖지 않았던 것입니다. 아는 만큼 보인다는 말 그대로 전에는 그냥 지나쳤을 것들이 큰 의미를 갖고 새롭게 다가옵니다. 기사를 정리하기가 벅찰 정도입니다. KBS 뉴스 [소멸의 땅] (2021.4.2.~2021.4.4. 3회), 연합뉴스 [지방소멸보고서] (2017.7.11. 1회 4건), 경향신문 [절반의 한국] (2021.10.6.~11.11. 10회), 한겨레21 [지방소멸](2021년 8월 말부터 4개월간 전남 고흥군, 부산 동구, 경남 거창군, 전남 영암군 등에서 심층 취재, 2021년 12월 26일부터 관련 기사 연재 중), 내일신문 [창간 28주년 특별 좌담 '2022년 선택, 균형의 시대', 2021.11.9.]. 매일경제 [신년기획-지방이 살아야 나라가 산다](2022.1.10.~) 등의 기획시리즈도 많이 있었습니다. 그만큼 저출산 고령화, 지방 소멸 위기, 수도권 집중과 국토 불균형에 관한 문제가 심각한 사회현상이 되었다는 것을 방증하는 것이라고 생각합니다. 다른 언론사들의 훌륭한 기획시리즈도 많이 있었겠지만 미처 눈길이 닿지 못했습니다. 그동안 스크랩했던 관련 기사들을 [부록 9-저출산 고령화 관련 최근 주요 언론 기사]에 따로 정리했습니다.

6. 〈COVID-19〉가 낳은 대한민국 헌법 제3조 개정안

COVID-19 팬데믹으로 바깥 출입이 제한되던 어느 날, 2020년 9월 19일부터 시작된 줌을 통한 해양수산인 화상 공부모임 '바다, 저자·전문가와의 대화'가 벌써 52회, 누적 78강을 마쳤습니다. 지난 1월 15일의 제76강은 삼영물류 이상근 대표가 저서 『뉴노멀 시대의 물류기업은 사라질까』를 소재로 급변하는 세계 물류시장 동향을 소개했습니다. 지난 1월 22일의 제77강은 한국해양과학기술원(KIOST) 박찬홍 박사가 「해양과 과학기술의 만남」이란 주제로 발표를 하면서, 심해유인잠수정을 개발하고 동해를 세계 대양과 심해연구의 전초기지, 테스트베드로 만들자고 제안했습니다. 한국해양수산개발원(KMI)의 최재선 박사는 「오션테크가 만드는 바다의 미래」를 소개했습니다. 1월 29일 열린 제78강에서는 2013년 10대 자녀·조카와 함께 태평양을 횡단한 요트인 표연봉 선장과 캐나다 오대호 연안에서 요트 항해를 하고 있는 김정수 선장, 범선인 궁인창 대표(생활문화아카데미) 등이 요트와 범선 항해에 대해 색다른 발표를 하면서 미지의 세계에 대한 도전과 동경심을 불러일으켰습니다.

바다대화 발표자료는 핵심내용을 책으로 묶어 발간합니다. 제2권이 곧 출간되고 2월 12일 81강이 모두 끝나 5월까지 모두 4권의 책으로 발간될 것입니다. 저는 이 모임에 재능기부(在能寄附)를 하고 있습니다. 처음부터 한 번도 빠지지 않고 참석한 것입니다. 대기업 대표에서 수협조합장까지, 80대 원로에서 20대 학생까지, 해양사학자에서 선박금융 전문가까지, 캘리포니아대학 버클리 캠퍼스에서 태평양 상의 화물선까지. 얼떨결에 찾아온 만남의 고리를 잡고 편리한 문명의 이기를 이용하여 경험과 성과를 나누고 토론합니다. COVID-19가 가져다준 융합과 통섭의 장입니다.

『바다로 열린 나라 국토상생론』의 절반의 성과는 바로 이 모임에서 얻은 융합과 통섭의 산물입니다. 여기에서 '바다로 열린 나라'가 등장하고 "삼면이 바다로 열린 대한민국의 영역은 한반도와 그 부속도서를 포함하는 영토, 영해, 영공으로 한다"는 혁신적인 '대한민국 헌법 제3조 개정안'이 탄생했습니다. 이런 융합의 산물이 나오게 해준 화상 모임에서 매주 토요일 만나 뵙는 100여 명의 낯익은 회원님들과 600여 회원 여러분들께 감사드립니다. 특히 이 모임을 운영하는 김인현 고려대학교 법학전문대학원 교수 겸 해상법연구센터 소장님께 감사드립니다.

『바다로 열린 나라 국토상생론』 발간에 즈음하여 귀중한 축사를 해주신 권도엽 전 국토해양부장관님, 한일 상생을 위해 함께 토론하고 훌륭한 기고를 해주신 엄성준 대사님과 손치근 총영사님을 비롯한 재능기부 기고자 여러분, 재판업무에 바쁜 가운데도 치밀하고 정교한 자문을 해주신 이성철 서울중앙지방법원 부장판사님을 비롯한 모든 자문인 여러분들에게 감사드립니다. 또한 발간 과정에서 많은 사무적 편의를 제공해주고 격려해주신 한국항만협회 윤병구 회장님을 비롯한 직원 여러분께 진심으로 뜨거운 감사를 드립니다. 그리고 아솔 가족 알라딘과 솔로몬에게도 감사드립니다.

2022년 2월

들국 김연빈

■ 역자 소개

옮긴이 김연빈(1958)

도서출판 귀거래사 대표

국토해양부, 해양수산부, 외교부에서 41년간 봉직 후 2019년 6월 정년퇴직

전 주일한국대사관 1등서기관(해양수산관, 국토교통관)

순천고등학교, 한국방송통신대학교를 거쳐 일본 요코하마국립대학 대학원 졸업(국제경제법학 석사)

2006년 9월 서울에서 처음 열린 한중일 물류장관회의를 기획·실행하고 정례화의 기반을 마련했으며 2014년 요코하마에서 열린 제5차 회의를 현지에서 지원했다.

2005년 5월 고 조오련 선수와 함께 사단법인 한국바다수영협회(AKOWS, 회장 지봉규)를 설립하여 국내에 바다수영(OWS, 오픈워터스위밍)을 보급해 왔다.

2019년 8월 'FINA 광주 세계 마스터즈 수영선수권대회' 오픈워터스위밍(3㎞)에 출전해 완영했다.

바다수영을 통한 해양사상 홍보와 국토사랑 운동의 일환으로 '올림픽 정식종목 바다수영을 전국체전 정식종목으로!' 지정하는 운동을 펼치고 있다. 청소년 해양교육과 함께 '국토사랑 독도, 국토의 시작' 운동, '여자만~순천만 종단 수영(고흥-여수-보성-순천 30㎞)', '국토사랑 독도 일주 수영', '백령도~장산곶 국제평화 수영'을 구상하고 있다. 최근에는 1980년 1월 강원도 거진 앞바다에서 침몰한 '해경 72정' 인양에도 관심을 갖고 있다.

2020년 9월부터 토요일 저녁에 개최하고 있는 해양수산인 화상 공부모임 '바다, 저자·전문가와의 대화' 운영진으로서 발표자료 출간 편집지원 등 재능기부(在能寄附)를 하고 있으며, 이 활동을 통해 '바다로 열린 나라, 대한민국 헌법 제3조 개정안'을 창출했다.

〈저서〉

『바다, 전문가와의 대화 Ⅰ』(23인 공저, 법문사, 2022)

『재난안전강의』(9인 공저, KPO명강사협회, 2020)

〈역서〉

『손기정 평전』(데라시마 젠이치 저, 김솔찬 공역, 도서출판 귀거래사, 2020)

『손기정 평전 e-Book』(도서출판 귀거래사, 2021)

『해양문제 입문』(일본 해양정책연구재단 편, 청어, 2010)

『검증 국가전략 없는 일본』(요미우리신문 정치부 저, 한국해양전략연구소, 2007)

『바다가 일본의 미래다』(무라타 료헤이 저, 이주하 역, 청어, 2008) 출간 기획

〈재능기부·사회공헌 활동〉

(사)한국ESG학회 이사, (사)한국스마트해양학회 이사

(사)KPO명강사협회 회원, (사)한국바다수영협회 창립회원

■ 도움을 주신 분들

〈축사 및 재능기부 기고〉

권도엽 전 국토해양부장관
강정환 전 주일한국대사관 원자력관, 전 월성원자력발전소 지역사무소장
김동현 전 한국지방재정공제회 이사장
서의동 경향신문 스포트라이트부장
손치근 전 알마티 총영사, 현 공익사단법인 한국치매협회 사무총장
송영택 현대해양 발행인
엄성준 전 주가봉대사·주보스턴총영사, 외교부 명예교수
임현택 한국스마트해양학회 회장(전 해양수산부)

〈자문〉

강명수 한국표준협회 회장, 전 무역위원회 상임위원, 전 주일 상무관(공사참사관)
강윤구 한국항만협회 항만기술기준센터 기준개발팀장, 공학박사
고문현 숭실대학교 교수(헌법학) 전 한국헌법학회 회장, 한국ESG학회 차기 회장
권미경 여수지방해양수산청 해양환경과장(행정사무관)
김동근 한국토지주택공사 경기지역본부 지역균형재생처장
김동천 전 삼성전자 반도체 수석, KAIST 기술경영학 석사
김윤미 성내감리교회(충남 아산시 영인면)
김인현 고려대학교 법학전문대학원 교수, 고려대 해상법연구센터 소장
김일평 수원대 도시부동산학과 특임교수, 전 국토교통부 도로국장'
김현우 주일한국대사관 행정원
김현종 (주)포렉스컴 CEO/회장, 전 해양환경공단 본부장(전 국토해양부 부이사관)
김현주 법학박사, 최용달국제특허법률사무소 자문역, 유튜브 마당발TV 운영
김효순 서울과학기술대학교 석좌교수, 전 고용노동부 국장, 전 주일한국대사관 노동관
남창섭 목포지방해양안전심판원 수석조사관, 전 국제해사기구(IMO) 파견관
류민석 한국수산발전연구원장, 전 주후쿠오카총영사관 영사, 전 해양수산부
문준선 산업통상자원부 소재부품수급대응지원센터 부센터장, 『포스트 한일 경제전쟁』 저자, 전 주일한국대사관 상무관보(1등서기관)
박금해 (사) 국학원 대외협력이사(전 국토교통부 영주국토관리사무소장, 서기관)

박찬홍 (전) 한국해양과학기술원(KIOST) 부원장, 동해연구소장

박형구 세월호참사특별조사위원회 기획팀장, 전 주후쿠오카총영사관 영사(행정사무관)

선 향 전 주일한국대사관 과학기술정보통신관(참사관)

심재홍 한국골재산업연구원장(전 국토교통부 항공자격과장, 부이사관)

안완수 한국해사안전협력센터장(전 동해지방해양수산청장, 부이사관)

양계화 전 주센다이총영사, 미야기현 홍보대사, 한국외교협회 이사

육정균 시인·부동산학 박사(전 국토교통부 부이사관)

윤명철 동국대학교 명예교수

이동현 평택대학교 국제물류학과 교수, 기획평가처장, 사학혁신사업단장

이범현 성결대학교 교수(도시디자인정보공학과)

이석행 시마스타(SEAMASTER) 대표, 대한상사 해사중재인

이성철 서울중앙지방법원 부장판사

이원규 전 국토해양부 항공자격과장(전 국토해양부 부이사관)

이정형 중앙대학교 건축학부 교수

이종인 해양경찰청 대변인실 소통기획계(경감)

이철원 한국해운신문 발행인 겸 편집국장

장하용 부산연구원(BDI) 정책기획팀장(연구위원), 공학박사

정동근 서남구기저수협 상임이사, 전 주일한국대사관 해양수산관, 전 해양수산부

정필수 한국종합물류연구원(GLORI) 원장, 전 한국해양수산개발원(KMI) 부원장

조건우 한국원자력안전기술원 책임연구원, 전 방사선안전본부장, 현 국제 방사선방호위원회(ICRP) 위원

조남웅 김회재 국회의원 보좌관

주보경 한국항만협회 『2021 항만편람』 편집위원

최경삼 한국원양산업협회 전무이사(전 해양수산부 부이사관)

최재선 한국해양수산개발원(KMI) 명예연구위원

최중문 일진인터내셔날(주) 부회장(전 해양수산부 부이사관)

한종길 성결대학교 교수, 한국해운항만학술단체연합회 회장, (전)한국해운물류학회 회장

(가나다순)

〈바다로 열린 나라 국토상생론, QR Code 모음〉

QR Code	내용
	'2019 FINA 세계 마스터즈수영' OWS 완영, KBS순천 저녁 7시 뉴스(2019.8.9.)
	'올림픽 정식종목 바다수영을 전국체전 정식종목으로!' 언론 기고 모음
	해경 72정을 기억해주십시오. 순직 해경 17명을 애도해주십시오.
	여인협 변호사가 소개하는 『손기정 평전』 (SK브로드밴드 TV 대구, 2021.1.19.)

내용	QR Code
『검증 국가전략 없는 일본』 역자 인터뷰 (국정방송 KTV, 2007.7.)	
조선징용공 2060 살아 있는 언론, 살아 있는 기금	
해양의 고리 (The Oceanic Circle)	
인천 스마트 해저도시 한국스마트해양학회 (http://kisof.kr)	

손기정 평전

데라시마 젠이치(寺島善一) 저(2019년, 社会評論社)
김연빈·김솔찬 역
도서출판 귀거래사 간(2020년)

"스포츠는 세계의 공통언어이며, 국경을 넘어 사람의 마음을 이어준다. 스포츠는 국제연대를 심화하고, 평화로운 세계를 만든다."

손기정은 일제강점기 조선에서 태어나 수많은 마라톤대회에서 우승하고 세계기록을 수립한 정상의 스포츠인이다. 1936년 베를린올림픽에 일본 대표로 출전하여 금메달을 획득했다. 시상대에서는 일본 국가 '기미가요'가 연주되자 고개를 숙이고 월계수로 가슴에 붙은 일장기를 가렸다. 1937년 메이지대학에 입학했으나 '하코네 역전 출전이 금지되었다.' 광복 후 한국 육상 발전에 힘을 쏟는 한편, 세계 스포츠계 유명 인사들과 교류하며 깊은 연대와 우정을 쌓았다.
올림픽 정신을 몸소 실천한 손기정의 스포츠철학은 2020 베이징동계올림픽을 앞둔 우리들에게 많은 것을 가르쳐준다.

검증 국가전략 없는 일본

요미우리신문 정치부 저(2006년, 新潮社)
김연빈·박형구 역
한국해양전략연구소 간(2007년)

국가정책도 없이 침체에 빠진 과학기술력, 인재와 기술 유출로 열세에 놓인 지적재산권 전쟁, 중국과 한국에 빼앗긴 해양자원…. 국가의 부침을 좌우하는 수많은 문제들이 정치 무대에 오르지도 못하고 그냥 방치되고 있다.
이 나라는 쇠퇴하여 이제 선진국에서 몰락할 수밖에 없는 것일까? 전에 없던 기로에 직면한 일본의 현실을 검증한다.
국가전략을 수립하는 공무원과 국회의원들이 꼭 읽어야 할 필독서.
2009년 2월 문고판으로 다시 발간(新潮文庫). 수상에게도 필독을 권장. 2022년 4월 복간 예정.

조선 징용공 2600 (가제)

원전 『記憶を拓く - 信州 半島 世界』(信濃每日新聞社, 2021)
김연빈 역
도서출판 귀거래사 2022년 8월 출간 예정

나가노시(長野市) 마츠시로 대본영지하호 유적(松代大本営地下壕跡)은 '전쟁의 본질'을 우리들에게 말해주는 생생한 존재이다. 태평양전쟁 말기, 일왕 피난처를 포함한 국가 중추기능을 나가노로 옮기려고 했던 비밀공사는 패전과 동시에 종료되었다. 여기에 일제강점기 조선에서 온 수많은 노동자가 동원되었다. 그 수 2,600명. 명부가 말해주는 조선 징용공의 실상을 추적한다.

해양의 고리

원제 『The Oceanic Circle』(1998년, 유엔대학출판부)Elisabeth Mann Borgese 저, 김현종 역
도서출판 귀거래사 2022년 6월 출간 예정

지구 표면의 70퍼센트를 차지하는 '바다'의 존재와 인간사회와의 관계, 바다와 육지를 일체의 세계로 보는 글로벌한 관점을 공유하는 것의 중요성을 역설한다. 해양을 인류의 공동유산으로서 다루기 위해서는 어떻게 해야 할까? 높은 이념과 풍부한 지식을 살려 자연과학적, 문화적, 경제적, 법적 그리고 제도적 시점에 서서 구체적으로 고찰하고, 그 방향성을 제시하는 장대한 '해양 거버넌스'의 지침서.

바다가 일본의 미래다

무라타 료헤이(村田良平) 저(2005년, 成山堂書店)
이주하 역 / 김연빈 출간 기획
청어 간(2008년)

2001년 『해양을 둘러싼 세계와 일본(海洋をめぐる世界と日本)』이라는 이름으로 출간되어 아사히신문 '2001년의 좋은 책 5'에 선정.

외무차관과 주미대사를 지낸 저자가 오랜 동안의 외교관 생활을 바탕으로 일본이 직면한 해양문제와 해양권익을 둘러싼 각국의 이해관계 등을 자세하고 알기 쉽게 설명.
2005년에는 외교분야의 뛰어난 저술활동에 수여하는 요시다상(吉田賞)을 수상하기도 하였으며, 그동안 내용을 보완해서 『바다가 일본의 장래를 결정한다(海が日本の将来を決める)』라는 이름으로 2005년 말 다시 간행.

해양문제 입문

일본 해양정책연구재단 편(2007년, 丸善株式會社)
김연빈 역
청어 간(2010년)

해양문제를 종합적으로 이해하고 교육하려는 새로운 해양교육이 퍼지기 시작함에 따라 그러한 커리큘럼에 대응하여 해양에 관한 자연과학, 산업활동, 정책과 법제도 등 해양의 종합적 관리를 위해 필요한 폭 넓은 기초지식을 한 권의 책으로 집약한 대학원생용 교과서.
지금 왜 해양관리의 필요성이 요구되는가….
이 책을 읽으면 해양의 종합적 관리에 관해 생각하는 법, 접근방법에 대해 그 단서를 잡을 수 있을 것이다.
'해양의 종합적 관리'와 '지속가능한 발전'에 관심을 갖는 모든 학생 및 실무자 필독서.

지속가능한 출판을 위한

도서출판 귀거래사 출판문화·독서진흥운동

한 알의 밀이 땅에 떨어져 죽지 않으면 한 알 그대로 있고,

죽으면 많은 열매를 맺는다.

한 권의 책이 그냥 서가에 꽂히면 한 권 그대로 있고,

두루 읽히면 많은 과실을 얻는다.